NomosPraxis

Winfried Kluth | Wolfgang Breidenbach
Jakob Junghans | Holger Kolb

Das neue Migrationsrecht

RA **Dr. Wolfgang Breidenbach**, Fachanwalt für Sozialrecht; Lehrbeauftragter für Migrationsrecht an der Martin-Luther-Universität Halle-Wittenberg (MLU), Mitglied der Forschungsstelle Migrationsrecht – FoMig | **Jakob Junghans**, LL.M.oec, Doktorand an der Martin-Luther-Universität Halle-Wittenberg (MLU), Mitglied der Forschungsstelle Migrationsrecht – FoMig | **Prof. Dr. Winfried Kluth**, Inhaber eines Lehrstuhls für Öffentliches Rechts an der Martin-Luther-Universität Halle-Wittenberg, Leiter der Forschungsstelle Migrationsrecht – FoMig; Mitglied des Sachverständigenrats für Integration und Migration (SVR) | **Dr. Holger Kolb**, Leiter des Arbeitsbereichs Jahresgutachten in der Geschäftsstelle des Sachverständigenrats für Integration und Migration (SVR)

Zitiervorschlag: Kluth/Breidenbach/Junghans/Kolb, Das neue MigrationsR Rn. …

Die Deutsche Nationalbibliothek verzeichnet diese Publikation in der Deutschen Nationalbibliografie; detaillierte bibliografische Daten sind im Internet über http://dnb.d-nb.de abrufbar.

ISBN 978-3-7560-0549-9 (Print)
ISBN 978-3-7489-3871-2 (ePDF)

1. Auflage 2024
© Nomos Verlagsgesellschaft, Baden-Baden 2024. Gesamtverantwortung für Druck und Herstellung bei der Nomos Verlagsgesellschaft mbH & Co. KG. Alle Rechte, auch die des Nachdrucks von Auszügen, der fotomechanischen Wiedergabe und der Übersetzung, vorbehalten.

Vorwort

Nach der großen Neuausrichtung des Ausländerrechts durch das Zuwanderungsgesetz vor nunmehr zwanzig Jahren hat die Ampel-Koalition in ihrem Koalitionsvertrag „Mehr Fortschritt wagen" erneut einen grundlegenden Erneuerungsprozess angekündigt. Kurz nach der Halbzeit der Legislaturperiode sind die wesentlichen Gesetze zur Umsetzung dieser Erneuerung des Migrations- und Staatsangehörigkeitsrechts erlassen worden, so dass eine zusammenfassende Darstellung und Bewertung sinnvoll und geboten erscheint. Da zur gleichen Zeit die lange Zeit festgefahrene Reform des Gemeinsamen Europäischen Asylsystems wieder aufgenommen wurde und eine Beschlussfassung kurz bevorsteht, kann von einem einmaligen Prozess der Rechtserneuerung im Migrationsrecht gesprochen werden. In diesem Band werden alle diese Entwicklungen dargestellt und eingeordnet. Dabei dürfte der Weiterentwicklung des Fachkräfteeinwanderungsrechts die größte praktische Bedeutung zukommen.

Halle und Berlin im März 2024

Winfried Kluth
Wolfgang Breidenbach
Jakob Junghans
Holger Kolb

Inhaltsverzeichnis

Vorwort	5
Literaturverzeichnis	15
Abkürzungsverzeichnis	27

Einführung (*Kluth*) 29

    I.   Die Neuausrichtung des Migrationsrechts durch den Ampel-Koalitionsvertrag 29

    II. Wie neu ist die neue Migrationsgesetzgebung? 31

    III. Der aktuelle Stand der Umsetzung der Agenda 33

    IV. Komplizierte Gesetze, überlastete Behörden und überlange Verfahren 33

Teil 1: Das neue Migrationsrecht im Bereich der arbeitsmarktorientierten Migration (*Breidenbach/Kolb*) 37

A. Ausgangssituation und Struktur der Reform 37

    I.   Lage auf dem Arbeitsmarkt 37

    II. Rechtliche Ausgangslage 38

    III. Strukturelle Anlage der Neuregelung 39

    IV. Das Arbeitsmarktpotenzial von Asylbewerbern und ausreisepflichtigen Personen 40

B. Die Fachkräftesäule 41

    I.   Umsetzung der Richtlinie 2021/1883 41

        1. Absenkung der Mindestgehälter 41

        2. Ausweitung der Liste der Mangelberufe 42

        3. Einführung einer Sonderregel für Berufseinsteiger 43

        4. Öffnung für Absolventen tertiärer Bildungsprogramme 44

        5. Zugang für rein materiell qualifizierte Beschäftigte im IKT-Sektor 44

        6. Erleichterung des Arbeitgeberwechsels 45

    II. Europarechtlich nicht-vorgegebene Maßnahmen jenseits der Blauen Karte 46

        1. Neuregelung der (europarechtlich nicht determinierten) Fachkräfteeinwanderung 46

        2. Zeitliche Erleichterungen hinsichtlich des Erhalts einer Niederlassungserlaubnis 47

        3. Erweiterung der Familiennachzugsmöglichkeiten für Fach- und beruflich qualifizierte Arbeitskräfte 48

        4. Erweiterung der Zweckwechseloptionen 48

III.	Fazit zur Fachkräftesäule	49
C. Die Erfahrungssäule		50
I.	Die Zentralnorm der Erfahrungssäule: § 6 BeschV	50
	1. Grundidee und Weiterentwicklung des § 6 BeschV a.F.	51
	2. Voraussetzungen des § 6 BeschV	54
	a) (Qualifikatorische) Pflichtvoraussetzungen	54
	b) Ergänzende qualifikationsunspezifische Voraussetzungen	55
II.	Die Anerkennungspartnerschaft	56
	1. Anerkennungspartnerschaften bei nicht-reglementierten Berufen	57
	a) Tatbestandsvoraussetzungen	57
	b) Systematische Einordnung der Anerkennungspartnerschaft	58
	2. Anerkennungspartnerschaften bei reglementierten Berufen	60
III.	Fazit zur Erfahrungssäule	61
D. Die Potenzialsäule		61
I.	Systematische Einordnung	62
II.	Begleitrechte neben der Arbeitsplatzsuche	64
III.	Veränderungen im Gesetzgebungsverfahren in den Auswahlstufen	65
	1. Die erste Auswahlstufe: Definition qualifikatorischer Grundvoraussetzungen	66
	2. Die zweite Auswahlstufe: Das Punktesystem	67
IV.	Verordnungsermächtigung zur Nachjustierung	70
V.	Die Differenzierung der Chancenkarte in eine Such- und eine Folge-Chancenkarte	70
VI.	Fazit zur Potenzialsäule	72
E. Arbeitskräftesäule		72
I.	Kontingentierte Beschäftigung	73
	1. Kontingent der Bundesagentur für Arbeit	74
	2. Ausschluss sozialversicherungsfreier Beschäftigung	75
	3. Übernahme der Reisekosten	75
	4. Beschränkung der Ausländerbeschäftigung auf 10 aus 12 Monaten	75
	5. Tarifbindung des Arbeitgebers	76
II.	Die Westbalkanregelung	77
	1. Die zeitliche Dimension	78
	2. Die räumliche Dimension	79
	3. Die quantitative Dimension	79
	4. Verzicht auf sozialpolitische Flankierungen	80
III.	Die Beschäftigung von Pflegehilfskräften	80

	IV. Fazit zur Arbeitskräftesäule	81
F.	Neue Regelungen zur Ausschöpfung der inländischen Potenziale – der Arbeitsmarktzugang von Menschen mit Aufenthaltsgestattung und Duldung	81
	I. Die Gesetzgebungsverfahren zum Fachkräfteeinwanderungs- und zum Weiterenwicklungsgesetz	82
	II. Die gesetzgeberische Umsetzung der Ermöglichung oder Verhinderung eines „Spurwechsels"	83
	1. Der „Spurwechsel" als Dauerbrenner in der rechtspolitischen Diskussion	83
	2. Die Ermöglichung eines „Spurwechsels" durch die Aufwertung der §§ 18a, 18b AufenthG zu Anspruchstiteln	84
	3. „Spurwechsel" light aus dem Asylverfahren	85
	4. Gesperrter „Spurwechsel" nach gescheitertem Asylverfahren	85
	5. Überwindung des „Spurwechselverbots" mit Erteilung einer Aufenthaltserlaubnis nach § 19d AufenthG	86
	III. Die neue Aufenthaltserlaubnis zur Berufsausbildung für ausreisepflichtige Ausländer nach § 16g AufenthG	86
	1. Die Rechtslage bis zum 29. Februar 2024	87
	2. Vom systemwidrigen Konstrukt zum Erfolgsmodell	87
	3. Korrekturen im Gesetzgebungsverfahren zum Rückführungsverbesserungsgesetz	88
	4. Einzelne Problemfelder der Neuregelung	89
	a) Das Erfordernis der Lebensunterhaltssicherung als Unterscheidungskriterium	89
	b) Identitätsklärung	90
	IV. Änderungen bei der Beschäftigungsduldung nach § 60d AufenthG	90
	V. Änderungen beim – ersten – Arbeitsmarktzugang für Menschen mit Aufenthaltsgestattung und Duldung	92
	1. Änderungen des § 61 AsylG	92
	2. Einfügung eines neuen Abs. 5b in § 60a AufenthG	93
	VI. Fazit zur Ausschöpfung der inländischen Potenziale	94
G.	Fazit zum neuen Migrationsrecht im Bereich der arbeitsmarktorientierten Migration: Neues Recht, neue Chancen, neue Risiken, neue Komplexität	95

Teil 2: Weitere Änderungen im Aufenthalts- und Asylrecht (*Kluth*) 99

A.	Das Chancen-Aufenthaltsrecht des § 104c AufenthG	99
	I. Gesetzgeberische Zielsetzungen	99
	II. Einordnung in die Gesetzessystematik	100

	III.	Kommentierung	100
		1. Zeitlicher Anwendungsbereich	102
		2. Personeller Anwendungsbereich	102
		a) Geduldete Ausländer	102
		b) Voraufenthaltszeit	103
		c) Bekenntnis zur freiheitlich demokratischen Grundordnung	104
		3. Ausschlussgründe	104
		4. Abweichung von allgemeinen Erteilungsanforderungen	105
		5. Ermessensbetätigung	105
		6. Rechtsfolge(n) einer Erteilung	106
		7. Akzessorisch Berechtigte	106
		a) Erfasste Personen	106
		b) Sachliche Voraussetzungen	106
		c) Rechtsfolge	106
		8. Behördliche Hinweispflichten	107
		9. Folgen der Nichterteilung eines Aufenthaltstitels nach Fristablauf	107
	IV.	Anpassungen im sonstigen Regularisierungsrecht	107
B.	Regelungen zur Beschleunigung des Asylverfahrens		109
	I.	Neuregelungen im Bereich des Anerkennungsverfahrens	109
		1. Neuausrichtung des § 12a AsylG (Asylverfahrensberatung)	109
		2. Änderungen in §§ 17 Abs. 3, 25 Abs. 7 AsylG (Sprachmittler und Videotechnik)	110
		3. Änderungen in § 24 AsylG (Informationspflichten, Verfahrensdauer)	111
		4. Änderung in § 25 Abs. 6 AsylG (Anhörungsbegleitung)	114
		5. Änderung in § 31 AsylG (Entscheidung des Bundesamtes)	114
		6. Änderungen in § 33 AsylG (Nichtbetreiben des Verfahrens)	115
		7. Änderungen in §§ 72 bis 73b AsylG (Erlöschen, Widerruf, Rücknahme)	116
	II.	Neuregelungen im Bereich des asylgerichtlichen Verfahrens	118
		1. Änderung in § 74 AsylG (Befangenheitsanträge)	118
		2. Änderung in § 77 AsylG (Entscheidung im schriftlichen Verfahren, Klageänderung)	118
		3. Änderung in § 78 AsylG (Tatsachenrevision)	119
		4. Änderung in § 79 AsylG (Berufungsverfahren)	120
C.	Neuregelungen im Bereich des Rückführungsrechts		122
	I.	Die Vorgaben des Koalitionsvertrags	122

Inhaltsverzeichnis

II. Maßnahmen zur Erleichterung der Anordnung einer Rückführung ... 123
1. Änderung des § 10 Abs. 3 AufenthG
   (Aufenthaltstitel bei Asylantrag) 123
2. Änderung in § 11 AufenthG (Einreise- und Aufenthaltsverbot) 123
3. Änderung von § 26 Abs. 1 Satz 2 AufenthG
   (Dauer des Aufenthalts) 125
4. Änderungen von § 48 AufenthG (Ausweisrechtliche Pflichten) 126
5. Änderungen in § 50 AufenthG (Ausreisepflicht) 129
6. Änderung von § 52 AufenthG (Widerruf) 131
7. Änderung von § 54 AufenthG (Ausweisungsinteressen) 132
8. Änderung von § 56 AufenthG
   (Überwachung ausreisepflichtiger Ausländer) 134

III. Maßnahmen zur Erleichterung der Durchführung einer
Rückführung 135
1. Änderung von § 58 AufenthG (Abschiebung) 135
2. Änderung des § 59 AufenthG (Androhung der Abschiebung) 138
3. Änderung von § 60a AufenthG (Duldung) 139
4. Änderung des § 60d AufenthG (Beschäftigungsduldung) 141
5. Änderungen in § 62 AufenhtG (Abschiebehaft) 141
6. Änderung von § 62b AufenthG (Ausreisegewahrsam) 142
7. Einfügung des § 62d AufenthG (Pflichtanwalt) 143
8. Änderung des § 82 AufenthG (Mitwirkung des Ausländers) 145
9. Änderung von § 84 AufenthG
   (Wirkungen von Widerspruch und Klage) 145
10. Änderung von § 95 AufenthG (Strafvorschriften) 146
11. Änderung von § 96 AufenthG (Einschleusen von Ausländern) 147
12. Änderung von § 97 AufenthG (Einschleusen mit Todesfolge) 148
13. Änderung von § 8 AsylG
    (Übermittlung personenbezogener Daten) 149
14. Änderung von § 14 AsylG (Antragstellung) 149
15. Änderung von § 15 AsylG (Allgemeine Mitwirkungspflichten) 151
16. Änderung von § 15a AsylG (Auswertung von Datenträgern) 152
17. § 30 AsylG (offensichtlich unbegründete Asylanträge) 152
18. Neufassung des § 30a AsylG (Beschleunigte Verfahren) 155
19. Änderung von § 34 AsylG (Abschiebungsandrohung) 156
20. Änderung § 61 AsylG (Erwerbstätigkeit) 157
21. § 63 AsylG (Bescheinigung über die Aufenthaltsgestattung) 159
22. Änderung von § 71 AsylG (Folgeantrag) 159

23. Änderung von § 73b AsylG
   (Widerrufs- und Rücknahmeverfahren) 161
24. Änderung von § 85 AsylG (Sonstige Straftaten) 162
25. Änderung von § 427 FamFG (Einstweilige Anordnung) 163
IV. Anpassungen im Freizügigkeitsgesetz/EU 164
   1. Vorgaben der Europäischen Union 164
   2. Änderung des § 2 FreizügG/EU 164
   3. Änderung des § 6 FreizügG/EU 165
   4. Änderung des § 7 FreizügG/EU 165
   5. Änderung des § 11 FreizügG/EU 166
   6. Folgen für die Praxis 167

Teil 3: Das neue Staatsangehörigkeitsrecht (*Kluth*) 169
A. Die Vorgaben des Koalitionsvertrags und ihre Einordnung 169
   I. Besonderheiten des deutschen Staatsangehörigkeitsrechts 169
   II. Bisherige Debatten zu mehrfacher Staatsangehörigkeit und
       Integration 169
   III. Zielvorgaben des Koalitionsvertrags 170
B. Die generelle Hinnahme der Mehrstaatigkeit 170
C. Absenkung der Voraufenthaltszeiten 171
D. Änderungen bei den Anforderungen an die Lebensunterhaltssicherung .. 171
E. Neufassung der Integrationsanforderungen 172
F. Änderungen bei den Verlustgründen und weitere Änderungen 173
G. Herausforderungen bei der Umsetzung 176

**Teil 4: Die GEAS-Reform – Fortschreitende Harmonisierung oder
zunehmende Fragmentierung?** (*Junghans*) 177
A. Einführung 177
   I. Zur Notwendigkeit einer gemeinsamen Asylpolitik 178
   II. Die zwei Harmonisierungsphasen des GEAS 179
   III. Solidarität und Verantwortung im GEAS 181
B. Reformprozess und Übersicht über bereits erzielte Einigungen 183
   I. Der Neue Migrationspakt von 2020 184
   II. Aufnahmerichtlinie-E 186
      1. Gewährung materieller Leistungen 187
      2. Aufenthaltsbeschränkungen und Bewegungsfreiheit 188
      3. Unterstützung von Personen mit besonderen Bedürfnissen bei der
         Aufnahme 189
      4. Zugang zum Arbeitsmarkt 191

		5. Zu erwartende Harmonisierung durch die AufnRL-E	191
C.	Neuerungen in den aktuellen Beschlüssen		192
	I.	Hybridisierung des GEAS	193
	II.	Screeningverordnung-E	194
		1. Anwendungsbereich	195
		2. Identitätsklärung und Sicherheitsüberprüfung	196
		3. Medizinische Untersuchung und Unterstützung vulnerabler Personen	196
		4. Selektion von Schutzsuchenden und Rechtsschutzmöglichkeiten	197
		5. Inhaftnahme	198
		6. Einführung eines Monitorings	199
		7. Fiktion der Nichteinreise an EU-Binnengrenzen?	199
		8. Zusammenfassung wesentlicher Neuerungen durch das Screening	200
	III.	Asylverfahrensverordnung-E	201
		1. Modalitäten des Asylverfahrens	202
		a) Zugang zum Asylverfahren und Verfahrensgarantien	202
		b) Unzulässigkeitsprüfung	203
		c) Beschleunigte Begründetheitsprüfung	207
		2. Grenzverfahren	208
		a) Kapazitäten für Grenzverfahren	209
		b) Rückführung und Rückkehr-Grenzverfahren	210
		3. Unterschiedlicher Rechtsschutz	212
		4. Zusammenfassung wesentlicher Neuerungen der Asylverfahrensverordnung	214
	IV.	Asyl- und Migrationsmanagement-Verordnung-E	214
		1. Verantwortlichkeitskriterien	215
		2. Verfahren zur Bestimmung des zuständigen Mitgliedstaats	217
		3. Solidaritätsmechanismus	218
		a) Lageberichte und Empfehlungen durch die Kommission	219
		b) Zugang zu Solidaritätsmaßnahmen	219
		c) Zusammensetzung des Solidaritätspools	220
		d) Durchführung der Solidaritätsmaßnahmen	220
		4. Zusammenfassung wesentlicher Neuerungen der AMMVO-E	222
	V.	Krisenverordnung-E	222
D.	Zusammenfassende Würdigung		225
	I.	Integriertes Grenzverfahren	226
		1. Screening als Verfahrenshandlung	227

		2.	Nichteinreisefiktion und Externalisierung von Schutzpflichten	228
		3.	Verfahrensbeschleunigung?	231
		4.	Verlagerung auf die Judikative	234
	II.	Rechtsschutz		234
		1.	Rechtsstaatliches Gebot eines effektiven Zugangs zum Recht	235
		2.	Reduzierung von Verfahrensgarantien	235
		3.	Faktische Zugangsbeschränkungen durch Infrastruktur	238
		4.	Rechtsschutzbeschränkungen	238
		5.	Zwischenfazit	240
	III.	Sekundärmigration		240
		1.	Absenkung des Lebensstandards	241
		2.	Beschränkungen der (Bewegungs-)Freiheit	243
		3.	Die Auswirkung des Solidaritätsmechanismus	243
		4.	Berücksichtigung wichtiger Bindungen	244
		5.	Zwischenfazit	245
	IV.	Auswirkungen der AMMVO-E auf refugees in orbit		246
	V.	Die Unterminierung besonderer Schutzbedarfe		248
		1.	Administrativ erzeugte Vulnerabilität	248
		2.	Paradigmenwechsel hinsichtlich UMA	250
		3.	Auswirkungen der GEAS-Reform für vulnerable Schutzsuchende	250
	VI.	Folgen eines dysfunktionalen Rechtssystems		252
	VII.	GEAS-Reform oder Verabschiedung vom GEAS?		254
Stichwortverzeichnis				255

Literaturverzeichnis

Agersnap, Ole/Jensen, Amalie/Kleven, Henrik, The Welfare Magnet Hypothesis: Evidences from an Immigrant Welfare Sheme in Denmark, NBER Working Paper Series 2654, Cambridge 2019, abrufbar unter: https://www.nber.org/system/files/working_papers/w26454/w26454.pdf

Armbruster, Wolfgang/Barwig, Klaus/Frings, Dorothee/Janda, Constanze/Weidmann, Manfred, Geflüchtete ohne Aufenthaltstitel – (Kein) Bleiberecht durch Arbeit?, InfAuslR (42) 2020, 93

Bahl/Becker (Hrsg.), Globale Flucht- und Migrationsprozesse. Die Erklärungskraft von Fallstudien, Göttingen 2020 (zit.: Bahl/Becker/Bearbeiter:in)

BAMF (Hrsg.), Evaluation des Pilotprojektes „Asylverfahrensberatung", Entwurf vom 25.9.2017, online abrufbar: https://www.nds-fluerat.org/wp-content/uploads/2018/05/FB_Asylverfahrensberatung_Entwurf170925.pdf (zit.: BAMF, Evaluation Asylverfahrensberatung)

Barwig, Klaus/Beichel-Benedetti, Stephan/Brinkmann, Gisbert u.a. (Hrsg.), Schriften zum Migrationsrecht, Band 9: Solidarität – Hohenheimer Tage zum Ausländerrecht 2012, Baden-Baden 2013, 41
(zit.: Barwig/Beichel-Benedetti/Brinkmann/Bearbeiter:in, Solidarität)

Bast, Jürgen, Vom subsidiären Schutz zum europäischen Flüchtlingsbegriff, ZAR (38) 2018, 41

Beismann, Lukas, Das reformierte Recht der Fachkräfteeinwanderung, ArbRAktuell (15) 2023, 613

Bender, Dominik, Das Dublin-System als Teil des europäischen Integrationsprozesses: ein historischer Abriss, in: Barwig, Klaus/Beichel-Benedetti, Stephan/Brinkmann, Gisbert u.a. (Hrsg.), Schriften zum Migrationsrecht, Band 4: Hohenheimer Tage zum Ausländerrecht 2010, Baden-Baden 2011, 219 (zit.: Barwig/Beichel-Benedetti/Brinkmann/Bender, Das Dublin System als Teil des europäischen Integrationsprozesses)

Bergmann, Jan/Dienelt Klaus (Hrsg.), Ausländerrecht, München 14. Aufl. 2022

Berlit, Uwe, Änderung des Optionsrechts, ZAR (35) 2015, 90

Berlit, Uwe, Das Staatsangehörigkeitsmodernisierungsgesetz – ein erster Überblick, ZAR (44) 2024, 59

Berlit, Uwe, Migration und ihre Folgen – Wie kann das Recht Zuwanderung und Integration in Gesellschaft, Arbeitsmarkt und Sozialordnung steuern? (Teil 1), ZAR (38) 2018, 229

Berlit, Uwe, Sonderasylprozessrecht – Zugang zu gerichtlichem Rechtsschutz im Asylrecht, InfAuslR (40) 2018, 309

Berlit, Uwe/Dörig, Harald, Asylverfahren verbessern durch eine Tatsachenbewertungskompetenz des BVerwG im Rahmen länderbezogener Leitentscheidungen, NVwZ (37) 2017, 1481

Berlit/Hoppe/Kluth (Hrsg.), Jahrbuch des Migrationsrechts für die Bundesrepublik Deutschland, Baden-Baden 2020 ff.
(zit.: Bearbeiter:in in Berlit/Hoppe/Kluth, JbMigrR)

Breidenbach, Wolfgang, Das Migrationspaket 2019 – ein Überblick unter besonderer Berücksichtigung des Arbeitsmarktzugangs, GewArch (66) 2020, 89

Breidenbach, Wolfgang, Editorial, ZAR (40) 2020, 49

Bünte, Rudolf/Knödler, Christoph, Die „Blaue Karte EU" – Neues zur Integration ausländischer Arbeitnehmer in den deutschen Arbeitsmarkt, NZA (23) 2012, 1255

Bünte, Rudolf/Knödler, Christoph, Einwanderungsgesetz: Plädoyer für weitere Ausdifferenzierung, ZRP (45) 2018, 102

Calliess, Christian/Ruffert, Matthias (Hrsg.), EUV/AEUV, München 6. Aufl. 2022 (zit.: Calliess/Ruffert/Bearbeiter:in).

Chetail, Vincent/De Bruycker, Philippe/Maiani, Francesco, Reforming the Common European Asylum System – The New European Refugee Law, Leiden 2016
(zit.: Chetail/De Bruycker/Maiani, Reforming GEAS)

Conradt, Roland/Hornung, Ulrike, Die Entwicklung des Rechts der Arbeitsmigration in der Bundesrepublik Deutschland, ZAR (40) 2020, 171

Cornelisse, Galina/Moraru, Madalina, Judical Interactions on the European Return Directive: Shifting Borders and the Constitutionalisation of Irregular Migration Governance, European Papers 7/2022, 127–149

Cornelisse, Galina/Reneman, Marcelle, Border procedures in the Commission's New Pact on Migration and Asylum: A case of politics outplaying rationality?, ELJ (26) 2020, 181

Costello, Cathryn, The Human Rights of Migrants and Refugees in European Law, in: Craig, Paul/De Búrca, Gráinne (Hrsg.), Oxford Studies in European Law, Oxford 2016 (zit.: Costello, The Human Rights of Migrants and Refugees in European Law)

De Bruycker, Philippe, Solidarity under EU asylum policy with the New Pact on Migration and Asylum: Deal or Grail?, ECA Journal (2) 2023, 13

De Bruycker/De Somer/De Brouwer, From Tampere 20 to Tampere 2.0: Towards a New European Consensus on migration, 2019 (zit.: De Bruycker/De Somer/De Brouwer/Bearbeiter:in, From Tampere 20 to Tampere 2.0)

De Jong, Petra/De Valk, Helga, Intra-European Migration Decisions and Welfare Systems: The Missing Life Course Link, JEMS (46) 2020, 1773

Decker, Andreas/Bader, Johan/Kothe, Peter (Hrsg.), Beck'scher Online-Kommentar Migrations- und Integrationsrecht, 17. Edition v. 15.10.2023
(zit. BeckOK MigR/Bearbeiter:in, § Rn.)

Deutscher Gewerkschaftsbund, Stellungnahme zu den Referentenentwürfen des BMI und des BMAS. Entwurf eines Gesetzes zur Weiterentwicklung der Fachkräfteeinwanderung und Entwurf einer Verordnung zur Weiterentwicklung der Fachkräfteeinwanderung, 2023.

Dietz, Andreas, Das Chancen-Aufenthaltsrecht, NVwZ (42) 2023, 15

Dörig, Harald (Hrsg.), Handbuch Migrations- und Integrationsrecht, München 2. Aufl. 2020 (zit.: Dörig MigrationsR-HdB//Bearbeiter:in)

Dörig, Harald, Das neue Fachkräfteeinwanderungsgesetz, jM (7) 2020, 108

Dörig, Harald, Fachkräftegewinnung mit Blue Card oder Punktesystem, NVwZ (35) 2016, 1033

Dörig, Harald, Kompetenz des Bundesverwaltungsgerichts für Länderleitentscheidungen im Asylrecht, NVwZ (42) 2023, 379

Dörr, Oliver, Das Schengener Durchführungsübereinkommen – ein Fall des Art. 24 I GG, DÖV (46) 1993, 696

ECRE (Hrsg.), Sharing Responsibility for Refugee Protection in Europe: Dublin Reconsidered, Brüssel 2008, online abrufbar: https://www.ecre.org/wp-content/uploads/2016/07/ECRE-Sharing-Responsibility-for-Refugee-Protection-in-Europe-Dublin-Reconsidered_March-2008.pdf (zit.: ECRE, Dublin Reconsidered)

Endres de Oliveira, Pauline, Legaler Zugang zu internationalem Schutz – zur Gretchenfrage im Flüchtlingsrecht, Kritische Justiz (49) 2016, 167

Ette, Andeas/Rühl, Stefan/Sauer, Lenore, Die Entwicklung der Zuwanderung hochqualifizierter Drittstaatsangehöriger nach Deutschland, ZAR (32) 2012, 14

European Parliament Research Service (Hrsg.), Asylum Procedures at the Border. European Implementation Assessment (PE 654.201), November 2020, online abrufbar unter: https://www.europarl.europa.eu/RegData/etudes/STUD/2020/654201/EPRS_STU(2020)654201_EN.pdf

European Union Agency for Fundamental Rights, Update of the 2016 Opinion of the FRA on fundamental rights in the 'hotspots' set up in Greece and Italy, FRA Opinion – 3/2019, S. 7 f., online abrufbar: https://fra.europa.eu/sites/default/files/fra_uploads/fra-2019-opinion-hotspots-update-03-2019_en.pdf

Fiedler, Ruben, Weiterentwicklung der Fachkräfteeinwanderung – Eine Herausforderung für die Praxis, NVwZ (42) 2023, 1374

Franz, Hannah, Ein Pflichtanwalt für die Abschiebungshaft?, NVwZ (42) 2024, 216

Friehe, Matthias, Reform der Staatsangehörigkeit – ein demokratiepolitischer Rückschritt, NJW (71) 2023, 3626

Fröhlich, Daniel, Das Asylrecht im Rahmen des Unionsrechts – Entstehung eines föderalen Asylregimes in der Europäischen Union, Verfassungsentwicklung in Europa, Band 5, Tübingen 2011 (zit.: Fröhlich, Das Asylrecht im Rahmen des Unionsrechts)

Fuchs, Johann/Söhnlein, Doris/Weber, Brigitte, Demografische Entwicklung lässt das Arbeitskräfteangebot stark schrumpfen, IAB Kurzbericht 25/2021

Goodwin-Gill, Guy/McAdam, Jane, The Refugee in International Law, Oxford 4. Aufl. 2021

Grabitz/Hilf/Nettesheim, Das Recht der Europäischen Union EUV/AEUV, 80. Ergänzungslieferung August 2023 (zit.: Grabitz/Hilf/Nettesheim/Bearbeiter:in)

Griesbeck, Michael, Erleichterung der Fachkräftezuwanderung durch rechtliche Regelungen und flankierende Maßnahmen – eine Zwischenbilanz, ZAR (34) 2014, 181

Groß, Thomas, Migrationsrelevante Freiheitsrechte der EU-Grundrechtecharta, in: Barwig, Klaus/Beichel-Benedetti, Stephan/Brinkmann, Gisbert u.a. (Hrsg.), Schriften zum Migrationsrecht, Band 15: Freiheit, Baden-Baden 2014 (zit.: Barwig/Beichel-Benedetti/Brinkmann/Groß, Migrationsrelevante Freiheitsrechte der GrCh)

Groß, Thomas/Tryjanowski, Alexandra, Der Status von Drittstaatsangehörigen im Migrationsrecht der EU – eine kritische Analyse, Der Staat (48) 2009, 259

Günther, Carsten, Gerichtliche Durchsetzung von Zuständigkeitsregelungen im Dublin-System, ZAR (37) 2017, 7

Habbe, Heiko, Gut gemeint, aber …? – Neuregelung der Ausbildungsduldung, ANA-ZAR (4) 2023, 33

Hailbronner, Kay, AsylR/AuslR, Stuttgart 5. Aufl. 2021

Hailbronner, Kay, Ausländerrecht, München 2023 (zit.: Hailbronner/Bearbeiter:in)

Hailbronner, Kay, Optionsregelung und doppelte Staatsangehörigkeit, ZAR (33) 2013, 357

Hailbronner, Kay/Kau, Marcel/Gnatzy, Thomas/Weber, Ferdinand, Staatsangehörigkeitsgesetz, München 7. Aufl. 2022

Hänsel, Valeria/Hess, Sabine/Schurade, Svenja, Refugee Protection – Germany Country Report, Working Papers Global Migration: Consequences and Responses, Paper 2019/28, (zit.: Hänsel/Hess/Schurade, Germany Country Report)

Henssler, Martin, Stärkung der Tarifbindung durch den Gesetzgeber?, RdA (71) 2021, 5

Herzog-Schmidt, Julia, Zuwanderung Hochqualifizierter: Die Blue-Card-Richtlinie 2009/50/EG und ihre Umsetzung in Deutschland, Baden-Baden 2014
(zit.: Herzog-Schmidt, Zuwanderung Hochqualifizierter)

Heusch, Andreas/Houben, Andrea, Gesetz zur Beschleunigung der Asylgerichtsverfahren und Asylverfahren. Darstellung und Bewertung der wesentlichen Gesetzesänderungen, NVwZ (42) 2023, 7

Heuser, Helene/Junghans, Jakob/Kluth, Winfried (Hrsg.), Der Schutz vulnerabler Personen im Flucht- und Migrationsrecht – Grundlagen, Identifizierung und bedarfsgerechte Maßnahmen am Beispiel der Betroffenen von Menschenhandel, Halle (Saale) 2021

Hinterberger, Kevin, Regularisierungen irregulär aufhältiger Migrantinnen und Migranten, Baden-Baden 2020

Hofmann, Rainer M. (Hrsg.), NK-AuslR, Baden-Baden 3. Aufl. 2023 (zit.: NK-AuslR/Bearbeiter:in)

Hofmann, Rainer/Schmidt, Adela, Ist die Türkei für Asylantragsteller ein sicherer Drittstaat? – Das Urteil des Hellenischen Staatsrats vom 22.9.2017, ZAR (1) 2018, 1

Hruschka, Constantin (Hrsg.), HK-GFK, Baden-Baden 2022

Huber, Berthold, Das Zuwanderungsgesetz, NVwZ (24) 2005, 1

Huber, Berthold, Neue Regelungen des Arbeitsmarktzugangs für Drittstaatsangehörige – Die (neue) Beschäftigungsverordnung, NZA (15) 2014, 820

Huber, Berthold/Mantel, Johanna (Hrsg.), Aufenthaltsgesetz/Asylgesetz, München 3. Aufl. 2021 (zit.: Huber/Mantel/Bearbeiter:in)

Institut für Arbeitsmarkt- und Berufsforschung, Stellungnahme zum Entwurf eines Gesetzes zur Weiterentwicklung der Fachkräfteeinwanderung, 2023

Jaber, Layla Kristina, Die Bedeutung des Sprachmittlers im Asylverfahren, ZAR (37) 2017, 318

Jarass, Hans. D., Charta der Grundrechte, München 4. Aufl. 2021

Junghans, Jakob, Der Evaluationsbericht des BAMF zu AnkER-Einrichtungen – Anlass einer Bestandsaufnahme, ZAR (41) 2021, 365

Junghans, Jakob, Instrumente für einen effektiven Gewaltschutz in Aufnahmeeinrichtungen, ZAR (41) 2021, 59

Junghans, Jakob/Kluth Winfried, Exploring Asylum Seekers' Lived Experiences of Vulnerability in Germany, Halle (Saale) 2023

Klaus, Sebastian, Akute Überforderung von Ausländer- und Staatsangehörigkeitsbehörden: (k)ein Grund für Untätigkeit? InfAuslR (45) 2023, 303

Klaus, Sebastian, Anerkennung oder Gleichwertigkeit ausländischer Berufsausbildung als tatbestandliche Voraussetzung der Fachkräftemigration: Ein „Dealbreaker" für Arbeitgeber?, RdJB (67) 2019, 187

Klaus, Sebastian, Deutschland wird ein modernes Einwanderungsland – mit erodierten Verwaltungsstrukturen, jM (10) 2023, 368

Klaus, Sebastian, Die Hochqualifizierten-Richtlinie 2.0: Geplante Novellierung der europarechtlichen Vorgaben zur Blauen Karte EU, ZAR (37) 2017, 60

Klaus, Sebastian, Die neue Hochqualifiziertenrichtlinie: Rechtliche und praktische Einordnung für die Migration von qualifizierten Beschäftigten in die EU, Baden-Baden 2022 (zit.: Klaus, Die neue Hochqualifiziertenrichtlinie)

Klaus, Sebastian, Ein zentrales Element der Migrationspolitik in der 20. Wahlperiode: Die Umsetzung der neuen Hochqualifizierten-RL, ZAR (20) 2020, 19

Klaus, Sebastian, Mehr Fortschritt im Arbeitsmigrationsrecht dringend notwendig: reines Wagen genügt nicht, NJOZ (22) 2022, 129

Klaus, Sebastian, Mit Punktesystem punkten, mit Verfahrensoptimierung siegen, ZRP (55) 2022, 63

Klaus, Sebastian/Kolb, Holger, Beschäftigung nicht nur für Fachkräfte: das Gesetz und die Verordnung zur Weiterentwicklung der Fachkräfteeinwanderung, ZAR (43) 2023, 194

Klaus, Sebastian/Mävers, Gunther/Offer, Bettina, „So geht Einwanderungsland": Zentralisierung, Automatisierung, Konsolidierung und Harmonisierung, ZRP (51) 2018, 197

Klaus, Sebastian/Mävers, Gunther/Offer, Bettina, Das neue Fachkräfteeinwanderungsrecht, München 2020

Klaus, Sebastian/Wittmann, Philipp (Hrsg.), AufenthV, München 2022 (zit.: Klaus/Wittmann/Bearbeiter:in)

Kluth, Winfried, Das Asylverfahrensbeschleunigungsgesetz, ZAR (35) 2015, 337

Kluth, Winfried, Das Fachkräfteparadoxon, ZAR (43) 2023, 145

Kluth, Winfried, Der „Masterplan Migration" aus der Sicht der Migrationsrechtswissenschaft, ZAR (38) 2018, 297

Kluth, Winfried, Die besonderen Bedürfnisse von schutzbedürftigen Personen im System des europäischen und deutschen Migrationsrechts, ZAR (40) 2020, 119

Kluth, Winfried, Einwanderungsgesetz: Entwürfe – Chancen – Kritik, NVwZ (37) 2018, 1437

Kluth, Winfried, Mittelstandsorientierte Weiterentwicklung des Einwanderungsrechts mit Blick auf das Handwerk: Ansätze für Regelungskonzepte unter besonderer Berücksichtigung berufsbildender Maßnahmen im In- und Ausland, Baden-Baden 2019 (zit.: Kluth, Mittelstandsorientierte Weiterentwicklung des Einwanderungsrechts)

Kluth, Winfried, Next Steps: Die Gesetze des Migrationspakets 2019 folgen jeweils eigenen Pfaden, NVwZ (38) 2019, 1305

Kluth, Winfried, Rechtliche Auswirkungen des Fachkräftemangels in der öffentlichen Verwaltung. Zugleich Überlegungen zu Reaktionsmöglichkeiten von Verwaltung und Gesetzgeber, NVwZ (42) 2023, 1474

Kluth, Winfried, Solidarität im Flüchtlingsrecht: von den Erwartungen der GFK zum komplexen Solidaritätsmanagement im Entwurf der Asyl-Management-Verordnung, ZAR (43) 2023, 328

Kluth, Winfried, Variable Staatsbürgerschaftsrechte – eine Alternative zum Optionsmodell?, ZAR (29) 2009, 134

Kluth, Winfried/Heusch, Andreas (Hrsg.), Beck'scher Online-Kommentar Ausländerrecht, 40. Edition v. 1.1.2024 (zit.: BeckOK AuslR/Bearbeiter:in, § Rn.)

Kluth, Winfried/Hornung, Ulrike/Koch, Andreas (Hrsg.), Handbuch Zuwanderungsrecht, München 3. Aufl. 2020 (zit.: Kluth/Hornung/Koch ZuwanderungsR-HdB/Bearbeiter:in)

Kolb, Holger, Der Teufel liegt im Detail – Zu den Herausforderungen der Kriterienbestimmung für ein Punktesystem zur Steuerung der Erwerbsmigration, ZAR (42) 2022, 151

Kolb, Holger, Ein PUMA in Baden-Württemberg: Zur steuerungssystematischen Einordnung des „Punktebasierten Modells für ausländische Fachkräfte", ZAR (36) 2016, 136

Kolb, Holger, Konnexitäten im Erwerbsmigrationsrecht, IAR (46) 2024, 99

Kolb, Holger, Neue Risiken prekärer Beschäftigung?, SVR-Kurzinformation 2023-6

Kolb, Holger, Perspektiven der Weiterentwicklung erwerbsmigrationspolitischer Normen in Deutschland, ZAR (37) 2017, 145

Kolb, Holger, Pool-Lösungen in der Migrationssteuerung: Zu den (überraschenden) Parallelen des deutschen Familiennachzugsneuregelungsgesetzes und des kanadischen Express Entry-Systems, ZAR (39) 2019, 16

Kolb, Holger, Vom Annex zum eigenständigen System, SVR-Kurzinformation 2023-2

Kolb, Holger, Wie der § 19c II AufenthG iVm § 6 BeschV zum Nukleus eines Punktesystems im deutschen Erwerbsmigrationsrecht werden könnte, ZAR (42) 2022, 51.

Kolb, Holger, Zuwanderungssteuerung und Arbeitsmarktintegration Das Beispiel Kanada unter besonderer Berücksichtigung der Anerkennung im Ausland erworbener Qualifikationen RdJB (63) 2015, 337

Kramer, Regine, Das „Post-Stockholm-Programm", Öffentliche Sicherheit (9–10) 2014, 48–49

Krause, Ulrike, Gewalterfahrungen von Flüchtlingen, IMIS/BICC (Hrsg.), State-of-research Papier 03 2018 (zit.: Krause, Gewalterfahrungen von Flüchtlingen)

Kuczynski, Alexandra/Solka, Simone, Die Hochqualifiziertenrichtlinie, ZAR (29) 2009, 219

Langenfeld, Christine, Asyl und Migration unter dem Grundgesetz, NVwZ (38) 2019, 677

Langenfeld, Christine, Tausche Arbeit gegen Asyl – Ein integrations- und arbeitsmarktpolitisch riskanter Weg, ZRP (48) 2015, 193

Langenfeld, Christine/Kolb, Holger, Der Kommissionsvorschlag einer neuen EU-Hochqualifiziertenrichtlinie, EuZW (27) 2016, 527

Lavenex, Sandra, 'Failing Forward' Towards Which Europe? Organized Hypocrisy in the Common European Asylum System, JCMS (56) 2018, 1195

Lehmann, Katrin, Deutschland sollte der GEAS-Reform nicht zustimmen, ZAR (43) 2023, 275

Lehner, Roman, Gesetzgebung: Vor- und Nachteile der Reformschritte in der letzten Dekade, ZAR (42) 2022, 144

Lehner, Roman/Kolb, Holger, Aus der Zeit gefallen: Warum ein Punktesystem kaum mehr Platz im deutschen Erwerbsmigrationsrecht hat, NVwZ (37) 2018, 1181

Lehner, Roman/Kolb, Holger, Vorschlag zu einem Einwanderungsgesetz – Viel Lärm um wenig, ZRP (50) 2017, 34

Lehner, Roman/Kolb, Holger, Warum die Westbalkanregelung nicht verlängert werden sollte, FAZ Einspruch v. 15.5.2020

Lembcke, Franziska/Werding, Martin, Erwerbsmigration nach Deutschland: Chancen durch gesteuerte Zuwanderung, ifo Schnelldienst (76) 2023, 42

Liebau, Elisabeth, Geflüchtete in Deutschland arbeiten zunehmend – auch als Fachkräfte, DIW Wochenbericht 38, 2023

Lisken, Hans/Denninger Erhard (Hrsg.), Handbuch des Polizeirechts, München 7. Aufl. 2021

Marx, Reinhard, AsylVfG, Köln 8. Aufl. 2014

Matevžič, Gruša, Crossing a Red Line, How EU Countries Undermine the Right to Liberty by Expanding the Use of Detention of Asylum Seekers upon Entry: Case Studies on Bulgaria, Greece, Hungary and Italy, Hungarian Helsinki Committee (Hrsg.) 2019, online abrufbar: https://helsinki.hu/wp-content/uploads/crossing_a_red_line.pdf

Menke, Matthias, Bedingungen einer Asylgesetzgebung der Europäischen Gemeinschaft, Schriftenreihe Europäisches Recht, Politik und Wirtschaft, Band 161, Baden-Baden 1993 (zit.: Menke, Bedingungen einer Asylgesetzgebung der EG)

Meyer, Jürgen/Hölscheidt, Sven (Hrsg.), NK-EuGRCh, Baden-Baden 5. Aufl. 2019 (zit.: NK-EuGRCh/Bearbeiter:in)

Möller, Lina Sophie, Expert:innen der Zivilgesellschaft erarbeiten Handlungsvorschläge für Seenotrettung auf dem Mittelmeer – Veranstaltung des Auswärtigen Amtes am 30.5.2023, ZAR (43) 2023, 366

Moraru, Madalina/Cornelisse, Galina/De Bruycker, Philippe/Papapanagiotou-Leza, Angeliki/Kofinnis, Stergios, Can the Return Directive Contribute to Protection for Rejected Asylum Seekers and Irregular Migrant in Detention? The Case of Greece, in:, Law and Judical Dialogue on the Return of Irregular Migrants from EU, 281–299 (zit.: Moraru/Cornelisse/De Bruycker/Papapanagiotou-Leza/Kofinnis, The Case of Greece)

Morell, Alisha/Hofmann, Claudia, Das Auswahlverfahren für die Einwanderung von Fachkräften nach dem neuen Fachkräfteeinwanderungsgesetz – eine kritische Analyse, KritV (102) 2019, 293

Moreno-Lax, Violeta, Must EU Borders have Doors for Refugees? On the Compatibility of Schengen Visas and Carrier's Sanctions with EU Member States' Obligation to Provide International Protection to Refugees, EJML (10) 2008, 315

Moreno-Lax, Violeta, The New Pact on Migration and Asylum and human rights: continued hypocrisy or outright dehumanisation?, ECA Journal (2) 2023, 106

Münch, Berthold, Sachverständigen-Stellungnahme für den DAV zum Rückführungsverbesserungsgesetz, Ausschuss-Drs. 20(4)348 C, Berlin 2023

Neumayer, Eric, Asylum Destination Choice: What Makes some European Countries more Attractive than Others?, European Union Politics (5) 2004, 155

Neundorf, Kathleen, Neuerungen im Aufenthalts- und Asylrecht durch das Asylverfahrensbeschleunigungsgesetz, NJW (69) 2016, 5

Noiriel, Gérard, Die Tyrannei des Nationalen – Sozialgeschichte des Asylrechts in Europa, Lüneburg 1994 (zit.: Noiriel, Die Tyrannei des Nationalen)

Nußberger, Angelika, Flüchtlingsschicksale zwischen Völkerrecht und Politik – Zur Rechtsprechung des EGMR zu Fragen der Staatenverantwortung in Migrationsfällen, NVwZ (35) 2016, 815

Oberreuter, Heinrich, Staatslexikon, Band 1: ABC-Waffen – Ehrenamt, Freiburg 8. Aufl. 2017

OECD, Zuwanderung ausländischer Arbeitskräfte, Paris 2015

Offer, Bettina, Der Entwurf der SPD-Bundestagsfraktion für ein Einwanderungsgesetz – Analyse und kritische Stellungnahme, ZAR (37) 2017, 29

Offer, Bettina, Politische Glasperlenspiele oder praktische Verbesserungen als zentrale Stellschraube, ZAR (42) 2022, 147

Offer, Bettina/Mastmann, Gabriele, Aktuelle Fragestellungen zur Blauen Karte EU nach den Rechtsänderungen am 18.11.2023, ZAR (44) 2024, 16

Offer, Bettina/Mävers, Gunther (Hrsg.), Beschäftigungsverordnung, München 2021
(zit.: Offer/Mävers/Bearbeiter:in)

Peers, Steve/Hervey, Tamara/Kenner, Jeff/Ward, Angela, Fundamental Rights, Oxford 2014
(zit.: Peers/Hervey/Kenner/Ward/Bearbeiter:in)

Peers, Steve/Moreno-Lax, Violeta/Garlick, Madeline/Guild, Elspeth, EU Immigration and Asylum Law (Text and Commentary), Volume 3: EU Asylum Law, Leiden 2. Aufl. 2015
(zit.: Peers/Moreno-Lax/Garlick/Guild EU Immigration)

Pettersson, Paul, Kollektive Gefährdungslagen im Asylrecht, Heidelberg 2023

Policy Department for Citizens' Right and Constitutional Affairs (Hrsg.), The European Commission's legislative proposals in the New Pact on Migration and Asylum, Juli 2021, abrufbar unter: https://www.europarl.europa.eu/RegData/etudes/STUD/2021/697130/IPOL_STU(2021)697130_EN.pdf (zit.: Policy Department for Citizens' Right and Constitutional Affairs (Hrsg.), The European Commission's legislative proposals)

Posch, Peter, Der Lehrermangel. Ausmaß und Möglichkeiten der Behebung eines Problems, Weinheim, 1967

Reneman, Marcelle/Stronks, Martijn, What are they waiting for? The use of acceleration and deceleration in asylum procedures by the Dutch Government, Time & Society (30) 2021, 302

Rengeling, Hans-Werner/Szczekalla, Peter (Hrsg.), EU-Grundrechte, Köln 2004

Ritgen, Klaus, Der Nachfolgeprozess zum Zweiten Flüchtlingsgipfel – erste Ergebnisse einer neuen Form der Zusammenarbeit zwischen Bund, Ländern und Kommunen im Migrationsrecht, ZAR (43) 2023, 323

Ritgen, Klaus, Die rechtliche Steuerung von Zuwanderung und Integration in Gesellschaft, Arbeitsmarkt und Sozialordnung, ZAR (38) 2018, 409

Röder, Sebastian/Wittmann, Philipp, Ausbildungsduldung, Beschäftigungsduldung und „Duldung light". Duldungen auf Abschiedstournee, in: Im Dialog, Beiträge aus der Akademie der Diözese Rottenburg-Stuttgart, 57–78
(zit.: Röder/Wittmann, Im Dialog)

Sade, Markus, Das neue Gesetz zur Beschleunigung der Asylgerichtsverfahren und der Asylverfahren, ZAR (43) 2023, 21

Schmidt, Adela, Das Rückübernahmeabkommen der EU mit der Türkei, Asylmagazin (3) 2015, 67

Schneider, Jan/Tonn, Stefanie, Der Umgang mit Untätigkeitsklagen im Einbürgerungsverfahren, ZAR (44) 2024, 69

Seethaler-Wari, Shahd/Yanasmayan, Zeynep, Unfolding intersecting forms of socio-spatial exclusion: Accommodation centres at the height of the "refugee reception crisis" in Germany, International Migration (61) 2023, 39

Steller, Birte, Deutschland auf dem Weg zu einem Willkommensrecht? Zur Umsetzung der EU-Hochqualifiziertenrichtlinie in deutsches Recht zum 1.8.2012, ZAR (33) 2013, 1

Streinz, Rudolf (Hrsg.), EUV/AEUV – Vertrag über die Europäische Union und Vertrag über die Arbeitsweise der Europäischen Union, München 3. Aufl. 2018
(zit.: Streinz/ Bearbeiter:in EUV/AEUV)

Strunden, Martin/Schubert, Michaela, Deutschland gibt sich Blue Card „Plus" – EU-Richtlinie genutzt für Meilenstein der Arbeitsmigration, ZAR (32) 2012, 270

SVR, Steuern, was zu steuern ist: Was können Einwanderungs- und Integrationsgesetze leisten?, Berlin 2018.

SVR, Migrationsland 2011, Berlin 2011.

SVR, Stellungnahme zum Entwurf der Bundesregierung eines Fachkräfteeinwanderungsgesetzes (FEG), Berlin 2019.

SVR, Unter Einwanderungsländern: Deutschland im internationalen Vergleich, Berlin 2015.

Tettinger, Peter J./Stern, Klaus (Hrsg.), Kölner Gemeinschafts-Kommentar zur Europäischen Grundrechte-Charta, München 2006 (zit.: Tettinger/Stern/Bearbeiter:in)

ThaFF, Stellungnahme zum Referentenentwurf eines Gesetzes zur Weiterentwicklung der Fachkräfteeinwanderung vom 17.02.2023, Erfurt 2023

Thym, Daniel, Einwanderungsgesetzgebung: Chancen und Illusionen (Teil 1), ZAR (37) 2017, 297

Thym, Daniel, Einwanderungsgesetzgebung: Chancen und Illusionen (Teil 2), ZAR (37) 2017; 361

Thym, Daniel, European Migration Law, Oxford 2023

Thym, Daniel, Komplexität als Chance. Gestaltungsoptionen für das künftige Punktesystem zur Fachkräfteeinwanderung, ZAR (42) 2022, 139

Thym, Daniel, Obergrenze für den Familiennachzug zu subsidiär Schutzberechtigten, NVwZ (37) 2018, 1340

Thym, Daniel, Punktesystem: Steuerung der Wirtschaftsmigration mit mathematischer Präzision?, ZAR (42) 2022, 49

Thym, Daniel, Stille Revolution im Schatten des künftigen Punktesystems: Der Referentenentwurf zum Fachkräfte-Einwanderungsgesetz, VerfBlog, 2023/1/23, abrufbar unter: https://verfassungsblog.de/stille-revolution-im-schatten-des-kunftigen-punktesystems/

Thym, Daniel/Hailbronner, Kay, EU Immigration and Asylum Law, München 3. Aufl. 2022 (zit.: Thym/Hailbronner EU Immigration/Bearbeiter:in)

Thym, Daniel/Odysseus Academic Network (Hrsg.), Reforming the Common European Asylum System – Opportunities, Pitfalls, and Downsides of the Commission Proposals for a New Pact on Migration and Asylum, Schriften zum Migrationsrecht 38, Baden-Baden 2022 (zit.: Thym/Odysseus/Bearbeiter:in, Reforming GEAS)

Triandafyllidou, Anna, Beyond irregular migration governance: zooming in on Migrants' Agency, EJML (19) 2017, 1–11

Uznanski, Julia, Die Fachkräftesäule des Gesetzes zur Weiterentwicklung der Fachkräfteeinwanderung – „good on paper"?, ZAR (43) 2023, 187

Uznanski, Julia, Rechtspolitische Fallstricke bei der konkreten Ausgestaltung der „Chancenkarte", ZAR (42) 2022, 156

Voigt, Claudius, 2023, Politische Homöopathie: Entwurf der Bundesregierung zu Arbeitserlaubnissen und Beschäftigungsduldung, Münster

vom Felde, Lisa/Flory, Lea/Baron, Jenny, Identifizierung besonderer Schutzbedürftigkeit am Beispiel von Personen mit Traumafolgestörungen. Status quo in den Bundesländern, Modelle und Herausforderungen, Berlin 2020 (zit.: Vom Felde/Flory/Baron, Identifizierung besonderer Schutzbedürftigkeit)

von Harbou, Frederik/Weizsäcker, Esther (Hrsg.), Einwanderungsrecht, München 2. Aufl. 2020 (v. Harbou/Weizsäcker EinwanderungsR/ Bearbeiter:in)

Walker, Neil, Europe's Area of Freedom, Security and Justice, in: Alston, Philip/Búrca, Gráinne de/Witte, Bruno de (Hrsg.), The Collected Courses of the Academy of European Law, Volume XIII/2, Oxford 2004 (zit.: Alston/Búrca/Witte/Walker)

Weinmann, Martin, Eine Staatsangehörigkeit „auf Dauer": der Generationenschnitt als Modell für ein modernes Staatsangehörigkeitsrecht, ZAR (36) 2016, 317

Weinmann, Martin, Doppelpass mit Generationenschnitt. Modell und Umsetzungsmöglichkeiten, ZRP (50) 2017, 144

Weinzierl, Ruth, Deutsche und europäische Grundrechte im Raum der Freiheit, der Sicherheit und des Rechts, ZAR (30) 2010, 260

Weinzierl, Ruth, Flüchtlinge: Schutz und Abwehr in der erweiterten EU – Funktionsweise, Folgen und Perspektiven der europäischen Integration, Schriftenreihe Europäisches Recht, Politik und Wirtschaft, Band 308, Baden-Baden 2005 (zit.: Weinzierl, Flüchtlinge: Schutz und Abwehr in der erweiterten EU)

Wendel, Mattias, Asylrechtlicher Selbsteintritt und Flüchtlingskrise – Zugleich ein Beitrag zu den Grenzen administrativer Entscheidungsspielräume im Mehrebenensystem, JZ (71) 2016, 332

Wendel, Mattias, Die Neukodifikation der Erwerbsmigration Kontext und Grundzüge des Fachkräfteeinwanderungsgesetzes, ZG (34) 2019, 216

Wittmann, Philipp, Schriftliche Stellungnahme v. 7.12.2023, Ausschussdrucksache 20(4)348 H

Wittmann, Philipp, Vom migrationspolitischen Mindeststandard zum „Bleiberecht im Duldungsgewand" – Entwicklungslinien der deutschen Migrations- und Integrationsgesetzgebung im Bereich der Duldung, ZAR (40) 2020, 183

Wohlgemuth, Hans Hermann/Pepping, Georg, Berufsbildungsgesetz, Baden-Baden 2. Aufl. 2020 (zit.: Wohlgemuth/Pepping/Bearbeiter:in)

Wolf, Patrizia/Wusterhausen, Uwe, Die Reform der Hochqualifizierten-Richtlinie: Was ist neu bei der Blauen Karte EU?, ZAR (42) 2022, 10

Wolter, Miriam, Auf dem Weg zu einem gemeinschaftlichen Asylrecht in der Europäischen Union – Rechtsvergleichende Betrachtung des materiellen Asylrechts der EU-Mitgliedstaaten im Hinblick auf eine Vergemeinschaftung der Materie, Kieler Rechtswissenschaftliche Abhandlungen (NF), Band 21, Baden-Baden 1999 (zit.: Wolter, Auf dem Weg zu einem gemeinschaftlichen Asylrecht)

Zafiraki, Sanyoto/Möller, Frederik, Die Weiterentwicklung der Fachkräfteeinwanderung Welche Neuerungen gelten für Arbeitgeber und welche praktischen Probleme bleiben ungelöst?, ArbRB (23) (2023), 282

Abkürzungsverzeichnis

a.E.	am Ende
a.F.	alte Fassung
ABl.	Amtsblatt
Art.	Artikel
AufenthG	Aufenthaltsgesetz
AufenthV	Aufenthaltsverordnung
BA	Bundesagentur für Arbeit
BAMF	Bundesamt für Migration und Flüchtlinge
Beschl.	Beschluss
BeschV	Beschäftigungsverordnung
BiBB	Bundesinstitut für Berufsbildung
BMAS	Bundesministerium für Arbeit und Soziales
BMI	Bundesministerium des Inneren und für Heimat
BT-Drs.	Bundestagsdrucksache
BVerfG	Bundesverfassungsgericht
EASO	Europäisches Unterstützungsbüro für Asylfragen
ECRE	European Council on Refugees and Exiles
EG	Europäische Gemeinschaft
EGMR	Europäischer Gerichtshof für Menschenrechte
EMRK	Europäische Konvention zum Schutz der Menschenrechte und Grundfreiheiten
EP	Europäisches Parlament
EQR	Europäischer Qualifikationsrahmen
EU	Europäische Union
EUAA	European Union Agency for Asylum
EuGH	Gerichtshof der Europäischen Union
ff.	fortfolgende
FKEG	Fachkräfteeinwanderungsgesetz
GEAS	Gemeinsames Europäisches Asylsystem
GG	Grundgesetz
Hrsg.	Herausgeber:innen
IAB	Institut für Arbeitsmarkt- und Berufsforschung
ICT	Intra-Corporate-Transfer
IKT	Informations- und Kommunikationstechnologie
ISCED	Internationale Standardklassifikation des Bildungswesens
ISCO	International Standard Classification of Occupations
KldB	Klassifikation der Berufe
m.w.N.	mit weiteren Nachweisen
OECD	Organisation for Economic Co-operation and Development

PM	Pressemitteilung
Rat	Rat der Europäischen Union
RL	Richtlinie
Rs.	Rechtssache
SOEP	Sozioökonomisches Panel
StaG	Staatsangehörigkeitsgesetz
SVR	Sachverständigenrat für Integration und Migration
ThAFF	Thüringer Agentur für Fachkräftegewinnung
UMA	Unbegleitet Minderjährige Asylantragssteller:innen
UNHCR	United Nations High Commissioner for Refugees
Urt.	Urteil
v.	vom
VO	Verordnung
ZAB	Zentralstelle für ausländisches Bildungswesen

Einführung

I. Die Neuausrichtung des Migrationsrechts durch den Ampel-Koalitionsvertrag

Die Bundestagswahl 2021 und die anschließende Regierungsbildung waren nach 16 Jahren Kanzlerschaft von Angela Merkel, zuletzt im Rahmen von sog. Großen Koalitionen, durch einen politischen Richtungswechsel geprägt. Dessen inhaltliche Reichweite war allerdings weniger radikal als beim Übergang von „Schwarz-Gelb" (Regierung Kohl/Genscher) auf „Rot-Grün" (Regierung Schröder/Fischer) im Jahr 1998.[1] Mit der SPD blieb eine der bisherigen Regierungsparteien weiter an der Macht und durch die Einbeziehung der FDP wurde ein „Gegengewicht" zu Bündnis 90/Die Grünen einbezogen. Für die SPD war der Aufstieg zum Seniorpartner in der neuen sog. Ampel-Koalition jedoch mit der Chance verbunden, im Bereich der Migrationspolitik die eigenen Prioritäten stärker zur Geltung zu bringen. Mit Bündnis 90/Die Grünen als Koalitionspartner gab es schon zuvor in wichtigen Bereichen der Migrationspolitik eine größere Übereinstimmung als mit der CDU/CSU, so dass die politische Basis für eine grundlegende Neuausrichtung der Migrationspolitik und des Migrationsrechts durchaus naheliegend erschien. Dass mit der FDP nicht in gleicher Weise Einigkeit bestand, wurde im Rahmen von Kompromissformeln und Zugeständnissen überdeckt – eine übliche Vorgehensweise. 1

Der Koalitionsvertrag „Mehr Fortschritt wagen. Bündnis für Freiheit, Gerechtigkeit und Nachhaltigkeit" vom 2021 kündigt vor diesem Hintergrund zu Beginn des Abschnitts „Integration, Migration, Flucht" eine Neuausrichtung mit folgenden Worten an: 2

> „Wir wollen einen Neuanfang in der Migrations- und Integrationspolitik gestalten, der einem modernen Einwanderungsland gerecht wird. Dafür brauchen wir einen Paradigmenwechsel: Mit einer aktiven und ordnenden Politik wollen wir Migration vorausschauend und realistisch gestalten. Wir werden irreguläre Migration reduzieren und reguläre Migration ermöglichen. Wir stehen zu unserer humanitären Verantwortung und den Verpflichtungen, die sich aus dem Grundgesetz, der Genfer Flüchtlingskonvention (GFK), der Europäischen Menschenrechtskonvention (EMRK) und dem Europarecht ergeben, um Geflüchtete zu schützen und Fluchtursachen zu bekämpfen."[2]

An diese allgemeine Vorgabe knüpfen konkrete Zielformulierungen zu folgenden Themenfeldern an. 3

Für das Politikfeld der „regulären Migration", das sich vor allem auf die durch das Aufenthaltsgesetz normierten Aufenthaltstitel bezieht, werden die angestrebten Ziele durch folgende Stichworte umschrieben: 4

- Beschleunigung der Visavergabe;
- Aufenthaltsgenehmigungen sollen bei vorübergehenden Auslandsaufenthalten nicht mehr erlöschen;

---

[1] Diese Bundesregierung veranlasste mit dem Zuwanderungsgesetz vom 30. Juli 2004 (BGBl. I S. 1950), dass die bis heute gültigen Grundstrukturen des Aufenthaltsgesetzes etablierte, eine grundlegende Neuausrichtung des Ausländerrechts. Dazu Huber NVwZ 2005, 1 ff.
[2] Koalitionsvertrag S. 110.

- Schaffung eines stimmigen, widerspruchsfreien Einwanderungsrechts, das anwenderfreundlich und systematisiert idealerweise in einem Einwanderungs- und Aufenthaltsgesetzbuch zusammengefasst werden soll;
- Neuordnung der Duldungstatbestände;
- Erleichterung der Regularisierungen und Einführung eines Chancen-Aufenthaltsrechts;
- präzisere Regelungen für Opfer häuslicher oder partnerschaftlicher Gewalt, die nur ein abgeleitetes Aufenthaltsrecht besitzen;
- Opfer von Menschenhandel sollen ein Aufenthaltsrecht unabhängig von ihrer Aussagebereitschaft erhalten.

5 Für das Politikfeld der Integration werden folgende Zielsetzungen formuliert:
- Zugang zu Integrationskursen direkt nach Ankunft;
- Verstetigung der Beteiligung des Bundes an den flüchtlingsbezogenen Kosten der Länder und Kommunen und zudem die Unterstützung des Bundes in Form der Mittel, die für Integration verwendet werden, fortsetzen:
- Weiterentwicklung der rechtskreisübergreifenden, vernetzten Kooperation in der kommunalen Integrationsarbeit;
- Einführung eines Bundesprogramms zu Stärkung der gesellschaftlichen Teilhabe und Integration von Menschen aus (Süd)ost-Europa;
- Weiterentwicklung der Migrationsberatung des Bundes;
- Überarbeitung der Meldepflichten von Menschen ohne Papiere.

6 In Bezug auf die nationalen Kompetenzen im Politikfeld Flucht und Asyl werden folgende Zielvorgaben angeführt:
- Die Widerrufsprüfung soll künftig wieder anlassbezogen erfolgen;
- schnellere Entscheidungen in Asylprozessen sowie eine Vereinheitlichung der Rechtsprechung;
- Einführung einer flächendeckenden, behördenunabhängigen Asylverfahrensberatung;
- Verbesserung der Unterstützung von vulnerablen Gruppen;
- Das Konzept der AnkER-Zentren wird nicht weiterverfolgt;
- Die Familienzusammenführung zu subsidiär Geschützten wird mit den GFK-Flüchtlingen gleichstellt;
- Zum Ehepartner oder zur Ehepartnerin nachziehende Personen können den erforderlichen Sprachnachweis auch erst unverzüglich nach ihrer Ankunft erbringen.
- Weiterentwicklung des Asylbewerberleistungsgesetzes im Lichte der Rechtsprechung des Bundesverfassungsgerichts;
- Der Zugang für Asylbewerberinnen und Asylbewerber zur Gesundheitsversorgung soll unbürokratischer gestaltet werden;
- Minderjährige Kinder sollen von Leistungseinschränkungen bzw. -kürzungen ausgenommen werden;
- Es wird eine Rückführungsoffensive durchgeführt, um Ausreisen konsequenter umzusetzen, insbesondere die Abschiebung von Straftätern und Gefährdern;
- Um freiwillige Ausreisen zu fördern, soll die staatliche und unabhängige Rückkehrberatung systematisiert und verstärkt werden;

- Die zuständige oberste Bundesbehörde soll für einzelne Herkunftsländer einen temporären nationalen Abschiebestopp erlassen können;
- Asylanträge aus Ländern mit geringen Anerkennungsquoten sollen zur Verfahrensbeschleunigung priorisiert werden.

In Bezug auf das Themenfeld Europäische und Internationale Flüchtlingspolitik, auch bzgl. der GEAS-Reform, sind die im Koalitionsvertrag formulierten Ziele durch die Entwicklungen in den letzten Monaten so deutlich überholt worden, dass es nicht mehr sinnvoll erscheint, die ursprünglichen Zielsetzungen abzubilden. Hier wurde der Koalitionsvertrag bereits durch die dramatischen Entwicklungen im Rahmen der Zeitenwende überholt.

Hinzu kommen die an anderer Stelle des Koalitionsvertrages formulierten Zielsetzungen im Bereich des Staatsangehörigkeitsrechts:

- Ziel ist ein „modernes Staatsangehörigkeitsrecht", das generell die Mehrfachstaatsangehörigkeit ermöglicht und den Weg zum Erwerb der deutschen Staatsangehörigkeit vereinfacht;
- Eine Einbürgerung soll in der Regel nach fünf Jahren möglich sein, bei besonderen Integrationsleistungen nach drei Jahren.
- Eine Niederlassungserlaubnis soll nach drei Jahren erworben werden können. In Deutschland geborene Kinder ausländischer Eltern werden mit ihrer Geburt deutsche Staatsbürgerinnen bzw. Staatsbürger, wenn ein Elternteil seit fünf Jahren einen rechtmäßigen gewöhnlichen Aufenthalt im Inland hat.
- Für zukünftige Generationen wird geprüft, wie sich ausländische Staatsbürgerschaften nicht über Generationen vererben;
- Einbürgerungen für Angehörige der sogenannten Gastarbeitergeneration sollen erleichtert werden;
- Das Einbürgerungserfordernis der „Einordnung in die deutschen Lebensverhältnisse" werden wir durch klare Kriterien ersetzen.

Schon mehr als die Hälfte dieser Zielsetzungen wurde inzwischen durch konkrete Gesetzgebungsprojekte umgesetzt, so dass es sinnvoll erscheint, die vorgenommenen Veränderungen vorzustellen und einzuordnen.

II. Wie neu ist die neue Migrationsgesetzgebung?

Der Koalitionsvertrag spricht von einem „Neuanfang" und zielt dafür auf einen „Paradigmenwechsel" ab. Das bestehende Paradigma, das abgelöst werden soll, wird nicht ausdrücklich benannt. Man kann aus der Umschreibung des neuen Leitbildes als „aktive und ordnende Politik", durch die „Migration vorausschauend und realistisch gestaltet" werden soll, schlussfolgern, dass es bislang an einer hinreichenden aktiven Steuerung gefehlt haben soll.

Vor dem Hintergrund der weitreichenden gesetzlichen Neuregelungen in der 19. Legislaturperiode kann man allerdings nicht von einer Untätigkeit des Bundesgesetzgebers sprechen.³ Es gab 2018 einen „Masterplan Migration"⁴ und das Fachkräfteeinwanderungsgesetz aus dem Jahr 2019 führte zu durchaus grundlegenden Neuregelungen und der erstmaligen Verwendung des bislang vermiedenen Begriffs „Einwanderung" im Aufenthaltsgesetz (durch § 18 in der Formel Fachkräfteeinwanderung).⁵

12 Die im Koalitionsvertrag formulierten Zielsetzungen und daraus abgeleiteten konkreten gesetzgeberischen Maßnahmen stehen ganz überwiegend in der Tradition bestehender Regulierungs- und Steuerungspfade, die jedoch an vielen Stellen erweitert werden. Dabei ist zu beachten, dass die Migrationspolitik der vorherigen beiden großen Koalitionen ebenso durch ein politisches „sowohl – als auch" geprägt waren⁶, wie es in der neuen Koalition weiterhin der Fall ist, nur dass die Positionierungen der beteiligten Akteure sich verschoben haben.

13 Eine Analyse der inhaltlichen Ausrichtung der einzelnen Zielsetzungen und Regelungsvorschläge lässt erkennen, dass in den meisten Fällen bestehende Regelungsansätze erweitert oder vertieft werden und nur ausnahmsweise ganz neu Wege beschritten werden.

14 So wird bei der Absenkung von tatbestandlichen Anforderungen bei den Regularisierungsvorschriften (§§ 25a, 25b AufenthG) an das bestehende Grundmodell (Schaffung von Anreizen für den Übergang von einer Duldung in einen regulären Aufenthalt durch Absenkung der allgemeinen Erteilungsvoraussetzungen) angeknüpft und mit dem Chancen-Aufenthaltsrecht des § 104c AufenthG eine konstruktiv neuartige befristete Brückenregelung in dem evolutiven Prozess von Bleiberechtsregelungen⁷ ergänzt. Zusammen mit den Erweiterungen der Möglichkeiten eines Spur- oder Zweckwechsels, wie sie durch das Fachkräfteeinwanderungsweiterentwicklungsgesetz⁸ ermöglicht werden, zeichnet sich damit bei einer Gesamtbetrachtung eine neue Schwerpunktsetzung des Steuerungsanspruchs des Aufenthaltsgesetzes ab, den man knapp durch den Begriff der Potenzialausschöpfung beschreiben kann. Dabei geht es dem Gesetzgeber vor allem darum, bereits in Deutschland anwesende Personen, die (noch) nicht über einen regulären Aufenthaltstitel verfügen, dauerhaft für den deutschen Arbeitsmarkt zu gewinnen. Zugleich werden dabei Vorkehrungen in Bezug auf „falsche" Anreizeffekte getroffen, etwa durch die Befristung von § 104c AufenthG. Auch durch die Erleichterung des Zugangs zur deutschen Staatsangehörigkeit soll die langfristige Bindung von Arbeitskräften unterstützt werden.⁹

15 Einen roten Faden der Gesetzgebung markieren im Asylrecht demgegenüber die verschiedenen Bemühungen zur Verfahrensbeschleunigung sowohl beim Anerkennungsverfahren des Bundesamtes als auch bei den anschließenden verwaltungsgerichtlichen Verfahren. Hier knüpfen die Aktivitäten teilweise an frühere gesetzgeberische Maßnah-

---

3 Übersicht bei Kluth, in: Berlit/Hoppe/Kluth (Hrsg.), JBMigR 2020, 2021, S. 347 ff.; Berlit, Migrationsrecht in Zeiten der Krise, 2017.
4 Dazu Kluth ZAR 2018, 297 ff.
5 Zur Einordnung Klaus/Mävers/Offer, Das neue Fachkräfteeinwanderungsrecht, 2020; Kluth NVwZ 2018, 1437 ff.
6 Dazu am Beispiel des „Migrationspakets 2019" Kluth NVwZ 2019, 1305 ff.
7 Dazu Wittmann ZAR 2020, 183 ff.
8 Dazu näher Breidenbach/Kolb im nachfolgenden Teil 1 dieses Buches.
9 So die Begründung des Gesetzentwufs: BT-Drs. 20/9044, S. 23.

men[10] an, beschreiten aber auch neue Wege, etwa mit der Tatsachenrevision des § 78 Abs. 8 AsylG.[11]

Teilweise werden auch auf politischen Kompromissen beruhende Regelungen von der Bürde des Kompromisses befreit. Das gilt für die Überführung der Ausbildungsduldung des § 60c AufenthG in einen regulären Aufenthaltstitel in § 16d AufenthG, den die Vorschrift immer schon funktional darstellte.

Allerdings kann mit der Zuspitzung von bestehenden Regelungsansätzen auch eine qualitative Veränderung verbunden sein. Das ist z.B. bei der generellen Hinnahme der mehrfachen Staatsangehörigkeit im Falle einer Einbürgerung der Fall.[12] Es handelt sich um einen Paradigmenwechsel, der vor allem deshalb problematisch ist, weil der Gesetzgeber im Unterschied zur Gesetzgebung in vielen klassischen Einwanderungsländern die Weitergabe der eigenen Staatsangehörigkeit nicht begrenzt hat. Auch erscheint es demokratietheoretisch problematisch[13], wenn durch ein mehrfaches Wahlrecht trotz fehlender aktiver Einbindung in das demokratische Leben des Staates Legitimation vermittelt werden kann.[14]

III. Der aktuelle Stand der Umsetzung der Agenda

Bislang wurden die folgenden Gesetze[15] zur Umsetzung der neuen Agenda verabschiedet:

- G zur Beschleunigung der Asylgerichtsverfahren und Asylverfahren v. 21.12.2022, BGBl. I S. 2817.
- G zur Einführung eines Chancen-Aufenthaltsrechts v. 21.12.2022, BGBl. I S. 2847.
- G zur Durchführung der VO (EU) 2017/2226 und der VO (EU) 2018/1240 sowie zur Änd. des AufenthaltsG, des FreizügigkeitsG/EU, des G über das Ausländerzentralregister und der VO zur Durchführung des G über das Ausländerzentralregister v. 20.4.2023, BGBl. I 2023 Nr. 106
- G zur Weiterentwicklung der Fachkräfteeinwanderung v. 16.8.2023, BGBl. I 2023 Nr. 217.
- G zur Verbesserung der Rückführung (Rückführungsverbesserungsgesetz) v. 28.02.2024, BGBl. I 2024 Nr. 54.
- G zur Modernisierung des Staatsangehörigkeitsrechts (StAGModG), v. 17.01.2024, BGBl. I 2024 Nr. XX

IV. Komplizierte Gesetze, überlastete Behörden und überlange Verfahren

Die zügige Umsetzung der Vorgaben aus dem Koalitionsvertrag u.a. durch die angeführten sechs Änderungsgesetze hat für die zuständigen Behörden zur Folge, dass sie

---

10 Zu den früheren „Beschleunigungsgesetzen" Kluth ZAR 2015, 337 ff.
11 Dazu Heusch/Houben NVwZ 2023, 7 (13 f.); Sade ZAR 2023, 21 (24); Dörig NVwZ 2023, 379 ff.
12 Siehe dazu vertiefend und zugleich kritisch Weber, in: Berlit/Hoppe/Kluth (Hrsg.), JBMigR 2022, 2023, S. 395 ff.
13 Friehe NJW 2023, 3626 ff.
14 Dies könnte durch das Modell einer aktiven und ruhenden Staatsangehörigkeit vermieden werden. Dazu Kluth ZAR 2009, 134 ff.
15 Die Aufzählung beschränkt sich auf Gesetze, deren Hauptzweck die Umsetzung der Agenda des Koalitionsvertrags ist. Darüber hinaus wurden auch im Zusammenhang mit anderen Gesetzgebungsverfahren Teilaspekte der Agenda umgesetzt, auf die hier wegen der ohnehin schon großen Umfangs der zu behandelnden Regelungen nicht gesondert eingegangen wird.

sich in vergleichsweise kurzen Zeitabständen immer wieder mit neuen gesetzlichen Regelungen vertraut machen müssen, die zudem kompliziert und selbst für Spezialisten nicht leicht zu verstehen sind. Das ist zudem keine neue Entwicklung. Alleine das Aufenthaltsgesetz ist seit 2005 über 80 Mal geändert worden.

20 Bereits die Vielzahl der Neuregelungen ist mit erheblichen Herausforderungen an die Lernfähigkeit der Ausländerbehörden verbunden. Kritisch anzumerken ist aber vor allem, dass die gesetzlichen Regelungen auch wegen der ihnen zugrundeliegenden politischen Kompromisse und der Vielzahl der verfolgten Ziele schwer verständlich und wenig anwendungsfreundlich konzipiert sind. Oft dauert es viele Monate, bis neue Gesetzeslagen an der Basis „ankommen". An verbindlichen Verwaltungsvorschriften des Bundes fehlt es und die Länder beschränken sich in ihren Verwaltungsvorschriften in der Regel auf Einzelfragen. Verunsicherung und große Unterschiede bei der Gesetzesanwendung sind die Folge.

21 Hinzu kommt der Fachkräftemangel in den Behörden. Während der Geldmangel und damit die Finanzierung von Staatsaufgaben vor allem in Zeiten wirtschaftlicher Prosperität und hoher Steuereinnahmen an Problemgehalt verlieren, erweist sich der seit einigen Jahren immer gewichtigere Fachkräftemangel als deutlich größere Herausforderung für Wirtschaft, Gesellschaft und Verwaltung und als gewichtige Ursache einer anders strukturierten begrenzten Leistungsfähigkeit des Staates. Die Thematik ist nicht völlig neu, wie die in regelmäßigen Abständen geführte Debatte über den Lehrkräftemangel zeigt.[16] Neu sind vielmehr die thematische Breite und quantitativen Dimensionen[17] des Mangels, der inzwischen vom Lokführer über das IT-Personal (im öffentlichen Dienst) und die Justiz weite Bereiche des allgemeinen Dienstes erreicht hat.[18]

22 Besonders dramatisch ist die Lage im Bereich der Migrations- und Einbürgerungsverwaltungen.[19] Ursächlich für die Überlastung ist dort eine Kombination aus deutlich höheren Fallzahlen, zahlreichen Rechtsänderungen und damit verbundenen komplizierten Rechtsfragen, Mitarbeiterstress als Folge einer Überlastungsspirale und die Abwanderung in andere Bereiche der öffentlichen Verwaltung und Wirtschaft. Freie Stellen lassen sich nur schwer wiederbesetzen. Das führt schließlich zum Fachkräfteparadoxon: da die Behörden, die bei der Bewältigung des Fachkräftemangels helfen sollen, leiden selbst unter diesem und potenzieren damit die Problematik.

23 Der Fachkräftemangel lässt sich nicht durch Gesetzgebung überwinden, aber der Gesetzgeber muss diesen Zustand jedenfalls insoweit im Rahmen seiner Gesetzesfolgenabschätzung berücksichtigen, als er die mit neuen Vorschriften verbundenen zusätzlichen Belastungen so gering wie möglich hält und diese auch zeitlich staffelt, damit die zusätzlichen Arbeitslasten nicht unnötig kumulieren.[20]

---

16 Zu den Zyklen dieses Phänomens Posch, Der Lehrermangel. Ausmaß und Möglichkeiten der Behebung eines Problems, 1967.
17 Die Schätzungen besagen, dass im Jahr 2030 bis zu 1 Million Fachkräfte im gesamten öffentlichen Sektor (einschließlich der Daseinsvorsorge) fehlen könnten.
18 Eine Übersicht zum Personalbedarf in der öffentlichen Verwaltung bis 2023 findet sich u.a. in der PWC-Studie „Fachkräftemangel im öffentlichen Sektor", abrufbar unter: https://www.pwc.de/de/branchen-und-markte/oeffentlicher-sektor/fachkraeftemangel-im-oeffentlichen-sektor.html (zuletzt abgerufen am 17.06.2023).
19 Siehe Kluth ZAR 2023, 145 f.
20 Dazu und zu weiteren Reaktionsmöglichkeiten Kluth NVwZ Online-Aufsatz 7/2023.

Auch in Bezug auf bestehende Regelungen kann durch eine kritische Evaluation die Arbeitsbelastung der Behörden vermindert werden.[21] So können im Rahmen des Gestaltungsermessens weniger aufwändige Vorgehensweisen bevorzugt und nicht erforderliche Mitwirkungshandlungen gestrichen werden. Im Rückführungsverbesserungsgesetz wird die Entlastung der Ausländerbehörden als Gesetzeszweck ausdrücklich angeführt.[22]

---

21 Zu einem solchen Prozess siehe Ritgen ZAR 2023, 323 ff.
22 BT-Drs. 20/9463, S. 21.

Teil 1: Das neue Migrationsrecht im Bereich der arbeitsmarktorientierten Migration

A. Ausgangssituation und Struktur der Reform

Nur kurze Zeit nach der Verabschiedung des Fachkräfteeinwanderungsgesetzes (FKEG)[23], das aufgrund der quasi zeitgleich mit Inkrafttreten des Gesetzes beginnenden Corona-Pandemie kaum (messbare) Wirkung entfalten konnte, hat sich der Gesetz- und Verordnungsgeber entschlossen, für den Bereich der Erwerbsmigration und damit v.a. den 4. Abschnitt des 2. Kapitels des Aufenthaltsgesetzes (AufenthG) sowie die Beschäftigungsverordnung (BeschV) erneut eine umfassenden Neuordnung vorzusehen. In Bundestag und Bundesrat verabschiedet wurden ein Gesetz[24] (im Folgenden: Weiterentwicklungsgesetz) und eine Verordnung[25] zur Weiterentwicklung der Fachkräfteeinwanderung, die den Bereich der Erwerbsmigration einer umfassenden Neuordnung unterziehen und damit einen zentralen und wesentlichen Teil eines in dieser Legislaturperiode geschaffenen neuen Migrationsrechts darstellen. Diese Reform des Erwerbsmigrationsrechts vollzog sich dabei vor dem Hintergrund spezifischer wirtschaftlicher und rechtlicher Rahmenbedingungen.

I. Lage auf dem Arbeitsmarkt

In Deutschland wurde in den letzten Jahren das Problem der Arbeitslosigkeit durch das der ‚Arbeiterlosigkeit' abgelöst. Das zur Jahrtausendwende noch politisch dominierende Problem der Massenarbeitslosigkeit ist dabei nicht nur weitgehend verschwunden, sondern hat sich insofern in das Gegenteil verkehrt, als nun nicht ein Überhang, sondern ein Mangel an Arbeitskräften als besondere wirtschaftspolitische Herausforderung markiert wird. Als ein Teil eines Bündels von Maßnahmen zur Bekämpfung eines Mangels an Arbeitskräften hat die Gewinnung von Arbeitskräften aus dem Ausland zunehmend an Bedeutung gewonnen. Prominent medial platziert wurde in diesem Zusammenhang bspw. die Zahl einer Nettozuwanderung von 400.000, die als erforderlich angesehen wird, um das Erwerbspersonenpotenzial in Deutschland langfristig zu sichern.[26] Der Fokus richtet sich dabei zunehmend auf Drittstaaten, da die bislang als Herkunftsländer von Personen, die zum Zweck der Aufnahme einer Arbeit nach Deutschland kommen, im Zentrum stehenden Mitgliedsstaaten der Europäischen Union nicht zuletzt aufgrund der auch dort stattfindenden demografischen Alterungs- und wirtschaftlichen Aufholprozesse tendenziell an Bedeutung verlieren werden.[27] Die im AufenthG und in der BeschV normierten Regelungen zur Erwerbsmigration wurden folglich bereits in der jüngeren Vergangenheit zu einem wirtschaftspolitischen und damit zu einem politischen ‚Gewinnerthema' einschließlich intensiver Lobbyaktivitäten von Wirtschafts- und Arbeitgeberverbänden, diese Entwicklung hat sich mit dem

---

23 BGBl. 2019 I 1307.
24 BGBl. 2023 I 217.
25 BGBl. 2023 I 233.
26 Fuchs/Söhnlein/Weber, IAB Kurzbericht 25/2021.
27 Der Wanderungssaldo von EU-Staatsangehörigen ist von mehr als 320.000 im Jahr 2015 auf weniger als 100.000 im Jahr 2021 gesunken.

Gesetz und der Verordnung zur Weiterentwicklung der Fachkräfteeinwanderung noch einmal verstärkt.

II. Rechtliche Ausgangslage

27 Die Neuregelung der Erwerbsmigration vollzog sich dabei vor dem Hintergrund einer spezifischen rechtlichen Ausgangssituation. Zum einen ist auch das Erwerbsmigrationsrecht trotz der Tatsache, dass in diesem Teilsegment der Migrationspolitik mitgliedstaatliche Spielräume noch stärker ausgeprägt sind als in deutlich stärker europarechtlich überformten Bereichen wie des Familiennachzugs oder v.a. der Asylzuwanderung, europarechtlichen Vorgaben ausgesetzt.[28] Im Zentrum dieser Vorgaben steht die Richtlinie (EU) 2021/1883 des Europäischen Parlaments und des Rates vom 20. Oktober 2021 über die Bedingungen für die Einreise und den Aufenthalt von Drittstaatsangehörigen zur Ausübung einer hoch qualifizierten Beschäftigung und zur Aufhebung der Richtlinie 2009/50/EG des Rates,[29] die bis zum 18.11.2023 in nationales Recht umzusetzen ist, und deren Umsetzung nun über das Gesetz zur Weiterentwicklung der Fachkräfteeinwanderung ‚miterledigt' wird.

28 U.a. den europarechtlichen Vorgaben geschuldet ist ein gestuftes Verfahren des Inkrafttretens des Gesetzes und der sie begleitenden Verordnung. Um der aus Art. 31 Abs. 1 RL 2021/1883 resultierenden Pflicht, bis zum 18. November 2023 zur Umsetzung entsprechende Maßnahmen zu erlassen, werden die Teile des Gesetzes (Art. 1 mit Ausnahme von Nr. 18 lit. b und der Nr. 30 und 31) und der Verordnung (Art. 1 und 4), die (auch) der Richtlinienumsetzung dienen, an diesem Tag wirksam. Der Löwenteil der durch Gesetz (alle Teile außer Art. 1 Nr. 18 lit. b, Nr. 30, 31, Art. 2 Nr. 18, Art. 3, 4, 5, 6, Art. 7 Nr.1, 2 und Art. 7a) und Verordnung (alle Art. außer Art. 1, 3 und 4 sowie Art. 5 Nr. 2 und 7) geänderten Vorschriften tritt jedoch erst am 1.März 2024 in Kraft. Änderungen, die als besonders herausfordernd für die Einwanderungsverwaltung angesehen werden und entsprechenden Vorlauf zum Aufbau einer entsprechenden Infrastruktur benötigen (v.a. Art. 3 des Gesetzes), werden hingegen erst am 1. Juni 2024 wirksam.

29 Ferner ist zu berücksichtigen, dass auch jenseits europarechtlicher Vorgaben der deutsche Gesetzeber bereits seit vielen Jahren die rechtlichen Rahmenbedingungen im Bereich der Erwerbsmigration im Modus der Liberalisierung verändert hat. Viel zitiert in diesem Zusammenhang ist die bereits 2013 von der OECD geäußerte Einschätzung, dass die „deutsche Zuwanderungspolitik für die hochqualifizierte Migration […] eine der offensten im OECD-Raum"[30] ist. Vor allem für akademisch qualifizierte Fachkräfte mit einer in Deutschland als gleichwertig zu deutschen Standards anerkannten Ausbildung gehört Deutschland also bereits seit vielen Jahren im internationalen Vergleich zu einer Gruppe von Ländern mit besonders liberalen Regelungen der Einwanderung.

---

28 SVR, Steuern, was zu steuern ist, S. 32 ff. Siehe auch Thym ZAR 2017, 297 (302–303), Conradt/Hornung ZAR 2020, 171 (173–174), Dörig, in Dörig MigrationsR-HdB § 4 Rn. 29–31 und Lehner/Kolb NVwZ 2018, 1181 (1183).
29 Umfassend dazu Klaus, Die neue Hochqualifiziertenrichtlinie. Konzise zusammenfassend Klaus ZAR 2022, 19 sowie Wolf/Wusterhausen ZAR 2022, 10. Zur ‚alten' Richtlinie Kuczynski/Solka ZAR 2009, 219.
30 OECD Zuwanderung ausländischer Arbeitskräfte, 15. Siehe auch Ette/Rühl/Sauer ZAR 2012, 14; Klaus RdJB 2019, 187 (188); Langenfeld NVwZ 2019, 677 (682); Thym ZAR 2022, 139; Dörig NVwZ 2016, 1033 (1038); Ritgen ZAR 2018, 409 (419); Klaus NJOZ 2022, 129 (133); SVR, Unter Einwanderungsländern, S. 42 f.; SVR, Steuern, was zu steuern ist, S. 41–50; Kolb ZAR 2017, 145 (147); Lehner ZAR 2022, 144 (147); v. Harbou/Weizsäcker, EinwanderungsR / Ponert/Tollenaere, S. 12.

Im Rahmen des Fachkräfteeinwanderungsgesetzes von 2020 wurden diese Regelungen auch auf entsprechend beruflich qualifizierte Fachkräfte erstreckt mit der Folge, dass für als gleichwertig zu deutschen Standards qualifizierte Fachkräfte aus Drittstaaten das materielle Recht bereits jetzt als weitgehend und offen angesehen werden kann.

Relevant ist diese Feststellung vor allem deshalb, weil sich das mit dem Ziel einer weiteren Öffnung der rechtlichen Rahmenbedingungen der Erwerbsmigration verabschiedete Paket aus Gesetz und Verordnung an diesen bereits existenten Rahmenbedingungen orientieren und darauf achten musste, im Rahmen der Neufassung des Rechtsrahmens bereits erreichte Errungenschaften nicht wieder in Frage zu stellen.[31] Neben europarechtlichen Vorgaben war entsprechend auch der ‚Bestand' des im Erwerbsmigrationsrechts bereits Erreichten zu berücksichtigen.

III. Strukturelle Anlage der Neuregelung

Für die politische Kommunikation des Vorhabens der Reform des Erwerbsmigrationsrechts zentral war das Bild von das neue Recht tragenden Säulen.[32] In Gesetz und Verordnung und entsprechenden Begleittexten ist entsprechend die Rede von der ‚Fachkräfte-‘, der ‚Erfahrungs-‘ und einer ‚Potenzialsäule‘; im bislang zu dem Gesetz erschienenen Schrifttum wird zudem als eine zusätzliche vierte Säule eine ‚Arbeitskräftesäule' thematisiert.[33] Vermittelt werden soll damit wohl der Eindruck einer grundlegenden Neuordnung, gleichwohl hat die in der politischen Kommunikation als Neuerung dargestellte Säulenstruktur in ihren Grundzügen bereits vor Inkrafttreten der Neuregelungen existiert. Unterschieden wird nun explizit zwischen Regelungen, die sich an akademisch oder beruflich qualifizierte und als gleichwertig zu deutschen Standards anerkannte Arbeitskräfte, die zudem bereits über einen Arbeitsvertrag verfügen, richten (Fachkräftesäule), Optionen, die qualifizierte Arbeitskräfte mit Arbeitsvertrag bzw. Arbeitsplatzzusage in den Blick nehmen, die jedoch keine nach deutschen Standards anerkannte Ausbildung, dafür aber Berufserfahrung nachweisen können (Erfahrungssäule) sowie Möglichkeiten der Einreise zur Arbeitsplatzsuche (Potenzialsäule). Daneben steht mit der ‚Arbeitskräftesäule' ein Bündel von deutlich erweiterten Möglichkeiten der Gewinnung von Arbeitskräften ohne jede Formalqualifikation. Der Aus- und Umbau dieser Optionen erfolgte dabei – wie in den folgenden Teilkapiteln, die sich den einzelnen Säulen im Detail widmen, zu zeigen sein wird – in unterschiedlicher Intensität und Ausprägung.

Zu berücksichtigen und zu bemerken ist dabei jedoch, dass über das erwähnte Säulenbild zwar kommunikativ versucht wird, die – auch durch das Gesetz und die Verordnung zur Weiterentwicklung der Fachkräfteeinwanderung – noch einmal deutlich gestiegene Komplexität des Erwerbsmigrationsrechts (siehe dazu G.) rechtsanwenderfreundlich zu reduzieren, gleichwohl die Säulen selbst sich im Recht nicht widerspie-

---

31 Eine unintendierte Restriktivierung der bestehenden Rechtslage an einigen Stellen wäre bspw. durch den Gesetzentwurf BT-Drs. 19/44 eingetreten. Dazu Offer ZAR 2017, 29 (33) sowie Lehner/Kolb ZRP 2017, 34 (35).
32 Von drei Säulen, auf denen die Fachkräfteeinwanderung ruhen wird, spricht bspw. das im November 2022 veröffentlichte Eckpunktepapier der Bundesregierung, verwendet wird der Begriff aber auch in der Gesetzesbegründung. Siehe zum Bild der Säulen im Erwerbsmigrationsrecht auch schon Thym ZAR 2022 139 (143) sowie Thym ZAR 2022, 49.
33 Klaus/Kolb ZAR 2023, 194; Klaus, jm 2023, 368 (369); Kolb, Neue Risiken prekärer Beschäftigung? 2023.

geln. Vielmehr bleibt die rechtlich relevante Unterscheidung die zwischen Aufenthalten zum Zweck der Ausbildung (Kapitel 2 Abschnitt 3) und Aufenthalten zum Zweck der Erwerbstätigkeit (Kapitel 2 Abschnitt 4). Gleichwohl nehmen die folgenden Ausführungen das politisch als kommunikative Leitstruktur vorgeschlagene Bild verschiedener Säulen auf und diskutieren die durch das Gesetz und die Verordnung zur Weiterentwicklung der Fachkräfteeinwanderung geschaffenen neuen Regelungen entlang dieser Säulenstruktur.

IV. Das Arbeitsmarktpotenzial von Asylbewerbern und ausreisepflichtigen Personen

33 Wesentliche Teil des neuen Migrationsrechts sind darauf ausgerichtet, eine auch und gerade aus demografischen Gründen zunehmend angespannte Situation auf dem Arbeitsmarkt zumindest zu lindern. Neben der klassischen Anwerbung aus dem Ausland wird dabei auch vermehrt auf das ‚inländische ausländische Potenzial' und dabei konkret auf Personen geachtet, die aufgrund ihrer Qualifikation und Leistungsbereitschaft sich als unmittelbar arbeitsmarktrelevant herausgestellt haben, aufenthaltsrechtlich aber vor dem Problem stehen, als Asylantragsteller einen rechtlichen Zugangsweg gewählt zu haben, der zumindest bis zu einer positiven Bescheidung des Antrags ihnen nicht direkt und unmittelbar vollen Arbeitsmarktzugang gewährt.

34 Dass das Arbeitsmarktpotential von Personen, die über die Teilbereiche des Rechts, die keinen direkten Arbeitsmarktbezug aufweisen und von utilitaristischen Erwägungen der Anschlussfähigkeit an den heimischen Arbeitsmarkt abstrahieren, und konkret als Schutzsuchende nach Deutschland gekommen sind, erheblich ist, zeigen erste empirische Analysen zur Arbeitsmarktintegration der 2015 und 2016 in hohem Umfang nach Deutschland gekommenen Flüchtlinge. Deutlich wird daraus nicht nur eine deutlich steigende Erwerbstätigkeit dieser im Zeitverlauf, sondern auch, dass es Personen, die in diesen Jahren in großen Zahlen nach Deutschland gekommen sind, gelungen ist, in der Arbeitsmarkthierarchie aufzusteigen. So wird aus auf der Grundlage des Sozioökonomischen Panels (SOEP) durchgeführten Analysen[34] ersichtlich, dass 2015 und 2016 nach Deutschland gekommene Flüchtlinge mittlerweile nicht nur in zunehmendem Maße als Fachkräfte[35] in den Arbeitsmarkt einsteigen, sondern es ihnen auch nach einem Einstieg in unteren Arbeitsmarktpositionen gelingt, berufliche Aufstiegsprozesse einzuleiten und in Fachkraftpositionen aufzusteigen.

35 Diese Erfahrungen bilden den empirischen Hintergrund für eine im Zuge der Erarbeitung eines neuen Migrationsrechts neben der verstärkten Anwerbung von Arbeitskräften aus dem Ausland parallel laufenden Strategie, die Bedingungen neu auszugestalten, unter denen auch Personen, die noch ein Asylverfahren durchlaufen oder eines bereits erfolglos durchlaufen haben, direkt in den Arbeitsmarkt einsteigen können und vermittelt über ihre Arbeitsmarktteilhabe ihre Aussichten verbessern können, langfristig in Deutschland bleiben zu können. Detailliert auf diese Aspekte des neuen Migrationsrechts eingegangen wird in F., während sich die Teile B.-E. v.a. der Anwerbung aus dem Ausland widmen.

---

34 Liebau, DIW Wochenbericht 38, 2023.
35 Dabei ist zu berücksichtigen, dass hiermit nicht der ausländerrechtliche Fachkraftbegriff (§ 18 Abs. 3 AufenthG) gemeint ist, sondern das Anforderungsprofil der Tätigkeit entscheidend ist. Siehe dazu auch EII.4.

B. Die Fachkräftesäule

Im Zentrum der Fachkräftesäule und damit des Bündels an Maßnahmen, das sich v.a. an akademisch ausgebildete Arbeitskräfte mit einer zu deutschen Standards als gleichwertig anerkannten Ausbildung richtet, steht die Blaue Karte EU. Entsprechende Weiterentwicklungsmaßnahmen in diesem Bereich konzentrieren sich folglich auf die Umsetzung der RL 2021/1883. Jedoch wäre es verkürzt, die Fachkräftesäule ausschließlich als Umsetzung von EU-Recht zu reduzieren. Vielmehr finden sich in dieser Säule auch Maßnahmen ohne unionsrechtlichen Hintergrund, die die Möglichkeiten der Einreise und des Verbleibs akademisch und beruflich qualifizierter Fachkräfte, die in Deutschland bereits einen Arbeitsvertrag oder eine Arbeitsplatzzusage haben, verbessern sollen.

I. Umsetzung der Richtlinie 2021/1883

Im November 2021 wurde – nach langen Diskussionen und einem zwischenzeitlich gescheiterten Novellierungsverfahren[36] – auf europäischer Ebene die Richtlinie 2009/50/EG durch die Richtlinie 2021/1883 abgelöst. Für die Blaue Karte EU, die sich v.a. bzw. nahezu ausschließlich in Deutschland zu einem zentralen Element des Bündels erwerbsmigrationsrechtlicher Maßnahmen herausgestellt hatte,[37] waren im Gefolge der geänderten Richtlinienvorgaben an mehreren Stellschrauben gesetzliche Anpassungen erforderlich.

1. Absenkung der Mindestgehälter

Zentrales Element des neuen Migrationsrechts im Bereich der Blauen Karte EU, die nunmehr – im Falle eines befristeten Arbeitsvertrages – nur noch für einen Mindestzeitraum von 6 und nicht mehr 12 Monaten erteilt werden muss, ist die Absenkung der für die Erteilung einer Blauen Karte EU erforderlichen Mindestgehaltshöhen. Dabei ist zu unterscheiden zwischen einer „großen" und einer „kleinen" Blauen Karte.[38] Während die große Blaue Karte berufe- bzw. berufsgruppenübergreifend ohne Zustimmung der Bundesagentur für Arbeit (BA) erteilt werden kann, erfordert die kleine Blaue Karte, die lediglich für bestimmte als Mangelberufe klassifizierte Berufe und bei Berufseinsteigern in Frage kommt, zwar eine Zustimmung der BA, ist aber auch durch eine gegenüber den für die große Blaue Karte angesetzten Größen deutlich reduzierte Gehaltsgrenze gekennzeichnet. Kennzeichnend für das neue Recht in der Fachkräftesäule ist nun, dass sowohl in der kleinen wie auch der großen Variante der Blauen Karte die Gehaltsgrenzen deutlich abgesenkt werden.[39] Im Einklang mit den Vorgaben der neuen Richtlinie erfolgt eine Reduktion der Gehaltsgrenzen bei beiden Karten-Varianten, wenngleich in unterschiedlichem Ausmaß. Für die große Blaue Karte

---

36 Zu der Klaus ZAR 2017, 60 sowie Langenfeld/Kolb EuZW 2016, 527.
37 SVR, Steuern, was zu steuern ist, S. 34; Thym, European Migration Law, S. 433; Mastmann/Offer, in Dörig MigrationsR-HdB § 5 Rn. 156. Zur Umsetzung der Richtlinie in deutsches Recht Strunden/Schubert ZAR 2012, 270; Steller ZAR 2013, 1; Herzog-Schmidt, Zuwanderung Hochqualifizierter; Bünte/Knödler NZA 2012, 1255.
38 So die Wortwahl bei Uznanski ZAR 2023, 187 (190); Offer/Mastmann ZAR 2023, 16; Huber/Mantel AufenthG/Dippe AufenthG § 18b Rn. 9 und NK-AuslR/Hocks AufenthG § 18b Rn. 24, 26.
39 Die enorme Gehaltssenkung für die zustimmungsfrei zu erteilende und entsprechend vom Zustimmungsverbot des § 40 Abs. 1 Nr. 2 AufenthG nicht erfasste große Blaue Karte dürfte auch dafür sorgen, dass die Anwerbung aus dem Ausland für Zeitarbeitsunternehmen deutlich relevanter werden wird.

wurden die abstrakten Mindestgehaltsgrenzen von im alten Recht festgeschriebenen zwei Dritteln (§ 18b Abs. 2 S. 1 AufenthG a.F.) auf 50 Prozent der jährlichen Bemessungsgrenze in der allgemeinen Rentenversicherung (§ 18g Abs. 1 S. 1 AufenthG) reduziert, im Bereich der kleinen Blauen Karte von 52 auf 45,3 Prozent der entsprechenden Grenze (§ 18b Abs. 2 S. 2 AufenthG a.F.).[40] Unabhängig von der Frage, ob angesichts einer sich verschärfenden Arbeitskräfteknappheit und daraus eigentlich erwartbarer Potentiale für Lohnsteigerungen ausgerechnet die deutliche Absenkung der im internationalen Vergleich in Deutschland ohnehin eher geringen Gehaltsgrenzen[41] im Zentrum einer Politik stehen sollte, die die Blaue Karte als gesamteuropäische Antwort auf die einwanderungspolitischen Offerten von Ländern wie Kanada oder den USA positioniert, dürften die im Rahmen der Vergabeentscheidung Blauer Karten aufgerufenen Gehaltsgrenzen nunmehr keine relevante Hürde mehr für Unternehmen, die im außereuropäischen Ausland Arbeitskräfte rekrutieren wollen, darstellen.

2. Ausweitung der Liste der Mangelberufe

39 Die im Vergleich zur Gehaltsgrenzenreduktion bei der großen Blauen Karte (Reduktion um 25 Prozent) im Bereich der kleinen Blauen Karte geringere Absenkung (knapp 13 Prozent) kann aber insofern in die Irre führen, wenn dadurch der Eindruck erweckt werden würde, die Erleichterungen bei der kleinen Blauen Karte wären eher marginaler Natur. Denn Teil der Richtlinienumsetzung ist auch eine umfassende Ausweitung der Liste der Mangelberufe, die sich für die reduzierten Gehaltsgrenzen qualifizieren. Waren im ‚alten Migrationsrecht' lediglich die ISCO 08-Gruppen 21, 221 oder 25[42] im Rahmen einer Vergabe der Blauen Karte für die reduzierten Gehaltsgrenzen geöffnet, erweitert sich die Liste der entsprechenden Berufe im Gefolge der Reform nun deutlich: Neben den bereits nach alter Rechtslage erfassten Gruppen können nun auch Angehörige der ISCO-Berufsgruppen 132, 133, 134, 222, 225, 226 und 23[43] eine Blaue Karte mit reduzierten Gehaltsgrenzen erlangen. Mit dieser deutlichen Ausdehnung des berufsspezifischen Anwendungsbereichs relativiert sich nun auch der mit Blick auf die bloßen Gehaltsgrenzenabsenkungen entstehbare Eindruck einer nur maßvollen Erleichterung der Erlangung einer kleinen Blauen Karte.

40 Noch weiter verstärkt wird damit eine auch im ‚alten Recht' der Blauen Karte schon verankerte, im ausländerrechtlichen Schrifttum aber bislang noch kaum erörterte Ei-

---

[40] In absoluten Zahlen sinken die Mindestgehaltserfordernisse damit bei der großen Blauen Karte für das Referenzjahr 2023 von 58.400 € auf 43.800 €, bei der kleinen Blauen Karte von 45.552 € auf 39.682,80 €. Für 2024 belaufen sich die entsprechenden Beträge auf 45.300 € sowie 41 041,80 €.
[41] Siehe dazu auch ThaFF, Stellungnahme zum Referentenentwurf eines Gesetzes zur Weiterentwicklung der Fachkräfteeinwanderung vom 17.02.2023, S. 4 sowie Hailbronner Ausländerrecht/Lehner AufenthG § 18b Rn. 7. Kritisch auch Zafiraki Sanyoto/Möller ArbRB 2023, 282 (284).
[42] Dabei handelt es sich um Naturwissenschaftler, Mathematiker und Ingenieure (Gruppe 21), Ärzte (Gruppe 221) und Akademische und vergleichbare Fachkräfte in der Informations- und Kommunikationstechnologie (Gruppe 25).
[43] Erfasst sind somit auch Führungskräfte in der Produktion bei der Herstellung von Waren, im Bergbau und im Bau sowie in der Logistik (Gruppe 132), Führungskräfte in der Erbringung von Dienstleistungen im Bereich Informations- und Kommunikationstechnologie (Gruppe 133), Führungskräfte in der Erbringung von speziellen Dienstleistungen – z. B. in der Kinderbetreuung, im Gesundheitswesen, in der Altenbetreuung und in der Sozialfürsorge (Gruppe 134), Akademische und vergleichbare Krankenpflege- und Geburtshilfefachkräfte (Gruppe 222), Tierärzte (Gruppe 225), Sonstige akademische und verwandte Gesundheitsberufe – z. B. Zahnärzte, Apotheker, Physiotherapeuten (Gruppe 226) und Lehrkräfte (Gruppe 25).

gentümlichkeit der Normstruktur in der Form, dass für solche Berufe, die als besonders knapp gekennzeichnet sind[44], tatbestandlich niedrigere Mindestgehälter aufgerufen werden als für Berufe mit geringeren Knappheiten.[45] In Frage gestellt werden damit marktwirtschaftliche Grundprinzipien, denen zufolge Knappheiten zu steigenden Preisen (und in diesem Fall: steigenden Löhnen) führen müssten. Angesichts eines starken internationalen Wettbewerbs auch und gerade um Fachkräfte aus den gehaltsspezifisch privilegierten ISCO-Berufsgruppen wäre es wirtschaftspolitisch kaum vertretbar (und darüber hinaus auch nicht richtlinienkonform), der marktwirtschaftlichen Logik, dass eine steigende Nachfrage zu steigenden Preisen führt, zu folgen, und für diese Berufe höhere Mindestgehälter einzufordern. Allerdings fallen die gesetzlich nun für die Erlangung einer Blauen Karte verlangten und die am Markt für diese Berufe erzielbaren Gehälter so stark auseinander mit der Folge, dass das Mindestgehaltskriterium faktisch bedeutungslos wird.

3. Einführung einer Sonderregel für Berufseinsteiger

Neu im Rahmen der Blauen Karte ist zudem eine berufsgruppenübergreifend eingeführte abgesenkte Mindestgehaltsgrenze für Fachkräfte mit akademischer Ausbildung, die einen Hochschulabschluss nicht mehr als drei Jahre vor der Beantragung der Blauen Karte EU erworben haben (§ 18g Abs. 1 Nr. 2 AufenthG). Diese Gruppe wird mit Blick auf das nachweisbare Mindesteinkommen mit Angehörigen der ISCO-Berufsgruppen, für die die auf 45,3 Prozent der jährlichen Bemessungsgrenze in der allgemeinen Rentenversicherung abgesenkte Mindestgehaltsgrenze Anwendung findet, gleichgestellt. Schon aus dem Gesetzeswortlaut wird dabei deutlich, dass tatbestandlich nicht auf den ersten erworbenen, sondern ganz allgemein auf einen Hochschulabschluss abgestellt wird. Dies hat zur Folge, dass auch eine Person im mittleren Lebensalter, die nach Abschluss eines ersten Hochschulabschlusses ggfs. bereits einige Jahre beruflich tätig war und dann ein zweites (und ggfs. inhaltlich fachlich vom Erststudium abweichendes) Studium absolviert hat, ebenfalls diesen reduzierten Gehaltsanforderungen unterliegt. Reagiert wird damit auch auf ein rechtspolitisches Bedürfnis, das hinsichtlich der Entlohnungsstrukturen in weiten Teilen der deutschen Wirtschaft entscheidende Senioritätsprinzip bei der Vergabe von Blauen Karten berücksichtigen zu können. Während in der RL 2009/50/EG senioritätsspezifische Differenzierungen hinsichtlich der Gehaltsgrenzen bei der Vergabe von Blauen Karten noch nicht möglich waren, stellt Art. 5 Abs. 5 RL 2021/1883 den Mitgliedsstaaten eine solche Option zur Verfügung. Mit § 18g Abs. 1 Nr. 2 AufenthG hat der Gesetzgeber davon Gebrauch gemacht. Aus einer wirtschaftspolitischen Perspektive kann die senioritätsspezifische Gehaltsdifferenzierung viel eher überzeugen als die Differenzierung nach Berufsgruppen, denn die Produktivität, an der sich die Entlohnung auch orientiert, weist zumindest teilweise auch eine erfahrungsspezifische Komponente in der Form auf, dass Berufseinsteiger in der Anfangsphase ihrer beruflichen Karriere über eine geringere Produktivität verfügen als berufserfahrenere Arbeitskräfte.

41

---

44 Erwägungsgrund 25 der RL 2021/1887 spricht von Berufen, bei denen der betreffende Mitgliedstaat einen besonderen Arbeitskräftebedarf sieht.
45 Siehe dazu etwa Langenfeld/Kolb EuZW 2016, 527 (529).

4. Öffnung für Absolventen tertiärer Bildungsprogramme

42 Voraussetzung für die Erlangung einer Blauen Karte EU in Deutschland war bislang stets ein deutscher, ein anerkannter ausländischer oder ein einem deutschen Hochschulabschluss vergleichbar ausländischer Hochschulabschluss. Der seit Inkrafttreten des FKEG von 2020 einschlägige § 18b Abs. 2 AufenthG beschränkte die Vergabe der Blauen Karte auf Fachkräfte mit akademischer Ausbildung und damit eine Personengruppe, die in § 18 Abs. 3 AufenthG als Gruppe mit einem deutschen, einem anerkannten ausländischen oder einem deutschen Hochschulabschluss vergleichbaren ausländischen Hochschulabschluss legaldefiniert ist. Der vor dem FKEG die Blaue Karte EU regulierende § 19a Abs. 1 Nr. 1 lit. b AufenthG enthielt eine wortgleiche Formulierung. Von der in § 19a Abs. 1 Nr. 1 lit. b AufenthG a.F. geschaffenen Möglichkeit, durch eine entsprechende Rechtsverordnung eine Blaue Karte auch dann zu erteilen, wenn der Bewerber eine durch eine mindestens fünfjährige Berufserfahrung nachgewiesene zu einem Hochschulabschluss vergleichbare Qualifikation besitzt, ist in Deutschland kein Gebrauch gemacht worden.

43 Mit dem Weiterentwicklungsgesetz wird, Vorgaben der Richtlinie folgend, der starre Akademikerfokus im Bereich der Blauen Karte EU in moderatem Umfang gelockert. Dies geschieht u.a. dadurch, dass nun auch Fachkräfte, die ein tertiäres Bildungsprogramm, das mit einem Hochschulabschluss gleichwertig ist und mindestens drei Jahre Ausbildungsdauer erfordert, erfolgreich abgeschlossen haben, in den Anwendungsbereich der Blauen Karte einbezogen werden, wenn diese Qualifikation einem Ausbildungsniveau entspricht, das in der Bundesrepublik Deutschland mindestens der Stufe 6 der Internationalen Standardklassifikation im Bildungswesen (ISCED 2011) oder der Stufe 6 des Europäischen Qualifikationsrahmens (EQR) zugeordnet ist (§ 18g Abs. 1 S. 5 AufenthG). Erfasst werden damit – am deutschen Arbeitsmarkt ebenso stark wie akademisch qualifizierte Fachkräfte nachgefragte – Absolventen von Fachschulen (bspw. im Bereich der Technikerausbildung oder für Betriebswirte), die Meisterausbildung, Ausbildungsstätten für Erzieher und die in Bayern bestehenden Fachakademien.[46]

5. Zugang für rein materiell qualifizierte Beschäftigte im IKT-Sektor

44 Über die Öffnung für Absolventen tertiärer Bildungsprogramme hinaus ermöglicht das neue Migrationsrecht auch einer weiteren Gruppe von Arbeitskräften, die keinen Status als Fachkraft mit akademischer Ausbildung iSd § 18 Abs. 3 Nr. 2 AufenthG innehaben, eine Blaue Karte EU. Dies erfolgt wiederum in Form einer Branchenprivilegierung. Rechnung getragen wird damit der Tatsache, dass in der Informations- und Kommunikationstechnologie (IKT) und damit einer Branche, in der Arbeitskräfteengpässe seit vielen Jahren in besonders hohem Umfang gemeldet werden und die seit der Diskussion um die deutsche Green Card vor mehr als 20 Jahren zum Nukleus einer Diskussion über die Potenziale von arbeitsmarktorientierter Zuwanderung zur Milderung von Arbeitskräfteengpässen gelten kann, entsprechende Kenntnisse und Fähigkeiten nicht selten auch ohne Formalqualifikationen vorhanden sind. Ohne branchenspezifisches Abweichen von dem im Rahmen der Blauen Karte weiterhin aufrechterhalte-

---

46 Uznanski ZAR 2023, 187 (192).

nen Grundsatz, einen deutschen, einen anerkannten ausländischen oder einen einem deutschen Hochschulabschluss vergleichbaren ausländischen Hochschulabschluss als Erteilungsvoraussetzung zu definieren, wäre folglich einem nicht unerheblichen Anteil von Fachkräften in einer Wachstums- und Zukunftstechnologie die Möglichkeit der Erlangung einer Blauen Karte vorenthalten geblieben. § 18g Abs. 2 AufenthG ermöglicht entsprechend Ausländern für eine der Qualifikation angemessene Beschäftigung in den ISCO 08-Gruppen 133 und 25 als einem bestimmten Teilbereich von Berufen aus der IKT-Branche[47] eine Blaue Karte auch ohne Formalqualifikation in Form eines deutschen, eines anerkannten ausländischen oder einem deutschen Hochschulabschluss vergleichbaren ausländischen Hochschulabschlusses, sofern neben einem Gehalt in Höhe von mindestens 45,3 Prozent der jährlichen Beitragsbemessungsgrenze in der allgemeinen Rentenversicherung auch eine einschlägige und in den letzten sieben Jahren erworbene, mindestens dreijährige Berufserfahrung vorliegt, deren Niveau mit einem Hochschulabschluss oder einem Abschluss eines mit einem Hochschulstudium gleichwertigen tertiären Bildungsprogramms vergleichbar ist. Mit dieser Öffnung umgesetzt wird eine Vorgabe aus der RL 2021/188. Dort ist in Art. 2 Nr. 9 lit. a iVm Anhang I festgelegt, dass als höhere berufliche Fähigkeiten, die wiederum gleichberechtigt neben einem Hochschulabschluss als Kriterium für die allgemeine Erteilungsvoraussetzung einer höheren beruflichen Qualifikation stehen, für die ISCO 08-Gruppen 33 und 125 auch Kenntnisse, Fähigkeiten und Kompetenzen zu gelten haben, die anhand von Berufserfahrungen, deren Niveau mit einem Hochschulabschluss vergleichbar ist und die für den im Arbeitsvertrag oder verbindlichen Arbeitsplatzangebot genannten Beruf oder Beschäftigungsbereich erforderlich sind, nachgewiesen werden.

Verzichtet hat der Gesetzgeber jedoch auf eine berufsgruppenübergreifende Öffnung der Blauen Karte für Personen ohne Formal-, aber dafür mit materiellen Qualifikationen in Form eines bestimmten Niveaus von Berufserfahrung.[48] Gemäß Art. 2 Nr. 9 lit. b ist eine Berufserfahrung jenseits der genannten ISCO 08-Gruppen nur dann als höhere berufliche Fähigkeit anzusehen, sofern dies im innerstaatlichen Recht oder in den innerstaatlichen Verfahren vorgesehen ist. In Deutschland hat der Gesetzgeber auf entsprechende rechtliche Vorkehrungen verzichtet, so dass es an dieser Stelle bei einer sektorspezifischen Spezialregelung bleibt und berufserfahrene Personen außerhalb der ISCO 08-Gruppen 33 und 125 auf die Optionen der Erfahrungssäule (siehe dazu C.) verwiesen bleiben.

6. Erleichterung des Arbeitgeberwechsels

Schließlich ist im Rahmen der über das Weiterentwicklungsgesetz erfolgenden Neuausgestaltung der Blauen Karte auch ein erleichterter Arbeitgeberwechsel vorgesehen. Nach § 18g Abs. 4 AufenthG ist für Inhaber einer Blauen Karte für den Wechsel des Arbeitgebers in Abweichung von § 4a Abs. 3 S. 4 AufenthG keine Erlaubnis der Ausländerbehörde mehr erforderlich. Die Verpflichtung, sich den Arbeitgeberwechsel von der

---

47 Dabei handelt es sich um Führungskräfte in der Erbringung von Dienstleistungen im Bereich Informations- und Kommunikationstechnologie (Gruppe 133) sowie Akademische und vergleichbare Fachkräfte in der Informations- und Kommunikationstechnologie (Gruppe 25).
48 Klaus jM 2023, 368 (369).

Ausländerbehörde genehmigen zu lassen, wird ersetzt durch eine Anzeigepflicht des Blaue Karte-Inhabers bei der Behörde. Diese hat dann die Möglichkeit, in den ersten zwölf Monaten der Beschäftigung den Arbeitsplatzwechsel für 30 Tage auszusetzen und abzulehnen, wenn die Voraussetzungen für die Erteilung einer Blauen Karte EU nicht vorliegen. Inwieweit dieses „Veto"-Recht[49] angesichts einer enormen Belastung der Behörden in der Zukunft in nennenswertem Umfang ausgeübt werden wird, dürfte aber fraglich sein.

II. Europarechtlich nicht-vorgegebene Maßnahmen jenseits der Blauen Karte

47 Die im Gesetz unter dem Label der Fachkräftesäule reformierten Maßnahmen dienen im Wesentlichen der Umsetzung der RL 2021/1883, sie erschöpfen sich aber nicht darin, sondern gehen an bestimmten Stellen darüber hinaus.

1. Neuregelung der (europarechtlich nicht determinierten) Fachkräfteeinwanderung

48 Durch das FKEG von 2020 sind die §§ 18a und 18b AufenthG zu den Zentralnormen der Fachkräftemigration jenseits der Blauen Karte geworden. Kennzeichnend für beide Normen war ihre Ausgestaltung als Ermessensnorm sowie der Zusatz, dass die erworbene Qualifikation zur Ausübung der qualifizierten Beschäftigung befähigen muss. Das Gesetz zur Weiterentwicklung der Fachkräfteeinwanderung definiert nun in §§ 18a und b AufenthG einen gesetzlichen Anspruch auf Erteilung eines Aufenthaltstitels[50] und streicht zudem den bislang geforderten Nexus zwischen der Qualifikation und der Beschäftigung.[51] Mit einer Aufenthaltserlaubnis auf der Grundlage der §§ 18a, b AufenthG möglich wird folglich jede qualifizierte Beschäftigung.[52] Dies schließt auch vollkommen fachfremde Beschäftigungen mit ein. Die Prüfung, ob Qualifikation und Beschäftigung zusammenpassen, wird abschließend und ausschließlich dem Arbeitgeber überantwortet.[53] Damit wird eine bereits im FKEG begonnene Entwicklung, in dessen Rahmen die Konnexität zwischen Qualifikation und Beschäftigung zunächst gelockert wurde, fortgesetzt bzw. abgeschlossen. Während im § 18 Abs. 4 AufenthG a.F. iVm § 2 Abs. 3 BeschV a.F., der vor Inkrafttreten des FKEG vorsah, in Form einer Ermessensregelung Fachkräften mit akademischer Ausbildung eine Aufenthaltserlaubnis zur Ausübung einer der beruflichen Qualifikation entsprechenden Beschäftigung zu erteilen, reduzierte das FKEG – bei gleichzeitiger Erstreckung entsprechender Möglichkeiten auf Fachkräfte mit beruflicher Ausbildung – die Kopplung zwischen Qualifikation und

---

49 Uznanski ZAR 2023, 187 (189). Vgl. auch Fiedler NVwZ 2023, 1374 (1376).
50 Im Referentenentwurf und in der Kabinettsfassung des Gesetzes war noch vorgesehen, die bisher bestehende Ermessensentscheidung lediglich durch eine intendierte Ermessensentscheidung zu ersetzen.
51 Siehe auch Kolb, IAR 2024, 99.
52 Dabei unterlief dem Gesetzgeber aber das Malheur, nicht darauf zu achten, den Wegfall des Konnexitätserfordernisses in §§ 18a und b Abs. 1 AufenthG und in § 39 Abs. 2 S. 1 Nr. 2 lit. a AufenthG zeitgleich vorzusehen. Während die entsprechende Änderung der § 18a und b Abs. 1 AufenthG bereits zum 18. November 2023 vorgesehen war, erfolgt die Streichung des Konnexitätserfordernisses in dem das Prüfprogramm der BA konkretisierenden § 39 AufenthG erst zum 1.3.2024.
53 Uznanski ZAR 2023, 187 (188).

Beschäftigung auf das Erfordernis der Befähigung.⁵⁴ Mit dem Weiterentwicklungsgesetz wird nun das zuvor bereits reduzierte Zusammenhangserfordernis gänzlich abgeschafft. Damit wird nicht zuletzt eine Prüfaufgabe überflüssig, die Behörden zumindest an dieser Stelle entlastet und die Zuständigkeit der Beantwortung der Frage, ob sich eine Arbeitskraft für eine bestimmte Stelle eignet, nicht mehr dem Staat, sondern nur noch dem Arbeitgeber gestellt.⁵⁵ Weder die Umstellung von einer Ermessensentscheidung auf einen gesetzlichen Anspruch noch die Abschaffung des Konnexitätserfordernisses sind dabei als die entscheidenden Maßnahmen in dem neuen Migrationsrecht anzusehen, in der Kombination können sie aber zumindest als Beitrag angesehen werden, um Arbeitgebern bei der Rekrutierung ausländischer Mitarbeiter Unsicherheiten zu ersparen und behördlichen Prüfaufwand zu reduzieren.

2. Zeitliche Erleichterungen hinsichtlich des Erhalts einer Niederlassungserlaubnis

Ferner werden bereits bislang im Gesetz für Fachkräfte verankerte Privilegierungen hinsichtlich der Erlangung einer Niederlassungserlaubnis weiter ausgebaut. Bereits seit dem FKEG von 2020 konnten Fachkräfte auch außerhalb einer Blauen Karte EU, für die bereits seit der 2012 erfolgten Richtlinienumsetzung Sonderregelungen galten, abweichend von dem in den §§ 9, 9a AufenthG normierten Grundsatz einer Erlangung einer Niederlassungserlaubnis nach einem Aufenthalt von 5 Jahren, eine Niederlassungserlaubnis in kürzerer Frist erreichen. Der in § 18c Abs. 1 AufenthG bislang vorgesehene Zeitraum von vier Jahren wird nun erneut verkürzt, eine Niederlassungserlaubnis für Fachkräfte ist nun bereits nach 3 Jahren möglich.⁵⁶ Erstreckt wird eine solche Abkürzung in die Niederlassungserlaubnis ferner auf die Ehegatten von Stammberechtigten, die über eine Niederlassungserlaubnis nach § 18c AufenthG verfügen, sofern eine eheliche Lebensgemeinschaft mit dem Stammberechtigten besteht, der Ehegatte seit drei Jahren im Besitz einer Aufenthaltserlaubnis und im Zeitpunkt der Entscheidung über den Antrag auf die Erteilung der Niederlassungserlaubnis erwerbstätig im Umfang von mindestens 20 Stunden pro Woche ist.⁵⁷ Für Inhaber einer Blauen Karte, die zudem einfache und damit gemäß § 2 Abs. 9 AufenthG deutsche Sprachkenntnisse auf dem Niveau A 1 des Gemeinsamen Europäischen Referenzrahmens für Sprachen aufweisen, wird die Frist zur Erlangung einer Niederlassungserlaubnis von 33 auf 27 Monate

49

---

54 Allerdings dürfte der durch die gesetzliche Formulierung „qualifizierte Beschäftigung, zu der die erworbene Qualifikation sie befähigt" (§§ 18a, 18b Abs. 1 AufenthG) geforderte Zusammenhang zwischen Qualifikation und Beschäftigung weit und expansiv auszulegen sein. Im BeckOK MigR/Hänsle AufenthG § 18a Rn. 5 schließt man das aus einer historischen Auslegung dieses Merkmals. Siehe dazu auch Klaus jM 2023, 368 (370–371). Dort wird als Beispiel aufgeführt, dass im alten Recht ein studierter Germanist auch als Bürokaufmann hätte tätig werden dürfen, im neuen Recht hingegen „selbst ein studierter Meeresbiologe diese Bürotätigkeit ausüben" dürfte. In der Kommentarliteratur, so etwa BeckOK AuslR/Breidenbach AufenthG § 18a Rn. 7 und BeckOK MigR/Hänsle AufenthG § 18a Rn. 5, findet sich für das alte Recht das Beispiel eines als Bäcker arbeitenden Konditors. Vgl. dazu auch Hailbronner Ausländerrecht/Lehner AufenthG § 18a Rn. 10 sowie Kolb IAR 2024, 99.
55 Fiedler NVwZ 2023, 1374 (1375). Möglich könnte es jedoch auch sein, dass es lediglich insofern zu einer Verschiebung von Prüfaufgaben kommt, als die durch den Wegfall der Konnexitätsüberprüfung entstehende Entlastung der BA durch zusätzlichen Aufwand der Visumsstellen bzw. Ausländerbehörden im Rahmen der allgemeinen Plausibilitätsprüfung des Aufenthaltszwecks kompensiert wird. Siehe dazu Kolb, IAR 2024, 99 (101).
56 Vgl. Beismann ArbRAktuell 2023, 613 (616), der diesbezüglich von einer „wesentliche[n] Erleichterung des Gesetzes" spricht.
57 Nicht erforderlich hingegen ist eine Beschäftigung auf Fachkraftniveau, eine Tätigkeit auf Helferniveau ist ausreichend, B T-Drs. 20/6500, S. 76. Ferner erfüllt sein mussen die Voraussetzungen des § 9 Abs. 2 Satz 1 Nummer 2, 4 bis 9 AufenthG.

verkürzt. Beobachtbar ist dabei ein gesetzesübergreifender ‚Fristverkürzungswettlauf'; denn zentrales Merkmal der Reform des Staatsangehörigkeitsrechts (StaG), das wie die Reform des Erwerbsmigrationsrechts ebenfalls als zentraler Bestandteil des neuen Migrationsrechts gelten kann, ist ebenfalls die Verkürzung der zu einer Statusverbesserung erforderlichen Aufenthaltsfristen.

3. Erweiterung der Familiennachzugsmöglichkeiten für Fach- und beruflich qualifizierte Arbeitskräfte

50 Des Weiteren wurden am Ende des parlamentarischen Verfahrens durch eine Beschlussempfehlung des Ausschusses für Inneres und Heimat für Fach- und beruflich qualifizierte Arbeitskräfte Erleichterungen für den Familiennachzug beschlossen.[58] Durch die Erweiterung des § 36 AufenthG um einen Abs. 3 wird es Ausländern, die am oder nach dem 1. März 2024 erstmals eine Blaue Karte EU, eine (mobile) ICT Karte oder einen Aufenthaltstitel nach den §§ 18a, 18b, 18c Abs. 3, den §§ 18d, 18f, 19c Abs. 1 für eine Beschäftigung als leitender Angestellter, als Führungskraft, als Unternehmensspezialist, als Wissenschaftler, als Gastwissenschaftler, als Ingenieur oder Techniker im Forschungsteam eines Gastwissenschaftlers oder als Lehrkraft, nach § 19c Abs. 2 oder 4 S. 1 oder § 21 haben, ermöglicht, Eltern bzw. Schwiegereltern über den Familiennachzug nach Deutschland kommen zu lassen. Bislang blieben auch die genannten Fach- und berufserfahrenen Arbeitskräfte diesbezüglich auf die allgemeine Härtefallklausel des § 36 Abs. 2 AufenthG verwiesen.[59] Erforderlich ist der Nachweis der Sicherung des Lebensunterhalts gemäß § 5 Abs. 1 Nr. 1 AufenthG einschließlich eines ausreichenden Krankenversicherungsschutzes. Ziel dieser Nachzugsmöglichkeiten ist die Stärkung der Attraktivität Deutschlands für eine bestimmte Gruppe von international umworbenen Fach- und Arbeitskräften, die ihre Migrationsentscheidung auch vom Bestehen von Möglichkeiten abhängig machen, ihre Eltern, die ggfs. zu einem bestimmten Zeitpunkt auf familiäre Unterstützung angewiesen sein werden, in ihrem sozialen Nahumfeld haben zu können. Bestehen wird diese Regelung zunächst nur bis zum 31.12.2028, eine Verlängerung bzw. Verstetigung wird vermutlich auch von den Ergebnissen einer vom BMI, BMAS und dem Auswärtigen Amt beauftragten externen Evaluation der Auswirkungen dieser Vorschrift, deren Ergebnisse bis zum 31.12.2027 vorliegen sollen, abhängen.

4. Erweiterung der Zweckwechseloptionen

51 Mit der Ausgestaltung bzw. Umformung der §§ 18a, b AufenthG in Anspruchsnormen verbunden ist auch eine deutliche Erweiterung der Möglichkeiten eines Spur- oder Zweckwechsels. Der Begriff des Zweckwechsels ist dabei genau wie der ähnlich gelagerte Terminus des Spurwechsels gesetzlich nicht definiert. Während unter Spurwechsel in der Regel Optionen diskutiert werden, die einen Wechsel aus einem laufenden Asylverfahren oder einem zurückgenommenen oder abgelehnten Asylantrag in den Bereich der Erwerbstätigkeit oder der Ausbildung ermöglichen, beschreibt Zweckwechsel allgemeiner und d.h. ohne asylrechtsspezifischen Ausgangspunkt den Wechsel zwischen

---

58 BT-Drs. 20/7394.
59 Erfasst werden dabei lediglich „seltene Ausnahmefälle", BeckOK MigR/Zimmerer AufenthG § 36 Rn. 17.

verschiedenen Aufenthaltserlaubnissen bzw. die Ersterteilung einer Aufenthaltserlaubnis aus einem Schengen-Visum heraus oder aus einem erlaubten visumfreien Kurzaufenthalt. Politisch brisant(er) sind aufgrund der damit verbundenen Befürchtung einer unzulässigen Vermischung von Asyl- und Erwerbsmigration Spurwechseloptionen[60], auf diese wird auch deshalb unter F. besonders ausführlich eingegangen.

Zweckwechselspezifisch sorgt die Umwandlung der §§ 18a, b AufenthG in Anspruchsnormen zu einer deutlichen Ausweitung bestehender Zweckwechseloptionen. Möglich wird bspw. eine direkte und d.h. ohne Nachholung eines Visaverfahrens erfolgende Erteilung eines Aufenthaltstitels nach § 18a, b AufenthG, wenn jemand mit einem Aufenthaltstitel aus einem anderen Schengen-Staat nach Deutschland einreist. Praxisrelevanter und Abgrenzungsfragen auslösend dürfte die neue Zweckwechselmöglichkeit aus einem Schengen-Visum bzw. einem visumsfreien Kurzaufenthalt in einem Aufenthaltstitel nach §§ 18a, b AufenthG sein. Zum Türöffner dabei wird § 39 Nr. 3 AufenthV, der allerdings voraussetzt, dass die Voraussetzungen eines Anspruchs auf Erteilung eines Aufenthaltstitels – und hier die eines Anspruchs nach §§ 18a, b AufenthG – erst nach der Einreise entstanden sind. Streitfälle hinsichtlich der Frage des Entstehungszeitpunkts sind an dieser Stelle vorprogrammiert. Schließlich werden im Rahmen des neuen Migrationsrechts auch weitere Zweckwechselmöglichkeiten geschaffen, in dem Ausschlüsse von dem Grundsatz des § 39 Nr. 1 AufenthV, dass ohne Nachholung des Visumverfahrens ein Wechsel aus jeder Aufenthaltserlaubnis oder nationalem Visum in eine andere Aufenthaltserlaubnis möglich ist, gestrichen werden. Es bleiben lediglich kleinteilige Zweckwechselverbote wie bspw. ein Verbot eines Zweckwechsels aus § 16a oder § 16b AufenthG in eine Beschäftigung nach § 19c Abs. 1 in Verbindung mit einer Regelung der BeschV für eine vorrübergehende Beschäftigung[61] oder aus der neuen Anerkennungspartnerschaft (§ 16d Abs. 3 AufenthG, siehe dazu auch C.II) in der Form, dass nach Ablauf der Höchstdauer von drei Jahren ein Wechsel in das ‚normale' Anerkennungsverfahren (§ 16d Abs. 1 AufenthG) oder in eine vorübergehende Beschäftigung ausgeschlossen bleiben.

III. Fazit zur Fachkräftesäule

Die Bundesregierung nutzt die sich aus der Pflicht zur Umsetzung der neuen Hochqualifiziertenrichtlinie ergebende Notwendigkeit, auch die Teile des deutschen Erwerbsmigrationsrechts, in denen Deutschland sich bereits seit vielen Jahren im internationalen Vergleich durch eine starke Offenheit auszeichnet, einer erneuten und im Modus der Öffnung angegangenen Reform zu unterziehen. Kennzeichnend für die in diesem Bereich erfolgenden Reformschritte ist, durch eine Absenkung der Anforderungen einen möglichen und durch die Stärkung und den Ausbau von erwerbsmigrationsrechtlichen Optionen, die sich auch an ausländische Arbeitskräfte ohne Fachkraftstatus richten, unweigerlich einhergehenden Bedeutungsverlust der exklusiv an ausländerrechtliche Fachkräfte gerichteten Maßnahmen möglichst gering zu halten. Dies betrifft dabei nicht nur die Blaue Karte, sondern auch die ausländische Fachkräfte adressierenden Maßnahmen,

---

60 Siehe bspw. v. Harbou/Weizsäcker, EinwanderungsR / v. Harbou, S. 124; Breidenbach GewArch 2020, 89 (92); Dietz NVwZ 2023, 15.
61 Angesprochen sind damit die §§ 10–15d BeschV.

die nicht durch europarechtliche Maßnahmen vorstrukturiert sind. Bei der Blauen Karte dürfte die Kombination aus einer Erweiterung des personellen Anwendungsbereichs mit einer erheblichen Absenkung der Mindesteinkommensvoraussetzungen zu einer Stärkung der Position der Blauen Karte in der Normstruktur des deutschen Rechts führen. Gerade angesichts der Befürchtungen, dass durch einen Ausbau von Zuzugsmöglichkeiten ohne Fachkraftstatus (bspw. im Rahmen der Erfahrungssäule, siehe dazu C.) auch die Blaue Karte und damit das Herzstück der europäischen Erwerbsmigrationspolitik einem Attraktivitätsverlust ausgesetzt sein könnte, ist diese Stärkung der Blauen Karte, die bislang v.a. in Deutschland, in anderen EU-Staaten aber nur in deutlich geringerem Umfang als Instrument zur Gewinnung von Fachkräften aus Drittstaaten genutzt wurde[62], als besonders wichtige Maßnahme anzusehen. Zumindest „in der theoretischen Sphäre der idealen Welt"[63] und damit einer Situation, in der materiellrechtliche Änderung nicht durch unzureichende behördliche Strukturen unterlaufen werden, könnten die Änderungen das Potenzial haben, einen relativen Bedeutungsverlust der an Fachkräfte iSd des Ausländerrechts gerichteten Maßnahmen zumindest zu vermindern und damit die prominente Stellung der Blauen Karte als Teil des deutschen Rechts erhalten.

C. Die Erfahrungssäule

54 Im Bereich der Fachkräftesäule werden die bereits bestehenden rechtlichen Strukturen – im Wesentlichen veranlasst durch neue europarechtliche Vorgaben – im Modus der Liberalisierung verändert. Genuin neue und sich strukturell vom rechtlichen Status Quo abhebende Regelungen finden sich in dieser Säule nicht. Davon sehr deutlich unterscheidet sich die Erfahrungssäule, die in vielerlei Hinsicht das Kernstück des neuen Migrationsrechts im Segment der Erwerbsmigration darstellt. Getragen wird die Erfahrungssäule wiederum von zwei Maßnahmen, zum einen durch den neukonzipierten § 6 BeschV, über den nun erstmals berufsgruppenübergreifend auch Personen ohne als gleichwertig zu deutschen Standards anerkannte Qualifikationen zur Ausübung einer inländischen qualifizierten Beschäftigung nach Deutschland kommen können, sowie durch die sog. Anerkennungspartnerschaft (§ 16d Abs. 3 AufenthG iVm § 2a BeschV), durch die die zuletzt schon mit dem FKEG von 2020 deutlich erweiterten Möglichkeiten der Einreise zur Absolvierung von Anpassungsmaßnahmen und mit dem Ziel der Erlangung einer Gleichwertigkeit einer im Ausland erworbenen Qualifikation zu deutschen Ausbildungsstandards erneut deutlich ausgebaut werden.

I. Die Zentralnorm der Erfahrungssäule: § 6 BeschV

55 Die rechtlichen Rahmenbedingungen der Anwerbung von Fachkräften und damit – der Definition von § 18 Abs. 3 AufenthG entsprechend – von Personen mit einem als gleichwertig zu deutschen Standards anerkannten akademischen und beruflichen Abschluss waren spätestens seit der Verabschiedung des FKEG von 2020 als weitreichend und liberal anzuerkennen. Die bereits 2013 laut Feststellung der OECD von einer besonde-

---

62 Mastmann/Offer, in Dörig MigrationsR-HdB § 13 Rn. 8.
63 Uznanski ZAR 2023, 187 (194).

ren Offenheit Deutschlands für hochqualifizierte und damit akademisch ausgebildete Arbeitskräfte geprägten Regelungen wurden durch das FKEG auch auf Fachkräfte mit beruflicher Ausbildung erstreckt.[64]

Entscheidende Wegscheide im deutschen Erwerbsmigrationsrecht war also die Frage nach dem Fachkraftstatus und konkret die Frage, ob eine zu deutschen Standards als gleichwertig anerkannte (berufliche oder akademische) Ausbildung vorliegt.[65] Für Personen mit einer solchen Ausbildung waren die Tore seit dem Fachkräfteeinwanderungsgesetz weit offen, Personen ohne eine solche Ausbildung standen dagegen nur eingeschränkt Optionen der Einreise zum Zweck der Aufnahme einer Erwerbstätigkeit gegenüber. Von bestimmten länder- bzw. berufsgruppenspezifischen Ausnahmen abgesehen blieb diese Gruppe darauf angewiesen, zunächst zur Nachqualifikation bzw. zur Absolvierung einer Anpassungsmaßnahme einzureisen und den Aufenthalt erst nach erfolgreicher Anerkennung verstetigen zu können.[66] Eine dieser Ausnahmen bildete § 6 BeschV, eine auf Arbeitskräfte in Berufen auf dem Gebiet der Informations- und Kommunikationstechnologie beschränkte Spezialnorm, die im neuen Migrationsrecht zum Ausgangspunkt für die Erfahrungssäule und damit einen rechtlichen Paradigmenwechsel geworden ist.

1. Grundidee und Weiterentwicklung des § 6 BeschV a.F.

Vor dem Hintergrund der bekannten ausbildungsspezifischen Branchenbesonderheiten im Bereich des IKT-Sektors[67] hat § 6 BeschV für Arbeitskräfte in diesem Bereich eine Ausnahme von dem Grundsatz des § 18 Abs. 2 Nr. 4 AufenthG normiert, dass für die Erteilung einer Aufenthaltserlaubnis für eine qualifizierte Beschäftigung Formalqualifikationen in Form einer als gleichwertig zu deutschen Standards anerkannten beruflichen Qualifikation oder eines anerkannten ausländischen oder eines einem deutschen Hochschulabschluss vergleichbaren ausländischen Hochschulabschlusses erforderlich sind.[68] Arbeitskräften in dem entsprechenden Sektor wurde vielmehr ermöglicht, Formalqualifikationen durch materielle Qualifikationen und konkret durch eine in den letzten sieben Jahren erworbene, mindestens dreijährige Berufserfahrung zu ersetzen. Ergänzend erforderlich war vor dem neuen Recht zudem ein Mindesteinkommen in Höhe von mindestens 60 Prozent der jährlichen Beitragsbemessungsgrenze in der allgemeinen Rentenversicherung, auf die ebenfalls vorgeschriebenen ausreichenden deutschen Sprachkenntnisse[69] konnte im Einzelfall aber verzichtet werden (§ 6 S. 3 BeschV a.F.). Bereits im alten Recht existierte folglich eine ‚Erfahrungssäule im Miniaturformat', die nun für die Bemühungen einer Weiterentwicklung der rechtlichen Rahmenbedingungen für die Erwerbsmigration nach Deutschland den Ausgangspunkt bildete.

---

64 SVR, Stellungnahme zum Entwurf der Bundesregierung eines Fachkräfteeinwanderungsgesetzes (FEG), S. 2–3.
65 v. Harbou/Weizsäcker, EinwanderungsR / Ponert/Tollenaere, S. 46 sprechen entsprechend von der „Anerkennung von Berufsabschlüssen" als „Flaschenhals für die erfolgreiche Migration." Siehe auch Kluth/Hornung/Koch ZuwanderungsR-HdB § 4 Rn. 241 und Dörig, jm 2020, 108 (110).
66 Vgl. dazu Lehner/Kolb, in: Berlit/Hoppe/Kluth, JBMigR 2020, 2021, S. 474–475.
67 BeckOK AuslR/Breidenbach BeschV § 6 Rn. 1.
68 Entscheidende Scharniernorm ist dabei § 19c Abs. 2 AufenthG, die dem Verordnungsgeber die Möglichkeit verschafft, die im AufenthG nur allgemein normierte Option, auch bei ausgeprägten berufspraktischen Kenntnissen eine Aufenthaltserlaubnis zur Ausübung einer qualifizierten Beschäftigung zu erteilen, über eine Rechtsverordnung zu konkretisieren.
69 Kritisch dazu Offer/Mävers/Bark BeschV § 6 Rn. 15–20.

58 Zentrales Merkmal der neu geschaffenen bzw. ausgebauten Erfahrungssäule ist nun eine modifizierte Generalisierung der in § 6 BeschV enthaltenen Idee, Formal- durch materielle Qualifikationen (zumindest partiell) ersetzbar zu machen. Der Gesetzgeber hat sich allerdings gegen eine einfache Erstreckung der im alten Recht etablierten IKT-Sonderregelung auf andere Branchen und Berufe entschieden, sondern etabliert in der Neufassung des § 6 BeschV neben einer leicht veränderten IKT-Sonderregelung ein neues und berufsgruppenübergreifendes System, über das der beschriebene Mechanismus einer partiellen Ersetzung von Formal- durch materielle Qualifikationen zur Geltung kommen kann.

59 Bei Berufen auf dem Gebiet der Informations- und Kommunikationstechnologie, für die der Kern der Neuregelung (§ 6 Abs. 1 S. 1 Nr. 3 BeschV) für unanwendbar erklärt wird (§ 6 Abs. 1 S. 3 BeschV) und die daher weiterhin einer separaten Regelung unterliegen, erfolgt insofern eine Erleichterung, als das neben der materiellen Qualifikation in Form von Berufserfahrung nachzuweisende Mindesteinkommen von 60 auf 45 Prozent der jährlichen Beitragsbemessungsgrenze in der allgemeinen Rentenversicherung reduziert wird und zudem auf Deutschkenntnisse, von denen im alten Recht nur im Einzelfall abgesehen werden konnte (§ 6 S. 3 BeschV a.F.), nun generell verzichtet wird. In strukturelle Konkurrenz tritt die Regelung nun jedoch mit der europarechtlich unterlegten Norm des § 18g Abs. 2 AufenthG.[70] Adressiert werden in beiden Fällen Arbeitskräfte in Berufen der Informations- und Kommunikationstechnologie, die zwar über keinen Fachkräftestatus iSd § 18 Abs. 3 AufenthG verfügen, aber – als qualifikationsspezifische Kompensation – einschlägige Berufserfahrung nachweisen können. Tatbestandsspezifische Hauptunterschiede liegen jedoch in der Qualität und Quantität der erforderlichen Berufserfahrung: Während die IKT-Sonderregelung im Bereich der Blauen Karte (§ 18g Abs. 2 AufenthG) eine in den letzten sieben Jahren erworbene, mindestens dreijährige Berufserfahrung verlangt, begnügt sich § 6 BeschV mit einer in den letzten fünf Jahren erworbenen, mindestens zweijährigen Berufserfahrung. Qualitativ sind zudem ebenfalls anforderungsspezifische Unterschiede zu berücksichtigen: Im Rahmen des § 6 BeschV wird dabei lediglich verlangt, dass die Erfahrung den Ausländer zu der Beschäftigung befähigt (§ 6 Abs. 1 S. 1 Nr. 1 Hs. 2 BeschV), die Erteilung einer Blauen Karte in diesem Zusammenhang erfordert Berufserfahrung in dem genannten Umfang in einem Beruf, die zu Fertigkeiten, Kenntnissen und Fähigkeiten geführt hat, deren Niveau mit einem Hochschulabschluss oder einem Abschluss eines mit einem Hochschulstudium gleichwertigen tertiären Bildungsprogramms vergleichbar ist (§ 18g Abs. 2 Nr. 3 lit. b AufenthG), und die zudem für die Ausübung der Beschäftigung erforderlich sind (§ 18g Abs. 2 Nr. 3 lit. c AufenthG). Ferner liegen beiden Normen unterschiedliche Definitionen ihres personellen Anwendungsbereichs zugrunde. Während § 18g Abs. 2 AufenthG den Vorgaben der Richtlinie entsprechend sich an die ISCO 08-Berufe 133 und 25 richtet, erfasst § 6 BeschV Berufe aus der Hauptgruppe 43 der Klassifikation der Berufe der BA (KldB) (Informatik-, Informations- und Kommunikati-

---

[70] Während der Kommissionsvorschlag von 2016 noch eine Vollharmonisierung vorsah (Art. 3 Abs. 4 COM(2016) 378 final), die maßgeblich dafür verantwortlich war (siehe dazu Wolf/Wusterhausen ZAR 2022 10 (11)), dass der Vorschlag nicht weiter verfolgt wurde und es erst 2021 zu einer Reform der RL 2009/50/EC kam, verzichtet die RL 1887/2021 auf den Anspruch der Exklusivität gegenüber nationalen Regelungen. Sie dazu ausführlich Klaus, Die neue Hochqualifiziertenrichtlinie, Rn. 43–57.

onstechnologieberufe). Zwischen diesen beiden Berufsgruppendefinitionen bestehen in einem hohen Umfang Überschneidungen, so dass für berufserfahrene Beschäftigte aus dem IKT-Bereich an dieser Stelle vielfach eine Wahlmöglichkeit besteht (Tab. 1).[71]

Tab. 1: Voraussetzungen für IKT-Fachkräfte ohne Formalqualifikationen im Vergleich

	§ 6 Abs. 1 BeschV	§ 18g Abs. 2 AufenthG
Persönlicher Anwendungsbereich	Hauptgruppe 43 der Klassifikation der Berufe 2010	Gruppen 133 oder 25 der Internationalen Standardklassifikation der Berufe (ISCO-08)
Qualität und Quantität der Berufserfahrung	In den letzten fünf Jahren erworbene, mindestens zweijährige Berufserfahrung, die den Ausländer zu der Beschäftigung befähigt	Kenntnisse, die auf einer in den letzten sieben Jahren erworbenen, mindestens dreijährigen Berufserfahrung beruhen, deren Niveau mit einem Hochschulabschluss oder tertiären Bildungsprogramms, vergleichbar ist, und die für die Ausübung der Beschäftigung erforderlich sind.
Mindestgehalt	Mindestens 45 Prozent der jährlichen Beitragsbemessungsgrenze in der allgemeinen Rentenversicherung oder alternativ zur Mindesteinkommensvoraussetzung: Tarifbindung des Arbeitgebers	Mindestens 45,3 Prozent der jährlichen Beitragsbemessungsgrenze in der allgemeinen Rentenversicherung
Rechtsfolge	Ermessensentscheidung	Rechtsanspruch

Quelle: Eigene Zusammenstellung

Darüber hinaus unterscheiden sich die in die Fachkraft- und der in der Erfahrungssäule angesiedelten Optionen für Arbeitskräfte aus der IKT-Branche ohne ausländerrechtlichen Fachkraftstatus rechtsfolgenspezifisch darin, dass in den Regelungen zur Blaue Karte ein Rechtsanspruch definiert ist, in der Erfahrungssäule hingegen behördliches Ermessen besteht. Schließlich existiert in der Fachkräfteoption keine Möglichkeit, über eine Tarifbindung des Arbeitgebers das Mindestgehaltserfordernis zu ersetzen (§ 6 Abs. 1 S. 2 BeschV). Die aufgezeigte Dopplung erzeugt für die Beratung ein erhebliches Komplexitätsniveau, wäre aber angesichts der europarechtlichen Vorgaben des Art. 2 Abs. 9 lit a RL 2021/1187 nur zu vermeiden gewesen, wenn sich der Gesetzgeber entschieden hätte, auf eine IKT-Sonderregelung in der Erfahrungssäule und konkret in § 6 BeschV

60

---

[71] Vgl. dazu ausführlich Klaus/Kolb ZAR 2023, 194 (197) sowie Klaus, Die neue Hochqualifiziertenrichtlinie, Rn. 546 f.

vollständig zu verzichten. Dies hätte den Vorteil gehabt, die beschriebene und für Rechtanwender erklärungsbedürftige Doppelstruktur zu verhindern und für ein Mehr an Rechtsklarheit zu sorgen, aber auch dazu geführt, die Rahmenbedingungen aufgrund der im Rahmen des § 18g Abs. 2 AufenthG sowohl in qualitativer wie quantitativer Natur höheren Anforderungen an Berufserfahrung und der fehlenden Option, das tatbestandlich vorausgesetzte Mindestgehalt durch eine Tarifbindung des Arbeitgebers zu ersetzen, für diese Gruppe an Arbeitskräften zu restriktiveren. Den Zielkonflikt zwischen Rechtsklarheit und Rechtsoffenheit hat der Verordnungsgeber an dieser Stelle für die Offenheit entschieden.

61 Dogmatisch weitreichender als die Änderungen im Bereich der für Arbeitskräfte im IKT-Bereich bereits seit einigen Jahren bestehenden Sonderregelungen ist allerdings die berufsgruppenübergreifende Erstreckung des in § 6 BeschV verankerten Grundgedankens, Formalqualifikationen in Form von als gleichwertig zu deutschen Ausbildungsstandards anerkannten Qualifikationen zumindest partiell durch materielle Qualifikationen ersetzbar zu machen. Das neue Migrationsrecht entscheidet sich an dieser Stelle gegen den Weg einer einfachen Erstreckung der für IKT-Berufe gefundenen Regelung, sondern schafft außerhalb dieses Berufsfelds ein komplexes System von qualifikationsspezifischen und von der Qualifikation entkoppelten Voraussetzungen, die erfüllt sein müssen, um trotz eines Fehlens einer deutschen oder einer zu deutschen Standards anerkannten ausländischen Qualifikation eine inländische qualifizierte Beschäftigung aufnehmen zu können.

2. Voraussetzungen des § 6 BeschV

62 Die im Zentrum der im Rahmen der Verordnung der Weiterentwicklung der Fachkräfteeinwanderung zwar nicht vollkommen neu geschaffenen, aber doch umfassend ausgebauten Erfahrungssäule stehende Norm des § 6 BeschV operiert tatbestandlich mit einem System aus kumulativ zu erfüllenden Pflicht- und alternativ zu erfüllenden Wahlpflichtvoraussetzungen. Auf der Rechtsfolgenseite steht, wie schon in der Vorgängernorm, behördliches Ermessen.

a) (Qualifikatorische) Pflichtvoraussetzungen

63 Das neue Recht entscheidet sich in § 6 BeschV als der Zentralnorm der Erfahrungssäule hinsichtlich der qualifikatorischen Vorgaben, den bislang starren Fokus auf Formalqualifikationen und konkret auf zu deutschen Standards als gleichwertig anerkannten Qualifikationen durch eine Kombination aus einem Element formaler und einem Element materieller Qualifikationen zu ersetzen. Als materielle Qualifikationsvoraussetzung aufgerufen wird eine in den letzten fünf Jahren erworbene, mindestens zweijährige Berufserfahrung, die den Ausländer zu der Beschäftigung befähigt (§ 6 Abs. 1 S. 1 Nr. 1 BeschV). An der Prüfzuständigkeit der BA für das Merkmal der Berufserfahrung ändert sich an dieser Stelle nichts.

64 Daneben tritt ein formales Qualifikationselement in Form einer ausländischen Berufs- (§ 6 Abs. 1 S. 1 Nr. 3a BeschV) oder Hochschulqualifikation (§ 6 Abs. 1 S. 1 Nr. 3b BeschV),

die von dem Staat, in dem sie erworben wurde, staatlich anerkannt sein muss[72], oder eines im Ausland erworbenen Berufsabschlusses, der durch eine Ausbildung erworben wurde, die nach Inhalt, Dauer und der Art ihrer Durchführung die Anforderungen des Berufsbildungsgesetzes an eine Berufsausbildung einhält und geeignet ist, die notwendige berufliche Handlungsfähigkeit für einen Ausbildungsberuf nach dem Berufsbildungsgesetz oder der Handwerksordnung zu vermitteln, und der von einer deutschen Auslandshandelskammer erteilt worden ist (§ 6 Abs. 1 S. 1 Nr. 3c BeschV).[73] Das Vorhandensein dieser formalen Qualifikationsvoraussetzungen ist gemäß § 6 Abs. 1 S. 4 BeschV von einer fachkundigen Stelle zu bestätigen.[74] Nach einigen föderalen Differenzen, die u.a. dadurch zum Ausdruck kamen, dass der Ausschuss für Arbeit, Integration und Soziales (AIS) des Bunderats und damit der Vertretung der Bundesländer den Vorschlag der Bundesregierung, die Zentralstelle für ausländisches Bildungswesen (ZAB) mit dieser Aufgabe zu betrauen, ablehnte und stattdessen eine „unmittelbar am Prozess der Zuwanderung beteiligt(e)" Institution wie „die für die Visumerteilung zuständigen Stellen"[75] vorschlug, ist es bei der Zuständigkeit der ZAB für die Überprüfung des Vorliegens einer entsprechenden Auslandsqualifikation geblieben. Zuständig für die Bestätigung einer Ausbildung nach § 6 Abs. 1 S. 1 Nr. 3 lit. c BeschV ist das Bundesinstitut für Berufsbildung (BiBB).

b) Ergänzende qualifikationsunspezifische Voraussetzungen

Ergänzend an die Seite qualifikationsspezifischer Voraussetzungen tritt ein Kriterium, über das der Befürchtung entgegengetreten werden soll, dass durch den Wegfall bzw. die Auflockerung des strengen Formalqualifikationskriteriums und konkret der Vorgabe, dass Auslandsqualifikationen im Bereich der Erwerbsmigration als Einreisevoraussetzung als gleichwertig zu deutschen Standards anerkannt werden müssen, „unangemessene [...] Arbeitsbedingungen"[76] entstehen. An dieser Stelle ist die Struktur der Norm durchaus verwirrend, denn auf der einen Seite wird tatbestandlich ein zur Vermeidung solcher Arbeitsbedingungen eingefordertes Mindestgehalt von mindestens 45 Prozent der jährlichen Beitragsbemessungsgrenze[77] in der allgemeinen Rentenversiche-

65

---

72 In § 6 Abs. 1 S. 1 1 Nr. 3a BeschV als Mindestausbildungsdauer der beruflichen Ausbildung festgehalten ist zudem ein Zeitraum von 2 Jahren.
73 Die erst im parlamentarischen Verfahren erfolgte Ergänzung um den Buchst. c öffnet die Erfahrungssäule an dieser Stelle für eine bestimmte Kategorie privater Ausbildungen.
74 Für Ausstellung eines solchen Zertifikats wird seitens der ZAB wird eine Gebühr von 150 Euro erhoben. Angestrebt wird, dass ein solches Zertifikat innerhalb von 2 Monaten nach Antragstellung erteilt werden soll.
75 BR-Drs. 137/1/23, S. 14. Dazu auch Klaus/Kolb ZAR 2023.
76 Verordnungsbegründung, S. 58.
77 Darüber hinaus ist an dieser Stelle auch noch zu berücksichtigen, dass über § 1 Abs. 2 BeschV auch für die Fälle des § 6 BeschV vorgeschrieben ist, in denen die Aufnahme der Beschäftigung nach Vollendung des 45. Lebensjahres des Ausländers erfolgt, eine Höhe des Gehalts von mindestens 55 Prozent der jährlichen Beitragsbemessungsgrenze in der allgemeinen Rentenversicherung erreicht wird. Davon kann wiederum dann abgesehen werden, wenn der Nachweis über eine angemessene Altersversorgung erbracht werden kann. Neu dabei ist allerdings, dass gemäß § 1 Abs. 2 S. 3 BeschV von der in § 1 Abs. 2 S. 2 BeschV normierten Mindestgehaltsgrenze abgewichen werden kann, wenn die Gehaltsschwelle nur geringfügig unterschritten oder die Altersgrenze nur geringfügig überschritten wird. Klaus/Kolb ZAR 2023 194 (200) schlagen vor, sich bei der Ausfüllung des unbestimmten Rechtsbegriffs an der Wertung zu § 92 Abs. 2 Nr. 1 ZPO bei einer Zuvielforderung zu orientieren, dort wird die Grenze der Geringfügigkeit bei etwa 10 Prozent im Verhältnis der berechtigten Forderung gezogen.

rung in § 6 Abs. 1 S. 1 Nr. 2 BeschV[78] und damit in direkter ‚Nachbarschaft' zu den tatbestandlich alternativlosen Qualifikationskriterien aufgeführt, wenig später wird in § 6 Abs. 1 S. 2 BeschV allerdings eine zum Mindestgehalt vorzubringende Alternativoption normiert, in dem die Gehaltsschwelle keine Anwendung findet im Falle einer Tarifbindung des Arbeitgebers und einer Beschäftigung des Ausländers zu den bei ihm geltenden tariflichen Arbeitsbedingungen. Neben die in Nr. 1 und 3 BeschV normierten qualifikationsspezifischen ‚Pflichtkriterien' tritt folglich ein qualifikationsunspezifisches ‚Alternativkriterium' in Form einer Tarifbindung und der Zusage, den Ausländer zu den tariflichen Bedingungen zu beschäftigen oder – bei nicht-bestehender Tarifbindung – in Form eines Mindestgehalts.

66 Damit angesprochen ist eine – an späterer Stelle noch in größerer Schärfe zutage tretende – Tendenz, mit Mitteln des Ausländerrechts rechtspolitisch davon entkoppelte Ziele und hier konkret das Ziel der Erhöhung der Tarifbindung zu verfolgen.[79] Unabhängig von verfassungsrechtlichen Fragen hinsichtlich der Kompatibilität einer solchen Regelung mit Art. 9 Abs. 3 GG[80] werden damit auch wirtschaftspolitisch fragwürdige Signale gesendet[81], auf die an anderer Stelle (E.I.5) noch detaillierter eingegangen wird.

II. Die Anerkennungspartnerschaft

67 Die Anerkennungspartnerschaft als neue Möglichkeit eines Aufenthaltstitels zur Ausübung einer qualifizierten Beschäftigung mit begleitender beruflicher Anerkennung wird von der Bundesregierung als „Bestandteil der Erfahrungs-Säule"[82] betrachtet. Dies ist schon allein deshalb nicht überzeugend, weil Berufserfahrung in der Struktur des die Anerkennungspartnerschaft normierenden §§ 16d Abs. 3 AufenthG iVm 2a BeschV keine Rolle spielt.[83] Überzeugender wäre angesichts des Normzwecks, der Durchführung eines Verfahrens zur Anerkennung einer im Ausland erworbenen Berufsqualifikation und der dadurch erreichbaren Erlangung des Fachkraftstatus nach § 18 Abs. 3 AufenthG, gewesen, die Anerkennungspartnerschaft kommunikativ in der Fachkräftesäule zu verorten.

68 Auch im Bereich der Anerkennungspartnerschaft ist streng zwischen nicht-reglementierten und reglementierten und damit solchen Berufen zu unterscheiden, in denen die Berufsausübung an eine Anerkennung der beruflichen Qualifikation und damit an eine Berufsausübungserlaubnis gebunden ist. Diese Unterscheidung ist schon alleine

---

78 Dass die in § 6 Abs. 1 Nr. 2 BeschV normierte Mindestgehaltsgrenze im Einzelfall auch höher sein kann als die in der Verordnung genannte prozentuale Größe, ergibt sich aus § 39 Abs. 3 Nr. 1 AufenthG. Entscheidend ist das ortsübliche Gehalt, das in bestimmten Fällen 45 Prozent der Beitragsbemessungsgrenze der Rentenversicherung überschreiten kann.
79 Der Verordnungsgeber beschreibt diese Maßnahme vergleichsweise offen als „Anreiz für Arbeitgeber, sich für eine Tarifbindung ihrer Betriebe zu entscheiden." Siehe Verordnungsbegründung, S. 58.
80 Klaus/Kolb ZAR 2023, 194 (198), Henssler RdA 2021, 1 (5); Kluth ZAR 2023, 145 (146).
81 Siehe dazu ausführlich E.II.2 sowie Kolb, Neue Formen prekärer Beschäftigung 2023–6, S. 8.
82 BR-Drs. 137/23, S. 84.
83 Implizit eine Rolle spielt Erfahrung iwS jedoch auf Arbeitgeberseite. § 16d Abs. 3 S. 1 Nr. 4 AufenthG fordert als Tatbestandsvoraussetzung, für eine Ausbildung oder Nachqualifizierung geeignet zu sein. Diese Eignung setzt wohl idR eine gewisse Erfahrung des Arbeitgebers voraus. Die Zuordnung zur Erfahrungssäule sinnvoll rechtfertigen lässt sich durch diese Argumentation aber ebenso wenig wie durch die Vermutung, dass, unabhängig von der Tatsache, dass Berufserfahrung tatbestandlich nicht erforderlich ist, die von der Option der Anerkennungspartnerschaft Gebrauch machenden Ausländer in der Regel über ein gewisses Maß an Berufserfahrung verfügen dürften.

deshalb erforderlich, weil die Grundidee der Anerkennungspartnerschaft, bereits während des laufenden Verfahrens zur Anerkennung einer im Ausland erworbenen Berufsqualifikation eine qualifizierte Beschäftigung in Deutschland auszuüben, aufgrund der zur Ausübung einer beruflichen Tätigkeit in reglementierten Berufen erforderlichen Berufsausübungserlaubnis nur bei nicht-reglementierten Berufen realisierbar ist. Beiden Varianten gemein ist die Möglichkeit einer Nebenbeschäftigung von bis zu 20 Stunden je Woche (§ 16d Abs. 3 S. 8 AufenthG).[84]

1. Anerkennungspartnerschaften bei nicht-reglementierten Berufen

Im Bereich der nicht-reglementierten Berufe schafft der als intendierte Ermessensnorm angelegte § 16d Abs. 3 S. 1 AufenthG nun eine ‚Doppeloption' in Form einer Aufenthaltserlaubnis zur Durchführung eines Verfahrens zur Anerkennung einer im Ausland erworbenen Berufsqualifikation bei gleichzeitiger begleitender Ausübung einer qualifizierten Beschäftigung. Die Durchführung eines Anerkennungsverfahrens bzw. von Anpassungsmaßnahmen zur Erlangung der Gleichwertigkeit einer im Ausland erworbenen Qualifikation wird dabei nicht, wie es vor der Reform bzw. im alten Recht noch der Standard war, der Ausübung einer qualifizierten Beschäftigung vorgeschaltet, sondern parallel ermöglicht.

69

a) Tatbestandsvoraussetzungen

Hinsichtlich ihrer Tatbestandsvoraussetzungen erweist sich die Norm als durchaus voraussetzungsvoll. Neben einem konkreten Arbeitsplatzangebot für eine qualifizierte Beschäftigung (§ 16d Abs. 3 S. 1 Nr. 2 AufenthG) und dem für die Anerkennungspartnerschaft konstitutiven ‚Synallagma', in dem der von dem Ausländer eingegangenen Verpflichtung, spätestens nach der Einreise bei der im Inland nach den Regelungen des Bundes oder der Länder für die berufliche Anerkennung zuständigen Stelle unverzüglich das Verfahren zur Anerkennung seiner im Ausland erworbenen Berufsqualifikation einzuleiten (§ 16d Abs. 3 S. 1 Nr. 3 lit. a AufenthG), eine Verpflichtung auf Seiten des Arbeitgebers, dem Ausländer die Wahrnehmung der von der zuständigen Stelle zur Anerkennung seiner Berufsqualifikation geforderten Qualifizierungsmaßnahmen im Rahmen des Arbeitsverhältnisses zu ermöglichen (§ 16d Abs. 3 S. 1 Nr. 3 lit. b AufenthG), gegenübersteht, sieht § 16d Abs. 3 AufenthG weitere arbeitgeber- und arbeitnehmerseitige Voraussetzungen vor. Arbeitgeberseitig erforderlich ist gemäß Nr. 4 die Eignung des Arbeitgebers für die Ausbildung oder Nachqualifizierung. Diese besteht laut Verordnungsbegründung bei Arbeitgebern, die in Deutschland mit der beruflichen Ausbildung oder beruflichen Nachqualifizierungen ausreichende und zeitaktuelle nachweisbare Erfahrungen haben, beispielsweise, wenn sie in den letzten drei Jahren in der Lehrlingsrolle ihrer Kammer erfasst waren.[85] Das Vorliegen des Eignungskriteriums wird dabei ex-negativo über einen Katalog festgestellt und konkretisiert, in dem definiert wird, wann von dem Fehlen einer solchen Eigenschaft auszugehen ist. Auf Sei-

70

---

84 Wie realistisch es allerdings ist, dass jemand, der im Rahmen einer Aberkennungspartnerschaft nicht nur eine qualifizierte Beschäftigung ausübt, sondern auch ein Verfahren zur Anerkennung seiner im Ausland erworbenen Qualifikation betreibt, auch noch bis zu 20 Stunden in der Woche einem Nebenerwerb nachgeht, ist allerdings fraglich.
85 BR-Drs. 13/137, S. 87.

ten des Arbeitnehmers als Voraussetzungen definiert sind zum einen der angestrebten Tätigkeit entsprechende, mindestens jedoch hinreichende deutsche Sprachkenntnisse[86] (§ 16d Abs. 3 S. 1 Nr. 5 AufenthG) sowie eine ausländische und in dem Staat, in dem sie erworben wurde, staatlich anerkannte Berufs- oder Hochschulqualifikation.[87] Auch im Bereich der Anerkennungssäule entscheidet sich der Gesetzgeber, wie bereits im Rahmen des § 6 BeschV und auch im Fall der Chancenkarte (dazu D.II.1), für formalqualifikatorische Grundvoraussetzungen in Form von staatlich anerkannten Auslandsqualifikationen.

71 Ferner ist zu berücksichtigen, dass die für die qualifizierte Beschäftigung, die parallel zum Anerkennungsverfahren ausgeübt werden kann, erforderliche Zustimmung der BA einen doppelten Konnex erfordert.[88] Zum einen muss die parallel zum Anerkennungsverfahren ausgeübte Beschäftigung in einem berufsfachlichen Zusammenhang mit der ausländischen Berufsqualifikation stehen (§ 2a Abs. 1 Nr. 1 BeschV), zum anderen ist es erforderlich, dass das parallel zur Beschäftigung angestrengte Anerkennungsverfahren für einen Beruf in derselben Berufsgruppe erfolgen soll, in der die Beschäftigung ausgeübt wird (§ 2a Abs. 1 Nr. 2 BeschV). Vermittelt über die während des Anerkennungsverfahrens ausgeübte qualifizierte Beschäftigung wird also eine Verbindung hergestellt zwischen der ausländischen Berufsqualifikation und dem Beruf, für den das Anerkennungsverfahren durchgeführt wird. In den Gesetzesmaterialien verdeutlicht wird dies über das Beispiel eines im Ausland staatlich anerkannten Bäckers, der im Rahmen der Anerkennungspartnerschaft als Konditor arbeitet und während bzw. neben dieser Tätigkeit eine Anerkennung als Bäckereifachverkäufer anstrebt.[89] Nicht erfasst von der Konnexität ist lediglich die in § 16d Abs. 3 S. 8 AufenthG normierte Möglichkeit einer Nebenbeschäftigung von bis zu 20 Stunden je Woche.

b) Systematische Einordnung der Anerkennungspartnerschaft

72 Systematisch handelt es sich bei der Anerkennungspartnerschaft des § 16d Abs. 3 AufenthG um eine neue Stufe in dem bereits seit 2015 beobachtbaren Ausbau der Möglichkeiten zur Einreise zur Nachqualifikation[90] in der Form, dass die den § 16d Abs. 3 AufenthG a.F. und Abs. 4 AufenthG zugrundeliegenden Ideen in einer Norm fusioniert werden. Bereits der im Rahmen des FKEG von 2020 geschaffene § 16d Abs. 3 AufenthG, der nun im Rahmen des Weiterentwicklungsgesetzes durch die Anerkennungspartnerschaft ersetzt wird, sah die Möglichkeit vor, parallel zu einem in Deutschland betriebenen Verfahren zur Anerkennung im Ausland erworbener Qualifikationen eine qualifizierte Beschäftigung in einem im Inland nicht reglementierten Beruf, zu dem die Qualifikation befähigt, auszuüben. Voraussetzung dafür war allerdings u.a.

---

86 Dies entspricht gemäß § 2 Abs. 10 AufenthG dem Niveau A2 des Gemeinsamen Europäischen Referenzrahmens für Sprachen.
87 Für Berufsqualifikationen ist zudem, wie schon im Rahmen des § 6 BeschV, festgehalten, dass eine staatlich anerkannte Berufsausbildung eine Ausbildungsdauer von mindestens zwei Jahren haben muss.
88 Siehe dazu auch Kolb IAR 2024, 99 (102–103).
89 BR-Drs. 284/23, 52.
90 Dazu ausführlich Lehner/Kolb, in: Berlit/Hoppe/Kluth, JBMigR 2020, 2021, S. 477–479. Der im Rahmen des FKEG von 2020 geschaffene § 16d AufenthG wiederum dockte an den im Rahmen des Gesetzes zur Neubestimmung des Bleiberechts und der Aufenthaltsbeendigung (BGBl. 2015 I 1386) eingeführten § 17a AufenthG a.F. an und erweitert diesen.

die seitens einer nach den Regelungen des Bundes oder der Länder für die berufliche Anerkennung zuständigen Stelle erfolgte Feststellung, dass schwerpunktmäßig Fertigkeiten, Kenntnisse und Fähigkeiten in der betrieblichen Praxis fehlen (§ 16d Abs. 3 S. 1 Nr. 2 AufenthG a.F.). Der Einreise nach Deutschland vorgeschaltet sein musste damit ein bereits aus dem Ausland heraus betriebenes Anerkennungsverfahren bzw. ein Teilanerkennungsbescheid[91], in dem als Hauptdefizit zur Vollanerkennung in der betrieblichen Praxis liegende Fertigkeiten, Kenntnisse und Fähigkeiten festgehalten waren. In der neuen Version des § 16d Abs. 3 AufenthG entfällt nun das Erfordernis, mittels eines Teilanerkennungsbescheids spezifische und konkret im Bereich der betrieblichen Praxis verortbare Defizite nachzuweisen mit der Folge, dass eine Einreise zur Nachqualifikation bei gleichzeitiger Aufnahme einer qualifizierten Beschäftigung auch ohne bereits aus dem Ausland heraus initiiertes Anerkennungsverfahren möglich wird. Dies war im alten Recht nur im Rahmen des § 16d Abs. 4 AufenthG und konkret unter der Voraussetzung möglich, dass zwischen der Bundesagentur für Arbeit und der Arbeitsverwaltung des Herkunftslandes eine Absprache über die Modalitäten des Anerkennungsverfahrens in Deutschland getroffen wurde.[92] Die Kombination der im alten und im neuen § 16d Abs. 3 AufenthG verankerten Idee einer wechselseitigen und d.h. auf Arbeitgeber- wie auch auf Arbeitnehmerseite verankerten Bereitschaft, das jeweils mögliche und erforderliche zu einem gelingenden Anerkennungsverfahren beizutragen, mit der Überlegung des § 16d Abs. 4 AufenthG, unter bestimmten Voraussetzungen die Einreise zur Nachqualifikation auch ohne bereits im Ausland initiiertes Anerkennungsverfahren zuzulassen, baut somit die im Rahmen des FKEG umfassend ausgebauten Optionen der Einreise zur Nachqualifikation noch einmal deutlich aus.

Attraktiv für Unternehmen kann die Anerkennungspartnerschaft bei einer Anwerbung einer ausländischen Arbeitskraft für einen nicht-reglementierten Beruf als Alternative zu § 6 BeschV v.a. dann sein, wenn das Unternehmen weder tarifgebunden noch bereit bzw. in der Lage ist, das in § 6 Abs. 1 S. 1 Nr. 2 BeschV aufgerufene Mindestgehalt in Höhe von 45 Prozent der jährlichen Beitragsbemessungsgrenze in der allgemeinen Rentenversicherung zu entrichten. Diese tarifungebundenen Unternehmen haben dann – sofern die genannten Voraussetzungen des § 16d Abs. 3 S. 1 Nr. 1–6 AufenthG und dabei v.a. Nr. 4 (Ausbildungseignung auf Seiten des Arbeitgebers) und Nr. 5 (die der angestrebten Tätigkeit entsprechende, mindestens jedoch hinreichende deutsche Sprachkenntnisse) vorliegen – die Möglichkeit, über das Konstrukt der Anerkennungspartnerschaft eine ausländische Arbeitskraft zur Ausübung einer qualifizierten Beschäftigung auch unterhalb der Gehaltsgrenze des § 6 Abs. 1 S. 1 Nr. 2 BeschV zu beschäftigen. Dabei ist zu beachten, dass die Aufenthaltserlaubnis im Rahmen einer Anerkennungspartnerschaft zwar bis zu einer Höchstaufenthaltsdauer von drei Jahren, aber zunächst nur für ein Jahr erteilt wird (§ 16d Abs. 3 S. 5 AufenthG). Entsprechend erforderlich wäre es, im ersten Jahr das Anerkennungsverfahren zu starten, um nach Ablauf der zunächst nur für ein Jahr erteilten Aufenthaltserlaubnis eine Verlängerung zu erhalten. Zusätzli-

---

91 Die Terminologie im Schrifttum zu diesem Bescheid ist uneinheitlich. Neben Teilanerkennungsbescheid verwendet wird auch der Begriff Defizitbescheid (Huber/Mantel, AufenthG/Dippe AufenthG § 18 Rn. 8) oder Zwischenbescheid (Wohlgemuth/Pepping BBiG/Pepping § 8 Rn. 52).
92 Die Absprache ersetzt somit steuerungssystematisch den Teilanerkennungsbescheid. Siehe dazu Lehner/Kolb, in: Berlit/Hoppe/Kluth JBMigR 2020, 2021, S. 481 und auch Klaus/Kolb ZAR 2023, 194 (204).

che Attraktivität könnte die Anerkennungspartnerschaft auch angesichts der Tatsache entfalten, dass ein Zweckwechselverbot nur die §§ 16d und 19c Abs. 1 in Verbindung mit einer Regelung der Beschäftigungsverordnung für vorübergehende Beschäftigungen betrifft (§ 16d Abs. 3 S. 6 AufenthG)[93], der Weg beispielsweise in den § 6 BeschV aber gerade aufgrund der im Rahmen der parallel zur Anpassungsmaßnahme erreichbaren Berufserfahrung offen ist und nahe liegt, sofern absehbar ist, dass eine Anerkennung der Auslandsqualifikation als gleichwertig zu deutschen Standards in der im Rahmen der Anerkennungspartnerschaft gewährten maximalen Aufenthaltsdauer nicht gelingen wird.

2. Anerkennungspartnerschaften bei reglementierten Berufen

74 Die Ermöglichung einer Einreise zur Nachqualifikation bei gleichzeitiger – und d.h. parallel zur Durchführung von Anpassungsmaßnahmen erfolgenden – Ausübung einer qualifizierten Beschäftigung scheitert im Bereich der reglementierten Berufe am Erfordernis einer Berufsausübungserlaubnis und damit einer berufsrechtlichen Befugnis zur Berufsausübung sowie der Erlaubnis zum Führen der Berufsbezeichnung. Für reglementierte Berufe wird bzw. muss auf die für die Partnerschaftsvariante im Bereich der nicht-reglementierten Berufe konstitutive Kopplung der Durchführung eines Verfahrens zur Anerkennung einer im Ausland erworbenen Berufsqualifikation mit der Aufnahme einer qualifizierten Beschäftigung iSd § 2 Abs. 12b AufenthG verzichtet werden. Entsprechend normiert § 16d Abs. 3 S. 2 und 3 AufenthG, dass, sofern zur Ausübung einer Beschäftigung eine Berufsausübungserlaubnis erforderlich ist, die Voraussetzung der Aufnahme einer qualifizierten Beschäftigung durch andere Kriterien ersetzt werden muss. § 16d Abs. 3 S. 3 AufenthG ist dabei als Spezialvorschrift für Arbeitgeber im Pflegebereich[94] konzipiert, die als Ersatz zur Ausübung einer qualifizierten Beschäftigung lediglich einfordert, dass Einstufung und das Entgelt einer Beschäftigung entsprechen, deren Anforderungen auf eine berufliche Tätigkeit im angestrebten Zielberuf hinführen (§ 16d Abs. 3 S. 3 Nr. 2 AufenthG). Weitergehende Voraussetzungen fordert die sektorübergreifend angelegte Option des § 16d Abs. 3 S. 2 AufenthG ein. Neben der auch in S. 3 vorgesehenen Vorgabe, dass Einstufung und das Entgelt einer Beschäftigung entsprechen, deren Anforderungen auf eine berufliche Tätigkeit im angestrebten Zielberuf hinführen, erforderlich ist eine Tarifbindung des Arbeitgebers (§ 16d Abs. 3 S. 2 Nr. 1 AufenthG)[95], die an dieser Stelle im Unterschied zu § 6 BeschV, in dem zur Tarifbindung als tatbestandliche Alternative ein Mindestgehalt definiert ist, als Ausschlusskriterium angelegt ist und folglich tarifungebundene Unternehmen (außerhalb des Sonderfalls des § 72 SGB XI) von der Nutzung der Anerkennungspartnerschaft im Bereich reglementierter Berufe ausschließt. Dieses Muster einer Verkopplung von Tarifbindung und Möglichkeiten der Arbeitskräftegewinnung wiederholt sich im Bereich der Arbeitskräftesäule und wird dort detaillierter problematisiert.

---

93 Ausgeschlossen ist bspw. der Wechsel eines als Koch Beschäftigten aus der Anerkennungspartnerschaft in die Spezialregelung des § 11 Abs. 2 BeschV.
94 Erfasst werden Arbeitgeber, die eine nach § 72 SGB XI zugelassene Pflegeeinrichtung sind (§ 16d Abs. 3 S. 3 Nr. 1 AufenthG).
95 Tarifgebundenen Arbeitgebern gleichgestellt sind kirchliche Arbeitgeber, die an Regelungen paritätisch besetzter Kommissionen gebunden sind, die auf der Grundlage kirchlichen Rechts Arbeitsbedingungen festlegen.

III. Fazit zur Erfahrungssäule

Aus rechtsdogmatischer Perspektive stellt die Erfahrungssäule im neuen Erwerbsmigrationsrecht die weitgehendste Neuerung dar. § 6 BeschV lässt sich dabei als nichts weniger als als „Systemsprenger"[96] bezeichnen, weil mit dieser Norm im alten Recht lediglich berufsgruppen- bzw. länderspezifische Ausnahmen vom Grundsatz, dass im Ausland erworbene Qualifikationen als Einreise- bzw. (im Falle der Einreise zur Nachqualifikation über § 16d AufenthG) als Bleibevoraussetzung als gleichwertig zu deutschen Standards anerkannt werden müssen, generalisiert werden. Mit dem noch im Eckpunktepapier der Bundesregierung zum FKEG von 2020 festgehaltenen und gesetzlich in der zentralen Programmnorm des Erwerbsmigrationsrechts (§ 18 Abs. 2 Nr. 4 AufenthG) verankerten politischen Absichtserklärung, „grundsätzlich an der Gleichwertigkeitsprüfung der Qualifikationen fest(zu)halten, um sicherzustellen, dass sich die Fachkräfte langfristig in den Arbeitsmarkt integrieren"[97], wird gebrochen.

75

Der das deutsche Erwerbsmigrationsrecht prägende qualifikationsspezifische Formalisierungsgrad wird durch die angesprochene Substitution dabei zwar in erheblichem Umfang reduziert, in dem künftig (in Kombination mit einschlägiger Berufserfahrung) auch eine lediglich im Ausland staatlich anerkannte (berufliche oder akademische) Qualifikation und eben nicht mehr nur und exklusiv eine als gleichwertig zu deutschen Standards anerkannte ausländische Qualifikation vorausgesetzt wird. Allerdings hat sich der Gesetzgeber in der Erfahrungssäule nicht dazu durchringen können, vollständig von Formal- auf materielle Qualifikationen umzustellen. Vielmehr entscheidet er sich (nur) für eine Abschwächung der an das Formalkriterium gestellten Anforderungen und akzeptiert als formales Qualifikationskriterium eben auch im Ausland staatlich anerkannte Qualifikation, die nicht als gleichwertig zu deutschen Standards anerkannt werden können (oder sollen).[98] Diese Reduktion formaler Qualifikationsanforderungen wird jedoch durch die Einführung materieller Anforderungen und konkret von in den letzten fünf Jahren erworbener, mindestens zweijähriger Berufserfahrung, die den Ausländer zu der Beschäftigung befähigt, kompensiert. Insofern ist auch die Bezeichnung ‚Erfahrungssäule' zumindest nicht vollkommen zutreffend, weil Berufserfahrung nicht isoliert, sondern nur in der Kombination mit einer im Ausland erworbenen und dort anerkannten beruflichen und akademischen Qualifikation und damit akzessorisch zur Geltung kommt.[99]

76

D. Die Potenzialsäule

Steuerungsspezifisch lässt sich grundlegend zwischen angebots- und nachfrageorientierten Maßnahmen der Anwerbung von ausländischen Arbeitskräften unterscheiden.[100]

77

---

96 Klaus/Kolb ZAR 2023, 194 (206).
97 Eckpunktepapier der Bundesregierung vom 2.10.2018, 3.
98 Klaus/Kolb ZAR 2023, 194 (197).
99 SVR, Stellungnahme zum Entwurf der Bundesregierung eines Fachkräfteeinwanderungsgesetzes (FEG), S. 2.
100 So bspw. auch Kluth NVwZ 2018, 1437 (1439); Kluth Mittelstandsorientierte Weiterentwicklung des Einwanderungsrechts mit Blick auf das Handwerk, S. 96; Berlit ZAR 2018, 229 (236); v. Harbou/Weizsäcker EinwanderungsR/Groß, S. 352–353, Uznanski ZAR 2022, 156, Lembcke/Werding, ifo Schnelldienst 2023, 43; Klaus/Mävers/Offer ZRP 2018, 197; Thym ZAR 2017; 361 (365); Lehner ZAR 2022 144 (145); Lehner/Kolb ZRP 2017, 34 (36); Mastmann/Offer, in Dorig MigrationsR-HdB § 5 Rn. 144, § 13 Rn. 11; Bünte/Knödler NZA 2012, 1255 (1259); Bünte/Knödler ZRP 2018, 102 (104); Morell/Hofmann KritV 2019, 293 (306); Klaus, jm 2023, 368 (373);

Angebotsorientierte Systeme entkoppeln – zumindest in ihrer Reinform – die Zulassung eines Bewerbers von der Frage einer bereits bestehenden Arbeitsplatzzusage und machen stattdessen die Zulassung von einer ggf. auf Punktebasis erfolgenden Bewertung beobachtbarer (und dabei natürlich arbeitsmarktrelevanter) Charakteristika abhängig. In nachfrageorientierten Systemen hingegen ist die unmittelbare Arbeitsmarktintegration und damit die Frage, ob ein ausländischer Bewerber bereits vor Einreise eine Arbeitsplatzzusage nachweisen kann, für die Zulassung entscheidend.[101]

I. Systematische Einordnung

78   Im Rahmen der Potenzial- und damit der letzten politisch auch explizit als solche benannten Säule erfolgt nun eine Neuordnung und Erweiterung eines Bereichs, der von Fachkräfte- und Erfahrungssäule, die allesamt tatbestandlich einen Arbeitsvertrag voraussetzen und damit als nachfrageorientierte Instrumente zu kennzeichnen sind, nicht erfasst ist. Anwendungsbereich dieser Säule ist (nahezu) ausschließlich die Einwanderung zur Arbeitsplatzsuche und damit die angebotsorientierte Migration. Der Gesetzgeber folgt damit einem im Koalitionsvertrag eindeutig niedergeschriebenen Auftrag, „auf Basis eines Punktsystems eine zweite Säule [zu] etablieren, um *Arbeitskräften zur Jobsuche* den gesteuerten Zugang zum deutschen Arbeitsmarkt zu ermöglichen"[102] und unterzieht über die Potenzialsäule auch den Bereich der angebotsorientierten Migration einer Neuregelung.

79   Auch in diesem Segment sind jedoch die in A.II getroffenen Vorbemerkungen über die rechtliche Ausgangslage zu berücksichtigen. So unterliegen nicht nur bestimmte Teilbereiche des Aufenthalts zur Arbeitsplatzsuche wie bspw. Aufenthaltstitel zur Suche nach einem Arbeitsplatz nach erfolgreichem Abschluss eines Studiums im Bundesgebiet (§ 20 Abs. 3 Nr. 1 AufenthG a.F.) oder nach Abschluss der Forschungstätigkeit (§ 20 Abs. 3 Nr. 2 AufenthG a.F.) europarechtlichen Vorgaben[103], sondern es ist auch zu berücksichtigen, dass der deutsche Gesetzgeber ohne unionsrechtliche Vorgaben bereits im Rahmen der 2012 erfolgten Umsetzung der Hochqualifiziertenrichtlinie von 2009 angebotsorientierte Elemente in das deutsche Recht aufgenommen hatte. Der durch die Richtlinienumsetzung damals in das Recht integrierte § 18c AufenthG a.F. war zunächst auf Ausländer, die über einen deutschen oder anerkannten oder einem deutschen Hochschulabschluss vergleichbaren ausländischen Hochschulabschluss verfügen,

---

Kolb RdJB 2015, 337 (338–339). Ganz ähnlich auch Langenfeld NVwZ 2019, 677 (682). Terminologisch davon abweichend, inhaltlich aber ganz ähnlich Dörig NVwZ 2016, 1033 (1034) sowie Wedel ZG 2019 216 (226–227), die zwischen Potenzial- und Bedarfszuwanderung unterscheiden.
101 Kolb RdJB 2015, 337 (339). Siehe auch Bünte/Knödler ZRP 2018, 102 (104).
102 Koalitionsvertrag 2021, S. 33, (Hervorhebung des Autors). Überlegungen zur Schaffung eines Systems, das Möglichkeiten der Einreise zur Arbeitsplatzsuche mit Konstellationen, in denen bereits ein Arbeitsvertrag oder eine Arbeitsplatzzusage vorhanden sind, verschränkt bzw. integriert regelt, wurden damit verworfen. Siehe bspw. Kolb ZAR 2022, 51.
103 Vgl. Lehner ZAR 2022, 144 (146) sowie v. Harbou/Weizsäcker EinwanderungsR / Weizsäcker, S. 59. Umgesetzt durch die genannten Normen wird die Richtlinie (EU) 2016/801 des Europäischen Parlaments und des Rates vom 11.5.2016 über die Bedingungen für die Einreise und den Aufenthalt von Drittstaatsangehörigen zu Forschungs- oder Studienzwecken, zur Absolvierung eines Praktikums, zur Teilnahme an einem Freiwilligendienst, Schüleraustauschprogrammen oder Bildungsvorhaben und zur Ausübung einer Au-pair-Tätigkeit.

beschränkt.[104] Durch das FKEG von 2020 kam es zu einer Erstreckung des Anwendungsbereichs auch auf Fachkräfte mit Berufsausbildung.[105]

Vor diesem Hintergrund und konkret angesichts europarechtlicher Vorgaben und rechtlicher Weichenstellungen in der Vergangenheit unterliegt das durch das Weiterentwicklungsgesetz neu geschaffene System der rechtlichen Regelungen zur Steuerung der angebotsorientierten Migration einer doppelten Zweiteilung. Die europarechtlich vorgegebenen sowie andere Spezialfälle (siehe Tab. 2) für Aufenthaltserlaubnisse zur Arbeitsplatzsuche, die allesamt an einen Voraufenthalt in Deutschland anknüpfen und damit nicht die Neueinreise, sondern lediglich die Aufenthaltsverstetigung zur Arbeitsplatzsuche in Form eines Rechtsanspruchs normieren, werden in § 20 Abs. 1 AufenthG geregelt, während sich der als ‚Chancenkarte' beschriebene und als Ermessensregelung konzipierte § 20a AufenthG – mit Ausnahme der Folge-Chancenkarte (siehe dazu D.V.) – ausschließlich an Ausländer richtet, die aus dem Ausland nach Deutschland mit dem Zweck der Arbeitsplatzsuche oder der Suche nach Maßnahmen zur Anerkennung ausländischer Berufsqualifikationen einreisen. Im Rahmen der Chancenkarte erfolgt eine weitere qualifikationsspezifische Differenzierung (Tab. 2). Erhalten bleiben (und mit umfangreicheren Begleitrechten ausgestattet werden) die auch schon im alten Recht (und konkret in § 20 Abs. 1 und 2 AufenthG a.F.) bestehenden Optionen der Einreise zur Arbeitsplatzsuche für Ausländer mit Fachkraftstatus nach § 18 Abs. 3 AufenthG. Diese werden allerdings insofern erweitert, als nun auch die Suche nach einer selbständigen Tätigkeit[106] und damit ein Wechsel aus der Arbeitsplatzsuche in einen Aufenthaltstitel nach § 21 AufenthG möglich wird. Zudem wird die im Rahmen der Ausführungen zur Fachkräftesäule bereits beschriebene Entkopplung zwischen Qualifikation und Beschäftigung auch im Bereich der Potenzialsäule umgesetzt, so dass sich die Suche nicht mehr auf einen Arbeitsplatz beschränken muss, zu dessen Ausübung die Qualifikation befähigt.

80

Genuin neu dagegen ist der zweite Teil der Chancenkarte, der nun auch Personen ohne ausländerrechtlichen Fachkraftstatus die Möglichkeit verschafft, nach Deutschland zur Suche nach einer Erwerbstätigkeit oder nach Maßnahmen zur Anerkennung ausländischer Berufsqualifikationen einzureisen. Für diese und nur für diese Gruppe kommt das in § 20b AufenthG geregelte Punktesystem[107] zur Anwendung. Im alten Recht waren solche Regelungen für Personen ohne Fachkraftstatus nicht vorgesehen.

81

---

104 Steller ZAR 2013, 1 (7) spricht in diesem Zusammenhang zutreffend von einem „Paradigmenwechsel". Siehe auch in diesem Sinne Griesbeck ZAR 2014 181 (182); Kluth/Hornung/Koch ZuwanderungsR-HdB § 4 Rn 233; Mastmann/Offer, in Dörig MigrationsR-HdB § 5 Rn. 160; Kolb ZAR 2017, 145 (147) und Bünte/Knödler NZA 2012, 1255 (1258).
105 Kluth NVwZ 2019, 1305 (1308).
106 §§ 20, 20a AufenthG sprechen allgemein von Möglichkeiten zur Suche nach einer Erwerbstätigkeit. Der durch die Reform unverändert gebliebene § 2 Abs. 2 AufenthG subsumiert unter Erwerbstätigkeit wiederum eine selbständige Tätigkeit, die Beschäftigung im Sinne von § 7 SGB IV und die Tätigkeit als Beamter. In § 7 Abs. 1 S. 1 SGB IV wird Beschäftigung wiederum als nichtselbständige Arbeit, insbesondere in einem Arbeitsverhältnis, definiert.
107 Punktesysteme genießen seit der Diskussion um das Zuwanderungsgesetz in rechtspolitischen Diskussionen zur Ausgestaltung des deutschen Erwerbsmigrationsrechts eine hohe Prominenz. Schon in dem 2002 verabschiedeten und dann vom Bundesverfassungsgericht (BVerfGE 106, 310) aus formalen Gründen für unwirksam erklärten Zuwanderungsgesetz war ein Punktesystem vorgesehen. Darüber hinaus sahen Gesetzentwürfe aus der jüngeren Zeit entsprechende Systeme vor. Siehe BT-Drs. 18/11854 sowie 19/44.

Tab. 2: *Struktur der Suchoptionen im Erwerbsmigrationsrecht*

Anschlusssuchtitel	Chancenkarte/Suchtitel nach Neueinreise
Europarechtlich vorgegebene Anschlusssuchtitel als Rechtsanspruch ▪ nach erfolgreichem Abschluss eines Studiums im Bundesgebiet im Rahmen eines Aufenthalts nach § 16b oder § 16c (§ 20 Abs.1 Nr. 1) ▪ nach Abschluss der Forschungstätigkeit im Rahmen eines Aufenthalts nach § 18d oder § 18f (§ 20 Abs.1 Nr. 2)	Fachkräfte iSd § 18 Abs. 3 AufenthG (§ 20a Abs. 3 Nr. 1)
Europarechtlich nicht vorgegebene Anschlusssuchtitel als Rechtsanspruch ▪ nach erfolgreichem Abschluss einer qualifizierten Berufsausbildung im Bundesgebiet (§ 20 Abs.1 Nr. 3) ▪ nach Feststellung der Gleichwertigkeit der Berufsqualifikation oder Erteilung der Berufsausübungserlaubnis (§ 20 Abs.1 Nr. 4) ▪ nach erfolgreichem Abschluss einer Assistenz-/Helferausbildung in staatlich anerkanntem oder vergleichbar geregeltem Ausbildungsberuf im Gesundheits- und Pflegewesen (§ 20 Abs.1 Nr. 5)	Nicht-Fachkräfte nach zweistufigen Auswahlsystem ▪ Nachweis qualifikatorischer und sprachlicher Mindestvoraussetzungen (§ 20a Abs. 4 S. 3) ▪ Erfolgreiches Durchlaufen eines Punktesystems (§§ 20a Abs. 3 Nr. 2 iVm 20b Abs.1)

Quelle: Eigene Darstellung

II. Begleitrechte neben der Arbeitsplatzsuche

82 Die Erweiterung der suchspezifischen Begleitrechte dürfte dabei besonders praxisrelevant sein. Dies gilt weniger für die Ausdehnung der maximalen Suchperiode von im alten Recht 6 Monaten (§ 20 Abs. 1 S. 1, Abs. 2 S. 1 AufenthG a.F.)[108] auf nun 12 Monate (§ 20a Abs. 5 S. 1 AufenthG), sondern vielmehr für die Frage der Zulässigkeit einer neben der Suche ausübbaren Beschäftigung bzw. Probebeschäftigung. Das FKEG von 2020 hatte das zuvor im § 18c AufentG a.F. normierte Arbeitsverbot für die Phase der Arbeitsplatzsuche abgelöst durch eine vorsichtige Regelung, in der die Ausübung von Probebeschäftigungen bis zu zehn Stunden je Woche, zu deren Ausübung die erworbene Qualifikation die Fachkraft

---

108 Das FKEG von 2020, das für den Bereich der Arbeitsplatzsuche Erweiterungen vorgesehen hatte, änderte den zuvor in § 18c AufenthG a.F. normierten Bereich der Einreise zur Arbeitsplatzsuche hinsichtlich des maximal gewährten Suchzeitraums nicht.

befähigt, gestattet wurde (§ 20 Abs. 1 S. 4 AufenthG a.F.).[109] Im neuen Migrationsrecht erfolgt nun eine sehr viel stärkere Erweiterung von Nebenerwerbsrechten während der Arbeitsplatzsuche. § 20a Abs. 2 AufenthG gestattet neben der Ausübung einer Beschäftigung von durchschnittlich insgesamt höchstens 20 Stunden je Woche auch eine Probebeschäftigung für jeweils höchstens zwei Wochen. Während der Begriff der Beschäftigung in diesem Zusammenhang allein auf den Gelderwerb abzielt, enthält eine (parallel zu einer solchen Beschäftigung) absolvierbare Probebeschäftigung auch eine qualifikatorische Komponente. Denn die Probebeschäftigung muss entweder qualifiziert sein (lit. a), auf eine Ausbildung abzielen (lit. b) oder geeignet sein, im Rahmen einer Maßnahme zur Anerkennung ausländischer Berufsqualifikationen nach § 16d aufgenommen zu werden (lit. c). Die Kombination dieser beiden Möglichkeiten in der Praxis könnte geeignet sein, das in § 20a Abs. 4 S. 1 AufenthG normierte Erfordernis der Lebensunterhaltssicherung[110] deutlich leichter zu erfüllen als dies bislang der Fall war. Eine Option des Nachweises der Lebensunterhaltssicherung kann dabei auch durch eine bereits vor der Erteilung eines Aufenthaltstitels vereinbarte Vergütung für Probearbeiten und/oder die Beschäftigung erfolgen. Berücksichtigt man die im Rahmen der Suche gestattete ‚Halbtagsbeschäftigung' (20 Stunden pro Woche), die ggfs. noch mit einer Probebeschäftigung kombiniert werden kann, eröffnen sich neue Spielräume und gegenüber dem rechtlichen Status Quo enorme Erleichterungen der Lebensunterhaltssicherung.

Darüber hinaus wird mit dem Ausbau der neben der Arbeitssuche bestehenden Möglichkeiten, einer Beschäftigung nachzugehen, auch das weiterhin bestehende und im Rahmen der Reform des Rechts unangetastete Zustimmungsverbot für Tätigkeiten in Leih- bzw. Zeitarbeitsunternehmen (§ 40 Abs. 1 Nr. 2 AufenthG) gelockert.[111] In Kombination mit der gesetzlich vorgesehenen Erweiterung der maximalen Aufenthaltsdauer der Such-Karte auf 12 Monate (§ 20a Abs. 5 S. 1 AufenthG) sorgt der Ausbau der Nebenerwerbsmöglichkeiten auf 20 Stunden pro Woche (§ 20a Abs. 2 Nr. 1 AufenthG) dafür, dass die Anwerbung in die Zeitarbeit zumindest temporär und konkret für den in § 20a Abs. 5 S. 1 AufenthG festgelegten Maximalzeitraum für eine Teilzeitbeschäftigung ermöglicht wird.

III. Veränderungen im Gesetzgebungsverfahren in den Auswahlstufen

Kennzeichnend für die Entwicklung der Potenzialsäule und dabei v.a. des Teils der Chancenkarte, der sich an Personen richtet, denen bislang die Möglichkeiten der Einreise zur Arbeitsplatzsuche aufgrund des fehlenden Fachkraftstatus verwehrt blieben, ist eine außerordentliche Dynamik im Rahmen des Gesetzgebungsverfahrens. Erst im Rahmen des parlamentarischen Verfahrens zum Weiterentwicklungsgesetz erfolgte dabei eine erhebliche Änderung in der strukturellen Anlage der Chancenkarte, durch die sich auch ihr Stellenwert in der Gesamtstruktur des neuen Erwerbsmigrationsrechts

---

109 Durch die Bezugnahme auf § 7 SGV IV wird in den Anwendungshinweisen zum FKEG (20.1.4) klargestellt, dass es sich dabei um ein Beschäftigungsverhältnis nach § 7 SGB IV handelt, die Probebeschäftigungen also entlohnt werden. Vgl. dazu Hailbronner, Ausländerrecht/Hailbronner AufenthG § 20 Rn. 9.
110 § 20a Abs. 4 S. 1 AufenthG verdrängt damit als lex specialis § 5 Abs. 1 Nr. 1 AufenthG.
111 Ob eine Leiharbeit iSd § 40 Abs. 1 Nr. 2 AufenthG vorliegt, bestimmt sich wiederum nach §1 Abs. 1 AÜG. U.a. im Rahmen der Verbändeanhörung hatten zahlreiche Unternehmerverbände eine Änderung des § 40 Abs. 1 Nr. 2 AufenthG, eines „Relikt[s] aus den Zeiten der Gastarbeiteranwerbung" (BeckOK AuslR/Breidenbach AufenthG § 40 Rn. 2), angeregt.

deutlich verändert hat. Vor diesem Hintergrund lohnt es sich, nicht nur die Struktur des schließlich als Teil des Gesetzes im Bundesgesetzblatt veröffentlichten Systems, sondern auch die im Rahmen des Gesetzgebungsprozesses (und d.h. konkret die über die Phasen Referentenwurf, Kabinettsfassung und des schließlich im Deutschen Bundestag verabschiedeten Gesetzes) erfolgten Änderungen an und in der Systematik dieses Teilbereichs des neuen Migrationsrechts zu betrachten.

1. Die erste Auswahlstufe: Definition qualifikatorischer Grundvoraussetzungen

85 Nicht verändert hat sich dabei die strukturelle Grundlage der sich an Personen ohne ausländerrechtlichen Fachkraftstatus richtenden Potenzialsäule. Strukturell angelegt ist diese als zweistufiges Auswahlsystem, über das in einem ersten Schritt zunächst der Kreis von Personen ermittelt wird, der für eine Einreise zur Suche eines Arbeitsplatzes grundsätzlich in Frage kommt, bevor daran anschließend in einer zweiten Prüfphase punktebasiert über eine solche Einreisemöglichkeit entschieden wird.[112] Die Grundvoraussetzungen in der ersten Stufe bestehen aus einem Sprach- und einem Qualifikationskriterium. Die qualifikatorischen Voraussetzungen gleichen dabei den aus der Erfahrungssäule und konkret aus § 6 BeschV bekannten Elementen. Ohne eine ausländische, staatlich anerkannte Berufsqualifikation mit einer Mindestausbildungsdauer von 2 Jahren, einen ausländischen staatlich anerkannten Hochschulabschluss oder einen im Ausland erworbenen und von einer deutschen Auslandshandelskammer erteilten Berufsabschluss (§ 20a Abs. 4 S. 3 Nr. 1 AufenthG) ist die Erteilung einer Chancenkarte ausgeschlossen. Prüfzuständig für das Qualifikationskriterium nach § 20a Abs. 4 S. 3 Nr. 1 lit a und b AufenthG ist die Zentralstelle für ausländisches Bildungswesen (ZAB), für das Kriterium nach § 20a Abs. 4 S. 3 Nr. 1 lit c AufenthG das Bundesinstitut für Berufsbildung (BiBB). Diese Aufgabenteilung entspricht dem bereits für die Erfahrungssäule etablierten Muster der Prüfzuständigkeiten.

Tab. 3: Sprachkenntnisse als Erteilungsvoraussetzung für eine Chancenkarte

	Referentenentwurf	Kabinettsfassung	Gesetz
Deutsch	A2	A2	A1
Englisch	C1	B2	B2

Quelle: Eigene Zusammenstellung

86 Sprachlich können alternativ Englisch- oder Deutschkenntnisse nachgewiesen werden.[113] Das dabei im Verlauf der Gesetzesberatungen geforderte Niveau an Sprachkenntnissen[114] ist sowohl für Englisch als auch für Deutsch stetig reduziert worden (Tab.

---

112 Steuerungssystematisch nicht unähnlich wurde die (politisch äußerst umstrittene) Kompromisslösung für den Familiennachzug zu subsidiär Schutzberechtigten ausgestaltet. Siehe Kolb ZAR 2019, 16 sowie Thym NVwZ 2018, 1340 (1346).
113 Mit der Akzeptanz ausländischer und hier konkret englischer Sprachkenntnisse wird im AufenthG Neuland betreten.
114 In den Entwürfen und dem schließlich verabschiedeten Gesetz werden etwas unglücklich und nutzerunfreundlich nur die Englischkenntnisse direkt mit dem entsprechenden Niveau des Gemeinsamen Europäischen Referenzrahmens für Sprachen (GER) benannt, für die eingeforderten Deutschkenntnisse muss hin-

3) und zwar auf A1 im Deutschen und B2 im Englischen. Auch im Rahmen der Chancenkarte zeigt sich dabei ein die Reform des Erwerbsmigrationsrechts durchziehender Trend, Deutschkenntnisse als Voraussetzung für einen entsprechenden Aufenthaltstitel tendenziell abzuwerten. So waren im alten Recht Deutschkenntnisse für beruflich qualifizierte Fachkräfte, die zur Arbeitsplatzsuche nach Deutschland einreisen wollten, noch in Form der angestrebten Tätigkeit entsprechender deutscher Sprachkenntnisse (§ 20 Abs. 1 S. 1 AufenthG a.F.) erforderlich. Im neuen Recht entfällt für Fachkräfte das Deutscherfordernis vollständig, für Personen ohne Fachkraftstatus werden in der ersten Auswahlstufe lediglich einfache Deutschkenntnisse eingefordert, die zudem durch gute Englischkenntnisse ersetzt werden können.

2. Die zweite Auswahlstufe: Das Punktesystem

Personen ohne Fachkraftstatus, die die in Tab. 3 zusammengefassten sprachlichen Anforderungen sowie die qualifikatorischen Anforderungen in Form eines im Ausland anerkannten beruflichen oder Hochschulabschlusses (oder eines entsprechenden AHK-Abschlusses) erfüllen, benötigen ferner zur Erlangung einer Aufenthaltserlaubnis zur Suche nach einer Erwerbstätigkeit (oder nach Maßnahmen zur Anerkennung ausländischer Berufsqualifikationen) nach Maßgabe der Tabelle in der Anlage zu dem Gesetz eine ausreichende Punktzahl für die Erfüllung von Merkmalen, die in § 20b Abs. 1 AufenthG definiert sind. Die dabei angelegten Kriterien habe sich im Verlauf der Beratungen deutlich verändert und ausdifferenziert (Tab. 4). Ein detaillierter Blick auf diese Veränderungen lohnt deshalb, weil sich ein besonderes Spezifikum der Chancenkarte, die erst im Rahmen des parlamentarischen Verfahrens erfolgte Aufspaltung in eine Such- und eine Folge-Chancenkarte, dann besser nachvollziehen lässt. 87

Ein Sonderfall stellt (weiterhin) das Kriterium einer Teilanerkennung eines ausländischen Berufsabschlusses dar. Zwar ist es geradezu als eine zentrale rechtliche Innovation der Erleichterung durch die Anerkennungspartnerschaft (§ 16d Abs. 3 AufenthG) zu sehen, dass eine Einreise auch ohne im Ausland begonnenes Anerkennungsverfahren und damit ohne einen als Resultat aus einem solchen ‚Auslandsverfahren' resultierenden Teilanerkennungsbescheid ermöglicht wird. Gleichwohl unterstützt das neue Recht in stärkerem Umfang als bisher auch Einreisen zur Nachqualifikation mit einem Teilanerkennungsbescheid. Der dazu reformierte und für die Konstellation einer bereits identifizierten Anerkennungsmaßnahme einschlägige § 16d Abs. 1 AufenthG sieht nun mehr eine Höchstaufenthaltsdauer von drei (und nicht mehr nur von zwei) Jahren vor, zudem wird die Ersterteilung von 18 auf 24 Monate verlängert und die in diesem Zusammenhang zulässigen Möglichkeiten einer von der Qualifizierungsmaßnahme unabhängigen Beschäftigung auf bis zu 20 Stunden je Woche verdoppelt (§ 16d Abs. 1 S. 3 AufenthG). 88

Im Rahmen der Potenzialsäule werden nun Personen mit einem vorhandenen Teilanerkennungsbescheid auch ‚suchspezifisch' in der Form berücksichtigt, als sie allein für die Tatsache, dass sie bereits aus dem Ausland heraus ein Anerkennungsverfahren initiiert und infolge dessen über einen Teilanerkennungsbescheid verfügen, der wiederum feststellt, dass Anpassungs- oder Ausgleichsmaßnahmen oder weitere Qualifikationen 89

---

gegen die auf Definitionen in den (ebenfalls über den GER operationalisierten) § 2 Abs. 9–12 AufenthG zurückgegriffen werden.

erforderlich sind, einen hohen Punktwert und konkret einen Wert, der bereits 2/3 des zur Einreise erforderlichen Werts ausmacht, erhalten und ihnen damit die Einreise zur Suche nach Maßnahmen zur (weiteren) Anerkennung ihrer im Ausland bereits erworbenen Berufsqualifikationen quasi-garantiert wird.

Tab. 4: Struktur der Punktevergabe

Referentenentwurf	Pkt.	Kabinettsfassung	Pkt.	Gesetz	Pkt.
Teilanerkennung des ausländischen Berufsabschlusses	4	Teilanerkennung des ausländischen Berufsabschlusses	4	Teilanerkennung des ausländischen Berufsabschlusses	4
Deutsch B2	3	Deutsch B2	3	Deutsch B2	3
Deutsch B1	2	Deutsch B1	2	Deutsch B1	2
		Englisch C1	1	Deutsch A2	1
				Englisch C1	1
Berufserfahrung 3 Jahre	3	Berufserfahrung 5 Jahre		Berufserfahrung 5 Jahre	3
Berufserfahrung 2 Jahre	2	Berufserfahrung 2 Jahre	3	Berufserfahrung 2 Jahre	2
Unter 35 Jahre	2	Unter 35 Jahre	2	Unter 35 Jahre	2
Unter 40 Jahre	1	Unter 40 Jahre	1	Unter 40 Jahre	1
6 Monate Voraufenthalt	1	6 Monate Voraufenthalt	1	6 Monate Voraufenthalt	1
Patenschaft	1				
		Ehepartner erfüllt Voraussetzungen	1	Ehepartner erfüllt Voraussetzungen	1
				Qualifikation in einem Mangelberuf	1
Mindestpunktzahl	6	Mindestpunktzahl	6	Mindestpunktzahl	6

Anmerkung: Für die Kriterien der Deutschkenntnisse, der Berufserfahrung und des Alters ist gesetzlich sichergestellt, dass jeweils nur der jeweils höchste Punktwert berücksichtigt wird, eine Punktekumulation in diesen Kriterien also nicht möglich ist.[115]

Quelle: Eigene Zusammenstellung

---

[115] Im Gesetz ist es allerdings zunächst zu einem redaktionellen Fehler in der Form gekommen, dass in § 20b Abs. 1 S. 1 Nr. 7 AufenthG die kumulierte Anwendung von Nr. 7 (mindestens zweijährige in den letzten fünf Jahren erworbene Berufserfahrung) und Nr. 5 (englische Sprachkenntnisse auf dem Niveau C1 des Gemeinsamen Europäischen Referenzrahmens für Sprachen) und nicht von Nr. 7 und Nr. 6 (mindestens fünfjährige in den letzten sieben Jahren erworbene Berufserfahrung) ausgeschlossen wird. Dieser Fehler konnte im Rahmen der Verabschiedung des Gesetzes zur Änderung des Gesetzes über die Angelegenheiten der Vertriebenen und Flüchtlinge (BGBl I 2023, 390) korrigiert werden.

Blendet man den Sonderfall der Einreise zur Suche nach einer Anerkennungsmaßnahme aus, so wird aus der Tab. 4 ein über den politischen Beratungsprozess anhaltender stetiger Prozess des Ausbaus, der Lockerung und der Erweiterung von Kriterien deutlich. Die Ausnahme bildet dabei lediglich das Kriterium der Berufserfahrung, für das im Referentenentwurf mit 3 statt 5 Jahren noch geringere Voraussetzungen für den berufserfahrungsspezifischen Maximalwert von 3 Punkten vorgesehen waren als schließlich in der Kabinetts- und der im Bundestag verabschiedeten Fassung. Zudem wird im Rahmen der Chancenkartenerteilung das Kriterium der Berufserfahrung nicht durch die Bundesagentur für Arbeit, die im Rahmen des § 6 BeschV zuständig ist, überprüft, sondern durch die Auslandsvertretungen. Das Kriterium der Sprachkenntnisse wurde in der 2. Auswahlphase zwar nicht wie in Phase 1 entwertet, allerdings insofern ausdifferenziert, als nun auch moderate Deutschkenntnisse von A2 sowie Englischkenntnisse auf C1-Level dazu beitragen können, den zur Erlangung einer Aufenthaltserlaubnis zur Arbeitsplatzsuche erforderlichen Punktwert von 6 Punkten zu erreichen. Bereits nach dem Referentenentwurf nicht weiterverfolgt wurde die Idee, im Falle einer Patenschaft und damit dann einen Punkt zu vergeben, wenn eine seit mindestens fünf Jahren rechtmäßig im Bundesgebiet aufhaltende Person sich in Textform und ohne damit verbundene Gewinnerzielungsabsicht bereit erklärt, die Eingliederung des Ausländers in Arbeitsmarkt und Gesellschaft der Bundesrepublik Deutschland zu unterstützen. In der Kabinettsfassung wurde diese Idee ersetzt durch ein Kriterium, das der empirischen Erkenntnis einer weit verbreiteten Bildungshomogenität (auch) in Partnerschaften gut qualifizierter Ausländer Rechnung trägt.[116] Entsprechend erhält ein Antragsteller einen Punkt, wenn sein Ehegatte oder eingetragener Lebenspartner die Voraussetzungen für die Erteilung der Chancenkarte erfüllt, bei derselben zuständigen Stelle ebenfalls eine Chancenkarte beantragt oder beantragt hat, gemeinsam mit dem Ausländer nach Deutschland einreist oder einzureisen beabsichtigt und der Ausländer bei der Antragstellung einen Bezug zum bestimmten Antrag des Ehegatten oder eingetragenen Lebenspartners herstellt (§ 20b Abs. 1 Nr. 12 AufenthG). Ebenfalls neu in das System der Punktevergabe eingeführt wurde ein Kriterium, das die Überlegung, bestimmte und als besonders knapp angesehene Berufe zu identifizieren und solche ausländerrechtlich zu berücksichtigen, wieder aufnimmt.[117] Die Operationalisierung der Mangelberufe erfolgt dabei über eine Verkopplung der in der 1. Phase des Punktesystems definierten qualifikatorischen Mindestvoraussetzung eines im Ausland staatlich anerkannten ausländischen Berufs- oder Hochschulabschlusses bzw. eines AHK-Abschlusses (§ 20a Abs. 4 S. 3 Nr. 1 AufenthG) mit den aus der Umsetzung der RL 2021/1887 als Teil der Neuregelung der Blauen Karte deutlich erweiterten Liste der Berufe mit reduzierten Mindestgehaltsanforderungen (§ 18g Abs. 1 S. 2 Nr. 1 AufenthG). Einen zusätzlichen Punkt erhalten folglich Personen, deren im Ausland staatlich anerkannte Berufsqualifikation in den ISCO 08-Gruppen 132, 133, 134, 21, 221, 222, 225, 226, 23 oder 25 erfolgt ist.

---

116 Vgl. SVR, Migrationsland, S. 107.
117 Das Kriterium der Mangelberufe ist dabei umstritten, erst im Rahmen des FKEG wurde die davor noch für berufliche Qualifikationen bestehende und über die sog. Positivliste der BA operationalisierte Beschränkung auf Berufe, deren Besetzung der offenen Stellen mit ausländischen Bewerbern arbeitsmarkt- und integrationspolitisch verantwortbar ist (§ 6 Abs. 2 S. 1 Nr. 2 BeschV a.F.), gestrichen. Siehe zu dem Kriterium und dessen Operationalisierung Huber NZA 2014, 820 (822). Die generelle Eignung des Kriteriums gilt jedoch seit langem zudem als umstritten, siehe Kolb ZAR 2023, 151 (152–153) m.w.N.

IV. Verordnungsermächtigung zur Nachjustierung

91 Schließlich ist Teil der neuen Regelungen zur Chancenkarte auch eine Verordnungsermächtigung, die es der Bundesregierung ermöglicht, das Punktesystem doppelt und d.h. quantitativ und qualitativ anzupassen: § 20a Abs. 7 S. 1 AufenthG ermöglicht eine quantitative Re-Regulierung, in dem die Bundesregierung durch Rechtsverordnung, die nicht der Zustimmung des Bundesrates bedarf, ermächtigt wird, die Zahl der Chancenkarten, die Ausländern erteilt werden, die sich noch nicht im Bundesgebiet aufhalten, jährlich oder für einen kürzeren Zeitraum zu begrenzen. Qualitativer Natur hingegen ist die Ermächtigung des § 20b Abs. 3 AufenthG, über die durch Rechtsverordnung, die ebenfalls nicht der Zustimmung des Bundesrats bedarf, sowohl die zur Erlangung einer Chancenkarte erforderliche Mindestpunktzahl als auch die Struktur der Punkteverteilung geändert werden kann. Angesichts kaum bestehender Vorerfahrungen mit Punktesystemen im deutschen Recht[118] wird damit ein im Schrifttum empfohlenes „experimentelles Vorgehen"[119] ermöglicht. Festzustellen an dieser Stelle ist ferner ein (weiterer) Ausbau von Möglichkeiten exekutiver Rechtsetzung. Während der bis zum 1.6.2024 gültige § 20 Abs. 1 S. 3 AufenthG das BMAS ermächtigte, mit Zustimmung des Bundesrats Berufsgruppen zu bestimmen, die keine Aufenthaltserlaubnis als Fachkraft mit Berufsausbildung erhalten können, ermöglicht § 20a Abs. 7 S. 1 AufenthG nun eine Kontingentierung der Zahl von Chancenkarten auch für Fachkräfte mit akademischer Ausbildung. Exekutiv rechtsetzungsbefugt ist im neuen Recht nicht mehr das BMAS, sondern die Bundesregierung als Kollegialorgan, allerdings entfällt für den Erlass einer entsprechenden Rechtsverordnung das Zustimmungserfordernis des Bundesrats.

V. Die Differenzierung der Chancenkarte in eine Such- und eine Folge-Chancenkarte

92 Unmittelbare Folge der im Zuge der Beratungen deutlich erweiterten und ausdifferenzierten Kriterienliste ist nun eine Aufspaltung der Chancenkarte in eine Such- und eine Folge-Chancenkarte (§ 20a Abs. 5 S. 1, 2 AufenthG).[120] Die Folge-Chancenkarte schließt dabei an die ursprüngliche Such-Karte an und ermöglicht Inhabern einer solchen Karte die Verlängerung des Aufenthalts um bis zu 2 Jahren, wenn der Ausländer einen Arbeitsvertrag oder ein verbindliches Arbeitsplatzangebot für eine inländische qualifizierte Beschäftigung hat und eine Zustimmung der BA vorliegt.[121] Erforderlich geworden war diese Aufspaltung zwischen Ausdifferenzierung der Chancenkarte in eine Such- und eine Folgekarte durch eine relative Entwertung von Berufserfahrung und damit des Kriteriums, das als Anknüpfungspunkt nach einer erfolgreichen Suche eines Arbeitsplatzes den Übergang in die Erfahrungssäule ermöglicht. Im Punktesystem

---

118 Siehe für eine auf Baden-Württemberg beschränkte Ausnahme, die rechtspraktisch allerdings vollkommen bedeutungslos geblieben ist, Kolb ZAR 2016, 136. Entsprechend ist laut Thym, Verfassungsblog 2023, eine „wahrhaftige […] Antragsflut" ebenso möglich wie eine Situation, in der die „Nachfrage nach dem Punktesystem gering bleibt."
119 Thym ZAR 2022, 139 (142), vgl. auch Uznanski ZAR 2022, 156 (158).
120 Dazu ausführlich Kolb, Vom Annex zum eigenständigen System 2023, S. 4–6.
121 Gemäß § 20a Abs. 5 S. 6 AufenthG ist eine über die in § 20a Abs. 5 S. 2 AufenthG normierte Höchstaufenthaltsdauer von 2 Jahren hinausgehende Verlängerung nicht möglich. Eine Neuerteilung setzt voraus, dass sich der Ausländer nach dem Ende der Geltungsdauer der letzten Such-Chancenkarte mindestens so lange im Ausland oder erlaubt im Bundesgebiet aufgehalten hat, wie er sich davor auf Grundlage einer Such-Chancenkarte im Bundesgebiet aufgehalten hat (§ 20a Abs. 5 S. 7 AufenthG).

des Referentenentwurfs gab es noch kaum Konstellationen, in denen Personen ohne zweijährige und damit einen Umfang von Berufserfahrung die erforderlichen 6 Punkte erreichen konnten, die nach erfolgreicher Suche unmittelbar den Übergang in die Erfahrungssäule und dabei konkret in § 19c Abs. 2 AufenthG iVm § 6 Abs. 1 BeschV erlaubt hätten.[122] Dies hat sich durch die starke Ausdifferenzierung der Punktevergabekriterien deutlich geändert. Die zur Erlangung einer Aufenthaltserlaubnis zur Arbeitsplatzsuche erforderliche Zielmarke von 6 Punkten ist nun auch ohne jegliche Berufserfahrung deutlich einfacher erreichbar und wird nach der im Gesetz verabschiedeten Erststruktur des Punktesystems eher die Regel als die Ausnahme sein. Deutlich wird dies schon allein daraus, dass die im Referentenentwurf erreichbare Maximalpunktzahl ohne Berufserfahrung (und unter Ausblendung des Sonderfalls der Teilanerkennung einer Auslandsqualifikation) lediglich 7 Punkte beträgt, in der Kabinettsfassung schon 8 und der schließlich verabschiedeten Gesetzesfassung sogar 9 Punkte.

Ein in der Struktur des Punktesystems des Referentenentwurfs noch weitgehend verhinderter „Mismatch zwischen Einreisemöglichkeiten und spätere[r] Anschlussverwendung"[123] wird somit nicht nur möglich, sondern sogar wahrscheinlich. Notwendig wird eine aufenthaltsrechtliche Antwort auf die Frage des Umgangs mit Personen, die ohne das Vorbringen von Berufserfahrung sich zur Teilnahme am Punktesystem qualifiziert und während der Suchphase erfolgreich eine Beschäftigung gefunden haben. Mittels der Folge-Chancenkarte erfolgt nun diese Antwort in Form eine Verlängerung der Chancenkarte um zwei Jahre, wenn der Ausländer einen Arbeitsvertrag oder ein verbindliches Arbeitsplatzangebot für eine inländische qualifizierte Beschäftigung und die Bundesagentur für Arbeit zugestimmt hat (§ 20a Abs. 5 S. 2 AufenthG). Die für die Folge-Chancenkarte vorgesehene maximale Geltungsdauer von 2 Jahren, in der eine inländische qualifizierte Beschäftigung ausgeübt werden kann, entspricht exakt dem in der Erfahrungssäule tatbestandlich vorausgesetzten Volumen von Berufserfahrung (§ 6 Abs. 1 S. 1 Nr. 1 BeschV) und ermöglicht damit auch für eine Konstellation, in der der für die Erfahrungssäule erforderliche Umfang von Berufserfahrung nicht bereits zum Zeitpunkt des Beginns der Arbeitsmarktsuche vorliegt, einen nahtlosen bzw. gleitenden Übergang in die Erfahrungssäule.[124] Die Folge-Chancenkarte verhält sich gemäß § 20a Abs. 5 S. 3 AufenthG zu anderen Aufenthaltserlaubnis nach Abschnitt 4 subsidiär. Entsprechend wird den Behörden als nicht unerhebliche zusätzliche Prüfaufgabe auferlegt, vor Erteilung einer Folge-Chancenkarte aufenthaltsrechtliche Alternativen prüfen.

Zwar ist gerade durch die zeitliche Kongruenz der maximalen Erteilungsdauer der Folge-Chancenkarte und des in § 6 Abs. 1 Nr. 1 BeschV tatbestandlich vorausgesetzten Umfangs an Berufserfahrung es als Regelfall angelegt, dass spätestens nach Ablauf der Maximaldauer von 2 Jahren der Übergang aus der Folge-Chancenkarte in die Erfahrungssäule erfolgt. § 20a Abs. 5 S. 6 AufenthG schließt auch eine über die Dauer

---

122 Nur in folgenden Konstellationen wären, der Konzeption des Referentenentwurfs folgend, 6 Punkte auch ohne (die erfahrungssäulenspezifisch erforderliche) Berufserfahrung von mindestens 2 Jahren zu erreichen gewesen. 1) Deutschkenntnisse B2, unter 35 Jahre, 6 Monate Voraufenthalt; 2) Deutschkenntnisse B2, unter 35 Jahre, Patenschaft; 3) Deutsch B1, unter 35 Jahre, 6 Monate Voraufenthalt, Patenschaft; 4) Deutsch B2, unter 40 Jahre, 6 Monate Voraufenthalt, Patenschaft.
123 Thym VerfBlog, 2023/1/23.
124 Vgl. auch BT-Drs. 20/7394, S. 29, in der explizit festgehalten ist, dass die „zwei Jahre der Verlangerung [...] sich am Erfordernis der mindestens zweijährigen Berufserfahrung in § 6 BeschV-E" orientieren.

von 2 Jahren hinausgehende Verlängerung als Chancenkarte aus. Nicht ausgeschlossen – und von den federführenden Ministerien explizit als Möglichkeit benannt – ist es jedoch, nach dem Ablauf der Erteilungshöchstdauer der Folge-Chancenkarte für eine logische Sekunde erneut eine Such-Chancenkarte zu erteilen und daran einen weiteren Zweijahreszeitraum mit einer Folge-Chancenkarte anzuschließen. Damit kann – und dies macht den expliziten Hinweis der Ministerien auf diese Option umso fragwürdiger – es gelingen, die für die Erfahrungssäule in § 6 Abs.1 Nr. 2 BeschV normierten Mindestgehaltsvoraussetzungen effektiv zu unterlaufen. Der rechtsmissbräuchlichen Erteilung von (lediglich durch logische Sekunden unterbrochenen) Ketten-Folge-Chancenkarten steht dann nur noch das behördliche Ermessen der Ausländerbehörden entgegen.

VI. Fazit zur Potenzialsäule

95 Der Bereich der Potenzialsäule ist das Segment des erwerbsmigrationsrechtlichen Teils des neuen Migrationsrechts, das im Rahmen der Gesetzesberatungen die stärksten Änderungen erfahren hat. Dies betrifft v.a. die Ausweitung der Punktevergabekriterien, an die sich als Folgeproblem die Notwendigkeit einer Residualoption für Personen (ohne ausländerrechtlichen Fachkräftestaus) ergibt, die zwar die beiden Auswahlphasen des Punktesystems erfolgreich durchlaufen und die Such-Chancenkarte zur Suche eines Arbeitsplatzes erfolgreich genutzt haben, aber nun vor der Herausforderung der Aufenthaltsverstetigung stehen.[125] Diese Residualoption ist nun durch die Folge-Chancenkarte etabliert worden. Folge ist eine deutliche Aufwertung der Chancenkarte als Instrument im erwerbsmigrationsrechtlichen Portfolio. Zunächst und d.h. in der Anlage des Referentenentwurfs war die Chancenkarte bzw. der Teil der Karte, der sich an Personen ohne ausländerrechtlichen Fachkräftestatus richtet, „kaum mehr als eine Vorfeldmaßnahme der Erfahrungssäule."[126] Durch die Folge-Chancenkarte verliert das Gesamtkonstrukt der Chancenkarte ihren Charakter als reines Suchinstrument mit der Folge eines deutlichen Bedeutungsgewinns der Chancenkarte und damit der Potenzialsäule als Teilelement der Möglichkeiten, nach Deutschland zur Aufnahme einer Erwerbstätigkeit zu kommen. Preis dieser Aufwertung ist jedoch nicht nur eine nicht unerhebliche Erweiterung behördlicher Aufgaben im Vorfeld der Vergabe einer Folge-Chancenkarte in der Gestalt einer Prüfpflicht aufenthaltsrechtlicher Alternativen zu einer solchen Karte,[127] sondern auch eine weitere erhebliche Komplexitätssteigerung innerhalb des Systems der Regulierung der Einreise zum Zweck der Suche eines Arbeitsplatzes.

E. Arbeitskräftesäule

96 Der Begriff der Arbeitskräftesäule wird von der Bundesregierung in der Kommunikation des neuen Migrationsrechts nicht verwendet. Gleichwohl erschöpfen sich die im neuen Migrationsrecht verabschiedeten Maßnahmen nicht auf den Bereich der Anwerbung von Fachkräften (Fachkräftesäule), die Öffnung des Arbeitsmarktes für Personen mit beruflicher Erfahrung (Erfahrungssäule) und den Ausbau der Möglichkeiten der Einreise zur Arbeitsplatzsuche (Potenzialsäule). Deutlich weniger gesprochen

---

125 Vgl. dazu auch Uznanski ZAR 2022, 156 (157).
126 Kolb, Vom Annex zum eigenständigen System 2023, S. 6.
127 Klaus jM 2023, 368 (374).

wird über die Teile des neuen Migrationsrechts, die jenseits der offiziellen Säulen Optionen für Arbeitskräfte ohne jegliche Formalqualifikationen schaffen und sich damit von Fachkräfte-, Erfahrungs- und Potenzialsäule durch einen vollständigen Verzicht auf qualifikatorische Vorgaben auszeichnen. Einzugehen ist dabei zum einen auf den Ausbau eines im Recht bereits bekannten Instruments und zum anderen auf die Einführung einer Regelung, die es bislang in dieser Form im Recht nicht gegeben hat. Der geringe Stellenwert, den die Maßnahmen aus dieser Säule in der politischen und öffentlichen Kommunikation bislang erhalten haben, ist umso irritierender, wenn man berücksichtigt, dass die im Referentenentwurf und in der Kabinettsfassung genannten Größenordnungen durch die Reform ausgelöster zusätzlicher Zuwanderung im Bereich der Arbeitskräftesäule deutlich höher ausfallen als in den drei ‚offiziellen' Säulen.

I. Kontingentierte Beschäftigung

Neu Eingang in die BeschV hat mit § 15d eine Regelung gefunden, die von bislang in der BeschV für die Gewinnung von Arbeitskräften ohne Formalqualifikationen vorhandenen Optionen sich grundlegend durch einen Verzicht auf länder- (wie bspw. § 26 Abs. 2 BeschV) oder branchenspezifische Limitationen (wie bspw. § 15a BeschV) unterscheidet. Der strukturelle Hintergrund für diese Neuregelung liegt im Sommer 2022, als an deutschen Flughäfen nach einem massiven Personalabbau in den Corona-Jahren deutsche Flughafenbetreiber in den Bereichen der Gepäckabfertigung und der Sicherheitskontrollen vor einem plötzlichen Arbeitskräftemangel standen und die Anwerbung entsprechender Arbeitskräfte aus Drittstaaten (und dabei v.a. aus der Türkei) an fehlenden rechtlichen Grundlagen in AufenthG und BeschV scheiterte. Als Notlösung, nachdem auch ein Rückgriff auf u.a. mit der Türkei bestehende Werkvertragsarbeitnehmerabkommen (§ 29 Abs. 1 BeschV) verworfen wurde, wurde schließlich der aufenthaltsrechtliche ‚Joker'[128] des § 19c Abs. 3 AufenthG gezogen, der die Erteilung einer Aufenthaltserlaubnis an ein öffentliches Interesse knüpft, seinem Wortlaut zufolge als Ausnahmeregelung auf wenige Einzelfälle beschränkt ist und daher eigentlich schon deshalb für die Anwerbung mehrerer tausend Arbeitskräfte ungeeignet ist.[129] 97

Mit der über § 15d AufenthG erfolgten Einführung einer sektoren- und herkunftsländerunabhängigen Anwerbemöglichkeit für temporär befristete Tätigkeiten erfolgt nun eine wichtige Ergänzung des ausländerrechtlichen Regelwerks in der Form, als länder- und berufsgruppenübergreifend eine Option für die von qualifikatorischen Vorgaben unabhängige befristete Gewinnung ausländischer Arbeitskräfte etabliert wird. Um sicherzustellen, dass durch die Beschäftigung eine Lebensunterhaltssicherung möglich ist, wird als wöchentliche Stundenuntergrenze ein Umfang von 30 Stunden definiert. Ermöglicht werden mit der Regelung sowohl sehr kurze Arbeitsaufenthalte von weniger als 90 Tagen als auch Aufenthalte über 90 Tage.[130] Aufenthalte, die die in § 15d 98

---

128 Kolb, Neue Risiken prekärer Beschäftigung 2023, vgl. auch BeckOK AuslR/Klaus BeschV § 36 Rn. 17o.
129 Vgl. dazu Bergmann/Dienelt/Bergmann/Broscheit AufenthG § 19c Rn. 15 mit der Feststellung, dass im Anwendungsbereich des § 19c Abs. 3 AufenthG der „Bedarf […] nicht allgemeiner Natur sein […], sondern nur in einer singulären Konstellation auftreten und anderweitig nicht gedeckt werden" darf.
130 Bei Personen aus Staaten, die gemäß Anhang II der Verordnung (EU) 2018/1806 visumsfrei einreisen dürfen, bedarf es neben der Zustimmung der BA keiner weiteren Behördenbeteiligung. Bei Personen aus Staaten, die zur Einreise ein Visum benötigen (Anhang I) sowie bei einer Aufenthaltsdauer von mehr als 90 Tagen,

Abs. 3 S. 1 BeschV normierte Höchstdauer von acht Monaten überschreiten, sind aber ausgeschlossen. Bei dieser Regelung handelt es sich folglich um eine ‚Gastarbeiterregelung' im wahrsten Sinne des Wortes, die darauf abzielt, v.a. saisonal bedingte Nachfragespitzen durch die temporäre Beschäftigung ausländischer Arbeitskräfte abzumildern, Daueinwanderung aber nicht zulassen will. Damit wird ein politisch heikles und im Rahmen der Beratungen des neuen Regelwerks stark umstrittenes Instrument eingeführt. Die zahlreichen Voraussetzungen und Einschränkungen der Inanspruchnahme dieser Option sind dabei Ausdruck vielfältiger Diskussionen und Kompromissfindungen.

1. Kontingent der Bundesagentur für Arbeit

99 Zunächst zu beachten ist die machtvolle Position, die der Bundesagentur für Arbeit im Rahmen dieser Norm überantwortet wird. Denn eine Voraussetzung für die Zustimmung oder Erteilung einer Arbeitserlaubnis auf der Basis dieser neuen Option ist, dass eine von der BA festgelegte und am Bedarf orientierte Zulassungszahl (Kontingent) noch nicht ausgeschöpft ist (§ 15d Abs. 1 S. 2 BeschV). Allein über die Verantwortung und Fähigkeit, das für die Norm maßgebliche Kontingent zu bestimmen, wird die BA zu einem zentralen migrationspolitischen Akteur. Die Kompetenz zur Kontingentbestimmung schließt darüber hinaus auch Teilkontingentierungen oder Teilausschlüsse bestimmter Wirtschaftszweige oder Berufsgruppen ein (§ 15d Abs. 1 S. 2 BeschV). Ferner kann die Bundesagentur für Arbeit die Zustimmung oder die Arbeitserlaubnis versagen, wenn sie für einzelne Berufsgruppen oder Wirtschaftszweige festgestellt hat, dass sich aus der Besetzung offener Stellen mit ausländischen Bewerberinnen oder Bewerbern nachteilige Auswirkungen auf den Arbeitsmarkt, insbesondere hinsichtlich der Beschäftigungsstruktur, der Region oder eines Wirtschaftszweiges, ergeben. Um der Dynamik der Knappheitsverhältnisse auf dem Arbeitsmarkt Rechnung zu tragen, normiert § 15d Abs. 1 S. 4 BeschV schließlich auch die Kompetenz zur jederzeitigen Änderung der kontingentspezifischen Festlegungen entsprechend des arbeitsmarktlichen Bedarfs. In der Summe wird damit der BA damit ein umfangreiches ordnungspolitisches Instrumentarium an die Hand gegeben, zu reagieren, sollten sich die u.a. von den Gewerkschaften geäußerten Befürchtungen, dass solche „Pendelmigrationsmodelle [...] stets auf befristete und damit auf prekäre Arbeitsverhältnisse angelegt [sind] und [...] darüber hinaus besondere Ausbeutungsrisiken [bergen]"[131], in der Realität bewahrheiten. Aus den Ausführungen zum Erfüllungsaufwand nennt das BMAS als Größenordnung der Antragstellungen eine Zahl von 36.000. Im Februar 2024 wurde schließlich das von der BA für den § 15d zu bestimmende Erstkontingent auf 25.000 festgelegt, hinsichtlich der Zulassung also ein eher konservativer Zugang gewählt. Auf eine Beschränkung der Option auf einzelne Wirtschaftszweige wurde (zunächst) verzichtet.

---

in denen ein sonstiger Aufenthaltstitel (nationales Visum und/oder Aufenthaltserlaubnis) erforderlich ist, ist eine Zustimmung der BA erforderlich.
131 DGB Stellungnahme zu den Referentenentwürfen des BMI und des BMAS. Entwurf eines Gesetzes zur Weiterentwicklung der Fachkräfteeinwanderung (Stand 17.02.2023) und Entwurf einer Verordnung zur Weiterentwicklung der Fachkräfteeinwanderung, 14.

2. Ausschluss sozialversicherungsfreier Beschäftigung

Ebenfalls Bedenken, dass über eine solche Regelung der Entstehung prekärer Beschäftigungsverhältnisse Vorschub geleistet werden könnte, trägt eine im Gesetz erfolgende Änderung des SGB IV Rechnung. Der neu in das SGB IV eingeführte § 8 Abs. 2a SGB IV schließt die Option der Vereinbarung einer geringfügigen und damit sozialversicherungsfreien Beschäftigung (§ 8 Abs. 1 Nr. 2 SGB IV) für aufgrund der Beschäftigungsverordnung zugelassene kontingentierte kurzzeitige Beschäftigungen aus und unterzieht auf der Grundlage von § 15d BeschV erfolgte Beschäftigungsverhältnisse somit einer Sozialversicherungspflicht. Ohne dabei die guten und nachvollziehbaren Absichten dieser Regelung in Abrede stellen zu wollen, spricht an dieser Stelle aber viel dafür, dass es sich mit dieser Maßnahme um eine zumindest an den Interessen der Beschäftigten vorbeigehenden ‚Zwangssozialversicherung' handelt. Hauptinteresse der (vermutlich meist sehr jungen) auf dieser rechtlichen Grundlage Beschäftigten dürfte der Gelderwerb sein. Die durch den Ausschluss der Vereinbarung einer geringfügigen Beschäftigung entstehende Sozialversicherungspflicht wirkt für diese Gruppe wie eine 20-prozentige Steuer ohne spezifische und unmittelbare Gegenleistung.

100

3. Übernahme der Reisekosten

Bei einer auf wenige Monate beschränkten Regelung für Beschäftigungsverhältnisse, die in einer erheblichen Zahl der Fälle lediglich Entlohnungen in der Nähe des Mindestlohnniveaus vorsehen dürften, stellen Reisekosten aus Drittstaaten nach Deutschland eine erhebliche finanzielle Belastung dar, die, sofern diese ausschließlich von den ausländischen Beschäftigten zu tragen wären, wie eine Lohnsenkung wirken würde. § 15d Abs. 2 Nr. 3 BeschV verpflichtet daher die Arbeitgeber, die erforderlichen Reisekosten zu tragen. Der Verordnungsgeber geht dabei von durchschnittlichen Reisekosten von 250 Euro pro Fall aus.[132] Im Referentenentwurf war zunächst noch eine Kostenteilung bzw. vorgesehen, dass der Arbeitgeber nur die Hälfte der Kosten zu tragen hat; § 15d Abs. 2 Nr. 3 BeschV normiert nun aber die vollständige arbeitgeberseitige Kostenübernahme, erfasst sind damit sowohl die Kosten für die Hin- wie die Rückreise.

101

4. Beschränkung der Ausländerbeschäftigung auf 10 aus 12 Monaten

Befürchtungen, dass durch die neue Möglichkeit einer kontingentierten Beschäftigung Stammbeschäftigungen durch rotierende ausländische Arbeitskräfte weitgehend oder gar vollständig ersetzt werden, entgegentreten will § 15d Abs. 2 Nr. 4 BeschV. Demnach ist zur Minimierung der „Gefahr der Verdrängung inländischer Arbeitskräfte"[133] die Erteilung einer Arbeitserlaubnis nur möglich, wenn der Arbeitgeber Ausländer aufgrund dieser Vorschrift an höchstens zehn innerhalb von zwölf Monaten in dem Einsatzbetrieb beschäftigt. Zumindest auf gewerkschaftlicher Seite bestehen jedoch Zweifel an der Effektivität dieser Vorschrift. Die zu einer ganzjährigen Vollbeschäftigung fehlenden zwei Monate könnten, so die Befürchtung, „leicht in umsatzschwachen Zeiten über-

102

---

132 BR-Drs. 284/23, S. 39.
133 BR Drs. 284/23, S. 57.

brückt werden"¹³⁴ mit der Folge, dass sich diese Vorschrift als Maßnahme gegen eine Verdrängung inländischer Arbeitskräfte durch rotierende Kontingentbeschäftigte nur eingeschränkt eignen könnte.

5. Tarifbindung des Arbeitgebers

103 Schließlich erfordert die Zustimmung oder Arbeitserlaubnis, dass der Arbeitgeber gemäß § 3 oder § 5 des Tarifvertragsgesetzes (TVG) an einen Tarifvertrag gebunden ist, der die Entlohnung für die angestrebte Tätigkeit der Ausländerin oder des Ausländers regelt (§ 15d Abs. 2 Nr. 1 BeschV), und der Ausländer zu den geltenden tariflichen Arbeitsbedingungen beschäftigt wird (§ 15d Abs. 2 Nr. 2 BeschV). Normiert wird damit ein faktischer Ausschluss von tarifungebundenen Unternehmen. Eine bereits in § 6 BeschV, der Generalklausel der Erfahrungssäule, und auch in § 16d Abs. 3 S. 2 AufenthG für eine spezifische Konstellation der Anerkennungspartnerschaft beobachtbare Entwicklung, die Tarifbindung des Arbeitgebers zu einem Kriterium des Erwerbsmigrationsrechts zu machen, wird hier insofern auf die Spitze getrieben, als die Tarifbindung des Arbeitgebers nicht wie bspw. im Rahmen des § 6 BeschV zu einem alternativen und d.h. zu einem Tatbestandsmerkmal erkoren wird, das sich durch ein anderes Merkmal (und im Falle des § 6 BeschV durch ein bestimmtes Mindesteinkommen) ersetzen lässt, sondern zu einem ‚friß-oder-stirb'-Kriterium¹³⁵ wird und Arbeitgeber außerhalb einer Tarifbindung die Nutzung dieses Instruments versagt.

104 Diese rigide Vorschrift wird nicht nur als verfassungsrechtlich und konkret mit Blick auf die Vereinbarkeit mit Art. 9 Abs. 3 GG problematisch kritisiert,¹³⁶ es stellt sich ferner auch die Frage, welche arbeitsmarkt- und wirtschaftspolitischen Folgen von einseitig die Gruppe tarifgebundener Arbeitgeber privilegierenden Regelungen wie den des § 15d Abs. 2 Nr. 1, 2 BeschV ausgehen können. Daten des IAB-Betriebspanels weisen hinsichtlich der Tarifbindung erhebliche regionen-, betriebsgrößen- und sektorenspezifische Unterschiede nach. Auffällig sind dabei v.a. ein starkes Ost-West-Gefälle und eine betriebsgrößenspezifische Varianz in der Form, dass kleine Unternehmen durch eine besonders niedrige und große Unternehmen durch ein hohes Maß an tarifvertraglicher Abdeckung gekennzeichnet sind.¹³⁷ Dies hat im Ergebnis zur Folge, dass im Rahmen des § 15d BeschV westdeutsche Großunternehmen gegenüber kleinen und mittelständischen Unternehmen aus Ostdeutschland tendenziell bevorzugt werden. Der als starre Ausschlussklausel konzipierte § 15d Abs. 2 Nr. 1, 2 BeschV ist auch deshalb abzulehnen,

---

134 DGB, Stellungnahme zu den Referentenentwürfen des BMI und des BMAS. Entwurf eines Gesetzes zur Weiterentwicklung der Fachkräfteeinwanderung (Stand 17.02.2023) und Entwurf einer Verordnung zur Weiterentwicklung der Fachkräfteeinwanderung, 15. Präferiert wird von Gewerkschaftsseite stattdessen ein Gleichlauf innerbetrieblicher und individueller Maximalbeschäftigungszeiten in der Form, dass ausländische Arbeitskräfte maximal sechs Monate beschäftigt werden und Betriebe nur in sechs von zwölf Monaten ausländische Arbeitskräfte auf dieser rechtlichen Basis beschäftigen können.
135 Kolb, Neue Risiken prekärer Beschäftigung 2023.
136 Zur Frage der Vereinbarkeit einer solchen Regelung mit der negativen Koalitionsfreiheit Henssler RdA 2021, 5; Klaus/Kolb ZAR 2023, 194 (203), ebenso eher kritisch Kluth ZAR 2023, 146.
137 Während 2022 für 43 % der Arbeitnehmer in den alten Bundesländern das Beschäftigungsverhältnis 2022 durch einen Branchentarifvertrag ausgestaltet und für 10 % der Beschäftigten Firmentarifverträge galten, sind die entsprechenden Werte in den neuen Bundesländern lediglich 33 und 12 %. Zudem steigt der Anteil der Beschäftigten in tarifgebundenen Betrieben mit der Betriebsgröße. Während in Kleinbetrieben mit 1–4 bzw. 5–9 Beschäftigten der Anteil der Beschäftigten mit Branchen- oder Flächentarifvertrag lediglich 16 bzw. 22 % beträgt, steigt dieser bei Betrieben mit 101 bis 200 Beschäftigten und 201 oder mehr Beschäftigten auf 41 und 59 %.

weil es für die Erreichung des mit der Vorschrift verbundenen Ziels, eine Personengruppe, die aufgrund ihrer wirtschaftlichen und aufenthaltsrechtlichen Abhängigkeit vom Bestehen des Arbeitsverhältnisses gerade in prekären Beschäftigungen besonders gefährdet ist, vor unangemessenen Arbeitsbedingungen hinreichend zu schützen, das mildere Mittel gegeben hätte, tarifungebundene Unternehmen zur Einhaltung von tarifvertraglichen Regelungen zu verpflichten, ohne zu versuchen, sie über den Hebel des Aufenthaltsrechts in eine Tarifbindung zu drängen.

II. Die Westbalkanregelung

Der als Westbalkanregelung auch in einer breiteren Öffentlichkeit bekannt gewordene § 26 Abs. 2 BeschV hat eine beeindruckende Karriere hinter sich. Die Regelung schafft für Staatsangehörige aus sechs geografisch als Westbalkan zusammengefassten Staaten (Albanien, Bosnien Herzegowina, Kosovo, Montenegro, Nordmazedonien, Serbien) erleichterte, von qualifikatorischen Vorgaben vollständig entkoppelte und lediglich von der Zustimmung der Bundesagentur für Arbeit[138] abhängige Möglichkeiten der Einreise zum Zweck der Aufnahme einer Beschäftigung. Allein die Tatsache, dass die Ergänzung des früher ‚absatzlosen' § 26 BeschV um einen Abs. 2 in der Verordnung zum Asylverfahrensbeschleunigungsgesetz[139] erfolgte, zeigt, dass die Motivation der Schaffung einer solchen Regelung asyl- und flüchtlingspolitischer Natur war und mit erwerbsmigrationsspezifischen Überlegungen kaum oder gar nicht in Verbindung gebracht werden konnte. Vielmehr verbunden ist die Regelung mit einem innenpolitischen und konkret unterschiedlichen Mehrheitsverhältnissen in Bundestag und Bundesrat geschuldeten Konflikt über die Erweiterung der Liste von als sicher iSd § 29a AsylG anzusehenden Länder. Ein erleichterter Arbeitsmarktzugang für Staatsangehörige der Länder, denen über die Listung ihrer Herkunftsländer als sicher die Aussichtslosigkeit von Asylanträgen signalisiert wurde, sollte zumindest eine Landesregierung, an der die dem Instrument sicherer Herkunftsländer kritisch gegenüber stehenden Grünen beteiligt waren, im Bundesrat die Zustimmung erleichtern.[140] In der öffentlichen Diskussion asylpolitisch rationalisiert wurde dieser innenpolitische Tauschhandel als Versuch eines „Tausche Arbeit gegen Asyl"[141] und damit als Strategie der Umlenkung von aussichtsloser Asylzuwanderung in das Segment der Arbeitsmigration.[142] Erreicht werden sollte damit auch das Ziel, die zum Zeitpunkt der Einführung der Regelung hoffnungslos überlasteten Asylbehörden zu entlasten.

---

138 Teil des Zustimmungsverfahrens ist dabei auch die Durchführung der Vorrangprüfung.
139 BGBl. I 2015, 1789.
140 Lehner/Kolb FAZ Einspruch v. 15.5.2020.
141 Langenfeld ZRP 2015, 193.
142 Vgl. auch Kluth/Hornung/Koch ZuwanderungsR-HdB § 4 Rn 233, Mastmann/Offer in Dörig MigrationsR-HdB § 15 Rn. 84, Offer/Mävers/Bünte BeschV § 26 Rn. 10, Hailbronner Ausländerrecht/Hailbronner BeschV § 26 Rn. 211, Klaus/Mävers/Offer Das neue Fachkräfteeinwanderungsgesetz, Rn. 1168 sowie Klaus/Kolb ZAR 2023, 194 (200).

Tab. 5: Entwicklung der Beschränkungsdimensionen des § 26 Abs. 2 BeschV

	Zeitlich	Räumlich	Quantitativ
Erstfassung	Befristung bis einschließlich 2020	Länder des Westbalkans	Kein Kontingent
Zweite Fassung	Erneuerung der Befristung bis einschließlich 2023		25.000
Dritte Fassung	Entfristung		50.000

Quelle: Klaus/Kolb ZAR 2023, 194 (201).

106 Den ursprünglichen Nexus zu dem Regelungsgegenstand der Asyl- und Fluchtmigration hat die Westbalkanregelung mittlerweile längst verloren und ist von einem an der Peripherie des Rechts verankerten ‚Nebenprodukt' zu einem der zentralen Instrumente des deutschen Erwerbsmigrationsrechts geworden.[143] Dies zeigte nicht zuletzt die Intensität, mit der Unternehmer- bzw. Arbeitgeberverbände im Rahmen der Verbändeanhörung auf eine Verlängerung bzw. Erweiterung der Regelung drängten.[144] Wesentlicher Teil der Arbeitskräfte- und damit der vierten Säule des neuen Migrationsrechts ist die Erfüllung dieses arbeitgeberseitig intensiv vorgetragenen Wunsches in zwei von drei für die Regelung konstitutiven Beschränkungsdimensionen (Tab. 5).

1. Die zeitliche Dimension

107 Angesichts der Tatsache, dass zumindest in der Außendarstellung die Westbalkanregelung als Maßnahme dargestellt wurde, die primär einen Beitrag dazu leisten sollte, ein zwischenzeitlich angesichts eines sprunghaften Anstiegs von Anträgen stark unter Druck geratenes Asylsystem zu entlasten, ist es nicht verwunderlich, dass die Regelung zunächst befristet und konkret lediglich für die Jahre 2016 bis 2020 angelegt war. Bereits die im Rahmen der Sechsten Verordnung zur Änderung der Beschäftigungsverordnung[145] erfolgte Verlängerung der Regelung bis Ende 2023, die allerdings mit einer Einführung einer Obergrenze von 25.000 Zustimmungen pro Jahr verbunden und als Kompromiss zwischen den zu dieser Frage uneinigen Partnern der damaligen großen Koalition anzusehen war, folgte keinen an den Bereich der Asyl- und Flüchtlingspolitik rückgebundenen Überlegungen mehr, sondern wurde rein wirtschafts- und arbeitsmarktpolitisch und konkret mit Verweis auf die intensive Nutzung der Regelung von Arbeitgebern insbesondere im Bau- und im Gastgewerbe begründet. Im Rahmen des neuen Migrationsrechts findet der Transformationsprozess der Westbalkanregelung von einem erwerbsmigrationsrechtlichen Korrektiv asylpolitischer Weichenstellungen zu einem Standardinstrument des Erwerbsmigrationsrechts nun seinen vorläufigen Abschluss. Denn der Verordnungsgeber hat sich gegen eine erneute Verlängerung und für eine Entfristung der Regelung entschieden.

---

[143] Diese Entwicklung ließ sich dabei nicht unbedingt erwarten. Siehe bspw. Einschätzung von Neundorf NJW 2016, 5 (7), dass „eine zahlenmäßig hohe Zulassung zum Arbeitsmarkt (…) nicht zu erwarten" ist.
[144] Siehe dazu mit weiteren Details Klaus/Kolb ZAR 2023, 194 (200) sowie Mastmann/Offer in Dörig MigrationsR HdB § 15 Rn. 86.
[145] BGBl. 2020 I 2268.

2. Die räumliche Dimension

Im Vorfeld der Reform angestrengte Überlegungen, die Liste der in § 26 Abs. 2 BeschV aufgeführten Staaten um neue Länder zu erweitern,[146] wurde im neuen Migrationsrecht nicht umgesetzt. Dass der mit Blick auf die Liste der in die Regelung miteinbezogenen Länder entstehbare Eindruck einer Statik in die Irre führt, zeigt jedoch ein Entschließungsantrag der die Bundesregierung tragenden Fraktionen im Bundestag[147], in dem die Bundesregierung aufgefordert wird, die Westbalkanregelung „zu einem Teil des Instrumentenkastens für Migrationsabkommen zu machen" und sicherzustellen, dass im Falle des Abschlusses von Migrationsabkommen mit analoger Anwendung der Westbalkanregelung das länderspezifisch vereinbarte Kontingent nicht auf das bestehende Kontingent angerechnet wird. Bereits im Rahmen der Erweiterung der Liste sicherer Herkunftsländer um Georgien und die Republik Moldau[148] wurde erwogen, auch diesen Ländern einen sich an § 26 Abs. 2 BeschV anlehnenden Weg eines erleichterten Arbeitsmarktzugang zu eröffnen. Dies wurde allerdings von den Ländern mit Verweis auf eigene Arbeitskräfteengpässe abgelehnt.

108

3. Die quantitative Dimension

In direkter Verbindung mit der räumlichen Ausgestaltung steht die dritte, die Regelung prägende Dimension. Zunächst waren in der Westbalkanregelung keinerlei quantitative Beschränkungen vorgesehen. Im Rahmen der ersten Verlängerung der Maßnahme wurde dann für die erstmalige Erteilung eine Obergrenze auf 25.000 Zustimmungen eingeführt. Dass neue Migrationsrecht kehrt in diesem Bereich nun nicht zum ‚obergrenzenlosen' Zustand zurück, sondern entscheidet sich für eine Verdopplung des Kontingents auf 50.000 Zustimmungen. Jedoch spricht viel dafür, dass mit dem Verzicht auf eine quantitative Freigabe mitnichten zum Ausdruck gebracht werden soll, dass das Instrument in Zukunft eine weniger prominente Rolle als bislang spielen sollte. Vielmehr ist die neue Obergrenze Resultat der Anerkenntnis, dass angesichts der defizitären Zustände in den an der organisatorischen Umsetzung von Erwerbsmigration beteiligten Verwaltungen[149] mit 50.000 Zustimmungen ein Maximum des Möglichen erreicht ist. Die besondere Bedeutung, die die Bundesregierung dem Instrument als Teil eines erwerbsmigrationsrechtlichen Portfolios zuschreibt, wird schließlich auch an der geänderten Verordnungsermächtigung sichtbar. Die bislang in § 42 Abs. 1 Nr. 4 AufenthG enthaltene Verordnungsermächtigung des BMAS, durch Rechtsverordnung mit Zustimmung des Bundesrats Ausnahmen für Angehörige bestimmter Staaten zu definieren, wird zugunsten einer nicht mehr das BMAS, sondern die Bundesregierung als Kollegialorgan ermächtigende Regelung in § 42 Abs. 1a AufenthG ersetzt.

109

---

146 In einem Positionspapier der besonders ‚westbalkanfreundlichen' FDP-Bundestagsfraktion werden als mögliche Länder, die für eine Erweiterung der Westbalkanregelung in Frage kommen, u.a. Indien, Nigeria und die Maghreb-Staaten genannt. Dies hätte zur Folge, dass über diese Regelung ca. 2. Mrd. Menschen und damit ein Viertel der Weltbevölkerung Zugang auf den deutschen Arbeitsmarkt hätte. Siehe dazu auch v. Harbou/Weizsäcker EinwanderungsR / Ponert/Tollenaere, S. 35, die darauf hinweisen, dass bereits aktuell die über § 26 Abs. 1 und 2 BeschV erfasste Personengruppe außerordentlich groß ist, wenngleich die in § 26 Abs. 1 BeschV erfassten Staaten (u.a. USA, Kanada, Australien, Japan und nach dem Brexit auch das Vereinigte Königreich) als Herkunftsländer für Erwerbsmigration nach Deutschland kaum eine Rolle spielen.
147 BT-Drs. 20/7432.
148 BT-Drs. 20/8629.
149 Dazu z.B. Offer ZAR 2022, 174; Klaus ZRP 2022, 63; Kluth ZAR 2023, 145.

4. Verzicht auf sozialpolitische Flankierungen

110 Auffällig im Rahmen der Betrachtung des die Westbalkanregelung betreffenden neuen Migrationsrechts ist zudem das, was an Änderungen nicht erfolgt. So kann und muss bei einem Vergleich der Westbalkanregelung mit der Neuregelung des § 6 BeschV, der in unterschiedlichen Varianten geregelten Anerkennungspartnerschaft (§ 16d Abs. 3 AufenthG) oder der neuen Option einer kontingentieren Beschäftigung (§ 15d BeschV) überraschen, dass in diesen Normen tatbestandsmäßig zum Schutz vor ‚unangemessenen Arbeitsbedingungen' (so eine entsprechende Formulierung in der Verordnungsbegründung zu § 6 BeschV) ergriffene Maßnahmen trotz der über die Reform der Verordnung bestehenden Option im Bereich des § 26 Abs. 2 BeschV unterblieben sind. Vorstellbar gewesen wäre an dieser Stelle bspw. eine generelle (altersunspezifische)[150] Mindesteinkommensvoraussetzung bspw. etwas unter dem in § 6 Abs. 1 Nr. 2 BeschV festgeschriebenen Niveau. Eine solche zusätzliche Voraussetzung dürfte sich gerade dann, wenn, wie das IAB wiederkehrend ausführt, fast 60 Prozent der über die Westbalkanregelung eingereisten Arbeitskräfte als Fachkräfte, Spezialisten oder gar Experten[151] tätig sind[152], sich für Unternehmen nicht als prohibitiv hoch erweisen. Während § 15d BeschV mit seiner langen Liste an Einschränkungen an dieser Stelle als überreguliert erscheinen muss, kann es als Versäumnis der Regierung angesehen werden, dass im Rahmen der Neufassung der BeschV und der darin erfolgenden Neuregelug des § 26 Abs. 2 BeschV keine die Regelung sozialpolitisch abfedernden Maßnahmen erfolgt sind.

III. Die Beschäftigung von Pflegehilfskräften

111 Schließlich ist im Rahmen der Arbeitskräftesäule mit § 22a BeschV auch eine sektorspezifische Sondermaßnahme zu nennen, die der Tatsache Rechnung trägt, dass gerade im Bereich des Gesundheitssektors sich der Personalmangel nicht nur auf den Fachkräftebereich und konkret auf den Beruf der Pflegefachkraft beschränkt, sondern auch pflegerisches Assistenzpersonal miteinschließt. § 22a BeschV ermöglicht eine Zustimmung für eine inländische Beschäftigung als Pflegehilfskraft, wenn die Voraussetzungen zur Ausübung einer Pflegehilfstätigkeit vorliegen und entweder eine nach bundes- oder landesrechtlichen Vorschriften geregelte, staatlich anerkannte Ausbildung in einer Pflegehilfstätigkeit vorliegt oder die nach den Regelungen der Länder zuständige Stelle die Gleichwertigkeit ihrer im Ausland erworbenen Berufsqualifikation zu einer ent-

---

150 Für Arbeitskräfte, die das 45.Lebensjahr überschritten haben, existiert bereits seit dem FKEG von 2020 eine altersspezifische Gehaltsmindestvorgabe in Höhe von 55 % der jährlichen Bemessungsgrenze in der allgemeinen Rentenversicherung.
151 Die Klassifikation der Berufe 2010 (KldB.) unterscheidet das Anforderungsniveau einer beruflich ausgeübten Tätigkeit in vier Stufen und konkret in Helfer, Fachkraft, Spezialist und Experte: Das Anforderungsniveau ist unabhängig von der formalen Qualifikation einer Person. Bei Helfertätigkeiten handelt es sich um einfache, wenig komplexe (Routine-)Tätigkeiten ohne Erfordernis eines formalen Berufsabschlusses. Tätigkeiten auf Fachkraftniveau weisen eine höhere Komplexität mit stärkerer fachlicher Ausrichtung auf, sie erfordern eine zwei- bis dreijährige abgeschlossene Berufsausbildung. Berufe auf Spezialistenniveau sind wiederum komplexer als Fachkraftberufe und mit Spezialkenntnissen und -fertigkeiten verbunden, die durch berufliche Fort- oder Weiterbildung, Meister- oder Technikerausbildung vermittelt werden. Tätigkeiten auf dem Niveau des Experten sind hochkomplex und erfordern in der Regel eine mindestens vierjährige Hochschulausbildung oder entsprechende Berufserfahrung. Wichtig an dieser Stelle ist, den aufenthaltsrechtlichen Fachkraftbegriff von der im Rahmen der KldB verwendeten Begrifflichkeit zu unterscheiden.
152 IAB, Stellungnahme zum Entwurf eines Gesetzes zur Weiterentwicklung der Fachkräfteeinwanderung, 2023, S. 13.

sprechenden Ausbildung festgestellt hat.[153] Die Zuordnung dieser Maßnahme zu der Arbeitskräftesäule ist dabei nicht unproblematisch, da § 22a BeschV im Gegensatz zu den Möglichkeiten der §§ 26 Abs. 2 oder 15d BeschV nicht ohne Formalqualifikation auskommt, sondern eine in Deutschland erworbene Ausbildung in einer Pflegehilfstätigkeit oder eine von den zuständigen Behörden anerkannte Gleichwertigkeit einer solcher Ausbildung einfordert. Gleichwohl ist das in diesem Bereich eingeforderte Formalqualifikationsniveau geringer als im Bereich der Fachkräftesäule, so dass für diese sektorspezifische Spezialmaßnahme am ehesten eine Zuordnung in die Arbeitskräftesäule naheliegt.

IV. Fazit zur Arbeitskräftesäule

In der politischen Kommunikation versteckt sorgen die unter dem Label der Arbeitskräftesäule subsumierten Maßnahmen im neuen Migrationsrecht zu einem erheblichen Ausbau der Möglichkeiten der Anwerbung von Arbeitskräften ohne oder – wie im Falle des § 22a BeschV – mit lediglich eingeschränkten Formalqualifikationen. Hinsichtlich des erwarteten bzw. erhofften Zuzugsvolumen stellen die Neuregelungen der Arbeitskräftesäule bspw. die neuen Regelungen zur Einreise zur Arbeitsplatzsuche[154] in den Schatten. Das mit einer Ausweitung von Möglichkeiten der Einreise von Arbeitskräften ohne Formalqualifikationen einhergehende Risiko einer ‚Unterschichtung' des Arbeitsmarktes im Sinne einer systematischen Kovariation von Merkmalen ethnischer Zugehörigkeit mit vertikalen Positionierungen auf dem Arbeitsmarkt war dem Gesetz- und Verordnungsgeber dabei durchaus bewusst, wie nicht zuletzt der umfangreiche Katalog an sozialpolitischen Flankierungen im Rahmen des § 15d BeschV aufzeigt. Gleichwohl wirken diese Flankierungen insofern als unausgewogen, als im neuen § 15d BeschV eine ganze Kaskade an Regelungen den Eindruck einer Überregulierung erzeugt, während die Entfristung und Kontingentverdopplung im Rahmen der Westbalkanregelung (§ 26 Abs. 2 BeschV) nicht genutzt wurde, die Regelung sozialpolitisch (bspw. über eine Mindesteinkommensvoraussetzung) abzufedern.

F. Neue Regelungen zur Ausschöpfung der inländischen Potenziale – der Arbeitsmarktzugang von Menschen mit Aufenthaltsgestattung und Duldung

Die mit dem Weiterentwicklungsgesetz erfolgten Änderungen bzw. Ergänzungen des AufenthG sowie einiger weniger weiterer Gesetze betreffen in erster Linie den Zuzug von – qualifizierten – Menschen aus Drittstaaten. Gleiches gilt für die mit der entsprechenden Verordnung in Kraft gesetzten Änderungen bzw. Ergänzungen der BeschV sowie weiterer Rechtsverordnungen, insbesondere der AufenthV. Nur sehr zögerlich und erst am Ende des Gesetzgebungsverfahren ist der Gesetzgeber den Forderungen aus der Wirtschaft und auch einigen Bundesländern nachgekommen und hat dann noch auf den „letzten Drücker" neue Regelungen zur Ausnutzung der bereits vorhandenen Po-

---

153 Klaus/Kolb ZAR 2023, 194 (201–202).
154 Die für die Ausarbeitung von Gesetz und Verordnung federführenden Ministerien erwarten durch die genannten Änderungen zusätzliche 30.000 Anträge pro Jahr, BT-Drs. 20/6500, 49. Dies übersteigt nur knapp die Kontingenterhöhung im Rahmen des § 26 Abs. 2 BeschV allein.

tenziale für den Arbeitsmarkt, gemeint sind damit Menschen mit Aufenthaltsgestattung und Duldung, geschaffen. Diese wurden in der (Fach-)presse wie auch in der Öffentlichkeit unter den Überschriften „Spurwechsel" und Ausbildungs-Aufenthaltserlaubnis diskutiert, wobei sowohl während des Gesetzgebungsverfahrens wie auch nach Inkrafttreten der ersten Regelungen am 18. November 2023 noch nicht ganz klar war, was genau damit gemeint war und ist und wie weit dieses Zugeständnis an – qualifizierte – Menschen mit Aufenthaltsgestattung oder Duldung gehen sollte. Im Folgenden sollen daher die entsprechenden Entwicklungen bzw. Aussagen aus den Gesetzgebungsverfahren und die dann tatsächlich in Kraft gesetzten Neuregelungen zum Arbeitsmarktzugang von Menschen mit Aufenthaltsgestattung oder Duldung aufgezeigt werden.

I. Die Gesetzgebungsverfahren zum Fachkräfteeinwanderungs- und zum Weiterenwicklungsgesetz

114 Die Notwendigkeit dieser Neuregelungen hatte der Gesetzgeber bereits weit vor Verabschiedung des FKEG im Jahre 2019 im Blick. Die dann letztlich mit dem Gesetz über Duldung bei Ausbildung und Beschäftigung[155] am 1. Januar 2020 in Kraft getretenen Erleichterungen beim Arbeitsmarktzugang für Menschen mit Aufenthaltsgestattung und Duldung waren ursprünglich im Referentenentwurf zum FKEG enthalten. Im Zuge der politischen Diskussionen hinsichtlich einer besseren Abgrenzung zu der politisch gewollten Fachkräfteeinwanderung und dem – seinerzeit – politisch (wie auch rechtlich) immer noch verpönten „Spurwechsel" wurden diese Regelungen dann im Dezember 2018 aus dem Referentenentwurf zum FKEG herausgenommen und in ein eigenes Gesetz ausgelagert. Mit dem Anliegen der Gewinnung von Fachkräften bestand und besteht jedoch insoweit ein Zusammenhang, als dass es um die Umsetzung der immer lauter gewordenen Forderungen aus der Wirtschaft – insbesondere des Handwerks – ging und geht, zunächst die „inländischen Potenziale" zur Deckung des Fachkräftebedarfs auszuschöpfen.[156]

115 Im Gesetzgebungsverfahren zum Weiterentwicklungsgesetz hat der Gesetzgeber dann mehr Mut bewiesen und sich ausdrücklich zum „*Potenzial dieser bereits hier lebenden Personen für den Arbeitsmarkt*" bekannt. So heißt es in der Gesetzesbegründung[157] zum erstmalig möglichen „Spurwechsel" vom Asylverfahren in begrenzte Fachkraft-/Erfahrungstitel: „Damit kann auch das Potenzial dieser bereits hier lebenden Personen für den Arbeitsmarkt genutzt werden; darüber hinaus entsteht Rechts- und Planungssicherheit für den Arbeitgeber und die Betroffenen. Die Beendigung des Asylverfahrens führt zu einer Entlastung der für die Aufnahme, Unterbringung und Verteilung zuständigen Behörden, des Bundesamtes für Migration und der Verwaltungsgerichte." Damit hat der Gesetzgeber die Beweggründe, die neben der allgemeinen Notwendigkeit zur Gewinnung von Fachkräften bestehen, auf den Punkt gebracht.

---

[155] BGBl. I 2019, S. 1021.
[156] „*Lieber den Spatz in der Hand als die Taube auf dem Dach.*", Breidenbach ZAR 2020, 49 f.
[157] BT–Drs. 20/7394, S. 25.

II. Die gesetzgeberische Umsetzung der Ermöglichung oder Verhinderung eines „Spurwechsels"

Im Folgenden soll nun aufgezeigt werden, ob und in welchem Umfang der Gesetzgeber diese Absichten aus dem Gesetzgebungsverfahren auch tatsächlich kodifiziert hat und damit seinen Worten Taten hat folgen lassen.

1. Der „Spurwechsel" als Dauerbrenner in der rechtspolitischen Diskussion

Es ist schon beachtlich, dass der Gesetzgeber im Gesetzgebungsverfahren zum Weiterentwicklungsgesetz überhaupt den Begriff des „Spurwechsels" genannt hat. Dieser wurde bislang, so auch noch im Gesetzgebungsverfahren zum FKEG in den Jahren 2018 und 2019 tunlichst verschwiegen. Der „Spurwechsel" ist kein juristisch klar definierter Begriff und insofern können mit diesem je nach Sichtweise auch durchaus unterschiedliche Dinge gemeint sein. Im hier interessierenden Kontext geht es im Wesentlichen um die Frage, ob es möglich sein soll, aus einem – gescheiterten – Asylverfahren und/oder einer Duldung heraus in ein Aufenthaltsrecht aufgrund einer Erwerbstätigkeit wechseln zu können (siehe auch A.IV.). Es geht also um die Frage, ob ein Wechsel aus der mit dem Asylantrag eingeschlagenen „Spur", an deren Ende im besten Fall die Erteilung eines Aufenthaltstitels aus humanitären Gründen gestanden hätte, in die „Spur" eines Aufenthaltstitels zur Erwerbstätigkeit möglich sein soll, und zwar ohne die Verpflichtung, ein Visumverfahren zu Erlangung eben dieses Titels nachzuholen.

Nach der bis zum Inkrafttreten des Weiterentwicklungsgesetzes geltenden Rechtslage schlossen die Regelungen in § 10 Abs. 1 und 3 sowie in § 5 Abs. 2 S. 1 AufenthG einen solchen „Spurwechsel" faktisch weitgehend aus. In § 10 AufenthG werden die Auswirkungen eines laufenden oder früheren Asylverfahrens auf die Erteilung eines Aufenthaltstitels geregelt, wobei es Hauptzweck der Norm ist, Anreize (in Form von sog. „Pull-Effekten") zu vermeiden und damit unberechtigt Asyl im Bundesgebiet zu beantragen. § 10 Abs. 1 AufenthG bestimmt daher, dass während eines Asylverfahrens grundsätzlich keine Aufenthaltserlaubnis erteilt werden darf („Titelerteilungssperre"). Nach § 10 Abs. 3 AufenthG darf einem Ausländer, dessen Asylantrag unanfechtbar abgelehnt worden ist oder der seinen Asylantrag zurückgenommen hat, vor der Ausreise grundsätzlich kein Aufenthaltstitel erteilt werden. Eine Ausnahme gilt nur für humanitäre Aufenthaltstitel sowie für die Fälle, in denen ein Anspruch auf Erteilung eines Aufenthaltstitels besteht (§ 10 Abs. 3 Satz 3 AufenthG).

Neben dieser Sperrwirkung, die bis zum Inkrafttreten des Weiterentwicklungsgesetzes grundsätzlich einem Wechsel in einen Aufenthaltstitel zur Erwerbstätigkeit entgegenstand, ist noch die allgemeine Erteilungsvoraussetzung in § 5 Abs. 2 S. 1 AufenthG zu beachten, wonach die Erteilung einer Aufenthaltserlaubnis nur möglich ist, wenn der Ausländer „mit dem erforderlichen", d.h. mit dem passenden Visum eingereist ist, also zum Aufenthaltszweck der Erwerbstätigkeit. Dieses Erfordernis trägt dem „Makel der illegalen Einreise" Rechnung, also der Einreise in das Bundesgebiet unter Verstoß gegen die Visumspflicht.

Die genannten Vorschriften haben durch das Weiterentwicklungsgesetz sowie durch das Gesetz zur Änderung des Bundesvertriebenengesetzes (BVFG) vom 20. Dezember 2023 erhebliche Änderungen erfahren, auf die im Folgenden noch eingegangen wird. Hintergrund der in den genannten Vorschriften geregelten Sperrwirkung ist der offensichtlich immer noch sehr wirkungsmächtige Mythos des „Pull-Effekts" bzw. der „Pull-Faktoren", worauf dann auch in der jüngsten Gesetzesbegründung zur Änderung des Bundesvertriebenengesetzes ausdrücklich hingewiesen worden ist.

121 Bei der Frage nach Migrationsursachen wird bekanntlich zwischen „Push- und Pull-Faktoren" unterschieden. Unter „Push-Faktoren" versteht man Gründe, aufgrund derer Menschen ein Land verlassen. Attraktive Bedingungen eines Aufnahmelandes, die zu Immigration anreizen, bezeichnet man als „Pull-Faktoren".[158] Zu den hier zu beachtenden Anreizen gehören auch die Beschäftigungsmöglichkeiten und die Attraktivität des Arbeitsmarktes im Aufnahmeland. Ob diese „Pull-Faktoren" tatsächlich die Migration Richtung Deutschland – wie in der rechtspolitischen Diskussion oft behauptet – beeinflussen, ist bislang durch empirische Studien nicht belegt. Es darf jedoch bezweifelt werden, dass Flüchtlinge bei ihrer Weiterwanderung nach Deutschland bereits die Integrationsleistungen und insbesondere die in einer Ausbildung zu erlangenden beruflichen Fachkenntnissen und Fähigkeiten vor Augen haben, die sie erbringen müssen, um überhaupt als – berufliche – Fachkraft anerkannt werden zu können. Zu berücksichtigen ist hierbei auch, dass nur wenige aus dieser Gruppe willens und fähig sein dürften, sich diesen Herausforderungen zu stellen.

2. Die Ermöglichung eines „Spurwechsels" durch die Aufwertung der §§ 18a, 18b AufenthG zu Anspruchstiteln

122 Diesen Überlegungen konnte oder wollte sich der Gesetzgeber in dem im November und Dezember 2023 durchgeführten Gesetzgebungsverfahren zur Änderung des BVFG, welches auch im „Huckepackverfahren" Änderungen des Aufenthaltsgesetzes und des Gesetzes zur Weiterentwicklung der Fachkräfteeinwanderung beinhaltete, nicht anschließen. Hier stellt der Gesetzgeber nun doch wieder auf einen „Pull-Effekt" ab, der durch einen zulässigen „Spurwechsel" in die Erwerbstätigkeit die Entscheidung von Geflüchteten zu einer illegalen Einreise mit anschließender Asylantragstellung befördern könnte.

123 In der Gesetzesbegründung[159] zur Änderung des § 10 Abs. 1 AufenthG (Einfügung eines neuen S. 2) heißt es u.a.: *„Mit dem neuen Satz 2 werden Fälle der §§ 18a und 18b AufenthG aus Konstellationen der ersten Alternative (Vorliegen eines Anspruchs) ausgenommen. Der Grund hierfür liegt einerseits in der Tatsache, dass diese zentralen Titel für Fachkräfte mit Berufsausbildung bzw. Hochschulabschluss erst zum 18. November 2023 zu Anspruchstiteln werden und andererseits darin, in Bezug auf diese Titel keine Anreize zur Einreise zum Zweck der Asylantragstellung mit dem eigentlichen Ziel der Erwerbstätigkeit zu setzen."*

---

158 Europäisches Parlament, Artikel vom 3.5.2023, https://www.europarl.europa.eu/news/de/headlines/world/20200624STO81906/was-sind-die-ursachen-von-migration#:~:text=Bei%20der%20Frage%20nach%20Migrationsursachen,als%20%E2%80%9EPull%2DFaktoren%22.

159 BT-Drs. 20/9347, S. 14.

3. „Spurwechsel" light aus dem Asylverfahren

Damit ist grundsätzlich seit dem Inkrafttreten der Neuregelung in § 10 Abs. 1 AufenthG am 23. Dezember 2023[160] ein „Spurwechsel" während eines laufenden Asylverfahrens in die Anspruchstitel der §§ 18a oder 18b AufenthG[161] gesperrt. Dieser wäre – theoretisch – vom 18. November 2023 bis zu diesem Datum in Kombination mit der Regelung des § 39 Nr. 4 AufenthV ohne Einschränkungen möglich gewesen, sodass den Betroffenen dann zusätzlich zur Aufenthaltsgestattung noch eine Aufenthaltserlaubnis nach den genannten Vorschriften hätte erteilt werden können.[162]

Diese Korrektur des Gesetzgebers betrifft hinsichtlich des Zeitpunkts des Inkrafttretens auch die bereits im Gesetzgebungsverfahren zum Weiterentwicklungsgesetz vorgesehene, sehr eingeschränkte Spurwechselmöglichkeit aus dem Asylverfahren, mit der noch der Öffentlichkeit ausweislich der bereits oben zitierten Gesetzesbegründung eine bemerkenswerte Verbesserung der aktuellen Situation (Rechts- und Planungssicherheit für den Arbeitgeber und die Betroffenen, Entlastung des BAMF, der Ausländerbehörden und der Verwaltungsgerichte) vermittelt werden sollte. Die entsprechende Neuregelung sollte ursprünglich erst zum 1. März 2024 in Kraft treten, gilt jedoch nunmehr schon seit dem 23. Dezember 2023. In dem neuen § 10 Abs. 3 S. 5 AufenthG wird bestimmt, dass die Sperre wegen eines zurückgenommenen Asylantrags, wie sie in § 10 Abs. 3 S. 1 AufenthG geregelt ist, in bestimmten Fällen ausnahmsweise nicht anwendbar ist. Flankierend hierzu regelt nunmehr ein neuer § 5 Abs. 3 S. 5 AufenthG, dass in diesen Fällen auch von der Anwendung des § 5 Abs. 2 AufenthG (Einreise mit dem passenden Visum) und damit auch von der Nachholung des Visumsverfahrens abzusehen ist.

Dieser „Spurwechsel" light gilt jedoch nur für einen eng begrenzten Personenkreis. Die Einreise muss vor dem 29. März 2023 erfolgt und der Asylantrag muss zurückgenommen worden sein. Zu beachten ist hierbei, dass nach der Gesetzesbegründung[163] die erforderliche Antragsrücknahme auch noch in einem bereits laufenden Klageverfahren vor dem Verwaltungsgericht möglich ist. Dies entspricht auch der bereits angesprochenen Intention des Gesetzgebers, die Verwaltungsgerichte insoweit ausdrücklich zu entlasten. Für diesen eng begrenzten Personenkreis ist es daher seit dem 23. Dezember 2023 möglich, eine Aufenthaltserlaubnis als Fachkraft mit Berufsausbildung bzw. Hochschulabschluss nach den §§ 18a, 18b AufenthG oder als „Quasi-Fachkraft" nach § 19c Abs. 2 AufenthG i.V.m. § 6 BeschV direkt aus dem Asylverfahren heraus zu erhalten.[164]

4. Gesperrter „Spurwechsel" nach gescheitertem Asylverfahren

Diese „Spurwechselmöglichkeit" ist nach § 10 Abs. 3 S. 4 AufenthG, welcher ebenfalls am 23. Dezember 2023 in Kraft getreten ist, für Personen, deren Asylantrag unanfechtbar abgelehnt worden ist, ausdrücklich gesperrt. Dies betrifft daher Inhaber einer Duldung, die die Voraussetzungen für eine Anerkennung als berufliche Fachkraft erfüllen. Für diese Personengruppe verbleibt es daher dabei, dass der Weg in die Aufenthaltser-

---

160 BGBl. 2023 I 390.
161 Siehe hierzu → Rn. 48.
162 Vgl. Klaus/Wittmann/Wittmann AufenthV § 39 Rn. 103 f.
163 BT-Drs. 20/7394, S. 24.
164 Siehe hierzu BeckOK AuslR/Breidenbach, BeschV § 6 Rn. 1 sowie die Ausführungen unter → Rn. 62.

laubnis nur über die Erteilung von humanitären Aufenthaltstiteln nach den §§ 25a und 25b oder nach § 19d AufenthG möglich ist.[165]

5. Überwindung des „Spurwechselverbots" mit Erteilung einer Aufenthaltserlaubnis nach § 19d AufenthG

128 Die geschilderte Sperre gilt jedoch nur für die Personen, die direkt aus einer Duldung in die Aufenthaltstitel nach den §§ 18a oder 18b AufenthG wechseln wollen. Wurde ihnen zuvor bereits eine Aufenthaltserlaubnis nach § 19d AufenthG erteilt, so wurde bereits mit Erteilung dieser Aufenthaltserlaubnis die Sperrwirkung des § 10 Abs. 3 S. 1 AufenthG außer Kraft gesetzt. Dies geschah in Anwendung der Spezialregelung in § 19d Abs. 3 AufenthG, wonach die Aufenthaltserlaubnis abweichend von § 5 Abs. 2 sowie § 10 Abs. 3 Satz 1 AufenthG erteilt werden kann.[166] Macht die Ausländerbehörde von dieser Möglichkeit Gebrauch und erteilt einen Dispens vom grundsätzlich bestehenden „Spurwechselverbot", so ist der „Makel der illegalen Einreise" geheilt und kann daher auch bei einem späteren Wechsel von der Aufenthaltserlaubnis nach § 19d AufenthG in die Fachkrafttitel nach §§ 18a/18b AufenthG nicht mehr herangezogen werden, um diesen abzulehnen.[167] Den „Spurwechsel" von der Duldung hin zur Erwerbsmigration hatte der Gesetzgeber bereits mit Inkraftsetzung des § 19d bzw. der Vorgängerregelung in § 18a AufenthG a.F. ausdrücklich gestattet, auch wenn dies in der Vergangenheit sowohl in der Praxis wie auch in der Rechtsprechung wenig beachtet worden ist. Zudem kann nach Erteilung einer Aufenthaltserlaubnis nach § 19d AufenthG das mit dem Spurwechselverbot verfolgte Ziel, vermeintlichen Fehlanreizen entgegenzuwirken, die durch die Erteilung von Aufenthaltstiteln zur Erwerbstätigkeit ohne vorherige Ausreise und Durchführung des Visumsverfahrens entstehen könnten, ohnehin nicht mehr erreicht werden. Etwas anderes ergibt sich auch nicht aus dem Urteil des BVerwG vom 26.5.2020 – 1 C 12.19 –,[168] aus dem lediglich folgt, dass die Erteilung eines humanitären Aufenthaltstitels nach Abschnitt 5 (Aufenthalt aus humanitären Gründen) des Aufenthaltsgesetzes nicht zur Erledigung des Spurwechselverbots führt. Vorliegend geht es jedoch nicht um einen Wechsel von einer humanitären Aufenthaltserlaubnis in eine solche zum Zweck der Erwerbstätigkeit, sondern um einen Austausch von zwei Aufenthaltserlaubnissen, die beide in Abschnitt 4 (Aufenthalt zum Zweck der Erwerbstätigkeit) des Aufenthaltsgesetzes verortet und damit in der gleichen „Spur" sind.[169]

III. Die neue Aufenthaltserlaubnis zur Berufsausbildung für ausreisepflichtige Ausländer nach § 16g AufenthG

129 Hinsichtlich der Ausschöpfung des Arbeitsmarktpotenzials von ausreisepflichtigen Ausländern verdient die zum 1. März 2024 in Kraft getretene neue Aufenthaltserlaubnis zur Berufsausbildung für ausreisepflichtige Ausländer nach § 16g AufenthG[170] beson-

---

[165] BeckOK AuslR/Breidenbach, AufenthG § 18a Rn. 1.
[166] Vgl. BeckOK AuslR/Breidenbach, AufenthG § 19d Rn. 18 f.
[167] So aber VG Aachen Urt. v. 29.7.2021 – 8 K 2528/20 – BeckRS 2021, 25250.
[168] BVerwG ZAR 2021, 30.
[169] So auch Röder/Wittmann, ImDialog, Beiträge aus der Akademie der Diözese Rottenburg-Stuttgart, Bd. 5 2022, 57, 66 f.).
[170] Art. 12 Abs. 1 des Weiterentwicklungsgesetzes. BGBl. 2023 I Nr. 217, S. 25.

dere Aufmerksamkeit. Mit dieser wird besonders deutlich die Notwendigkeit zur aufenthaltsrechtlichen Absicherung von Berufsausbildungsverhältnissen mit – jungen – Ausländern zur Deckung des Fachkräftebedarfs unterstrichen. Die neue Aufenthaltserlaubnis sollte nach der ursprünglichen Intention des Gesetzgebers zum Weiterentwicklungsgesetz die bereits seit 2015 existierende Ausbildungsduldung ersetzen. Nach erheblicher Kritik ist der Gesetzgeber von diesem Ansinnen wieder abgerückt. Nach einer Änderung der entsprechenden Regelungen im Weiterentwicklungsgesetz durch das Gesetz zur Verbesserung der Rückführung vom 21. Februar 2024 (Rückführungsverbesserungsgesetz)[171] steht die neue Aufenthaltserlaubnis nunmehr neben der nach wie vor existierenden Ausbildungsduldung nach § 60c AufenthG. Das in der Übergangsregelung des § 104 Abs. 15 AufenthG nF, wie sie bereits im Bundesgesetzblatt[172] veröffentlicht worden war, enthaltene Novum im deutschen Aufenthaltsrecht, dass eine bereits erteilte Duldung ab dem 1. März 2024 fiktiv als Aufenthaltserlaubnis fortgelten sollte, ist dann doch nicht Wirklichkeit geworden. Auf die Probleme, die sich in der Praxis durch dieses Nebeneinander der beiden Rechtsinstitute ergeben werden, wird im Folgenden noch eingegangen.

1. Die Rechtslage bis zum 29. Februar 2024

In Umsetzung des im Koalitionsvertrag 2018 gesteckten Ziels einer bundesweiten Vereinheitlichung der Anwendungspraxis der bereits seit 2015 bestehenden Ausbildungsduldung wurde diese mit dem Gesetz über Duldung bei Ausbildung und Beschäftigung[173] aus den Regelungen zur Duldung in § 60a AufenthG herausgelöst und mit Wirkung zum 1. Januar 2020 erstmals in eine eigenständige Anspruchsnorm ausgegliedert (§ 60c AufenthG). Das heute allgemein als „Ausbildungsduldung" bekannte Rechtsinstitut wurde zunächst als Ermessensduldung in das AufenthG eingefügt; durch das Integrationsgesetz wurde es dann 2016 zur Anspruchsduldung aufgewertet und zugleich mit dem – anschließenden – Anspruch auf eine zunächst auf 2 Jahre befristete Aufenthaltserlaubnis nach § 19d Abs. 1a) AufenthG nach bestandener Ausbildung – sog. „3+2-Regelung" – eine dauerhafte Legalisierung des Aufenthalts in Aussicht gestellt. Trotz dieser Aufwertung handelte es sich jedoch nach wie vor um ein „Aufenthaltsrecht im Duldungsgewand".[174]

2. Vom systemwidrigen Konstrukt zum Erfolgsmodell

Trotz dieser systemwidrigen Sicherung des Aufenthalts entwickelte sich die Ausbildungsduldung in den letzten Jahren zum Erfolgsmodell. Sowohl Ausbildungsbetriebe, insbesondere die Kammern, als auch gut integrierte – junge – Ausländer zeigten ein reges Interesse am „3+2-Modell" mit der Möglichkeit, Ausbildungsverhältnisse abzuschließen mit der Perspektive eines gesicherten Aufenthalts nach Ausbildungsabschluss. Statistisch drückte sich dies aus in einem Anstieg der erteilten Ausbildungsduldungen von rund 3.600 Ende 2019 (BT-Drs. 19/19333, S. 30 -zuvor waren Erteilungen nach § 60a Abs. 2 S. 4 AufenthG aF nicht gesondert ausgewiesen worden) auf zuletzt gut 7.000 En-

---

171 BGBl. 2024 I 54.
172 BGBl. 2023 I 217, 17.
173 BGBl. I 2019, 1021.
174 Einzelheiten bei BeckOK AuslR/Breidenbach, AufenthG § 60c Rn. 1 f.

de 2022 (BT-Drs. 20/5749, S. 18f.). Die Zahl der Aufenthaltserlaubnisse, die an Geduldete mit qualifizierter Ausbildung vergeben wurden (§ 18a AufenthG aF / § 19d AufenthG), stieg von 410 Ende 2018 (BT-Drs. 19/8258, S. 12) über 2.930 Ende 2020 (BT-Drs. 19/28234, S. 10) auf knapp 9.000 Ende 2022 (BT-Drs. 20/5870, S. 11).

3. Korrekturen im Gesetzgebungsverfahren zum Rückführungsverbesserungsgesetz

132 Mit einer Verzögerung von 8 Jahren nimmt der Gesetzgeber dann diese Erfolgsgeschichte zur Kenntnis und setzt mit dem Weiterentwicklungsgesetz die Forderungen aus der Zivilgesellschaft – insbesondere auch aus den für die Berufsausbildung zuständigen Kammern – um, den Aufenthalt von ursprünglich geduldeten Auszubildenden nicht mehr in einer „grob systemwidrigen"[175] Spezialduldung, sondern in einer Aufenthaltserlaubnis zu regeln.[176] Bereits im Jahre 2015 hatte der Bundesrat auf Antrag des Landes Rheinland-Pfalz vorgeschlagen, in einem neuen § 25c AufenthG eine Aufenthaltserlaubnis für geduldete Menschen in der Berufsausbildung zu schaffen (BR-Drs. 642/14). Dieser Vorschlag wurde auch im Deutschen Bundestag diskutiert (BT-Drs. 18/5423), jedoch letztlich nicht umgesetzt. Der Regelungsbedarf folgte damals wie auch aktuell aus den Schwierigkeiten und Unsicherheiten bei der Anwendung der Ausbildungsduldung nach § 60c AufenthG, mit welcher der Gesetzgeber eigentlich Auszubildenden und Ausbildungsbetrieben Rechtssicherheit während und nach dem Ausbildungsverhältnis geben wollte. Hierauf hatte der Deutsche Anwaltverein (DAV) bereits während des Gesetzgebungsverfahrens zum Weiterentwicklungsgesetz im März 2023 hingewiesen und die Aufenthaltsgewährung bei Berufsausbildung in einem neuen § 25c AufenthG – in einer neuen Fassung – vorgeschlagen.[177]

133 Nach dem ursprünglich verfolgten Konzept, wie es der Gesetzgeber dann gegen Ende des Gesetzgebungsverfahrens zum Weiterentwicklungsgesetz im Juni 2023 aufgrund einer entsprechenden Beschlussempfehlung des Innenausschusses[178] erstmalig aufgenommen hatte, sollte die neue Aufenthaltserlaubnis zur Berufsausbildung die Ausbildungsduldung nach § 60c AufenthG ersetzen. Nach heftiger Kritik hinsichtlich der fehlenden Praxistauglichkeit und der sozialen Absicherung der Inhaber dieser neuen Aufenthaltserlaubnis, insbesondere aus der Anwaltschaft[179] wie auch den Sozialverbänden, ist dann der Gesetzgeber im Rahmen des Gesetzgebungsverfahrens zum Rückführungsverbesserungsgesetz wieder von der Überführung der Ausbildungsduldung in eine Ausbildungs-Aufenthaltserlaubnis abgerückt und hat sich für eine Parallelität dieser beiden Rechtsinstitute entschieden.[180] Darüber hinaus hat er auch noch weitere Korrekturen des bereits beschlossenen und im Bundesgesetzblatt verkündeten § 16g AufenthG vorgenommen, auf die im Folgenden noch eingegangen wird. Diese sind nach Art. 12 Abs. 1 des Weiterentwicklungsgesetzes – wie geplant – am 1. März 2024 in Kraft getreten.

---

175 NK-AuslR/Bruns, 2. Aufl., AufenthG § 60a Rn. 31.
176 Siehe hierzu bereits die Ausführungen unter → Rn. 114.
177 SN 17/23: ReferentenE Weiterentwicklung Fachkräfteeinwanderung – Deutscher Anwaltverein.
178 BT-Drs. 20/7394.
179 Hervorzuheben ist die Kurzstellungnahme der Rechtsberaterkonferenz vom 30. Juni 2023; Kurzstellungnahme: Ausbildungs-Aufenthaltserlaubnis für Ausreisepflichtige – Die Rechtsberaterkonferenz: https://rechtsberaterkonferenz.de/index.php/2023/07/03/kurzstellungnahme-ausbildungs-aufenthaltserlaubnis-fuer-ausreisepflichtige/, wie auch Habbe ANA-ZAR 2023, 33 f.
180 BT-Drs. 20/10090, S. 25.

4. Einzelne Problemfelder der Neuregelung

Die neue Vorschrift des § 16g AufenthG übernimmt in den meisten Regelungen nahezu wortgleich den Normtext des § 60c AufenthG zur bereits existierenden Ausbildungsduldung. Damit hat der Gesetzgeber weitestgehend „alten Wein in neue Schläuche gegossen". Erhebliche Auswirkungen werden sich durch das dem Wechsel zur Aufenthaltserlaubnis immanente Zusammenspiel mit den allgemeinen Erteilungsvoraussetzungen gemäß § 5 AufenthG ergeben[181], die bei der Ausbildungsduldung – noch – nicht zu berücksichtigen sind. Allerdings wird die an eine erfolgreiche Berufsausbildung anschließende Aufenthaltserlaubnis nicht – wie bei der Ausbildungsduldung – in § 19d Abs. 1a AufenthG, sondern in § 16g Abs. 6 bis 10 AufenthG geregelt. Im Folgenden sollen noch einzelne Problemfelder der Neuregelung und insbesondere der Parallelität der beiden Vorschriften aufgezeigt werden, die deren Handhabung in der Praxis erschweren werden.

a) Das Erfordernis der Lebensunterhaltssicherung als Unterscheidungskriterium

Die Kritik an der ursprünglichen Fassung des § 16g AufenthG bezog sich unter anderem darauf, dass die Erteilung dieser neuen Aufenthaltserlaubnis während der Berufsausbildung aufgrund der fehlenden Flankierung durch – unschädliche – Sozialleistungen am Erfordernis der Lebensunterhaltssicherung nach § 5 Abs. 1 Nr. 1 AufenthG scheitern würde. Es wurde auf die Besserstellung der Inhaber einer Ausbildungsduldung hingewiesen und dafür plädiert, eine zeitlich befristete Parallelität von Ausbildungsduldung und Ausbildungs-Aufenthaltserlaubnis zu ermöglichen.[182] Dem ist der Gesetzgeber mit den beschlossenen Änderungen beim Rückführungsverbesserungsgesetz mit der Beibehaltung der Ausbildungsduldung nachgekommen und hat darüber hinaus in einem neuen § 2 Abs. 3 Satz 5 AufenthG geregelt, dass für eine Aufenthaltserlaubnis gemäß § 16g AufenthG der Lebensunterhalt als gesichert gilt, wenn monatliche Mittel in Höhe des monatlichen Bedarfs gemäß § 12 BAföG zur Verfügung stehen. Darüber hinaus wird in einem ebenfalls durch das Rückführungsverbesserungsgesetz in § 16g Abs. 10 AufenthG neu eingefügten Satz 3 geregelt, dass die Inanspruchnahme öffentlicher Leistungen zur Sicherstellung des eigenen Lebensunterhalts die Erteilung der Aufenthaltserlaubnis nicht ausschließt, solange der Ausländer Leistungen der Ausbildungsförderung nach dem SGB III bezieht. In dieser Konstellation kann die Aufenthaltserlaubnis daher abweichend von der Regelerteilungsvoraussetzung des § 5 Abs. 1 Nr. 1 AufenthG erteilt werden.

Da die Erfüllung dieser Regelerteilungsvoraussetzung das Unterscheidungskriterium für die Erteilung einer Ausbildungsduldung nach § 60c AufenthG einerseits oder einer Ausbildungs-Aufenthaltserlaubnis nach dem neuen § 16g AufenthG andererseits ist, steht zu erwarten, dass diese durch die Ausländerbehörde durchzuführende Prüfung aufgrund ihrer Komplexität eine längere Bearbeitungszeit in Anspruch nehmen wird. Praktikabler wäre daher eine Regelung gewesen, dass die Aufenthaltserlaubnis gemäß § 16g AufenthG generell – und nicht nur für den Fall des Bezugs von Leistungen der Ausbildungsförderung nach dem SGB III – abweichend von § 5 Abs. 1 Nr. 1 AufenthG

---
181 Einzelheiten hierzu bei Habbe ANA-ZAR 2023, 33 f.
182 Kurzstellungnahme: Ausbildungs-Aufenthaltserlaubnis für Ausreisepflichtige – Die Rechtsberaterkonferenz.

zu erteilen ist, wie dies zum Beispiel auch in den §§ 25a Abs. 1 Satz 2 oder 25b Abs. 1 Satz 3 AufenthG geregelt ist.[183] Zu dieser Klarstellung hat sich der Gesetzgeber bislang nur im Hinblick auf die Aufenthaltserlaubnis nach § 16g Abs. 1 i.V.m. Abs. 5 AufenthG (Aufenthaltserlaubnis zur Suche nach einem weiteren Ausbildungsplatz nach Abbruch der Erstausbildung sowie nach erfolgreichem Abschluss der Ausbildung zur Suche einer der beruflichen Qualifikation entsprechenden Beschäftigung) durchringen können (Abs. 10 S. 4).

b) Identitätsklärung

137 Auch die Regelungen zur Identitätsklärung enthalten ein erhebliches Konfliktpotenzial und werden die Behördenpraxis erschweren. So normiert zwar einerseits § 16g Abs. 10 Satz 2 AufenthG zugunsten der Inhaber der neuen Ausbildungs-Aufenthaltserlaubnis eine Ausnahme vom Erfordernis der Identitätsklärung (§ 5 Abs. 1 Nr. 1a AufenthG), andererseits hat der Gesetzgeber aber die gestufte Fristenregelung für die Identitätsklärung aus § 60c AufenthG Eins zu Eins in § 16g Abs. 2 Nr. 3 AufenthG übernommen. In den kritischen Stellungnahmen zur ursprünglichen Fassung des § 16g AufenthG nach dem Weiterentwicklungsgesetz wurde zu Recht darauf hingewiesen, dass sich die gestufte Fristenregelung für die Identitätsklärung nach § 60c Abs. 2 Nr. 3 AufenthG überlebt hat. Der Differenzierung nach einem Einreisedatum im relativ schmalen Korridor vom 1. Januar 2016 bis 31. Dezember 2017 bedürfe es heute, gut 6 Jahre später, nicht mehr.[184] Auf diese Kritik ist der Gesetzgeber auch im Gesetzgebungsverfahren zum Rückführungsverbesserungsgesetz eingegangen, allerdings nur im Hinblick auf die gestufte Fristenregelung für die Identitätsklärung zur Beschäftigungsduldung in § 60d Abs. 1 AufenthG, welche mit der zur Ausbildungsduldung in § 60c Abs. 2 AufenthG weitgehend übereinstimmt.[185] Dies weist nochmals darauf hin, mit welch heißer Nadel die Neuregelung nicht nur an dieser Stelle gestrickt worden ist. Für die Behördenpraxis wäre es einfacher gewesen, generell von einem fixen Datum abzusehen und von den Antragstellern zu verlangen, die Identität spätestens bei Antragstellung zu klären.

IV. Änderungen bei der Beschäftigungsduldung nach § 60d AufenthG

138 Während die zuvor dargestellte Ausbildungsduldung wie auch die Ausbildungs-Aufenthaltserlaubnis dem Bereich der Fachkräftegewinnung zuzuordnen ist, werden von der zum 1. Januar 2020 mit dem Duldungsgesetz[186] eingeführten Beschäftigungsduldung des § 60d AufenthG auch Beschäftigungen unterhalb des Fachkräfteniveaus, insbesondere auch aus dem Bereich der Zeitarbeit erfasst, die in der Praxis oft als Einstieg in das Erwerbsleben für – ehemalige – Asylbewerber dient.[187] Bereits im Koalitionsvertrag war eine Neufassung der Beschäftigungsduldung wie auch deren Entfristung vereinbart worden. Letzteres hat der Gesetzgeber mit dem Gesetz zur Änderung des BVFG vom

---

183 Hierauf hat Münch für den DAV bereits in seiner Sachverständigen Stellungnahme zur Rückführungsverbesserungsgesetz hingewiesen, Ausschuss-Drs. 20(4)348 C, S. 22 f.
184 Kurzstellungnahme: Ausbildungs-Aufenthaltserlaubnis für Ausreisepflichtige – Die Rechtsberaterkonferenz.
185 Siehe hierzu die Ausführungen unter → Rn. 138 f.
186 BGBl. I 2019, S. 1021.
187 Vgl. Breidenbach GewArch 2020, 89, 94; Kluth NVwZ 2019, 1305, 1309.

20. Dezember 2023[188], also kurz vor Auslaufen der Regelung am 31. Dezember 2023, umgesetzt.

Die Vorschrift stellte in ihrer Fassung bis zum 26. Februar 2024 insgesamt hohe Anforderungen an die Erteilung der Duldung. Nach Abs. 1 Nr. 2 muss sich der Ausländer seit mindestens zwölf Monaten im Besitz einer Duldung befinden und nach Nr. 3 seit mindestens 18 Monaten eine sozialversicherungspflichtige Tätigkeit mit einer regelmäßigen Arbeitszeit von mindestens 35 Stunden pro Woche ausüben. Diese Vorgaben schlossen insbesondere Personen von der Erteilung einer Beschäftigungsduldung aus, die während der Vorbeschäftigung nur über einen prekären Aufenthaltsstatus (zum Beispiel nach § 25 Abs. 5 AufenthG) verfügt haben oder aber bereits während des Asylverfahrens einer – längerfristigen – Beschäftigung nachgegangen sind und nach Abschluss des Verfahrens bzw. dem Erlöschen der Aufenthaltsgestattung das bereits – seit 18 Monaten – bestehende Arbeitsverhältnis fortsetzen wollen.[189] In diesen Fällen führte in der Vergangenheit das Erfordernis einer Vorduldungszeit von 12 Monaten dazu, dass bestehende Arbeitsverhältnisse in der Regel nicht fortgesetzt werden können.[190]

139

Auf diese Kritik und auch auf die geringen Erteilungszahlen[191] hat der Gesetzgeber im Rückführungsverbesserungsgesetz in Teilen reagiert und den Zugang zu Beschäftigungsduldung mit Wirkung zum 27. Februar 2024[192] erheblich vereinfacht. Zum einen wurde der Einreisestichtag vom 1. August 2016 auf den 31. Dezember 2022 verschoben (§ 60d Abs. 1 AufenthG). Damit wurde der Anwendungsbereich der Vorschrift revitalisiert, der über 7 Jahre zurückliegende Stichtag hatte die Vorschrift faktisch obsolet gemacht.[193] Die erforderliche regelmäßige wöchentliche Arbeitszeit ist – generell – von 35 auf 20 Wochenstunden gesenkt worden (Abs. 1 Nr. 3), was ebenfalls die praktische Handhabung der Vorschrift erheblich vereinfachen wird. Gleiches gilt für die gestufte Fristenregelung zur Identitätsklärung in § 60d Abs. 1 Nr. 1 AufenthG, die zum 27. Februar 2024 neu gefasst worden ist. Danach muss die Identität bei einer Einreise bis zum 31. Dezember 2016 bis zur Beantragung der Beschäftigungsduldung geklärt sein, bei späterer Einreise bis zum 31. Dezember 2024. Wird die Beschäftigungsduldung vor dem 31. Dezember 2024 beantragt, muss die Identität bis zum Zeitpunkt der Antragstellung geklärt sein. Damit ist dem berechtigten Interesse des Staates an eine Identitätsklärung bzw. ernsthafte unzumutbare Bemühungen dazu Rechnung getragen worden.[194] Für die Behördenpraxis wäre es einfacher gewesen, generell von einem fixen Datum abzusehen und von den Antragstellern zu verlangen, die Identität spätestens bei Antragstellung zu klären.

140

Zu einem Wegfall oder aber auch einer Reduzierung der erforderlichen Vorduldungszeit nach § 60d Abs. 1 Nr. 2 AufenthG konnte sich der Gesetzgeber nicht durchringen.

141

---

188 BGBl. 2023 I 390.
189 BeckOK AuslR/Breidenbach, AufenthG § 60d Rn. 5.
190 Vgl. hierzu Armbruster/Barwig/Frings/Janda/Weidmann InfAuslR 2020, 89 f.
191 Laut BT-Drs. 20/1048, S. 29 hatten zum Stichtag des 31.12.2021 rund 3.400 Personen eine Beschäftigungsduldung.
192 BGBl. 2024 I Nr. 54.
193 Münch, Sachverständigen-Stellungnahme für den DAV zum Rückführungsverbesserungsgesetz, Ausschuss-Drs. 20(4)548 C, S. 18.
194 Münch, aaO.

Diese soll bekanntlich den Ausländerbehörden die Möglichkeit geben, aufenthaltsbeendende Maßnahmen nach negativem Abschluss des Asylverfahrens durchzuführen.[195] Unter Berücksichtigung der zuvor geschilderten Kritik hätte zumindest eine Absenkung der Vorduldungszeit auf 3 Monate – entsprechend der für die Ausbildungsduldung nach § 60c Abs. 2 Nr. 2 AufenthG – in Erwägung gezogen werden können. Gleiches gilt für eine Aufwertung der Beschäftigungsduldung zu einer Aufenthaltserlaubnis, wie dies der Gesetzgeber bei der Ausbildungsduldung getan hat.

V. Änderungen beim – ersten – Arbeitsmarktzugang für Menschen mit Aufenthaltsgestattung und Duldung

142 Die rechtspolitische Diskussion in den letzten Monaten des Jahres 2023 wurde auch mit dem Ziel geführt, Geduldeten und Menschen im Asylverfahren eine Vereinfachung beim ersten Zugang zum Arbeitsmarkt zu gewähren. Diesem Ziel hat sich der Gesetzgeber mit dem Rückführungsverbesserungsgesetz vom 21. Februar 2024[196] genähert, offensichtlich auch als Kompensation für die in diesem Gesetz im übrigen enthaltenen Verschärfungen bei der Durchführung von aufenthaltsbeendenden Maßnahmen.[197] Der Gesetzgeber will damit „*einem aus der Praxis artikulierten Bedürfnis Rechnung tragen, Asyl suchende frühzeitig in Arbeit zu bringen und damit die öffentlichen Haushalte zu entlasten.*"[198] Die zum 27. Februar 2024 in Kraft getretenen Änderungen betreffen zum einen die Vorschrift des § 61 AsylG und zum anderen die des § 60a AufenthG, welche – bislang – nur die Erteilung einer Duldung und insbesondere auch die Versagungstatbestände für die Erteilung einer Beschäftigungserlaubnis an Geduldete regelte (Abs. 6).[199]

1. Änderungen des § 61 AsylG

143 Die Vorschrift des § 61 AsylG umfasst 2 Regelungsbereiche in Anknüpfung an die bestehende Wohnverpflichtung in einer Aufnahmeeinrichtung. Solange diese Verpflichtung besteht, ist Abs. 1 heranzuziehen. Besteht diese nicht mehr, ist auf Abs. 2 abzustellen. Die Vorschrift trifft darüber hinaus eine weitere Unterscheidung bezogen auf den persönlichen Anwendungsbereich. So ist nur für Abs. 2 die Eigenschaft als Asylbewerber (bis zur bestandskräftigen Entscheidung oder Rücknahme des Asylantrags) und damit der Besitz einer Aufenthaltsgestattung (bis zum Erlöschen) maßgeblich. Entfällt dieser Status, ist der Anwendungsbereich nicht mehr eröffnet. Abs. 1 knüpft hingegen nicht an einen ausländerrechtlichen Status, sondern allein an die Wohnverpflichtung an.[200] Mithin sind von dieser Vorschrift sowohl Inhaber einer Aufenthaltsgestattung wie auch einer Duldung erfasst.

144 Die im Gesetzgebungsverfahren oft diskutierte Frage der erleichterten Arbeitsaufnahme für Gefürchtete betrifft zum einen die Korrektur des in § 61 Abs. 1 Satz 1 AsylG enthaltenen umfassenden Erwerbstätigkeitsverbots. Dieses ist nunmehr gelockert worden, die

---

195 Anwendungshinweise BMI DuldungsG Nr. 60d.1.2.
196 BGBl. I 2024 Nr.54.
197 Voigt, GGUA Flüchtlingshilfe, spricht insoweit von „*politischer Homöopathie*", https://www.ggua.de/fileadmin/downloads/tabellen_und_uebersichten/Arbeitsmarktzugang_Formulierungshilfe.pdf.
198 BT-Drs. 20/10090, S. 21.
199 Vgl. BeckOK AuslR/Breidenbach, AufenthG § 60a Rn. 49 ff.
200 BeckOK AuslR/Neundorf, AsylG § 61 Rn. 2a.

Wartezeit für den ersten Arbeitsmarktzugang von Ausländern, die in einer Aufnahmeeinrichtung zu wohnen verpflichtet sind, ist von neun auf sechs Monate reduziert worden, wenn keine der in Abs. 1 Satz 2 Nrn. 1 bis 4 genannten Ausschlussgründe vorliegen. In diesem Fall besteht ein Anspruch auf Erteilung einer Beschäftigungserlaubnis. Die Beibehaltung einer Wartefrist von 6 Monaten wird vom Gesetzgeber als sachgerecht erachtet, um sicherzustellen, dass das Asylverfahren ordnungsgemäß in dieser Zeit durchgeführt werden kann.[201] Angesichts der aktuellen Verfahrensdauer kann diese Einschätzung angezweifelt werden.

Die weitere Erleichterung betrifft die Erteilung einer Beschäftigungserlaubnis an geduldete Ausländer, die verpflichtet sind, in einer Aufnahmeeinrichtung zu wohnen (Abs. 1 S. 2 Hs. 2).[202] Diese steht nun nicht mehr im freien Ermessen der Behörde, sondern ist als gebundenes Ermessen ausgestaltet („*soll*"). Hiermit soll nach der Intention des Gesetzgebers eine möglichst bundeseinheitliche Praxis in der Anwendung dieser Regelung erreicht werden.[203] Allerdings sind von dieser Regelung nach der neuen, durch das Rückführungsverbesserungsgesetz in die Vorschrift aufgenommen Rückausnahmen („*es sei denn*") geduldete Ausländer ausgenommen, bei denen konkrete Maßnahmen zur Aufenthaltsbeendigung bevorstehen, wenn diese in einem hinreichenden sachlichen und zeitlichen Zusammenhang mit der Aufenthaltsbeendigung stehen. Welche konkreten Maßnahmen hiermit gemeint sind, hat der Gesetzgeber in den Buchstaben a bis c konkret definiert. Nach der Gesetzesbegründung bleibt die Prüfung der – weiteren – Versagungstatbestände des § 60a Abs. 6 AufenthG hiervon unberührt. Es steht zu erwarten, dass die Praktikabilität und die Ausführung dieser Prüfung erhebliche Schwierigkeiten und damit auch eine längere Bearbeitungsdauer mit sich bringen wird.[204]

145

Bemerkenswert ist noch eine Klarstellung in der Gesetzesbegründung. Bislang war die Frage umstritten, ob sich auch Inhaber einer Aufenthaltsgestattung, die nicht verpflichtet sind, in einer Aufnahmeeinrichtung zu wohnen, über die Vorschrift des § 61 Abs. 2 S. 5 AsylG auf den in Abs. 1 S. 2 AsylG enthaltenen Rechtsanspruch berufen konnten.[205] Nach Auffassung des Gesetzgebers besteht auch in diesen Konstellationen ein Anspruch auf Erteilung der Beschäftigungserlaubnis, allerdings sind auch hier die zuvor genannten Versagungstatbestände bzw. Rückausnahmen nach S. 2 zu beachten.[206]

146

2. Einfügung eines neuen Abs. 5b in § 60a AufenthG

Der mit dem Rückführungsverbesserungsgesetz neu in § 60a AufenthG eingefügte Abs. 5b regelt die Erteilung einer Beschäftigungserlaubnis an geduldete Ausländer und stellt die Erteilung durch die Ausländerbehörde in ein gebundenes Ermessen. Damit soll ein Gleichklang mit der Regelung für Geduldete, die verpflichtet sind, in einer Aufnahmeeinrichtung zu wohnen (§ 61 Abs. 1 S. 2 Hs. 2 AsylG), hergestellt werden.[207] Ebenso wie bei dieser Regelung ist auch im Anwendungsbereich der neuen Regelung

147

---

201 BT-Drs. 20/10090, S. 21.
202 Einzelheiten hierzu bei BeckOK AuslR/Neundorf, AsylG § 61 Rn. 5a.
203 BT-Drs. 20/10090, S. 21.
204 Hierauf wurde bereits im Gesetzgebungsverfahren hingewiesen, Stellungnahme der Ausländerbehörde Wuppertal, Ausschuss-Drs. 20(4)348 I.
205 Zum Meinungsstand BeckOK AuslR/Neundorf, AsylG § 61 Rn. 28a.
206 BT-Drs. 20/10090, S. 21.
207 BT-Drs. 20/10090, S. 17.

des § 60a Abs. 5b AufenthG eine Beschäftigungserlaubnis an geduldete Ausländer zu versagen, bei denen konkrete Maßnahmen zur Aufenthaltsbeendigung bevorstehen, wenn diese in einem hinreichenden sachlichen und zeitlichen Zusammenhang mit der Aufenthaltsbeendigung stehen (S. 2).

148 Die neue Vorschrift ist systematisch verunglückt. Sie gehört eigentlich in das Regelungswerk des § 4a Abs. 4 AufenthG, da sie als Ausnahmeregelung für den erfassten Personenkreis von der Regelung des § 4a Abs. 4 S. 1 AufenthG zu verstehen ist, wonach Personen ohne Aufenthaltstitel und damit auch Duldungsinhaber die Ausübung einer Erwerbstätigkeit eigentlich – präventiv – verboten ist, soweit der Ausländer nicht „aufgrund eines Gesetzes" zur Ausübung einer Erwerbstätigkeit berechtigt ist.[208] Der DAV hatte bereits in seiner Stellungnahme zum Weiterentwicklungsgesetz im März 2023[209] eine solche Regelung unter Berücksichtigung der Tatbestände des § 32 Abs. 2 BeschV vorgeschlagen, wonach einem Ausländer eine Beschäftigungserlaubnis in diesen Fällen zu erteilen ist, wenn kein Ausschlussgrund nach § 60a Abs. 6 AufenthG vorliegt.

149 Die Aufnahme einer gesetzlichen Regelung zur Erteilung einer Beschäftigungserlaubnis an Geduldete in das AufenthG ist zwar dem Grunde nach zu begrüßen. Es darf jedoch bezweifelt werden, dass die neue Regelung des § 60a Abs. 5b AufenthG zu einer *„bundeseinheitlichen Praxis in der Anwendung"* führen wird, wie sich dies der Gesetzgeber vorgestellt hat. Es steht vielmehr zu erwarten, dass die Prüfung der neuen Ausschlussgründe nach Satz 2 der Vorschrift, die neben den bereits bestehenden nach § 60a Abs. 6 AufenthG zu prüfen sind, die Anwendung und die Praktikabilität der Vorschrift erheblich erschweren wird.[210]

VI. Fazit zur Ausschöpfung der inländischen Potenziale

150 Teil des neuen Migrationsrechts ist nicht nur der durchaus umfassende Ausbau von Möglichkeiten der Anwerbung von Drittstaatsangehörigen aus dem Ausland, sondern auch ein intensiverer Fokus auf dem Arbeitsmarkt grundsätzlich zur Verfügung stehende Personen, die über den Bereich der Fluchtmigration nach Deutschland gekommen sind. Gerade angesichts der Tatsache einer nach 2015 und 2016 wieder deutlich gestiegenen Fluchtmigration wird damit ein quantitativ durchaus erhebliches Potenzial an Arbeitskräften in den Blick genommen. Ordnungspolitische Überlegungen, denen zufolge es bei einer klareren Trennung zwischen Flucht- und Erwerbsmigration bleiben sollte, geraten dabei auch aufgrund einer sich zuspitzenden Lage auf dem von immer stärkeren Knappheiten in vielen Tätigkeitsfeldern geprägten Lage auf dem Arbeitsmarkt zunehmend in die Defensive. Inwieweit die neuen Regelungen zur besseren Ausschöpfung dieses Spezialsegments inländischer Potenziale auf dem Arbeitsmarkt sich in der Praxis bewähren werden und einen Beitrag zur Entlastung des Arbeitsmarktes leisten können, bleibt aber abzuwarten.

---

208 Vgl. BeckOK AuslR/Breidenbach, AufenthG § 60a Rn. 49.
209 SN 17/23: ReferentenE Weiterentwicklung Fachkräfteeinwanderung – Deutscher Anwaltverein, S. 7 f.
210 Auch hierauf wurde bereits im Gesetzgebungsverfahren hingewiesen, Stellungnahme der Ausländerbehörde Wuppertal, Ausschuss-Drs. 20(4)348 I.

G. Fazit zum neuen Migrationsrecht im Bereich der arbeitsmarktorientierten Migration: Neues Recht, neue Chancen, neue Risiken, neue Komplexität

Mit dem Gesetz und der Verordnung zur Weiterentwicklung der Fachkräfteeinwanderung hat der Gesetz- und Verordnungsgeber trotz der Tatsache, dass das erst zum 1.3.2020 in Kraft getretene FKEG aufgrund der Corona-Pandemie nie über einen längeren Zeitraum zur Entfaltung kommen und damit rechtlich wirken konnte, eine erwerbsmigrationsrechtliche Großreform gewagt und das Recht an mehreren Stellschrauben teilweise erheblichen Veränderungen unterzogen. Dogmatisch im Zentrum steht dabei die über die Stärkung der bislang branchenbeschränkt etablierten Erfahrungssäule erreichte Abkehr von der Zentralität einer nach deutschen Maßstäben anerkannten Formalqualifikation. Zwar verzichtet der Gesetz- und Verordnungsgeber im erwerbsmigrationsrechtlichen Teil des neuen Migrationsrechts auf eine Radikalreform der vollständigen Ersetzung von Formal- durch materielle Qualifikationen, sondern akzeptiert lediglich in deutlich stärkerem Umfang auch ausschließlich im Ausland zertifizierte Formalqualifikation. Angesichts der gut dokumentierten Probleme, ein Verfahren der Anerkennung einer im Ausland erworbenen Qualifikation als gleichwertig zu deutschen Ausbildungsstandards als Einreise- oder (im Falle der Einreise zum Zweck der Nachqualifikation als) Bleibevoraussetzung vorauszusetzen, verspricht die Reform an dieser Stelle vor allem in Kombination mit den im Bereich der Fachkräftesäule vorgenommenen Absenkungen für die Erlangung einer Blauen Karte durchaus das Potenzial, die Zahlen nach Deutschland mit dem Zweck der Aufnahme einer Erwerbstätigkeit einreisenden Drittstaatsangehörigen in spürbarem Umfang zu erhöhen. Angesichts der demografischen Entwicklung ist dies ohne Zweifel dringend erforderlich.

Gleichwohl erzeugt die Abkehr von dem Gleichwertigkeitserfordernis auch Risiken. Denn die Pflicht eines Nachweises über die Gleichwertigkeit einer im Ausland erworbenen Qualifikation ist nicht nur ein Instrument der Migrationssteuerung, sondern hat auch insofern arbeitnehmerschützenden Charakter, als ein von staatlichen Stellen ausgestelltes Dokument und die darüber offiziell zertifizierte Information über die individuellen Qualifikationen in einem nach wie vor stark an Formalqualifikationen orientierten Arbeitsmarkt sowohl mit Blick auf innerbetriebliche Aufstiegsprozesse und tarifliche Eingruppierungen (vertikale Arbeitskräftemobilität) als auch auf die Möglichkeiten eines Arbeitgeberwechsels und damit die Möglichkeit, auf arbeits- und sozialrechtlichen Standards verletzende Praktiken seitens der Arbeitgeber zu reagieren (horizontale Arbeitskräftemobilität), vorteilhaft und wertvoll ist.[211] Der Wegfall der Nachweispflicht könnte entsprechend zu der Entstehung einer Zwei-Klassen-Gesellschaft auf dem Arbeitsmarkt beitragen, in dem einer Gruppe von in Deutschland ausgebildeten bzw. im Ausland qualifizierten, aber hinsichtlich der Ausbildung als gleichwertig zu deutschen Ausbildungsstandards anerkannten Arbeitnehmern eine Gruppe ohne entsprechenden Nachweis gegenübersteht. Zusätzlich risikoverstärkend in diesem Zusammenhang wirken könnte der im Rahmen der Arbeitskräftesäule erfolgende Ausbau der Möglichkeiten der Anwerbung von Arbeitskräften ohne Formalqualifikationen. Auf dieses Risiko hinzuweisen, heißt dabei nicht, die mit der Reform versuchte Verbes-

---

[211] SVR Stellungnahme zum Entwurf der Bundesregierung eines Fachkräfteeinwanderungsgesetzes (FEG), S. 3–4; v. Harbou/Weizsäcker EinwanderungsR/Neundorf, S. 75.

serung der rechtlichen Rahmenbedingungen zur Gewinnung von Arbeitskräften aus Drittstaaten, in Abrede zu stellen. An dieser Stelle ist vielmehr ein Zielkonflikt festzustellen zwischen der Offenheit des Arbeitsmarktes (auch für ausländische Arbeitskräfte) und der Schutzintensität für die (aktuellen und zukünftigen) Beschäftigten.

153 Dass auch der Gesetz- und Verordnungsgeber gerade die beschriebene Abkehr des Gleichwertigkeitsnachweises als Einreise- bzw. Bleibevoraussetzung mit gewissen ‚Bauchschmerzen' vollzogen hat, zeigt die Schaffung einer Ermächtigungsgrundlage in § 42 Abs. 2 Nr. 7 AufenthG, über die BeschV Arbeitgeber, die Rechtspflichten in Bezug auf die Beschäftigung, insbesondere arbeits-, sozialversicherungs- oder steuerrechtliche Pflichten, verletzt haben, von der Möglichkeit auszuschließen, von der BA eine Zustimmung oder Arbeitserlaubnis für die Beschäftigung eines Ausländers zu erhalten. In dem auf dieser Verordnungsermächtigung basierenden § 36 Abs. 4 BeschV werden Arbeitgeber erfasst, die einen oder mehrere Ausländer wiederholt zu ungünstigeren Arbeitsbedingungen als vergleichbare inländische Arbeitnehmer beschäftigt (Nr. 1), die sozialversicherungs-, steuer- oder arbeitsrechtliche Pflichten in schwerwiegender Weise verletzt haben (Nr. 2), rechtskräftig im Umfang von § 40 Abs. 2 Nr. 3 AufenthG sanktioniert wurden (Nr. 3), durch die Präsenz des Ausländers in schwerwiegender Weise auf arbeitsrechtliche/betriebliche Auseinandersetzungen/Verhandlungen Einfluss nehmen wollten (Nr. 4) oder in der in der Vergangenheit Arbeitsverhältnisse mit mindestens einem Ausländer hauptsächlich zu dem Zweck begründet haben, die Einreise und den Aufenthalt von Ausländern zu anderen Zwecken als der Beschäftigung zu erleichtern, für die eine Zustimmung oder Arbeitserlaubnis erteilt wurde (Nr. 5).

154 Während § 42 Abs. 2 Nr. 7 iVm § 36 Abs. 4 BeschV arbeitgeberseitig-sanktionierend wirken soll und die ‚Schwarzen Schafe', die die neuen Möglichkeiten der Anwerbung von Arbeitskräften ausnutzen, um sich einen unzulässigen Wettbewerbsvorteil zu verschaffen, in den Blick nimmt, soll eine neue Beratungsstruktur zu arbeits- und sozialrechtlichen Fragestellungen ab dem 1.1.2026 bundesweit und unentgeltlich sowohl Drittstaatsangehörige, die sich bereits im Bundesgebiet aufhalten, als auch Drittstaatsangehörige, die ihren gewöhnlichen Aufenthalt im Ausland haben und im Bundesgebiet arbeiten möchten, zu arbeits- und sozialrechtlichen Fragestellungen informieren (§ 45b Abs. 1 AufenthG). Um die Inanspruchnahme einer solchen Unterstützung nicht dem Zufall zu überlassen, verpflichtet § 45c AufenthG ab 2026 die Arbeitgeber, spätestens am ersten Tag der Arbeitsleistung in Textform auf die Möglichkeit einer solchen Information oder Beratung hinzuweisen. Eine Rechtsfolge bei Unterlassen dieser Hinweis- und Aufklärungspflicht ist in der Norm allerdings nicht formuliert.

155 Schließlich deutet die Neuformulierung des § 75 S. 1 AufenthG auf ein weiteres Charakteristikum des neuen Erwerbsmigrationsrechts hin. Geschaffen werden soll eine Erstansprechstelle, die sowohl Personen, die sich für eine Einreise nach Deutschland mit dem Ziel der Aufnahme einer Erwerbstätigkeit interessieren, als auch Unternehmen mit entsprechenden Rekrutierungsplänen beratend zur Seite stehen soll. Die Bundesregierung geht dabei davon aus, dass an diese Stelle jährlich durchschnittlich 50.000 Anfragen gerichtet werden und im gewichteten Mittel von einfachen bis komplexeren

Sachverhalten pro Fall etwa 27 Minuten Beratungsaufwand anfallen werden.[212] Verstärkt wird die Komplexität des Rechts nicht nur durch neue und stark ausdifferenzierte Regelungen im Bereich der Erwerbsmigration, sondern auch durch die Bereitschaft, die in einer ordnungspolitischen Idealvorstellung bestehende strenge Trennung zwischen eines utilitaristisch ausgelegten Erwerbsmigrationsrechts und eines von Verwertbarkeitskriterien vollkommen absehenden und exklusiv auf Schutzbedürftigkeit abstellenden Asylrechts aufzugeben und stattdessen Regelungen vorzusehen, die es unter bestimmten Umständen erlauben, aus dem Bereich des Asyls- in den der Erwerbsmigration zu wechseln.

Nun kann man grundsätzlich unterschiedlicher Meinung sein, ob die bestehende Beratungsinfrastruktur, die bereits aktuell durch eine Vielzahl unterschiedlicher Akteure und Strukturen gekennzeichnet ist, noch eines zusätzlichen Ausbaus in Form einer weiteren Stelle bedarf. Diese Zweifel sind umso berechtigter vor dem Hintergrund, dass es mittlerweile eine etablierte und auf das Feld des Erwerbsmigrationsrechts spezialisierte Anwaltschaft gibt, die eine entsprechende Beratung auf dem Markt und damit ohne steuerliche Grundfinanzierung anbietet. Aufschlussreich ist der (erneute) Ausbau einer entsprechenden Beratungsinfrastruktur aber deshalb, weil er auf ein zentrales Strukturmerkmal des neuen Migrationsrechts hinweist: die neue und bislang zumindest in dieser Intensität unbekannte Komplexität des Rechts, die gerade die zukünftigen Nutzer der neuen Normen, die sich nicht von Berufswegen mit Fragen des Aufenthaltsrechts beschäftigen (dürfen oder müssen), vor nur schwer zu bewältigende Herausforderungen stellt. Nun ist zu konstatieren, dass ein Teil der neuen Komplexitätsdimension seinen Ursprung in europäischen Vorgaben und dabei vor allem in der neuen Richtlinie 2021/1883 hat und entsprechend der deutsche Gesetz- und Verordnungsgeber zumindest in einigen Aspekten der falsche Adressat für Klagen über zusätzliche Komplexität ist. Zudem ist es angesichts vielfältiger und sich in letzter Zeit immer stärker ausdifferenzierender rechtspolitischer Bedürfnisse im Erwerbsmigrationsrecht[213] sicher auch richtig, dass die „Vorstellung eines simplen Migrationsrechts [...] ebenso eine Illusion bleiben (dürfte) wie die *Kirchhof*'sche Vision einer Steuererklärung auf einem Bierdeckel."[214] Dennoch verfestigt sich, je öfter man sich mit diesem Teil des neuen Migrationsrecht befasst, der Eindruck, dass mittlerweile ein Ausmaß an Regelungskomplexität erreicht ist, die sogar das Potenzial haben könnte, die zahlreichen innovativen Reform, die das neue Recht materiell mit sich bringt, nicht zur Entfaltung kommen zu lassen.

156

---

212 BT-Drs. 20/6500, 60.
213 Eine erhöhte Komplexität des Rechts stellen auch v. Harbou/Weizsäcker, EinwanderungsR / Ponert/Tollenaere, S. 12 fest, konstatieren aber gleichfalls, dass das Recht „in seiner Komplexität aber auch besser in der Lage ist, den Bedürfnissen des Arbeitsmarktes gerecht zu werden."
214 Thym ZAR 2017, 297 (300), vgl. auch Offer ZAR 2017, 29 (30).

Teil 2: Weitere Änderungen im Aufenthalts- und Asylrecht

A. Das Chancen-Aufenthaltsrecht des § 104c AufenthG
I. Gesetzgeberische Zielsetzungen

Der Gesetzentwurf der Bundesregierung[215] beschreibt den Anlass und die Zielsetzungen, die zur Einführung des Chancen-Aufenthaltsrechts geführt haben, mit folgenden knappen Worten:

> „Am 31. Dezember 2021 haben sich in der Bundesrepublik Deutschland 242 029 geduldete Ausländer aufgehalten, davon 136 605 seit mehr als fünf Jahren. Diesen Menschen, die über die lange Aufenthaltszeit ihr Lebensumfeld in Deutschland gefunden haben, soll eine aufenthaltsrechtliche Perspektive eröffnet und eine Chance eingeräumt werden, die notwendigen Voraussetzungen für einen recht- mäßigen Aufenthalt zu erlangen. Es sollen positive Anreize für die Integration in den Arbeitsmarkt und die für eine geordnete Migration wesentliche Identitätsklärung gesetzt werden. Die Lebensplanung für langjährig in Deutschland aufhältige Menschen soll verlässlicher werden, wenn sie bestimmte Integrationsvoraussetzungen erfüllen.
>
> Einige vom Gesetzgeber in den zurückliegenden Jahren bereits beschlossene rechtliche Änderungen mit gleichlaufendem Ziel haben sich als nicht hinreichend erwiesen, um die identifizierten Probleme zu beheben."[216]

Es geht dem Gesetzgeber demnach darum, durch eine über die in den letzten Jahren neu eingeführten Regularisierungsregelungen der §§ 25a, 25b AufenthG hinausgehende „Chance" für den Übergang von geduldeten Personen in einen regulären Aufenthalt zu eröffnen. Betrachtet man die vorrangige Zielgruppe, so handelt es sich um geduldete Drittstaatsangehörige, die wegen ungeklärter Identität „nur" eine Duldung nach § 60b AufenthG erhalten haben und denen deshalb der Weg in eine Regularisierung verschlossen war, weil in diesen Fällen nach § 60b Abs. 5 AufenthG Vorduldungszeiten nicht angerechnet und keine Erwerbstätigkeit erlaubt werden darf. Dadurch können die Voraussetzungen der §§ 25a, 25b AufenthG nicht erfüllt werden.

Vor allem, wenn auch nicht ausschließlich für diese Personengruppe, eröffnet der neue § 104c AufenthG als befristete Regularisierungsregelung die „Chance", nach einer Klärung der Identität innerhalb eines Zeitraums von 18 Monaten die durch die Norm näher bestimmten Integrationsleistungen zu erbringen und damit den Übergang in einem Aufenthalt nach §§ 25a, 25b AufenhtG zu erreichen, dessen Anforderungen zugleich moderat abgesenkt wurden (→ Rn. 200).

Aus der Respektive der EU-Rückführungsrichtlinie trägt die Regelung dazu bei, den rechtlichen Schwebezustand der Duldung zu überwiegend, der vom Grundsatz des Art. 13 der Richtlinie abweicht, im Falle eines illegalen Aufenthalts entweder eine Rückführung durchzuführen oder den Aufenthalt zu legalisieren. Zwar lässt die Rückführungsrichtlinie gem. Art. 13 auch Duldungen zu und der EuGH akzeptiert diese in

---
215 BT-Drs. 20/3717.
216 BT-Drs. 20/3717. S. 1.

Fällen der Verletzung von Mitwirkungspflichten der Drittstaatsangehörigen als Ursache für die Unmöglichkeit einer Rückführung für längere Zeiträume.[217] Gleichwohl ist die Herstellung eines legalen Aufenthalts zu bevorzugen.

161 Als migrationspolitischer Kontext kommt hinzu, dass bei Personen mit einem ungeklärten Aufenthaltsstatus auch die Integration schwieriger ist und bei ihnen der Grundrechtsgebrauch insgesamt erschwert wird. Deshalb gibt es auch insoweit gute Gründe, eine rechtliche Brücke für den Übergang in einen legalen Aufenthalt zu schaffen.

162 Wie die kritischen Stimmen im Rahmen der Ausschussanhörung gezeigt haben, ist eine solche Vorgehensweise aber auch nicht unumstritten. So kann sie als zusätzlicher Anreiz für eine Verschleierung der Identität verstanden werden, wenn anschließend mit einer Regularisierung gerechnet werden kann.[218] Aus diesem Grunde wurde die Regelung stichtagsbezogen befristet.

II. Einordnung in die Gesetzessystematik

163 In der Systematik des Aufenthaltsgesetzes wird durch die Verortung der Regelung in den Übergangs- und Schlussvorschriften und in unmittelbarer Nachbarschaft der „alten" Bleiberechtsregelung des §§ 104a, 104b AufenthG der Charakter der Norm als Übergangsregelung deutlich. Sie unterscheidet sich von diesen Regelungen jedoch dadurch, dass das Bleiberecht nur zeitlich begrenzt und mit dem Zweck gewährt wird, die Voraussetzungen der eigentlichen Regularisierungen mit Verlängerungsmöglichkeit in §§ 25a, 25b AufenthG zu erfüllen. Gelingt dies nicht, so tritt ein Rückfall in den Duldungsstatus ein.

164 Von den unbefristet geltenden §§ 25a, 25b AufenthG unterscheidet sich § 104c AufenthG durch seinen auf eine bestimmte Personengruppe begrenzten Anwendungsbereich.

165 Formalrechtlich handelt es sich um einen Aufenthaltstitel im Sinne des § 4 Abs. 1 AufenthG, dessen Zweck Kapitel 2 Abschnitt 5 zuzuordnen ist, wie sich aus der Übergangsregelung ableiten lässt.

III. Kommentierung

§ 104c Chancen-Aufenthaltsrecht

(1) ¹Einem geduldeten Ausländer soll abweichend von § 5 Absatz 1 Nummer 1, 1a und 4 sowie § 5 Absatz 2 eine Aufenthaltserlaubnis erteilt werden, wenn er sich am 31. Oktober 2022 seit fünf Jahren ununterbrochen geduldet, gestattet oder mit einer Aufenthaltserlaubnis im Bundesgebiet aufgehalten hat und er

1. sich zur freiheitlichen demokratischen Grundordnung der Bundesrepublik Deutschland bekennt und
2. nicht wegen einer im Bundesgebiet begangenen vorsätzlichen Straftat verurteilt wurde, wobei Geldstrafen von insgesamt bis zu 50 Tagessätzen oder bis zu 90 Tagessätzen wegen Straftaten, die nach dem Aufenthaltsgesetz oder dem Asylgesetz nur von Ausländern begangen werden können, oder Verurteilungen nach dem Jugendstrafrecht, die nicht auf Jugendstrafe lauten, grundsätzlich außer Betracht bleiben.

²Die Aufenthaltserlaubnis nach Satz 1 soll versagt werden, wenn der Ausländer wiederholt vorsätzlich falsche Angaben gemacht oder über seine Identität oder Staatsangehö-

---

217 EuGH, C-441/19, ZAR 2021, 125 ff. und EuGH, C-546/19, ZAR 2021, 254 ff.
218 Dazu Dietz NVwZ 2023, 15 (20 f.).

rigkeit getäuscht hat und dadurch seine Abschiebung verhindert. ³Für die Anwendung des Satzes 1 sind auch die in § 60b Absatz 5 Satz 1 genannten Zeiten anzurechnen.

(2) ¹Dem Ehegatten, dem Lebenspartner und minderjährigen, ledigen Kindern, die mit einem Begünstigten nach Absatz 1 in häuslicher Gemeinschaft leben, soll unter den Voraussetzungen des Absatzes 1 Nummer 1 und 2 eine Aufenthaltserlaubnis auch dann erteilt werden, wenn diese sich am 31. Oktober 2022 noch nicht seit fünf Jahren ununterbrochen geduldet, gestattet oder mit einer Aufenthaltserlaubnis im Bundesgebiet aufgehalten haben.²Das Gleiche gilt für das volljährige ledige Kind, wenn es bei der Einreise in das Bundesgebiet minderjährig war. ³Absatz 1 Satz 2 findet entsprechende Anwendung.

(3) ¹Die Aufenthaltserlaubnis kann abweichend von § 10 Absatz 3 Satz 2 erteilt werden.²Sie gilt als Aufenthaltstitel nach Kapitel 2 Abschnitt 5. ³Sie wird für 18 Monate erteilt und ist nicht verlängerbar. ⁴Während des Aufenthalts nach Satz 3 kann nur eine Aufenthaltserlaubnis nach § 25a oder § 25b erteilt werden. ⁵Der Antrag auf Erteilung eines anderen Aufenthaltstitels als nach § 25a oder § 25b entfaltet nicht die Wirkung nach § 81 Absatz 4.

(4) ¹Der Ausländer ist spätestens bei der Erteilung der Aufenthaltserlaubnis auf die Voraussetzungen für die Erteilung einer Aufenthaltserlaubnis nach § 25b und, falls er das 27. Lebensjahr noch nicht vollendet hat, nach § 25a hinzuweisen. ²Dabei soll die Ausländerbehörde auch konkrete Handlungspflichten, die in zumutbarer Weise zu erfüllen sind, bezeichnen.

Das Bundesministerium des Innern und für Heimat hat Allgemeine Anwendungshinweise veröffentlicht, die weitgehend mit der Begründung des Gesetzesentwurfs übereinstimmen und für die Länder nicht verbindlich sind.[219]

Die Länder haben folgender Verwaltungsvorschriften erlassen:

- Bayern: Hinweise für Ausländerbehörden des Bayerischen Staatsministeriums des Innern, für Sport und Integration v. 22.12.2022 – F4-2801-3-88-218
- Berlin: Verfahrenshinweise zum Aufenthalt in Berlin, Stand: 3.1.2023 – II 4-24e 01.04.03 – 03-23/001
- Hamburg: Ergänzende Hinweise des Amts für Migration der Behörde für Inneres und Sport v. 25.1.20223
- Hessen: Erlass des Ministeriums des Innern und für Sport v. 15.2.2023
- Niedersachsen: Niedersächsisches Ministerium für Inneres und Sport, Ergänzende Hinweise zu den Anwendungshinweisen des BMI zur Einführung eines Chancen-Aufenthaltsrechts v. 30.12.2022 – 64.31 – 12230/1-8 (§ 104c)
- Nordrhein-Westfalen: Erlass des Ministeriums für Kinder, Jugend, Familie, Gleichstellung, Flucht und Integration v. 8.2.2023 – 513–26.11.01 – 000009–2023–0001688, Anlage 1
- Rheinland-Pfalz: Anwendungshinweise zum Gesetz zur Einführung eines Chancen-Aufenthaltsrechts des Ministeriums für Familie, Frauen, Kultur und Integration v. 12.1.2023 – 3312-0001/20022/0003-0701725.0123
- Schleswig-Holstein: Ministerium für Soziales, Jugend, Familie, Senioren, Integration und Gleichstellung, Gesetz zur Einführung eines Chancen-Aufenthaltsrechts, Anwendungshinweise und Verfahren, 17.1.2023
- Sachsen: Hinweise des Staatsministeriums des Innern v. 8.2.2023

---

[219] https://www.ggua.de/fileadmin/downloads/Chancen-Aufenthaltsrecht/Anwendungshinweise_zum_Chancen-Aufenthaltsrechtsgesetz.pdf.

- Sachsen-Anhalt: Hinweise des Ministeriums für Inneres und Sport v. 10.3.2023 – 34–12230–128/11/13398/2023
- Thüringen: Thüringer Ministerium für Migration, Verbraucherschutz, Ergänzende Anordnung zu § 104c des Aufenthaltsgesetzes v. 27.1.2023 – 2072/E-1206/2022-6-5899/2023

1. Zeitlicher Anwendungsbereich

168 Der Anwendungs- und Wirkungsbereich von § 104c ist in dreifacher Hinsicht zeitlich begrenzt. Erstens ist die Geltung der Norm als solcher, die bis zum 31.12.2024 befristet ist. Ab dem 01.01.2025 tritt an die Stelle des § 104c in jetziger Form eine Übergangsregelung mit folgendem Wortlaut:

§ 104c Übergangsregelung zum Chancen-Aufenthaltsrecht
(1) Eine Aufenthaltserlaubnis nach § 104c in der Fassung dieses Gesetzes vom 31. Dezember 2022 gilt bis zum Ende ihrer Geltungsdauer als Aufenthaltstitel nach Kapitel 2 Abschnitt 5.
(2) ¹Die Aufenthaltserlaubnis nach § 104c in der Fassung dieses Gesetzes vom 31. Dezember 2022 kann nur als Aufenthaltserlaubnis nach § 25a oder § 25b verlängert werden. ²Sie gilt als Aufenthaltstitel nach Kapitel 2 Abschnitt 5. ³Der Antrag auf Erteilung eines anderen Aufenthaltstitels als nach § 25a oder § 25b entfaltet nicht die Wirkung nach § 81 Absatz 4.

169 Zweitens ist die Anwendung der Norm durch den Stichtag des 31.10.2022 begrenzt, an dem sich ein geduldeter Ausländer seit fünf Jahren ununterbrochen geduldet, gestattet oder mit einer Aufenthaltserlaubnis im Bundesgebiet aufgehalten haben muss Dies wirkt sich auf den persönlichen Anwendungsbereich aus. Personen, die nach dem 31.10.2017 eingereist sind, werden vom Anwendungsbereich ausgeschlossen. Das hängt damit zusammen, dass durch die Regelung eine „Bereinigung" (Regularisierung) des Duldungsstatus bei einer großen Zahl von Schutzsuchenden aus dem Zeitraum 2015 bis 2017 erreicht werden soll.

170 Drittens ist auch die auf der Grundlage des § 104c erteilte Aufenthaltserlaubnis auf höchstens 18 Monate begrenzt und kann nicht verlängert werden. Durch diesen Zeitraum wird die „Chance" für die Regularisierung konkretisiert und zugleich beschränkt.

2. Personeller Anwendungsbereich

a) Geduldete Ausländer

171 Antragsberechtigt sind nur im Zeitpunkt der behördlichen bzw. verwaltungsgerichtlichen Entscheidung[220] geduldete Ausländer, die die weiteren tatbestandlichen Voraussetzungen der Norm erfüllen. Eine weitere Beschränkung des Anwendungsbereichs etwa nach der Art der Duldung oder dem Herkunftsland, ist nicht vorgesehen. Die Norm entspricht insoweit den §§ 25a, 25b AufenthG, die ebenfalls u.a. pauschal an eine Duldung anknüpfen.[221] Da nach dieser diesbezüglichen Rechtsprechung des BVerwG „ein Ausländer geduldet ist, wenn ihm eine rechtswirksame Duldung erteilt worden ist

---

220 Zur Maßgeblichkeit dieses Zeitpunkts BVerwG NVwZ 2020, 1044, Rn. 23.
221 BVerwG NVwZ 2020, 1044, Rn. 24.

oder wenn er einen Rechtsanspruch auf Duldung hat"²²² kommt es auf eine förmliche Duldung im Zweifel im Rahmen eines verwaltungsgerichtlichen Verfahrens nicht an, weil das Verwaltungsgericht den Anspruch selbst verbindlich feststellen kann. Auch eine wirksame, aber rechtswidrige Duldung reicht aus, solange diese nicht aufgehoben wurde.²²³ Ebenso wird die sog. Verfahrensduldung erfasst.²²⁴

Grundsätzlich sind auch die speziellen duldungsähnlichen Tatbestände der § 81 Abs. 3 S. 2 AufenthG, §§ 36 Abs. 3 S. 8, 34a Abs. 2 S. 2, 71a Abs. 3 S. 1 AsylG erfasst. Aufgrund des § 10 Abs. 1 AufenthG ist wegen § 104c als Ermessensnorm in diesem Fällen aber die Erteilung eines Aufenthaltstitels ausgeschlossen. 172

b) Voraufenthaltszeit

Der Antragsteller muss sich am 31.10.2022 seit fünf Jahren ununterbrochen geduldet, gestattet oder mit einer Aufenthaltserlaubnis im Bundesgebiet aufgehalten haben. Auch insoweit sieht das Gesetz keine weiteren Einschränkungen vor. 173

Ähnlich wie bei § 25b Abs. 1 S. 2 Nr. 1 AufenthG werden alle Voraufenthaltszeiten angerechnet, die von einem aufenthaltsregelnden Verwaltungsakt gedeckt waren oder in denen eine Abschiebung aus rechtlichen oder tatsächlichen Gründen unzulässig war.²²⁵ Deshalb sind auch Ausreisefristen und Duldungsfiktionen sowie Verfahrensduldungen zu berücksichtigen.²²⁶ 174

Die Norm enthält selbst keine ausdrückliche Regelung zu der Frage, wie mit kurzfristigen Unterbrechungen des Aufenthalts im Bundesgebiet (vor dem Stichtag) oder des Aufenthaltsstatus umzugehen ist. Insoweit findet sich lediglich in der Gesetzesbegründung und den Allgemeinen Anwendungshinweise die Aussage, dass kurzfristige Unterbrechungen des Aufenthalts im Bundesgebiet von bis zu drei Monaten, die keine Verlegung des Lebensmittelpunkts beinhalten, unschädlich sind.²²⁷ 175

Insoweit ist danach zu unterscheiden, ob eine Ausreise automatisch mit einem Verlust des Aufenthaltsrechts verbunden ist oder ob es nur um den Aufenthalt im Bundesgebiet als solchen geht. Bei Aufenthaltstiteln ist nach § 51 Abs. 1 Nrn 5 und 6 AufenthG bei einem Zeitraum von drei Monaten nicht von einem Erlöschen auszugehen. Bei der Aufenthaltsgestattung nach § 55 AsylG wird das Erlöschen in § 67 AsylG geregelt und tritt nicht automatisch mit der Ausreise ein. Bei der Duldung sieht dagegen § 60a Abs. 5 S. 1 AufenthG vor, dass mit der Ausreise die Duldung erlischt. Deshalb ist vor allem dieser Fall problematisch. Gegen eine analoge Anwendung von § 85 AufenthG²²⁸ spricht, dass der Gesetzgeber die Problematik ausdrücklich thematisiert hat. Der „Hinweis" des Gesetzgebers kann aber so verstanden werden, dass eine Erteilung auch in Fällen einer unterbrochenen Duldung jedenfalls nicht ausgeschlossen sein soll. Es ist aber nicht gesetzeswidrig, wenn einige Länder in ihren Verwaltungsvorschriften eine engere Handhabung vorgeben. 176

---

222 BVerwG NVwZ 2009, 979 Rn. 14 sowie NVwZ 2020, 1044, Rn. 24.
223 BVerwG NVwZ 2020, 1044, Rn. 24.
224 BVerwG BeckRS 2022, 11496, Rn. 8.
225 BVerwG NVwZ 2020, 1044, Rn. 41; BeckRS 2022, 11496, Rn. 8.
226 BVerwG NVwZ 2020, 1044, Rn. 41.
227 BT-Drs. 20/3/17, S. 44.
228 Dafür jedoch im Rahmen des gleichgelagerten § 25b AufenhtG VGH BW, BeckRS 2018, 13536 Rn. 67.

c) Bekenntnis zur freiheitlich demokratischen Grundordnung

177 Als einziges weiteres positives Erfordernis verlangt § 104c Abs. 1 S. 1 Nr. 1 das Bekenntnis zur freiheitlich-demokratischen Grundordnung der Bundesrepublik Deutschland. Vergleichbare Anforderungen finden sich in § 25b Abs. 1 S. 2 Nr. 2 Alt. 1 AufenthG und in § 10 Abs. 1 Nr. 1 StAG. Mindestvoraussetzung ist eine formularmäßige Erklärung.

178 In Teilen der Verwaltungspraxis und Literatur und Rechtsprechung wird allerdings in Bezug auf § 25b weitergehend verlangt, dass im Rahmen einer persönlichen Befragung zu prüfen und festzustellen ist, ob der Ausländer die von ihm abgegebene Bekenntniserklärung verstanden hat.[229] Nur derjenige könne sich glaubwürdig zur freiheitlichen demokratischen Grundordnung bekennen, der wenigstens über einen Grundbestand an staatsbürgerlichem Wissen verfüge; demzufolge sei es – auch verfassungsrechtlich – nicht zu beanstanden, bei einer Einbürgerung im Rahmen einer persönlichen Befragung zu prüfen und festzustellen, ob ein entsprechendes staatsbürgerliches Grundwissen vorhanden ist.[230]

3. Ausschlussgründe

179 Als Ausschussgrund sieht § 104c Abs. 1 zwei Fallgruppen vor: die in Satz 1 Nr. 2 konkretisierten Bestrafungen und die in Satz normierten rechtswidrigen Verhaltensweisen.

180 Zwingen ist die Erteilung nach Satz 1 Nr. 2 ausgeschlossen, wenn der Ausländer wegen einer im Bundesgebiet begangenen vorsätzlichen Straftat verurteilt wurde, wobei Geldstrafen von insgesamt bis zu 50 Tagessätzen oder bis zu 90 Tagessätzen wegen Straftaten, die nach dem Aufenthaltsgesetz oder dem Asylgesetz nur von Ausländern begangen werden können, oder Verurteilungen nach dem Jugendstrafrecht, die nicht auf Jugendstrafe lauten, grundsätzlich außer Betracht bleiben. Die Verurteilung muss rechtskräftig sein.[231] Fahrlässigkeitsdelikte sind nicht erfasst. Eine Zurechnung von strafgerichtlichen Verurteilungen, die in einer Entwurfsfassung vorgesehen war, kennt das Gesetz nicht mehr,

181 Nach Satz 2 „soll" die Aufenthaltserlaubnis versagt werden, wenn der Ausländer wiederholt vorsätzlich falsche Angaben gemacht oder über seine Identität oder Staatsangehörigkeit getäuscht hat und dadurch seine Abschiebung verhindert wurde. Dieser (potenzielle) Ausschlussgrund dürfte als Korrektiv in Bezug auf die Kritik dienen, dass die Regularisierungsregelung einen Anreiz zur Missachtung von Gesetzen auslösen kann.[232] Indem bei wiederholten vorsätzlichen falschen Angaben und bei Täuschungen über die Identität oder die Staatsangehörigkeit die Ermessensdirekte umgekehrt wird, soll dem entgegengewirkt werden. Dabei ist zu bedenken, dass Regularisierungsregelungen grundsätzlich dazu dienen, rechtliche Mängeln des Aufenthaltsstatus, die nicht selten auf Rechtsverletzungen beruhen, zu überwinden.[233]

---

[229] VG Stuttgart BeckRS 2023, 364 Rn. 27 m.w.N.
[230] OVG Magdeburg BeckRS 2016, 115329, Rn. 29 unter Verweis auf BVerwG Urt. v. 19.1.2012 – BVerwG 5 B 58.08 –, Buchholz 130 § 10 StAG Nr. 4, Rn. 7.
[231] BeckOK MigR/Röder, 16. Ed. 15.7.2023, AufenthG § 104c Rn. 66.
[232] Thym, BT-Drs. (A) 20(4)143 A, 2; Dietz, BT-Drs.(A) 20(4)143 B, 28; Dietz NVwZ 2023, 15 (21).
[233] Dazu grundlegend Hinterberger, Regularisierungen irregulär aufhältiger Migrantinnen und Migranten, 2020.

"Wiederholtes" Handeln liegt vor, wenn mindestens in zwei sachlich verschiedenen Fällen falsche Angaben gemacht oder getäuscht wurde. Für das Tatbestandsmerkmal vorsätzlich gelten die üblichen Anforderungen. Eine bloße Nichtmitwirkung bei der Identitätsklärung ist nicht ausreichend.[234] Während sich die Täuschung nur auf die Identität und die Staatsangehörigkeit bezieht, können sich Falschangaben auch auf andere abschiebungsrelevante Aspekte beziehen.

182

Die Abschiebung muss auch im Zeitpunkt der Entscheidung durch das Verhalten noch behindert werden. Gründe, die den Vollzug ausschließlich in der Vergangenheit verzögert oder behindert haben, sind unbeachtlich.[235]

183

In Bezug auf die Kausalität dürfen keine anderen Gründe vorliegen, aus denen eine Abschiebung ebenfalls unzulässig wäre. Die Handlungen müssen also monokausal gewesen sein.[236] Eine Absicht, dadurch die Abschiebung zu verhindern, muss nicht vorliegen bzw. nachgewiesen werden.

184

Umstritten ist, ob auch das Zweckwechselverbot des § 16b Abs. 4 AufenthG die Erteilung einer Aufenthaltserlaubnis nach § 104c ausschließt und ob dies auch nach Ablauf der Gültigkeitsdauer wegen Abbruch oder Erfolglosigkeit des Studiums der Fall ist.[237] Die Erlasslage ist hier uneinheitlich und die Frage durch die Rechtsprechung noch nicht geklärt. Die besseren Gründe sprechen wegen des klar begrenzten Aufenthaltszwecks für eine weite Anwendung des Zweckwechselverbots.

185

4. Abweichung von allgemeinen Erteilungsanforderungen

Wie bei humanitären Aufenthaltstiteln und Regularisierungsregelungen üblich, sind Abweichungen von den allgemeinen Erteilungsvoraussetzungen vorgesehen, damit die Erteilung möglich wird. Vorliegend wird eine Abweichung von § 5 Absatz 1 Nummer 1, 1a und 4 sowie § 5 Absatz 2 angeordnet. Diese Suspendierungen folgen unmittelbar aus dem Zweck bzw. der Zielgruppe der Regelung.

186

Zur Anwendung kommen demnach die weiteren Regelerteilungsvoraussetzungen des § 5 Abs. 1 Nr. 2 (kein Ausweisungsinteresse) und Nr. 3 (Interessen der BRD). Zu beachten sind auch § 5 Abs. 4 AufenthG und § 11 Abvs. 1 AufenthG.

187

5. Ermessensbetätigung

Liegen die positiven Tatbestandsmerkmale vor und besteht kein Ausschlussgrund, so wird ein dirigiertes Ermessen eröffnet, das bei Nichtvorliegend von besonderen Umständen zur Erteilung der Aufenthaltserlaubnis führt.

188

Die Einschätzung der Behörde, der Antragsteller werden die eröffnete Chance, innerhalb von 18 Monaten die Voraussetzungen für die Erteilung eines Aufenthaltstitels nach §§ 25a, 25b AufenthG erreichen, nicht erfolgreich nutzen können, dürfte nicht ausreichen, um den Antrag abzulehnen.[238] Auch die Verletzung von Mitwirkungspflichten,

189

---

234 Dietz NVwZ 2023, 15 (16 f.).
235 OVG Magdeburg BeckRS 2023, 13652, Rn. 13.
236 BT-Drs. 20/3717, 45.
237 Dazu eingehend BeckOK MigR/Röder, 16. Ed. 15.7.2023, AufenthG § 104c Rn. 86a ff.
238 BeckOK MigR/Röder, 16. Ed. 15.7.2023, AufenthG § 104c Rn. 99.

die unterhalb der Schwelle eines Ausschlussgrundes liegen, reichen in der Regel nicht aus, um eine Nichterteilung zu begründen.

190 Der Wille des Gesetzgebers, im Rahmen der tatbestandlichen Voraussetzungen so weitgehend wir möglich Regularisierungen zu ermöglichen, dürfte in der Praxis dazu führen, dass auf der Ebene des Ermessens nur sehr selten ablehnende Entscheidungen fehlerfrei begründet werden können. Das ist vor dem Hintergrund der Eröffnung einer einmaligen und zeitlich befristeten Chance aber auch hinnehmbar.

6. Rechtsfolge(n) einer Erteilung

191 Rechtsfolge einer positiven Entscheidung ist die Erteilung eines auf 18 Monate befristeten und nicht verlängerbaren humanitären Aufenthaltstitels. Hinsichtlich der Geltungsdauer besitzt die ABH keinen Gestaltungsspielraum. Die bis zum 31.12.2024 begrenzte Geltungsdauer des § 104c in seiner aktuellen Fassung stellt keine zeitliche Höchstgrenze für die Geltungsdauer dar. Soweit während der Geltungsdauer der Norm ein Antrag gestellt wurde, kann die Aufenthaltserlaubnis aus Gründen des Vertrauensschutzes sogar nach dem 31.12.2024 erteilt werden, da während der Geltungsdauer ein entsprechender Anspruch entstanden ist.[239]

192 Gemäß § 104c Abs. 3 S. 4 kann während des Aufenthalts nach Satz 3 nur eine Aufenthaltserlaubnis nach § 25a oder § 25b erteilt werden. Das bedeutet einerseits, dass ein entsprechender Antrag auch schon vor Ablauf der 18 Monate gestellt werden kann, zugleich aber mit Ablauf der 18 Monate auch die einzige Möglichkeit darstellt, den rechtmäßigen Aufenthalt fortzusetzen.

7. Akzessorisch Berechtigte

a) Erfasste Personen

193 Nach dem Prinzip der Familieneinheit werden durch Absatz 2 auch die Ehe- und Lebenspartner und minderjährige ledigen Kinder der Antragsteller begünstigt. Der Begriff des Lebenspartners dürfte auch im Kontext des § 104c nur als Verweis auf das LPartG zu verstehen sein, das allerdings nach Einführung der „Ehe für alle" (§ 1353 Abs. 1 BGB) nur noch für Altfälle oder im Ausland geschlossene Lebenspartnerschaften Bedeutung hat (vgl. § 1 LPartG). Absatz 2 S. 2 kommt vor allem bei nachgereisten Kindern eigenständige Bedeutung zu.

194 Weitere Voraussetzung ist das Bestehen einer häuslichen Gemeinschaft.

b) Sachliche Voraussetzungen

195 Die weiteren sachlichen Voraussetzungen entsprechen in positiver, wie in negativer Hinsicht auf Grund der Verweisung in Absatz 2 Satz 1 den Regelungen für die Stammberechtigten mit der Ausnahme, dass der fünfjährige Voraufenthalt am Stichtag nicht erforderlich ist.

c) Rechtsfolge

196 Bei Vorliegen der tatbestandlichen Voraussetzungen ist im Regelfall die Aufenthaltserlaubnis zu erteilen, und zwar für 18 Monate ab dem Zeitpunkt der Entscheidung.

---

239 BeckOK MigR/Röder, 16. Ed. 15.7.2023, AufenthG § 104c Rn. 109.

Dadurch können die Erlaubnisse der akzessorisch berechtigten Personen u.U. in ihrem Geltungszeitraum, von dem des Stammberechtigten abweichen. Die Geltungsdauer ist nicht an die Laufzeit des Aufenthaltstitels des Stammberechtigten anzupassen.

Probleme hinsichtlich der Erteilung können sich im Falle eines Nachzugs von Minderjährigen ergeben, wenn diese nach Ablauf der 18 Monate volljährig wären, aber die Voraussetzungen des § 25b Abs. 4 nicht erfüllen können. Dies kann ein Grund für eine regelabweichende Nichterteilung sein.[240]   197

8. Behördliche Hinweispflichten

Eine Besonderheit stellt die in Absatz 5 ausdrücklich formulierte Pflicht der ABH dar, den Ausländer spätestens bei der Erteilung der Aufenthaltserlaubnis auf die Voraussetzungen für die Erteilung einer Aufenthaltserlaubnis nach § 25b und, falls er das 27. Lebensjahr noch nicht vollendet hat, nach § 25a hinzuweisen. Satz 2 geht noch weiter, indem die ABH verpflichtet wird, konkrete Handlungspflichten zu bezeichnen, die zumutbar erfüllt werden können. Die Formulierung ist nicht gelungen, denn gemeint sind unterstützende Hinweise und nicht die Auferlegung von Pflichten. Das BMI hat zu diesem Zweck ein Merkblatt verfasst[241], das die ABH nutzen können. Die gesetzliche Pflicht geht aber über die Aushändigung des Merkblatts hinaus und ist auf eine individuelle Unterstützung ausgerichtet. Darin kommt der Wille des Gesetzgebers zum Ausdruck, den Gesetzeszweck möglichst effektiv umzusetzen.   198

9. Folgen der Nichterteilung eines Aufenthaltstitels nach Fristablauf

Gelingt es dem Inhaber eines Chancen-Aufenthaltsrechts innerhalb der 18 Monate nicht, die Voraussetzungen nach §§ 25a, 25b AufenthG zu erfüllen und einen entsprechenden Aufenthaltstitel zu erlangen, so fehlt es erneut an einem Aufenthaltstitel und es entsteht erneut die gesetzliche Ausreisepflicht. Dabei ist zu prüfen, ob Abschiebungshindernisse bestehen, die eine erneute Duldung rechtfertigen. Da die Identität inzwischen geklärt sein sollte, dürfte diese der Abschiebung nicht mehr im Wege stehen.   199

IV. Anpassungen im sonstigen Regularisierungsrecht

Der Gesetzgeber hat die Gelegenheit zum Anlass genommen, um auch den Anwendungsbereich von § 25a zu erweitern und die Schwellen für den Zugang zu diesem Aufenthaltstitel und zu § 25b AufenthG weiter abzusenken.   200

„§ 25a AufenthG

(1) ¹Einem jugendlichen oder **jungen volljährigen** Ausländer, **der Inhaber einer Aufenthaltserlaubnis nach § 104c oder seit mindestens zwölf Monaten im Besitz einer Duldung ist,** soll eine Aufenthaltserlaubnis erteilt werden, wenn
1. er sich seit **drei** Jahren ununterbrochen erlaubt, geduldet oder mit einer Aufenthaltsgestattung im Bundesgebiet aufhält,

---

240 BeckOK MigR/Röder, 16. Ed. 15.7.2023, AufenthG § 104c Rn. 132.
241 Abrufbar unter: https://www.frnrw.de/fileadmin/frnrw/media/downloads/Themen_a-Z/Asylverfahren/Merkblatt_zum_Chancen-Aufenthalt.pdf.

2. er im Bundesgebiet in der Regel seit **drei** Jahren erfolgreich eine Schule besucht oder einen anerkannten Schul- oder Berufsabschluss erworben hat. **Von dieser Voraussetzung wird abgesehen, wenn der Ausländer sie wegen einer körperlichen, geistigen oder seelischen Krankheit oder Behinderung nicht erfüllen kann,**
3. der Antrag auf Erteilung der Aufenthaltserlaubnis vor Vollendung des 27. Lebensjahres gestellt wird,
4. es gewährleistet erscheint, dass er sich auf Grund seiner bisherigen Ausbildung und Lebensverhältnisse in die Lebensverhältnisse der Bundesrepublik Deutschland einfügen kann und
5. keine konkreten Anhaltspunkte dafür bestehen, dass der Ausländer sich nicht zur freiheitlichen demokratischen Grundordnung der Bundesrepublik Deutschland bekennt.

²Solange sich der Jugendliche oder der **junge Volljährige** in einer schulischen oder beruflichen Ausbildung oder einem Hochschulstudium befindet, schließt die Inanspruchnahme öffentlicher Leistungen zur Sicherstellung des eigenen Lebensunterhalts die Erteilung der Aufenthaltserlaubnis nicht aus. ³Die Erteilung einer Aufenthaltserlaubnis ist zu versagen, wenn die Abschiebung aufgrund eigener falscher Angaben des Ausländers oder aufgrund seiner Täuschung über seine Identität oder Staatsangehörigkeit ausgesetzt ist."

201 Die Neufassung des § 25a AufenthG dehnt den Anwendungsbereich deutlich aus. Bislang konnte der Aufenthaltstitel nur bis zur Vollendung des 21. Lebensjahrs gestellt werden, nach der Neufassung ist dies bis zur Vollendung des 27. Lebensjahrs möglich. Das wird auch in der Terminologie berücksichtigt, die jetzt zusätzlich von jungen Volljährigen spricht. In der Sache wird damit eine Lebensphase einbezogen, die integrationspolitisch als besonders herausfordernd eingestuft wird und in der zusätzliche Anreize vor allem für die Aufnahme einer Beschäftigung besonders wichtig sind.

202 Eine weitere Erleichterung stellt die Verkürzung der erforderlichen Duldungs- und Ausbildungszeiten von vier auf drei Jahre dar. Zudem wird vom Erfordernis des Schul- oder Berufsschulbesuches eine Ausnahme zugelassen, wenn der Ausländer dieses wegen einer körperlichen, geistigen oder seelischen Krankheit oder Behinderung nicht erfüllen kann.

203 In § 25b Abs. 1 Nr. 1 AufenthG wurden analog die Mindestaufenthaltszeiten von acht auf sechs bzw. von sechs auf vier Jahre herabgesetzt, so dass insgesamt die Anreize für den Übergang von einer Duldung in einen regulären Aufenthalt noch einmal deutlich erhöht wurden.

204 Es wird nun wichtig sein, die praktischen Wirkungen der beiden neu gefassten Regularisierungsvorschriften genau zu beobachten und zu bewerten, da sich daraus wichtige Erkenntnisse in Bezug auf die Steuerungswirkung entsprechender Anreize ableiten lassen.

B. Regelungen zur Beschleunigung des Asylverfahrens
I. Neuregelungen im Bereich des Anerkennungsverfahrens
1. Neuausrichtung des § 12a AsylG (Asylverfahrensberatung)

Die Regelung zur Asylverfahrensberatung wurde neu ausgerichtet und vollständig neu gefasst. 205

„§ 12a Asylverfahrensberatung

(1) ¹Der Bund fördert eine behördenunabhängige, ergebnisoffene, unentgeltliche, individuelle und freiwillige Asylverfahrensberatung. ²Die Förderung setzt voraus, dass die Träger der Asylverfahrensberatung ihre Zuverlässigkeit, die ordnungsgemäße und gewissenhafte Durchführung der Beratung sowie Verfahren zur Qualitätssicherung und -entwicklung nachweisen.

(2) ¹Die Asylverfahrensberatung umfasst Auskünfte zum Verfahren und kann nach Maßgabe des Rechtsdienstleistungsgesetzes auch Rechtsdienstleistungen zum Gegenstand haben. ²Die Beratung berücksichtigt die besonderen Umstände des Ausländers, insbesondere, ob dieser besondere Verfahrensgarantien oder besondere Garantien bei der Aufnahme benötigt. ³Die Beratung soll bereits vor der Anhörung erfolgen und kann bis zum unanfechtbaren Abschluss des Asylverfahrens durchgeführt werden.

(3) Die Träger der Asylverfahrensberatung übermitteln dem Bundesamt und der obersten Landesbehörde oder der von der obersten Landesbehörde bestimmten Stelle personenbezogene Daten, die darauf hinweisen, dass der Ausländer besondere Verfahrensgarantien benötigt oder besondere Bedürfnisse bei der Aufnahme hat, wenn der Ausländer in die Übermittlung der Daten eingewilligt hat."

Die bisherige Fassung der Vorschrift sah vor, dass das Bundesamt eine freiwillige, zweistufige Beratung durchführt. Die erste Stufe war als Gruppeninformationsveranstaltung ausgestaltet, die zweite als Individualberatung. In Bezug auf die zweite Stufe wurde aber die Unabhängigkeit der Beratung in Zweifel gezogen. Zudem wurde das Angebot durch die Personalknappheit beim Bundesamt kritisch gesehen.[242] 206

Die Pflicht zur Bereitstellung einer unabhängigen Information folgt aus Art. 12, 19 und 22 Abs. 1 RL 2013/32/EU und Art. 5 und 18 Abs. 2 Buchst. c RL 2013/33/EU. Sie wird durch das jetzt etablierte „Vergabemodell" deutlich besser umgesetzt und geht über die Anforderungen der Richtlinien hinaus. 207

In Absatz 1 begründet eine Förderpflicht des Bundes. Diese ist im Sinne einer Gewährleistungsverantwortung zu interpretieren, die darauf gerichtet ist, an allen Standorten des Bundesamtes einen effektiven Zugang zu einer behördenunabhängigen, ergebnisoffenen, unentgeltlichen, individuellen und freiwilligen Asylverfahrensberatung bereitzustellen. Das bedeutet einerseits, dass das Bundesamt an allen Standorten zivilgesellschaftliche Organisationen in einem ausreichenden Umfang zur Bereitstellung eines solchen Angebots „gewinnen" muss. Andererseits muss im Rahmen der Förderung auch eine Qualitätssicherung stattfinden. Diese muss sich insbesondere auf die fachli- 208

---

242 Heusch/Houben NVwZ 2023, 7 (8).

che Qualifikation des eingesetzten Personals beziehen, wie sich aus Satz 2 ergibt. Die dort angesprochene Nachweispflicht ist nicht auf den Vergabezeitpunkt beschränkt, sondern sollte als wiederkehrende Pflicht, etwa als jährlich zu erbringender Nachweis, ausgestaltet werden.

209 Die (finanzielle) Förderung durch das Bundesamt ändert nichts an der Stellung der Träger als zivilgesellschaftliche Akteure. Sie werden nicht zu weisungsgebundenen Verwaltungshelfern.

210 Die Einzelheiten des Beratungsangebots werden in Absatz 2 normiert und sind im Rahmen der Förderung für die ausführenden Träger verbindlich zu machen. Danach umfass die Asylverfahrensberatung vor allem Auskünfte zum Verfahren und kann Rechtsdienstleistungen zum Gegenstand haben.

211 Die Beratung muss auf die besonderen Umstände des Ausländers abgestimmt werden, insbesondere berücksichtigen, ob dieser besondere Verfahrensgarantien oder besondere Garantien bei der Aufnahme benötigt. Damit sind die besonderen Schutzbedürfnisse im Sinne von Art. 21 EU-Aufnahmerichtlinie 2013/33/EU gemeint.[243] Darauf bezieht sich auch die datenschutzrechtliche Ermächtigungsregelung in Absatz 3, die zugleich die Träger zur Übermittlung verpflichtet.

212 In zeitlicher Hinsicht gibt das Gesetz vor, dass die Beratung bereits vor der Anhörung erfolgen soll und bis zum unanfechtbaren Abschluss des Asylverfahrens fortgeführt werden kann.

213 Insgesamt wird durch die Neufassung den Belangen der Schutzsuchenden deutlich besser Rechnung getragen als durch die bisherige Regelung und Praxis.

2. Änderungen in §§ 17 Abs. 3, 25 Abs. 7 AsylG (Sprachmittler und Videotechnik)

214 Die Ergänzungen in § 17 und § 25 AsylG sollen den Einsatz von Sprachmittlern[244] erleichtern, indem diese durch Videotechnik auch von anderen Orten zugeschaltet und eingesetzt werden können.

„§ 17 AsylG

(3) Die Hinzuziehung des Sprachmittlers kann in geeigneten Fällen ausnahmsweise im Wege der Bild- und Tonübertragung erfolgen.

§ 25 AsylG

(7) Die Anhörung kann in geeigneten Fällen ausnahmsweise im Wege der Bild- und Tonübertragung erfolgen."

215 Die Gesetzesbegründung führt aus, dass durch die gesetzlichen Regelungen eine ausdrückliche Rechtsgrundlage für eine bestehende Praxis geschaffen werden soll. Dabei soll sich der Sprachmittler in beiden Fällen räumlich getrennt vom Ausländer und An-

---

243 Dazu näher Kluth ZAR 2020, 119 ff.
244 Zur Bedeutung von Sprachmittlern im Asylverfahren und damit verbundenen Rechtsfragen Jaber ZAR 2017, 318 ff.

hörer z. B. in einer anderen Dienststelle des BAMF) befinden und von dort audiovisuell zugeschaltet werden. Private Räumlichkeiten dürfen nicht genutzt werden.[245]

Die audiovisuelle Zuschaltung eines Dolmetschers ist ebenso wie die Video-Anhörung nur ausnahmsweise in geeigneten Fällen zulässig. Laut Gesetzesbegründung dient die neue Variante vor allem der besseren Steuerung der Kapazitäten des Bundesamtes, der flexibleren Nutzung von Dolmetscher-Kapazitäten sowie dem Grundsatz der Kostensparsamkeit. Ein Dolmetschereinsatz per Videokonferenztechnik ist insbesondere auch dann sinnvoll, wenn es gilt, kurzfristige lokale Dolmetscherengpässe auszugleichen oder Sprachen, für die dem Bundesamt nur wenige Dolmetscher zur Verfügung stehen, bundesweit effizient einzusetzen.[246]

216

3. Änderungen in § 24 AsylG (Informationspflichten, Verfahrensdauer)

Diese und weitere Änderungen dienen der Umsetzung der Asylverfahrens-RL 2013/32/EU. Es ist bedenklich, dass der deutsche Gesetzgeber diese Richtlinie immer noch nicht vollständig umgesetzt hat.

217

> „(1) ¹Das Bundesamt klärt den Sachverhalt und erhebt die erforderlichen Beweise. ²**Das Bundesamt** unterrichtet den Ausländer **frühzeitig** in einer Sprache, deren Kenntnis vernünftigerweise vorausgesetzt werden kann, über den Ablauf des Verfahrens, über seine Rechte und Pflichten im Verfahren, insbesondere über Fristen und die Folgen einer Fristversäumung, **sowie über freiwillige Rückkehrmöglichkeiten**. ³Der Ausländer ist persönlich anzuhören. ⁴Von einer Anhörung kann abgesehen werden, wenn das Bundesamt
> 1. **dem Asylantrag vollständig stattgeben** will oder
> 2. **der Auffassung ist, dass der Ausländer aufgrund dauerhafter Umstände, die sich seinem Einfluss entziehen, nicht zu einer Anhörung in der Lage ist. Im Zweifelsfall ist für die Feststellung der Dauerhaftigkeit der Umstände eine ärztliche Bestätigung erforderlich. Wird von einer Anhörung abgesehen, unternimmt das Bundesamt angemessene Bemühungen, damit der Ausländer weitere Informationen unterbreiten kann.**
>
> ⁵Von der Anhörung ist abzusehen, wenn der Asylantrag für ein im Bundesgebiet geborenes Kind unter sechs Jahren gestellt und der Sachverhalt auf Grund des Inhalts der Verfahrensakten der Eltern oder eines Elternteils ausreichend geklärt ist. ⁶**Die Tatsache, dass keine Anhörung stattgefunden hat, darf die Entscheidung nicht negativ beeinflussen.** ⁷Die Entscheidung nach den Sätzen 4 und 7[247] ergeht nach Aktenlage."

Die Neufassung des Abs. 1 S. 4 Nr. 1 folgt den Vorgaben des Art. 14 Abs. 2 Satz 1 RL 2013/32/EU. Die gleichzeitige Streichung der bislang vorgesehenen Möglichkeit des Absehens von der Anhörung in Fällen, in denen der Antragsteller aus einem sicheren Drittstaat (§ 26a AsylG) eingereist ist, ist sachgerecht, da es insoweit an einer entsprechenden Ermächtigung in RL 2013/32/EU fehlt.

218

---

245 BT-Drs. 20/4327, S. 34.
246 BT-Drs. 20/4327, S. 35.
247 Es liegt ein Redaktionsversehen vor. Es muss Satz 5 heißen.

219 Der neu eingefügte S. 4 Nr. 2 sowie die ergänzten Sätze 5 und 6 folgen den Regelungen in Art. 14 Abs. 2 Satz 1 Buchst. b und Satz 2 RL 2013/32/EU, die es ermöglichen, von einer Anhörung abzusehen, wenn das BAMF der Auffassung ist, dass der Ausländer aufgrund dauerhafter Umstände, die sich seinem Einfluss entziehen, nicht zu einer Anhörung in der Lage ist. Im Zweifelsfall hat das BAMF insoweit medizinisches Fachpersonal zu beteiligen und sich die Dauerhaftigkeit der Umstände ärztlich bestätigen zu lassen.[248] Die Entscheidung ergeht in diesen Fällen nach Aktenlage, wobei der Umstand, dass keine Anhörung stattgefunden hat, die Entscheidung nicht negativ beeinflussen darf.

220 Gegenüber der Neufassung bestehen keine Bedenken. Bei einem dauerhaften unverschuldeten Anhörungshindernis gebieten es sowohl das öffentliche Interesse an einer effizienten und beschleunigten Verfahrensgestaltung nach Art. 31 Abs. 2 RL 2013/32/EU als auch das private Interesse des Antragstellers an einer zeitnahen Schutzgewährung, dem BAMF eine Entscheidung nach Aktenlage zu ermöglichen.[249]

221 Die neu eingefügten Absätze 4 bis 8 setzen Art. 31 Asylverfahren-RL 2013/32/EU um, der detaillierte Vorgaben für die Verfahrensdauer normiert.[250] Damit werden erstmalig detaillierte Regelungen zur Dauer und möglichem Verlängern des Verfahrens in das Gesetz aufgenommen. Bislang fanden sich dazu nun Vorgaben in den Verwaltungsvorschriften.

„(4) ¹Eine Entscheidung über den Asylantrag ergeht innerhalb von sechs Monaten. ²Das Bundesamt kann die Frist auf höchstens 15 Monate verlängern, wenn

1. sich in tatsächlicher oder rechtlicher Hinsicht komplexe Fragen ergeben,
2. eine große Zahl von Ausländern gleichzeitig Anträge stellt, weshalb es in der Praxis besonders schwierig ist, das Verfahren innerhalb der Frist nach Satz 1 abzuschließen oder
3. die Verzögerung eindeutig darauf zurückzuführen ist, dass der Ausländer seinen Pflichten nach § 15 nicht nachgekommen ist.

³Das Bundesamt kann die Frist von 15 Monaten ausnahmsweise um höchstens weitere drei Monate verlängern, wenn dies erforderlich ist, um eine angemessene und vollständige Prüfung des Antrags zu gewährleisten.

(5) ¹Besteht aller Voraussicht nach im Herkunftsstaat eine vorübergehend ungewisse Lage, sodass eine Entscheidung vernünftigerweise nicht erwartet werden kann, kann die Entscheidung abweichend von den in Absatz 4 genannten Fristen aufgeschoben werden. ²In diesen Fällen überprüft das Bundesamt mindestens alle sechs Monate die Lage in dem Herkunftsstaat. ³Das Bundesamt unterrichtet innerhalb einer angemessenen Frist die betroffenen Ausländer über die Gründe des Aufschubs der Entscheidung sowie die Europäische Kommission über den Aufschub der Entscheidungen.

(6) ¹Die Frist nach Absatz 4 Satz 1 beginnt mit der Stellung des Asylantrags nach § 14 Absatz 1 und 2. ²Ist ein Antrag gemäß dem Verfahren nach Maßgabe

---

248 So BT-Drs. 20/4327, 35.
249 Heusch/Houben NVwZ 2023, 7 (9).
250 Dazu Vedstedt-Hansen, in: Thym/Hailbronner, EU Immigration and Asylum Law, 3. Ed. 2022, RL 2013/32/EU, Art. 31 Rn. 4 ff.

der Verordnung (EU) Nr. 604/2013 des Europäischen Parlaments und des Rates vom 26. Juni 2013 zur Festlegung der Kriterien und Verfahren zur Bestimmung des Mitgliedstaats, der für die Prüfung eines von einem Drittstaatsangehörigen oder Staatenlosen in einem Mitgliedstaat gestellten Antrags auf internationalen Schutz zuständig ist (ABl. L 180 vom 29.6.2013, S. 31) zu behandeln, so beginnt die Frist nach Absatz 4 Satz 1, wenn die Bundesrepublik Deutschland als für die Prüfung zuständiger Mitgliedstaat bestimmt ist. ³Hält sich der Ausländer zu diesem Zeitpunkt nicht im Bundesgebiet auf, so beginnt die Frist mit seiner Überstellung in das Bundesgebiet.

(7) Das Bundesamt entscheidet spätestens 21 Monate nach der Antragstellung nach § 14 Absatz 1 und 2.

(8) Das Bundesamt informiert den Ausländer für den Fall, dass innerhalb von sechs Monaten keine Entscheidung ergehen kann, über die Verzögerung und unterrichtet ihn auf sein Verlangen über die Gründe für die Verzögerung und den zeitlichen Rahmen, innerhalb dessen mit einer Entscheidung zu rechnen ist."

Die eng an den Vorgaben von Art. 31 Asylverfahren-RL 2013/32/EU ausgerichtete Neuregelung sieht eine Entscheidung innerhalb von sechs Monaten als Regelziel vor. Das bedeutet allerdings nicht, dass schnellere Entscheidungen nicht erwünscht sind. Auch eine Untätigkeitsklage nach § 75 VwGO ist dadurch nicht ausgeschlossen.[251] 222

Die Gründe für die Verlängerung der Bearbeitungsdauer sind nun viel genauer geregelt und für die Antragsteller transparenter. Die Bezugnahme auf die Pflichten nach § 15 AsylG ist unzutreffend; hier müsste auf Art. 13 RL 2013/32/EU Bezug genommen werden. 223

Die Regelung zu den „ungewissen Lagen" in den Herkunftsstaaten nach Absatz 5 führt zu einer Schwebelage des Verfahrens und einer Beobachtungspflicht des Bundeamtes, über die auch der Antragsteller zu informieren ist. 224

Im neuen Absatz 8 wird eine Informationspflicht des BAMF für den Fall begründet, dass innerhalb von sechs Monaten keine Entscheidung getroffen werden kann. Zudem wird auch ein Auskunftsanspruch des Antragstellers eingeräumt, der selbständig geltend gemacht werden kann. Bei hohen Arbeitslasten kann es für das BAMF aber ggfs. unmöglich sein kann, den voraussichtlichen Entscheidungszeitpunkt genau mitzuteilen. In dieser Konstellation erfüllt das Bundesamt nach der Rechtsprechung seine Mitteilungspflicht, indem es darauf hinweist, dass „aufgrund der hohen Zugangszahlen und der festgelegten Arbeitsprioritäten voraussichtlich nicht mehr in diesem Jahr über den Asylantrag (…) entschieden werden kann".[252] Als zureichend wurde in einem anderen Fall auch die Mitteilung angesehen, wonach „die Kläger noch nicht in die Anhörungsplanung haben aufgenommen werden können".[253] 225

Ob durch die detaillierte Neuregelung die Erwartung des Gesetzgebers erfüllt wird, dass die Zahl der Untätigkeitsklagen zurückgeht, ist schwer zu prognostizieren. 226

---

251 BVerwG NVwZ 2018, 1875 Rn. 19; Heusch/Houben NVwZ 2023, 7 (9 f.).
252 BVerwG BeckRS 2016, 45416 Rn. 9.
253 VGH Mannheim BeckRS 2016, 46143 Rn. 37.

4. Änderung in § 25 Abs. 6 AsylG (Anhörungsbegleitung)

227 Bei dieser Änderung handelt es sich um eine späte Umsetzung von Umsetzung der unionsrechtlichen Vorgaben des Art. 23 Abs. 3 und 4 RL 2013/32/EU.

> „(6) ¹Die Anhörung ist nicht öffentlich. ²An ihr können Personen, die sich als Vertreter des Bundes, eines Landes oder des Hohen Flüchtlingskommissars der Vereinten Nationen ausweisen, teilnehmen. ³**Der Ausländer kann sich bei der Anhörung von einem Bevollmächtigten oder Beistand im Sinne des § 14 des Verwaltungsverfahrensgesetzes begleiten lassen.** ⁴Das Bundesamt kann die Anhörung auch dann durchführen, wenn der Bevollmächtigte oder Beistand trotz einer mit angemessener Frist erfolgten Ladung nicht an ihr teilnimmt. ⁵Satz 4 gilt nicht, wenn der Bevollmächtigte oder Beistand seine Nichtteilnahme vor Beginn der Anhörung genügend entschuldigt. ⁶Anderen Personen kann der Leiter des Bundesamtes oder die von ihm beauftragte Person die Anwesenheit gestatten."
>
> (7) Die Anhörung kann in geeigneten Fällen ausnahmsweise im Wege der Bild- und Tonübertragung erfolgen.
>
> (8) ¹Über die Anhörung ist eine Niederschrift aufzunehmen, die die wesentlichen Angaben des Ausländers enthält. ²Dem Ausländer ist eine Kopie der Niederschrift auszuhändigen oder mit der Entscheidung des Bundesamtes zuzustellen.

228 Die Regelungen sind unions- und verfassungsrechtlich unproblematisch. Durch die neuen Absätze 7 und 8 wird die bisherige Praxis nun auch gesetzlich fundiert.

5. Änderung in § 31 AsylG (Entscheidung des Bundesamtes)

229 In § 31 AsylG wird die Entscheidung des Bundesamtes vor allem aus verfahrensrechtlicher Perspektive geregelt. Die Änderungen beziehen sich auf die Informationspflichten und die Feststellungen zu Abschiebungshindernissen.

> „(1) ¹Die Entscheidung des Bundesamtes ergeht schriftlich. ²Sie ist schriftlich zu begründen. ³Entscheidungen, die der Anfechtung unterliegen, sind den Beteiligten unverzüglich zuzustellen. ⁴Wurde kein Bevollmächtigter für das Verfahren bestellt, ist eine Übersetzung der Entscheidungsformel und der Rechtsbehelfsbelehrung in einer Sprache beizufügen, deren Kenntnis vernünftigerweise vorausgesetzt werden kann. ⁵**Das Bundesamt informiert mit der Entscheidung** über die Rechte und Pflichten, die sich **aus ihr** ergeben.
>
> (2) ...
>
> (3) ¹In den Fällen des Absatzes 2 und in Entscheidungen über unzulässige Asylanträge ist festzustellen, ob die Voraussetzungen des § 60 Absatz 5 oder 7 des Aufenthaltsgesetzes vorliegen. ²Davon kann abgesehen werden, wenn der Ausländer als Asylberechtigter anerkannt wird oder ihm internationaler Schutz im Sinne des § 1 Absatz 1 Nummer 2 zuerkannt wird. ³**Von der Feststellung nach Satz 1 kann auch abgesehen werden, wenn das Bundesamt in einem früheren Verfahren über das Vorliegen der Voraussetzungen des § 60 Absatz 5 und 7 des Aufenthaltsgesetzes entschieden hat und die Voraussetzungen des § 51 Absatz 1 bis 3 des Verwaltungsverfahrensgesetzes nicht vorliegen.**"

Die Änderungen konzentrieren sich auf die Absätze 1 und 3. Im ersten Absatz steht dabei eine deutliche Kürzung und Verengung des Anwendungsbereichs im Vordergrund. Die Information der Antragsteller wird vereinheitlicht und ist nun durchweg Aufgabe des Bundesamts. Diese Anpassung folgt den Vorgaben des EuGH in der Entscheidung Gnandi.[254]

230

Durch die Änderung in Absatz 1 wird die verunglückte bisherige Gesetzesfassung korrigiert. Es wird jetzt klargestellt, dass nur bei Fehlen eines Wiederaufnahmegrundes nach § 51 Abs. 1 bis 3 VwVfG von der Prüfung der Voraussetzungen des § 60 Abs. 5 und 7 AufenthG abgesehen werden darf. Unklar ist nach dem Wortlaut („kann… abgesehen werden") weiterhin, ob das BAMF in diesem Fall an einer inhaltlichen Prüfung auch rechtlich gehindert oder insoweit Ermessen eröffnet ist.

231

6. Änderungen in § 33 AsylG (Nichtbetreiben des Verfahrens)

Die bisherige Regelung in § 33 Abs. 1 AsylG sah vor, dass im Falle des Nichtbetreibens des Verfahrens eine Antragsrücknahme fingiert wird.[255] Ob diese apodiktische Regelung mit der auf Einzelfallentscheidungen besonderen Wert legenden Asylverfahrensrichtlinie in Einklang stand, ist fraglich.[256] Die damit verbundene rechtliche Unsicherheit wird durch die Neufassung beseitigt.

232

„§ 33 AsylG

(1) ¹**Das Bundesamt stellt das Verfahren ein oder lehnt den Asylantrag nach angemessener inhaltlicher Prüfung ab, wenn der Ausländer das Verfahren nicht betreibt.** ²Sofern das Bundesamt das Verfahren einstellt, entscheidet es nach Aktenlage, ob ein Abschiebungsverbot nach § 60 Absatz 5 oder 7 des Aufenthaltsgesetzes vorliegt.

(2) ¹Es wird vermutet, dass der Ausländer das Verfahren nicht betreibt, wenn er

1. einer Aufforderung zur Vorlage von für den Antrag wesentlichen Informationen gemäß § 15 oder einer Aufforderung zur Anhörung gemäß § 25 nicht nachgekommen ist,
2. untergetaucht ist oder
3. gegen die räumliche Beschränkung seiner Aufenthaltsgestattung gemäß § 56 verstoßen hat, der er wegen einer Wohnverpflichtung nach § 30a Absatz 3 unterliegt.

²Die Vermutung nach Satz 1 gilt nicht, wenn der Ausländer **innerhalb eines Monats nach Zustellung der Entscheidung nach Absatz 1** nachweist, dass das in Satz 1 Nummer 1 genannte Versäumnis oder die in Satz 1 Nummer 2 und 3 genannte Handlung auf Umstände zurückzuführen war, auf die er keinen Einfluss hatte. ³Führt der Ausländer diesen Nachweis, ist das Verfahren fortzuführen. ⁴Wurde das Verfahren als beschleunigtes Verfahren nach § 30a durchgeführt, beginnt die Frist nach § 30a Absatz 2 Satz 1 neu zu laufen.

(3) **Als Nichtbetreiben des Verfahrens** gilt ferner, wenn der Ausländer während des Asylverfahrens in seinen Herkunftsstaat gereist ist.

---

254 EuGH, C-181/16, ECLI:EU:C:2018:465, NVwZ 2018, 1625 (1628 f.).
255 BVerwG BeckRS 2019, 11017 Rn. 24 ff.
256 Siehe auch Heusch/Houben NVwZ 2023, 7 (11).

(4) Der Ausländer ist auf die nach den Absätzen 1 und 3 eintretenden Rechtsfolgen schriftlich und gegen Empfangsbestätigung hinzuweisen."

233 Durch die Neufassung von Absatz 1 kommt der Entscheidung über die Einstellung des Verfahrens nunmehr eine konstitutive Wirkung zu. Dabei muss auch geprüft werden, ob an Stelle der Verfahrenseinstellung eine (inhaltliche) Ablehnung des Asylantrags in Betracht kommt. Eine solche Entscheidung entfaltet eine weitergehende Bindungswirkung.

234 In den teilweise neu gefassten Absätzen 2 und 3 wird näher bestimmt, wann ein Fall des Nichtbetreibens des Verfahrens vorliegt bzw. vermutet wird. Dabei ist zu berücksichtigen, dass die Vermutung nach Absatz 2 Satz 2 innerhalb eines Monats nach Zustellung der Entscheidung nach Absatz 1 widerlegt werden kann.

235 Die Hinweispflicht nach Absatz 4 erstreckt sich auch auf die Entscheidung nach Aktenlage über die Abschiebungshindernisse nach Absatz 1 Satz 2.

7. Änderungen in §§ 72 bis 73b AsylG (Erlöschen, Widerruf, Rücknahme)

236 Der Bundesgesetzgeber hat das Gesetzgebungsverfahren zum Anlass genommen, die Regelungen in Abschnitt 8 insgesamt neu zu fassen und dadurch die Rechtsklarheit gegenüber der bisherigen Regelung zu verbessern. Das ist auch gelungen.

237 Als zentrale inhaltliche Änderung ist jedoch der Verzicht auf die bisherige verbindliche Überprüfung aller Anerkennungen nach drei Jahren gemäß § 73 Abs. 2a AsylG hervorzuheben, die gestrichen wurde. Damit soll eine erhebliche Entlastung des Bundesamtes erreicht werden.

238 Die zentrale Regelung hat nun folgenden Wortlaut:

„§ 73 Widerrufs- und Rücknahmegründe

(1) ¹Die Anerkennung als Asylberechtigter oder die Zuerkennung der Flüchtlingseigenschaft ist zu widerrufen, wenn die Voraussetzungen für sie nicht mehr vorliegen. ²Dies ist insbesondere der Fall, wenn der Ausländer

1. sich freiwillig erneut dem Schutz des Staates, dessen Staatsangehörigkeit er besitzt, unterstellt,
2. nach dem Verlust seiner Staatsangehörigkeit diese freiwillig wiedererlangt hat,
3. auf Antrag eine neue Staatsangehörigkeit erworben hat und den Schutz des Staates, dessen Staatsangehörigkeit er erworben hat, genießt,
4. freiwillig in das Land, das er aus Furcht vor Verfolgung verlassen hat oder außerhalb dessen er sich aus Furcht vor Verfolgung befindet, zurückgekehrt ist und sich dort niedergelassen hat,
5. nach Wegfall der Umstände, die zur Anerkennung als Asylberechtigter oder zur Zuerkennung der Flüchtlingseigenschaft geführt haben, es nicht mehr ablehnen kann, den Schutz des Landes in Anspruch zu nehmen, dessen Staatsangehörigkeit er besitzt, oder
6. als Staatenloser nach Wegfall der Umstände, die zur Anerkennung als Asylberechtigter oder zur Zuerkennung der Flüchtlingseigenschaft geführt haben, in der Lage ist, in das Land zurückzukehren, in dem er seinen gewöhnlichen Aufenthalt hatte.

³Die Veränderung der Umstände nach Satz 2 Nummer 5 und 6 muss erheblich und nicht nur vorübergehend sein, sodass die Furcht des Ausländers vor Verfolgung nicht länger als begründet angesehen werden kann.

(2) ¹Die Zuerkennung des subsidiären Schutzes ist zu widerrufen, wenn die Umstände, die zur Zuerkennung des subsidiären Schutzes geführt haben, nicht mehr bestehen oder sich in einem Maß verändert haben, dass ein solcher Schutz nicht mehr erforderlich ist. ²Die Veränderung der Umstände nach Satz 1 muss wesentlich und nicht nur vorübergehend sein, sodass der Ausländer tatsächlich nicht länger Gefahr läuft, einen ernsthaften Schaden zu erleiden.

(3) Absatz 1 Satz 2 Nummer 5 und 6 und Absatz 2 gelten nicht, wenn sich der Ausländer aufzwingende, auf früheren Verfolgungen beruhende Gründe oder auf früher erlittenen ernsthaften Schaden berufen kann, um die Inanspruchnahme des Schutzes des Landes, dessen Staatsangehörigkeit er besitzt, oder wenn er staatenlos ist, des Landes, in dem er seinen gewöhnlichen Aufenthalt hatte, abzulehnen.

(4) Die Anerkennung als Asylberechtigter oder die Zuerkennung des internationalen Schutzes ist zurückzunehmen, wenn sie auf Grund unrichtiger Angaben oder infolge Verschweigens wesentlicher Tatsachen erteilt worden ist und sie dem Ausländer auch aus anderen Gründen nicht erteilt werden könnte.

(5) Die Anerkennung als Asylberechtigter oder die Zuerkennung des internationalen Schutzes ist auch zurückzunehmen oder zu widerrufen, wenn der Ausländer von der Erteilung nach § 3 Absatz 2 bis 4 oder nach § 4 Absatz 2 oder 3 hätte ausgeschlossen werden müssen oder ausgeschlossen ist.

(6) ¹Die Feststellung eines Abschiebungsverbots nach § 60 Absatz 5 oder 7 des Aufenthaltsgesetzes ist zu widerrufen, wenn die Voraussetzungen nicht mehr vorliegen. ²Die Feststellung eines Abschiebungsverbots nach § 60 Absatz 5 oder 7 des Aufenthaltsgesetzes ist zurückzunehmen, wenn sie fehlerhaft ist."

Der unionsrechtliche Rahmen für den Widerruf wird durch Art. 44 Asylverfahrens-RL 2013/32/EU vorgegeben. Danach stellen die Mitgliedstaaten sicher, dass eine Prüfung zur Aberkennung des internationalen Schutzes einer bestimmten Person eingeleitet werden kann, wenn neue Elemente oder Erkenntnisse zutage treten, die darauf hindeuten, dass Gründe für eine Überprüfung der Berechtigung ihres internationalen Schutzes bestehen. Durch Art. 45 werden Vorgaben für das Verfahren normiert. 239

Die jetzt beschlossene Neufassung steht grundsätzlich in Einklang mit den unionsrechtlichen Vorgaben. Im Gegensatz zur bisherigen Regelung wird die konkrete Prüfung des Vorliegens von Widerrufsgründen aber in das pflichtgemäße Ermessen des Bundesamtes gestellt. Das genügt den Vorgaben der Richtlinie, wenn die in Ansatz 1 angeführten Tatbestände regelmäßig zum Anlass für eine entsprechende Überprüfung herangezogen werden. In der Praxis besteht aber die Gefahr, dass der mit der Anschaffung der Regelüberprüfung nach drei Jahren angestrebte Entlastungseffekt umgekehrt dazu führt, dass in Zeiten hohen Arbeitslasten die Prüfung von Widerrufgründen vernachlässigt wird. 240

II. Neuregelungen im Bereich des asylgerichtlichen Verfahrens

1. Änderung in § 74 AsylG (Befangenheitsanträge)

241 Die allgemeinen verwaltungsprozessualen Regelungen sehen vor, dass ein Befangenheitsantrag grundsätzlich zu einem Tätigkeitsverbot des abgelehnten Richters bis zur Entscheidung über den Antrag führt. Eine Ausnahme gilt für in der mündlichen Verhandlung gestellte Befangenheitsanträge; in diesen Fällen kann der Termin unter Mitwirkung des abgelehnten Richters fortgeführt werden, wenn anderenfalls eine Vertagung erforderlich würde (§ 54 Abs. 1 VwGO iVm § 47 Abs. 2 ZPO). Der neue Absatz 3 dehnt diese Ausnahmeregelung in Asylgerichtsverfahren auf solche Befangenheitsanträge aus, die innerhalb eines Zeitraums von drei Werktagen vor dem Termin zur mündlichen Verhandlung gestellt werden.

> „(3) ¹Wird ein Richter innerhalb eines Zeitraums von drei Werktagen vor der Verhandlung oder während der Verhandlung von einem der Beteiligten wegen Besorgnis der Befangenheit abgelehnt und würde die Entscheidung über die Ablehnung eine Verlegung des Termins oder Vertagung der Verhandlung erfordern, so kann der Termin oder die Verhandlung unter Mitwirkung des abgelehnten Richters durchgeführt oder fortgesetzt werden. ²Wird die Ablehnung für begründet erklärt, so ist der nach der Anbringung des Ablehnungsgesuchs liegende Teil der Verhandlung zu wiederholen."

242 Der Beschleunigungseffekt dieser Regelung dürfte begrenzt sein, da auch nach bisheriger Rechtslage über missbräuchliche Befangenheitsanträge zügig entschieden werden konnte.[257]

2. Änderung in § 77 AsylG (Entscheidung im schriftlichen Verfahren, Klageänderung)

243 Bei den Änderungen des § 77 AsylG handelt es sich um zwei eher herkömmliche Maßnahmen und mit der neuen Regelung zur Klageänderung in Absatz 4 um ein neues Instrument, dessen rechtliche Auswirkungen problematisch und dessen Beschleunigungswirkung ungewiss ist.

> „(2) ¹Das Gericht kann außer in den Fällen des § 38 Absatz 1 und des § 73b Absatz 7 bei Klagen gegen Entscheidungen nach diesem Gesetz im schriftlichen Verfahren durch Urteil entscheiden, wenn der Ausländer anwaltlich vertreten ist. ²Auf Antrag eines Beteiligten muss mündlich verhandelt werden. ³Hierauf sind die Beteiligten von dem Gericht hinzuweisen.
>
> (3) Das Gericht sieht von einer weiteren Darstellung des Tatbestandes und der Entscheidungsgründe ab, soweit es den Feststellungen und der Begründung des angefochtenen Verwaltungsaktes folgt und dies in seiner Entscheidung feststellt oder soweit die Beteiligten übereinstimmend darauf verzichten.
>
> (4) ¹Wird während des Verfahrens der streitgegenständliche Verwaltungsakt, mit dem ein Asylantrag als unzulässig abgelehnt wurde, durch eine Ablehnung als unbegründet oder offensichtlich unbegründet ersetzt, so wird der neue Verwaltungsakt Gegenstand des Verfahrens. ²Das Bundesamt übersendet dem Gericht,

---

257 So Heusch/Houben NVwZ 2023, 7 (12).

bei dem das Verfahren anhängig ist, eine Abschrift des neuen Verwaltungsakts. ³Nimmt der Kläger die Klage daraufhin unverzüglich zurück, trägt das Bundesamt die Kosten des Verfahrens. ⁴Unterliegt der Kläger ganz oder teilweise, entscheidet das Gericht nach billigem Ermessen."

Die in Absatz 2 eröffnete Möglichkeit, im schriftlichen Verfahren zu entscheiden, ist prozessrechtlich unbedenklich, da alle Verfahrensbeteiligten zustimmen müssen. Darin liegt aber auch der Grund für eine vermutlich geringe Beschleunigungswirkung. 244

Die in Absatz 3 vorgesehene Arbeitserleichterung dürfte ebenfalls mit einer eher geringen Entlastungs- und Beschleunigungswirkung verbunden sein. 245

Die gesetzliche Klageänderung, die neu in Absatz 4 eingeführt wurde, wird von der Praxis sehr kritisch gesehen. Es wird darauf hingewiesen, dass durch die Änderung des Streitgegenstandes die Zuständigkeit eines anderen Spruchkörpers des Verwaltungsgerichts begründet werden kann, wodurch Aufwand und Verfahrensdauer erhöht und nicht verkürzt würden.[258] 246

3. Änderung in § 78 AsylG (Tatsachenrevision)

Schon seit mehreren Jahren wird darüber diskutiert, wie die Beurteilung von Gefahrenlagen in Herkunfts- und Drittstaaten besser und einheitlicher beurteilt werden kann.[259] Der Bundesgesetzgeber hat jetzt die Variante der Tatsachenrevision aufgegriffen und als neuartiges Rechtsmittel in § 78 As. 8 AsylG verankert. Die im Gesetzgebungsverfahren geäußerte Skepsis hinsichtlich der verfahrensbeschleunigenden Wirkung hat allerdings auch dazu geführt, dass in Absatz 8a eine Evaluation der Wirkungen nach drei Jahren vorgeschrieben wurde. Ein Jahr nach Inkrafttreten der Regelung gibt es noch keine Entscheidung des Bundesverwaltungsgerichts in dieser Verfahrensart. 247

(8) ¹Gegen das Urteil des Oberverwaltungsgerichts steht den Beteiligten die Revision an das Bundesverwaltungsgericht abweichend von § 132 Absatz 1 und § 137 Absatz 1 der Verwaltungsgerichtsordnung auch zu, wenn das Oberverwaltungsgericht

1. in der Beurteilung der allgemeinen asyl-, abschiebungs- oder überstellungsrelevanten Lage in einem Herkunfts- oder Zielstaat von deren Beurteilung durch ein anderes Oberverwaltungsgericht oder durch das Bundesverwaltungsgericht abweicht und
2. die Revision deswegen zugelassen hat.

²Eine Nichtzulassungsbeschwerde kann auf diesen Zulassungsgrund nicht gestützt werden. ³Die Revision ist beschränkt auf die Beurteilung der allgemeinen asyl-, abschiebungs- oder überstellungsrelevanten Lage in einem Herkunfts- oder Zielstaat. ⁴In dem hierfür erforderlichen Umfang ist das Bundesverwaltungsgericht abweichend von § 137 Absatz 2 der Verwaltungsgerichtsordnung nicht an die in dem angefochtenen Urteil getroffenen tatsächlichen Feststellungen gebunden. ⁵Das Bundesverwaltungsgericht berücksichtigt für die Beur-

---

258 Heusch/Houben NVwZ 2023, 7 (12).
259 Siehe dazu Berlit/Dörig, 2017, 1481 ff.; Berlit InfAuslR 2018, 309 (316); Kluth ZAR 2019, 426 ff. Dörig NVwZ 2023, 379 ff. Allgemeiner dazu Pettersson, Kollektive Gefährdungslagen im Asylrecht, 2023.

teilung der allgemeinen Lage diejenigen herkunfts- oder zielstaatsbezogenen Erkenntnisse, die von den in Satz 1 Nummer 1 genannten Gerichten verwertet worden sind, die ihm zum Zeitpunkt seiner mündlichen Verhandlung oder Entscheidung (§ 77 Absatz 1) von den Beteiligten vorgelegt oder die von ihm beigezogen oder erhoben worden sind. ⁶Die Anschlussrevision ist ausgeschlossen.

(8a) Das Bundesministerium des Innern und für Heimat evaluiert im Einvernehmen mit dem Bundesministerium der Justiz die Revision nach Absatz 8 drei Jahre nach Inkrafttreten.

248 Gegenstand einer Tatsachenrevision kann ausschließlich die Abweichung der Beurteilung der allgemeinen asyl-, abschiebungs- oder überstellungsrelevanten Lage in einem Herkunfts- oder Zielstaat durch ein Oberverwaltungsgericht von deren Beurteilung durch ein anderes Oberverwaltungsgericht oder durch das Bundesverwaltungsgericht sein.

249 Die Tatsachenrevision muss durch das Oberverwaltungsgericht zugelassen werden. Eine Nichtzulassungsbeschwerde ist nicht vorgesehen.

250 Die Revision ist beschränkt auf die Beurteilung der allgemeinen asyl-, abschiebungs- oder überstellungsrelevanten Lage in einem Herkunfts- oder Zielstaat. Es geht demnach nicht um die Würdigung von Einzelfällen.

251 Deshalb ist auch eine Anschlussrevision nach Abs. 8 S. 6 ausdrücklich ausgeschlossen. Dadurch wird verhindert, dass die rechtliche Bewertung des konkreten Einzelfalles, über den das OVG entschieden hat, Gegenstand des Revisionsverfahrens wird.

252 Die Erweiterung der Revisionsmöglichkeit vor dem Bundesverwaltungsgericht auf asyl-, abschiebungs- und überstellungsrelevante Tatsachenfragen entbindet die Behörden und die Instanzgerichte nicht von ihrer Pflicht zur Einzelfallprüfung und tagesaktuellen Erfassung und Bewertung der Tatsachengrundlagen, sodass weiterhin keine Pauschalisierungen hinsichtlich der Frage der Schutzberechtigung von Asylantragstellenden zulässig sind. Die Entscheidungen des Bundesverwaltungsgerichts sollen dem Bundesamt und den Gerichten der unteren Instanzen als Orientierungspunkte dienen und für diese verlässliche Prüfungsmaßstäbe schaffen.[260]

4. Änderung in § 79 AsylG (Berufungsverfahren)

253 In den allgemeinen Regelungen zum asylgerichtlichen Berufungsverfahren hat der Bundesgesetzgeber die Voraussetzungen der Zurückverweisung neu gefasst und die Möglichkeit der Entscheidung durch den Einzelrichter eingeführt.

(2) ¹Das Oberverwaltungsgericht darf die Sache, soweit ihre weitere Verhandlung erforderlich ist, unter Aufhebung des Urteils und des Verfahrens an das Verwaltungsgericht nur zurückverweisen, wenn das Verwaltungsgericht
1. noch nicht in der Sache selbst entschieden hat oder
2. die allgemeine asyl-, abschiebungs- oder überstellungsrelevante Lage in einem Herkunfts- oder Zielstaat anders als das Oberverwaltungsgericht beurteilt hat

---
260 BT-Drs. 20/4327, S. 43.

und nach der abweichenden Beurteilung des Oberverwaltungsgerichts eine umfangreiche oder aufwändige Beweisaufnahme notwendig ist.
²Das Verwaltungsgericht ist an die rechtliche und tatsächliche Beurteilung der Entscheidung des Oberverwaltungsgerichts gebunden.
(3) ¹Der Senat kann in Streitigkeiten nach diesem Gesetz das Berufungsverfahren einem seiner Mitglieder als Einzelrichter zur Entscheidung übertragen, wenn der Senat eine Entscheidung zu der allgemeinen asyl-, abschiebungs- oder überstellungsrelevanten Lage in dem Herkunfts- oder Zielstaat getroffen hat, die nicht durch eine entscheidungserhebliche Veränderung der Lage überholt ist, die Sache sonst keine besonderen Schwierigkeiten tatsächlicher oder rechtlicher Art aufweist und die Rechtssache keine grundsätzliche Bedeutung hat. ²§ 76 Absatz 2 und 3 gilt entsprechend.

Durch die Lockerung des Zurückverweisungsverbots in Absatz 2 soll nach der Absicht des Gesetzgebers die Lastenverteilung zwischen Verwaltungsgerichten und Oberverwaltungsgerichten besser gesteuert werden können.[261] Nach der bisherigen Rechtslage ist das Oberverwaltungsgericht verpflichtet, nach einer Zulassung der Berufung die Verfahren auch dann entscheidungsreif zu machen, wenn es die allgemeine asyl-, abschiebungs- oder überstellungsrelevante Lage in einem Herkunfts- oder Zielstaat anders als das Verwaltungsgericht beurteilt und die Schutzgewährung durch das Verwaltungsgericht wesentlich von dieser Beurteilung abhing. Das gilt insbesondere, wenn das Oberverwaltungsgericht entgegen der Auffassung des Verwaltungsgerichts eine Gruppenverfolgung verneint hat, sodass eine individuelle Verfolgung des Klägers zu prüfen ist. Das gilt auch dann, wenn das Verwaltungsgericht in einer Vielzahl von Fällen eine Gruppenverfolgung bejaht und daher folgerichtig auf eine Prüfung der individuellen Umstände des Einzelfalls verzichtet hat. Das Oberverwaltungsgericht muss dann in der entsprechenden Vielzahl von Fällen diese individuelle Prüfung nachholen, sodass es einer erheblichen Belastung ausgesetzt wird, mit der entsprechende Verfahrensverzögerungen einhergehen. Um diese Belastung gegebenenfalls besser steuern und verteilen zu können, wird das Zurückverweisungsverbot für die beschriebene Fallkonstellation aufgehoben. Gleiches muss gelten, wenn das Verwaltungsgericht überhaupt nicht in der Sache entschieden hat. Dadurch werden zwar die konkreten Verfahren möglicherweise verlängert, die bessere Nutzung der Ressourcen von Verwaltungsgerichten und Oberverwaltungsgerichten führt jedoch insgesamt zur Beschleunigung. 254

Die Zurückverweisung ist nicht zwingend. Das Oberverwaltungsgericht kann auch künftig durchentscheiden, sofern es dies im Einzelfall für sachgerecht hält. 255

Die in Absatz 3 vorgesehene begrenzte Möglichkeit, die Sache einem Senatsmitglied zur Entscheidung als Einzelrichter zu übertragen, dürfte gewisse Entlastungs- und Beschleunigungseffekte zeitigen. 256

---

261 BT-Drs. 20/4327, S. 44.

C. Neuregelungen im Bereich des Rückführungsrechts
I. Die Vorgaben des Koalitionsvertrags

257 Auch das „Neue Migrationsrecht" der Ampel-Koalition sieht in der Rückführung einen notwendigen Bestandteil einer effektiven Migrationssteuerung. Deshalb steht neben den zahlreichen Öffnungen und Erleichterungen im Bereich des Zugangs zu Aufenthaltstiteln auch die Verbesserung der Wirksamkeit der Rückführung gleichberechtigt auf der Agenda:

> „Nicht jeder Mensch, der zu uns kommt, kann bleiben. Wir starten eine Rückführungs- offensive, um Ausreisen konsequenter umzusetzen, insbesondere die Abschiebung von Straftätern und Gefährdern. Der Bund wird die Länder bei Abschiebungen künftig stärker unterstützen. Wir werden unserer besonderen humanitären Verantwortung gerecht und Kinder und Jugendliche grundsätzlich nicht in Abschiebehaft nehmen. Die freiwillige Aus- reise hat stets Vorrang. Die staatliche Rückkehrförderung für Menschen ohne Bleiberecht wollen wir finanziell besser ausstatten. Um freiwillige Ausreisen zu fördern, wollen wir staatliche und unabhängige Rückkehrberatung systematisieren und stärken. Wir streben an, dass die zuständige oberste Bundesbehörde für einzelne Herkunftsländer einen temporären nationalen Abschiebestopp erlassen kann.
>
> Asylanträge aus Ländern mit geringen Anerkennungsquoten werden zur Verfahrensbeschleunigung priorisiert."

258 Die Umsetzung dieses Programmteils wurde zwar erst mit einer gewissen Verzögerung ab Mitte 2023 konkret in Angriff genommen. In dem inzwischen deutlich veränderten politischen Diskursrahmen[262], in dem auch für die SDP und für Bündnis 90 / Die Grünen abweichend von früheren politischen Positionierungen das Bekenntnis zur Begrenzung des Flüchtlingszustroms sowie die effektive Rückführung von Personen ohne Bleiberecht ein zentraler Bestandteil der eigenen migrationspolitischen Agenda wurde, kommt dem zu diesem Zweck verabschiedeten Rückführungsverbesserungsgesetz[263] auch eine zentrale politische Bedeutung zu. In der Begründung des Gesetzentwurfs wird ausdrücklich ein Junktim zwischen einer effektiven Rückführungspraxis und der weiteren Aufnahme von Schutzsuchenden im bisherigen Umfang formuliert.[264]

259 Eine weitere Besonderheit besteht auch darin, dass ein Großteil der neuen Regelungen auf Vorschläge zurückgeht, die aus den Beratungen des Bundeskanzlers mit den Ministerpräsidenten sowie den Konsultationen der verschiedenen Arbeitsebenen nach dem 2. Flüchtlingsgipfel in verschiedenen Arbeitsgruppen entwickelt worden sind. Es wird demnach sehr konkret auf Vorschläge bzw. Forderungen der behördlichen Praxis reagiert, die im Rahmen einer informellen Gesetzesevaluation generiert wurden. Hinzu kommt aber auch an mehreren Stellen die Umsetzung von Vorgaben der Europäischen Kommission und der Rechtsprechung.

---

262 Dazu Kluth ZAR 2023, 321 f.
263 Gesetz zur Verbesserung der Rückführung (Rückführungsverbesserungsgesetz) v. 21.02.2024, BGBl. I 2024 Nr. 54 Gesetzentwurf: BT-Drs. 20/9463. Beschussempfehlung des Ausschusses für Inneres und Heimat: BT-Drs. 20/10090.
264 BT-Drs. 20/9463, S. 18.

Die neuen Regelungen sind insgesamt dadurch charakterisiert, dass der Gesetzgeber 260 sich deutlicher als in den letzten Reformgesetzgebungen im Bereich der Rückführung an den Forderungen der behördlichen Praxis orientiert und dabei auch bereit ist, rechtliche Risiken einzugehen, etwa im Bereich der Betretung und Durchsuchung von Räumen in Gemeinschaftsunterkünften, der Anordnung des Abschiebungsgewahrsams und der Abschiebungshaft sowie bei der Erweiterung der Auswertung von Datenträgern zum Zweck der Identitätsklärung.

II. Maßnahmen zur Erleichterung der Anordnung einer Rückführung

1. Änderung des § 10 Abs. 3 AufenthG (Aufenthaltstitel bei Asylantrag)

In § 10 AufenthG wird das Verhältnis des Asylverfahrens zu den regulären Aufenthaltstiteln ausgestaltet und damit der sog. Spurwechsel konkretisiert. Durch die Neuregelungen zur Fachkräfteeinwanderung ist es in diesem Bereich zu vielen Änderungen gekommen.[265] Die Änderungen in § 10 Abs. 3 AufenthG durch das Rückführungsverbesserungsgesetz beziehen sich vordergründig nur auf formale Anpassungen als Folgeänderungen zu Neuregelungen in anderen Vorschriften. Sie werfen allerdings in Bezug auf Altfälle Probleme auf. 261

„§ 10 AufenthG

(1)–(2) [...]

(3) ¹Einem Ausländer, dessen Asylantrag unanfechtbar abgelehnt worden ist oder der seinen Asylantrag zurückgenommen hat, darf vor der Ausreise ein Aufenthaltstitel nur nach Maßgabe des Abschnitts 5 erteilt werden. ²Sofern der Asylantrag nach **§ 30 Absatz 1 Nummer 3 bis 7** des Asylgesetzes abgelehnt wurde, darf vor der Ausreise kein Aufenthaltstitel erteilt werden. ³Die Sätze 1 und 2 finden im Falle eines Anspruchs auf Erteilung eines Aufenthaltstitels keine Anwendung; Satz 2 ist ferner nicht anzuwenden, wenn der Ausländer die Voraussetzungen für die Erteilung einer Aufenthaltserlaubnis nach **§ 25 Absatz 3** erfüllt."

Der Sachverständige *Wittmann* hatte in der öffentlichen Anhörung darauf hingewiesen, 262 dass es ohne eine Übergangsregelung zu Problemen bei der Rechtsanwendung in Altfällen kommen kann.[266] Darauf hat die Beschlussempfehlung reagiert und es wurde ein neuer § 104 Abs. 19 eingefügt. Danach findet die Neuregelung nur auf nach dem Inkrafttreten des Änderungsgesetzes entschiedene Fälle Anwendung.

2. Änderung in § 11 AufenthG (Einreise- und Aufenthaltsverbot)

Die unionsrechtskonforme Ausgestaltung der Regelungen zu Einreise- und Aufenthaltsverboten in § 11 AufenthG ist dem deutschen Gesetzgeber von Beginn an schwergefallen und bis heute nicht in allen Einzelheiten gelungen. Die nun vorgenommenen Anpassungen zielen vor allem auf die Einbeziehung von freiwilligen Ausreisen nach Erlass einer Abschiebungsanordnung nach § 58a und die Fälle einer Zurückweisung ab, in denen bislang keine Einreise- und Aufenthaltsverbote verhängt werden konnten. Hinzu kommen weitere Fallgruppen und klarstellende Regelungen. 263

---

265 Siehe dazu → Rn. 128.
266 Wittmann, Schriftliche Stellungnahme v. 7.12.2023, Ausschussdrucksache 20(4)348 H, S. 2 f.

"§ 11 AufenthG

(1) ¹Gegen einen Ausländer, der ausgewiesen, zurückgeschoben oder abgeschoben worden ist **oder gegen den eine Abschiebungsanordnung nach § 58a erlassen wurde**, ist ein Einreise- und Aufenthaltsverbot zu erlassen. ²**Ein Einreise- und Aufenthaltsverbot ist auch gegen einen Ausländer, der zurückgewiesen wurde, weil er unter Nutzung falscher oder verfälschter Dokumente einreisen wollte.** ³Infolge des Einreise- und Aufenthaltsverbots darf der Ausländer weder erneut in das Bundesgebiet **und das Hoheitsgebiet der anderen Mitgliedstaaten der Europäischen Union oder der anderen Schengen-Staaten** einreisen noch sich darin aufhalten noch darf ihm, selbst im Falle eines Anspruchs nach diesem Gesetz, ein Aufenthaltstitel erteilt werden. ⁴**Wenn dem Ausländer Einreise und Aufenthalt in einem anderen Mitgliedstaat der Europäischen Union oder in einem anderen Schengen-Staat erlaubt sind, erstreckt sich das Einreise- und Aufenthaltsverbot nicht auf diesen Mitgliedstaat der Europäischen Union oder diesen Schengen-Staat.**

(2) ¹Im Falle der Ausweisung, **der Abschiebungsanordnung nach § 58a oder der Zurückweisung** ist das Einreise- und Aufenthaltsverbot gemeinsam mit der Ausweisungsverfügung, **der Abschiebungsanordnung nach § 58a oder der Zurückweisungsentscheidung** zu erlassen. ²Ansonsten soll das Einreise- und Aufenthaltsverbot mit der unter der aufschiebenden Bedingung der Ab- oder Zurückschiebung spätestens mit der Ab- oder Zurückschiebung erlassen werden. ³Das Einreise- und Aufenthaltsverbot ist bei seinem Erlass von Amts wegen zu befristen. ⁴Die Frist beginnt mit der Ausreise **oder der Zurückweisung**. ⁵Die Befristung kann zur Abwehr einer Gefahr für die öffentliche Sicherheit und Ordnung mit einer Bedingung versehen werden, insbesondere einer nachweislichen Straf- oder Drogenfreiheit. ⁶Tritt die Bedingung bis zum Ablauf der Frist nicht ein, gilt eine von Amts wegen zusammen mit der Befristung nach Satz 5 angeordnete längere Befristung.

(5b) ¹Wird der Ausländer auf Grund einer Abschiebungsanordnung nach § 58a aus dem Bundesgebiet abgeschoben, soll ein unbefristetes Einreise- und Aufenthaltsverbot erlassen werden. ²In den Fällen des Absatzes 5a oder wenn der Ausländer wegen eines in § 54 Absatz 1 Nummer 1, **2 oder 2a** genannten Ausweisungsinteresses ausgewiesen worden ist, kann im Einzelfall ein unbefristetes Einreise- und Aufenthaltsverbot erlassen werden. ³Absatz 5a Satz 3 und 4 gilt entsprechend."

264 Die Erweiterungen des Anwendungsbereichs in Absatz 1 beziehen sich auf zwei Fallkonstellationen, in denen bislang Einreisesperren nicht verhängt wurden bzw. werden konnten. In den Fällen einer Abschiebungsanordnung nach § 58a AufenthG geht es dabei allerdings nur um die wenigen, aber wegen der durch den Tatbestand vorausgesetzten Gefahrenlage gleichwohl bedeutsamen Fallkonstellationen einer freiwilligen Ausreise.

265 Die Erweiterung auf Fälle der Zurückweisung, die ungenau auch als „Auslandsausweisung" bezeichnet werden, stellt eine Reaktion des Gesetzgebers auf ein Urteil des

Bundesverwaltungsgerichts[267] dar, das in diesen Fällen die Anordnung eines Einreiseverbots für rechtswidrig gehalten hat.[268] In Zukunft sind entsprechende Anordnungen nach Satz 2 möglich. Nach der ursprünglichen Fassung des Regierungsentwurfs war der Zurückweisung als solcher erforderlich, dass zusätzlich weitere Anhaltspunkte den Verdacht begründen, dass er entweder erneut unerlaubt in das Bundesgebiet einreisen will oder die Voraussetzungen des § 54 Absatz 1 Nummer 2 oder 4 vorliegen, also wegen Vorliegen eines besonders schweren Ausweisungsinteressen (nur) in den beiden angeführten Fallkonstellationen. Diese zusätzlichen Anforderungen wurden durch die Beschlussempfehlung gestrichen und damit der Anwendungsbereich der Regelung erheblich erweitert, aber auch die Handhabung wesentlich vereinfacht.

Es wird darauf hingewiesen, dass ein im Zusammenhang mit einer Zurückweisung erlassenes Einreiseverbot nicht in den Anwendungsbereich der Rückführungsrichtlinie fällt[269] und deshalb auch das Verbot der Vermischung von unionsrechtlichen und mitgliedstaatlichen Regelungen zu beachten ist.[270] Das ist aber vor allem dann relevant, wenn es Unterschiede bei den tatbestandlichen Voraussetzungen oder dem verfahrensrechtlichen Rahmen gibt. Es wäre legistisch widersinnig, für das Einreiseverbot in Fällen von Zurückweisungen eine separate Regelung zu verlangen.

Durch die Ergänzung in Satz 3 wird erreicht, dass sich das Einreiseverbot auf den gesamten Schengenraum bezieht. Dadurch werden unzulässige Sekundäremigrationen ausgeschlossen. Durch Satz 4 wird dies wiederum relativiert, wenn in anderen Schengenstaaten ein Recht zum Aufenthalt besteht.

In Absatz 2 finden sich verfahrensbezogene Folgeänderungen zur sachlichen Erweiterung des Anwendungsbereichs von Absatz 1.

3. Änderung von § 26 Abs. 1 Satz 2 AufenthG (Dauer des Aufenthalts)

„§ 26 Abs. 1 AufenthG

(1) ¹Die Aufenthaltserlaubnis nach diesem Abschnitt kann für jeweils längstens drei Jahre erteilt und verlängert werden, in den Fällen des § 25 Absatz 4 Satz 1 und Absatz 5 jedoch für längstens sechs Monate, solange sich der Ausländer noch nicht mindestens 18 Monate rechtmäßig im Bundesgebiet aufgehalten hat. ²**In den Fällen des § 25 Absatz 1 Satz 1 und Absatz 2 Satz 1 wird die Aufenthaltserlaubnis für drei Jahre erteilt.** ³Ausländern, die die Voraussetzungen des § 25 Absatz 3 erfüllen, wird die Aufenthaltserlaubnis für mindestens ein Jahr erteilt. ⁴Die Aufenthaltserlaubnisse nach § 25 Absatz 4a Satz 1 und Absatz 4b werden jeweils für ein Jahr, Aufenthaltserlaubnisse nach § 25 Absatz 4a Satz 3 jeweils für zwei Jahre erteilt und verlängert; in begründeten Einzelfällen ist eine längere Geltungsdauer zulässig."

Der Koalitionsvertrag sieht als ein Ziel den Abbau der Unterschiede zwischen den Schutzstatus der Anerkennung als Flüchtling und als subsidiär Schutzberechtigter vor.

---

267 BVerwG NVwZ 2023, 1655 f.
268 Dazu näher Hoffner/Kainz ZAR 2023, 347 ff.; Sade ZAR 2023, 255 (259); Tometten InfAuslR 2023, 392 (393).
269 Anders allerdings EuGH, RS. C-528/21, BeckRS 2023, 8399, Rn. 78 ff. In der Debatte wird die unionsrechtskonforme Umsetzung einer Richtlinie ungenau mit einer mitgliedstaatlichen Ermachtigung gleichgesetzt.
270 VGH Mannheim BeckRS 2023, 1838, Rn. 156; OVG Bremen BeckRS 2023, 27507, Rn. 66.

Diese Forderung wurde auch in der wissenschaftlichen Literatur formuliert.[271] Mit der Änderung des § 26 Abs. 1 S, 2 AufenthG wird die Angleichung nun hinsichtlich der Dauer der erteilten Aufenthaltstitel umgesetzt, allerdings vorrangig mit der damit verbundenen Entlastung der Ausländerbehörden begründet. Gleichwohl wird auch so das angestrebte Ziel in einem wichtigen Teilbereich verwirklicht.

4. Änderungen von § 48 AufenthG (Ausweisrechtliche Pflichten)

270 Neben den klassischen Ausweisdokumenten hat sich in der asyl- und ausländerrechtlichen Praxis der Zugriff auf digitale Speichermedien vor allem in Smartphones als wichtiges Hilfsmittel zur Klärung von Identität und Staatsangehörigkeit etabliert. Das Asylgesetz normiert in § 15a die Voraussetzungen für eine Datenerhebung und verweist dabei ergänzend auf die §§ 48, 48a AufenthG. Die Änderungen des § 48 AufenthG wirkt sich deshalb auch dort aus.

„§ 48 Abs. 3 AufenthG

(3) ¹Besitzt der Ausländer keinen gültigen Pass oder Passersatz, ist er verpflichtet, an der Beschaffung des Identitätspapiers mitzuwirken sowie alle Urkunden, sonstigen Unterlagen und Datenträger, die für die Feststellung seiner Identität und Staatsangehörigkeit und für die Feststellung und Geltendmachung einer Rückführungsmöglichkeit in einen anderen Staat von Bedeutung sein können und in deren Besitz er ist, den mit der Ausführung dieses Gesetzes betrauten Behörden auf Verlangen vorzulegen, auszuhändigen und zu überlassen. ²Kommt der Ausländer seiner Verpflichtung nicht nach und bestehen tatsächliche Anhaltspunkte, dass er im Besitz solcher Unterlagen oder Datenträger ist, können er und die **in seinem Besitz befindlichen** Sachen **sowie seine Wohnung nach diesen Unterlagen oder Datenträgern** durchsucht werden. ³**Durchsuchungen der Wohnung nach Satz 2 dürfen nur durch den Richter, bei Gefahr im Verzug auch durch die mit der Ausführung dieses Gesetzes betrauten Behörden angeordnet werden.** ⁴Der Ausländer hat die Maßnahme zu dulden.

(3a) ¹Das Auslesen von Datenträgern, einschließlich mobiler Geräte und Cloud-Dienste, ist zum Zwecke der Sicherstellung einer Auswertung nach Absatz 3b zulässig, wenn es zur Feststellung der Identität und der Staatsangehörigkeit und für die Feststellung und Geltendmachung einer Rückführungsmöglichkeit erforderlich ist, da der Ausländer keinen gültigen Pass, Passersatz oder sonstigen geeigneten Identitätsnachweis besitzt. ²Der Ausländer hat die notwendigen Zugangsdaten für ein zulässiges Auslesen der Datenträger zur Verfügung zu stellen.

(3b) ¹Das Auswerten der ausgelesenen Daten ist nur zulässig, soweit dies für die Feststellung der Identität und Staatsangehörigkeit des Ausländers und für die Feststellung und Geltendmachung einer Rückführungsmöglichkeit in einen anderen Staat nach Maßgabe von Absatz 3 erforderlich ist und der Zweck der Maßnahme nicht durch mildere Mittel erreicht werden kann. ²Liegen tatsächliche Anhaltspunkte für die Annahme vor, dass durch die Auswertung von Datenträgern allein Erkenntnisse aus dem Kernbereich privater Lebensgestaltung

---

271 Bast ZAR 2018, 41 ff.

C. Neuregelungen im Bereich des Rückführungsrechts

erlangt würden, ist die Maßnahme unzulässig. ³Erkenntnisse aus dem Kernbereich privater Lebensgestaltung, die durch die Auswertung von Datenträgern erlangt werden, dürfen nicht verwertet werden. ⁴Aufzeichnungen hierüber sind unverzüglich zu löschen. ⁵Die Tatsache ihrer Erlangung und Löschung ist aktenkundig zu machen. ⁶Die Datenträger dürfen nur von einem Bediensteten ausgewertet werden, der die Befähigung zum Richteramt hat.

(3c) ¹Ausgelesene Daten sind unverzüglich zu löschen, sobald sie für die Feststellung der Identität und Staatsangehörigkeit des Ausländers und für die Feststellung und Geltendmachung einer Rückführungsmöglichkeit nicht mehr erforderlich sind. ²Das Auslesen, Auswerten und Löschen von Daten ist zu dokumentieren. ³Durch geeignete technische und organisatorische Maßnahmen nach den Artikeln 24, 25 und 32 der Verordnung (EU) 2016/679 ist sicherzustellen, dass kein unberechtigter Zugriff auf die ausgelesenen Daten erfolgt.

Die umfangreichen und grundrechtsintensiven Neuregelungen stellen ausweislich der Begründung des Gesetzentwurfs eine Reaktion auf die Erfahrungen und Vorschläge der behördlichen Praxis dar.²⁷² Dabei soll durch möglichst genaue gesetzliche Vorgaben die Wahrung des Grundsatzes der Verhältnismäßigkeit sichergestellt werden, wie sie auch durch die Rechtsprechung gefordert wurde.²⁷³

271

Bislang sind entsprechende Maßnahmen zwar bei einer Durchsuchung im Rahmen des § 58 Absatz 6 möglich, aber ohne Auswirkungen für die Identitätsklärung, da zu dem für die Durchsuchung nach § 58 Absatz 6 maßgeblichen Zeitpunkt der Durchführung der Abschiebung die Identität regelmäßig schon geklärt ist. Es geht also um eine zeitliche Vorverlagerung.

272

Die ungeklärte Identität ist in der Rückführungspraxis nach wie vor eines der Haupthindernisse bei der Durchsetzung der Ausreisepflicht von vollziehbar ausreisepflichtigen Ausländern. Durch die Aufnahme der Durchsuchungsbefugnis der Wohnung und der in seinem Besitz befindlichen Sachen in § 48 Absatz 3 und das Vorziehen der Durchsuchungsbefugnis auf die Zeitspanne der Vorbereitung der Abschiebung soll die Identitätsklärung erleichtert werden.

273

In Absatz 3 wird die Reichweite des Rechts zur Durchsuchung von Ausländern nach Unterlagen und Datenträgern, die für die Feststellung seiner Identität und Staatsangehörigkeit und für die Feststellung und Geltendmachung einer Rückführungsmöglichkeit in einen anderen Staat von Bedeutung sein können, deutlich ausgedehnt. Die bisherige Formulierung in Satz 2 „von ihm mitgeführte Sachen" wurde durch „in seinem Besitz befindlichen Sachen" ersetzt. In der Gesetzesbegründung wird dies dahingehend erläutert, dass auf diese Weise auch räumlich entfernte Unterlagen und Datenträger, die sich z.B. in Schließfächern befinden, in die Durchsuchung einbezogen werden sollen.²⁷⁴ Nicht erfasst sind Unterlagen und Datenträger, die durch Dritte aufbewahrt werden. Insoweit müsste der Gesetzgeber ergänzend einen Herausgabeanspruch der

274

---

272 BT-Drs. 20/9463, S. 19.
273 BVerwG ZAR 2023, 220 zur Parallelvorschrift des § 15a Asyl.
274 BT-Drs. 20/9463, S. 38.

Behörde mit entsprechenden Vollzugsrechten normieren. Ob dafür ein entsprechender praktischer Bedarf besteht, lässt sich aber schwer abschätzen.

275 Die zweite sachliche Erweiterung der Befugnisse besteht darin, dass auch die Wohnung des Ausländers nach diesen Unterlagen oder Datenträgern durchsucht werden darf. Diese Erweiterung hat aufgrund des Art. 13 Abs. 2 GG die Ergänzung des Richtervorbehalts in Satz 3 zur Folge. In Bezug auf die Anordnung ist zu beachten, dass die im Gesetz vorausgesetzten „tatsächlichen Anhaltspunkte" von der Behörde mehr verlangen als die allgemeine lebenspraktische Annahme, dass entsprechende Unterlagen oder Datenträger in der Wohnung, ggf. einem Raum einer Gemeinschaftsunterkunft, aufbewahrt werden.

276 Der Gesetzgeber hat die Datenverarbeitung[275] in den Absätzen 3a bis 3c systematisch neu geordnet und detailliert geregelt. In Absatz 3a wird das Auslesen normiert, in Absatz 3b das Auswerten und in Absatz 3b eine Löschungspflicht statuiert.

277 Durch Absatz 3a wird die Behörde zum Auslesen von Datenträgern, einschließlich mobiler Geräte und Cloud-Dienste zum Zwecke der Sicherstellung einer Auswertung nach Absatz 3b ermächtigt, wenn es zur Feststellung der Identität und der Staatsangehörigkeit und für die Feststellung und Geltendmachung einer Rückführungsmöglichkeit erforderlich ist, da der Ausländer keinen gültigen Pass, Passersatz oder sonstigen geeigneten Identitätsnachweis besitzt. Neu ist hier vor allem die Einbeziehung von Cloud-Diensten. Diesbezüglich geht die Regierungsbegründung davon aus, dass es sich um einen im deutschen Recht etabliert Rechtsbegriff handle, der u.a. in § 3 Urheberrechts-Diensteanbieter-Gesetz und in landesrechtlichen Regelungen verwendet werde. Das Bedürfnis für die Klarstellung ergebe sich aus der zunehmenden Bedeutung dieser Form der Datenspeicherung bei Personen aus vielen Herkunftsländern.[276] Man kann die hinreichende Bestimmtheit des Begriffs Cloud-Dienste mit entsprechenden theoretischen Erwägungen sicher in Zweifel ziehen. In der Praxis ist aber in der Regel schnell und leicht zu erkennen, welche Dienste damit gemeint sind, da es sich in der Regel um die marktüblichen Standarddienstleistungen handelt.

278 Nach Satz 2 hat der Ausländer die notwendigen Zugangsdaten für ein zulässiges Auslesen der Datenträger zur Verfügung zu stellen. Anknüpfend an diese Verpflichtung kann im Falle der Auskunftsverweigerung eine Ersatzvornahme angeordnet werden.

279 In Absatz 3b werden die Voraussetzungen für das Auswerten der ausgelesenen Daten detailliert normiert. Es ist nur zulässig, soweit dies für die Feststellung der Identität und Staatsangehörigkeit des Ausländers und für die Feststellung und Geltendmachung einer Rückführungsmöglichkeit in einen anderen Staat nach Maßgabe von Absatz 3 erforderlich ist und der Zweck der Maßnahme nicht durch mildere Mittel erreicht werden kann.

---

275 Die DSGVO verwendet diesen Begriff als Oberbegriff für alle relevanten Vorgänge. Die Legaldefinition findet sich in Art. 4 Nr. 2: „Verarbeitung" jeden mit oder ohne Hilfe automatisierter Verfahren ausgeführten Vorgang oder jede solche Vorgangsreihe im Zusammenhang mit personenbezogenen Daten wie das Erheben, das Erfassen, die Organisation, das Ordnen, die Speicherung, die Anpassung oder Veränderung, das Auslesen, das Abfragen, die Verwendung, die Offenlegung durch Übermittlung, Verbreitung oder eine andere Form der Bereitstellung, den Abgleich oder die Verknüpfung, die Einschränkung, das Löschen oder die Vernichtung.
276 BT-Drs. 20/9463, S. 35.

Liegen tatsächliche Anhaltspunkte für die Annahme vor, dass durch die Auswertung 280
von Datenträgern allein Erkenntnisse aus dem Kernbereich privater Lebensgestaltung
erlangt würden, ist die Maßnahme unzulässig. Dabei handelt es sich um eine in diesen
Fallkonstellationen übliche Vorgabe, die sich in ähnlicher Form u.a. auch in den Polizeigesetzen findet.[277]

Erkenntnisse aus dem Kernbereich privater Lebensgestaltung, die durch die Auswertung von Datenträgern erlangt werden, dürfen nicht verwertet werden. Aufzeichnungen hierüber sind unverzüglich zu löschen. Die Tatsache ihrer Erlangung und Löschung ist aktenkundig zu machen. 281

Die Datenträger dürfen nur von einem Bediensteten ausgewertet werden, der die Befähigung zum Richteramt hat. 282

Die Gesamtbeurteilung der Verhältnismäßigkeit der Befugnisse nach den Absätzen 3a 283
und 3b muss berücksichtigen, dass die Handlungsmöglichkeiten des Staates bei der
Identitätsklärung wegen des menschenrechtlichen Verbots der Erzwingung von Wissenserklärungen auf den Zugriff auf Unterlagen und Daten beschränkt ist und davon
zugleich die Möglichkeiten der auch unionsrechtlich gebotenen Rückführung in Fällen
eines fehlenden Aufenthaltstitels bzw. einer vollziehbaren Ausreisepflicht abhängen.
Deshalb kann die Verhältnismäßigkeit der Regelungen auch nicht durch einen pauschalen Hinweis auf Presseberichte zu geringen Erfolgsquoten in Frage gestellt werden.[278]

5. Änderungen in § 50 AufenthG (Ausreisepflicht)

Die Änderungen im Bereich der Ausreispflicht gehen z.T. auf Empfehlungen des Rates 284
der Europäischen Union zurück oder stellen Folgeänderungen zu den Änderungen in
§ 48 dar.

„§ 50 AufenthG

(1) ...

(2) Der Ausländer hat das Bundesgebiet **und das Hoheitsgebiet der anderen Mitgliedstaaten der Europäischen Union und der anderen Schengen-Staaten unverzüglich** oder, wenn ihm eine Ausreisefrist gesetzt ist, bis zum Ablauf der Frist zu verlassen.

(3) ...

(5) **Der Pass, der Passersatz oder sonstige Urkunden, Unterlagen und Datenträger eines ausreisepflichtigen Ausländers, die zur Feststellung seiner Identität und Staatsangehörigkeit und für die Feststellung und Geltendmachung einer Rückführungsmöglichkeit in einen anderen Staat von Bedeutung sind, sollen bis zur Ausreise des ausreisepflichtigen Ausländers in Verwahrung genommen werden.**

(6) ¹Ein Ausländer kann zum Zweck der Aufenthaltsbeendigung in den Fahndungshilfsmitteln der Polizei zur Aufenthaltsermittlung und Festnahme ausgeschrieben werden, wenn sein Aufenthalt unbekannt ist. ²**Ein Ausländer kann auch zum**

---

[277] Schwabenbauer, in: Lisken/Denninger, Handbuch des Polizeirechts, 7. Aufl. 2021, Abschnitt G, Rn. 143 ff.
[278] So aber Wittmann, Schriftliche Stellungnahme v. 7.12.2023, Ausschussdrucksache 20(4)348 H, S. 27.

Zweck der Identitätsklärung in den Fahndungshilfsmitteln der Polizei ausgeschrieben werden, soweit dies zur Feststellung seiner Identität erforderlich ist. ³Ein Ausländer, gegen den ein Einreise- und Aufenthaltsverbot nach § 11 besteht, ist zum Zweck der Einreiseverweigerung, zur Zurückweisung und für den Fall des Antreffens im Bundesgebiet zur Festnahme in den Fahndungsmitteln der Polizei auszuschreiben, sofern zu diesem Zweck keine Ausschreibung in das Schengener Informationssystem gemäß der Verordnung (EU) 2018/1861 des Europäischen Parlaments und des Rates vom 28. November 2018 über die Einrichtung, den Betrieb und die Nutzung des Schengener Informationssystems (SIS) im Bereich der Grenzkontrollen, zur Änderung des Übereinkommens zur Durchführung des Übereinkommens von Schengen und zur Änderung und Aufhebung der Verordnung (EG) Nr. 1987/2006 (ABl. L 312 vom 7.12.2018 S. 14) erfolgt ist oder eine solche Ausschreibung gemäß der Verordnung (EU) 2018/1861 aus Gründen gelöscht wird, die der ausschreibende Schengen-Staat nicht zu vertreten hat. ⁴Für Ausländer, die gemäß § 15a verteilt worden sind, gilt § 66 des Asylgesetzes entsprechend."

285 Mit der Ausweitung des geographischen Geltungsbereichs in § 50 Absatz 2 folgt der Bundesgesetzgeber der ersten Empfehlung des Rates der Europäischen Union vom 2. Oktober 2020 zur Beseitigung der bei der Evaluierung 2019 der Anwendung des Schengen-Besitzstandes im Bereich der Rückführung durch Deutschland festgestellten Mängel (Dok. 11296/20) und zur Umsetzung der 4. Empfehlung des Rates der Europäischen Union vom 2. Oktober 2020 zur Beseitigung der bei der Evaluierung 2020 der Anwendung des Schengen-Besitzstandes im Bereich der Rückführung durch Deutschland festgestellten Mängel (Dok. 11286/20). Danach soll Deutschland die nationalen Rechtsvorschriften und die Praxis ändern, um sicherzustellen, dass Rückkehrentscheidungen gegen illegal aufhältige Drittstaatsangehörige eine eindeutige Verpflichtung zur Rückkehr in einen Drittstaat im Sinne der Definition des Begriffs „Rückkehr" in Artikel 3 Nummer 3 der Rückführungsrichtlinie enthalten.

286 § 50 Absatz 2 enthält bislang nur die Verpflichtung, das deutsche Hoheitsgebiet bis zum Ablauf der Ausreisepflicht zu verlassen. Auch die im Rahmen der Evaluierungen von den deutschen Behörden vorgelegten Abschiebungsandrohungen enthielten lediglich die Verpflichtung, das deutsche Hoheitsgebiet zu verlassen. Dies kann nach Ansicht der Bundesregierung bei den ausreisepflichtigen Ausländern zu Missverständnissen führen und ungewollt zur Folge haben, dass es zu unerlaubter Sekundärmigration in Richtung anderer EU-Mitgliedstaaten und Schengen-Staaten kommt. Mit der Änderung soll dies in Zukunft verhindert werden.

287 Durch die Neufassung von Absatz 5 wird die Erweiterung des § 48 Abs. nachvollzogen. Das bedeutet konkret, dass nicht nur Pass und Passersatz, sondern auch sonstige Urkunden, Unterlagen und Dokumente erfasst werden, die im Zusammenhang mit einer Rückführung von Bedeutung sein können. Das ist mit Blick auf die Praxis sinnvoll, etwas in den Fällen, in denen ein Pass vor der Rückführung abläuft und die Dokumente für die Ersatzbeschaffung hilfreich sind. Es wird verhindert, dass diese in der Zwischenzeit verlorengehen oder beseitigt werden.

In der Praxis kann sich in Bezug auf die zusätzlich erfassten Dokumente die Frage stellen, wie zu verfahren ist, wenn der Ausländer diese in anderen Zusammenhängen benötigt.[279] In diesen vermutlich eher seltenen Fällen dürfte die Anfertigung und Aushändigung von beglaubigten Kopien eine angemessene Vorgehensweise darstellen. 288

Der in Absatz 6 ergänzte Satz 2 ermöglicht es in Zukunft, einen Ausländer auch zurm Zweck der Identitätsklärung in den Fahndungshilfsmitteln der Polizei auszuschreiben. Eine Ausreisepflicht wird dabei nach dem Wortlaut nicht vorausgesetzt. Auch eine ungeklärte Staatsangehörigkeit ist als Teil der Identität anzusehen, so dass auch in diesen Fällen eine Ausschreibung erfolgen kann. 289

Durch den neuen Absatz 6 Satz 3 wird der bisherige Satz 2 modifiziert und in seinem Anwendungsbereich auf rein nationale Maßnahmen reduziert. Damit wird dem unionsrechtlichen Normwiederholungsverbot Rechnung getragen, gegen das die bisherige Regelung verstoßen hatte. Nach Art. 24 Abs. 1 lit. b) der VO (EU) 2018/1861 (SIS-VO) sind die Mitgliedstaaten kraft unmittelbar geltendem Unionsrechts verpflichtet, Personen, gegen die ein Einreiseverbot nach der Rückführungsrichtlinie verhängt wurde, zur Einreise- und Aufenthaltsverweigerung im Schengener Informationssystem auszuschreiben. Dagegen sind die Mitgliedstaaten nach Art. 24 Abs. 1 lit. a) der VO (EU) 2018/1861 zur Ausschreibung zur Einreise- und Aufenthaltsverweigerung verpflichtet, wenn ein einzelner Mitgliedstaat ein auf innerstaatlichen Vorschriften beruhendes Einreise- und Aufenthaltsverbot verhängt hat und dieser Grundlage eine nationale Ausschreibung der Einreise- und Aufenthaltsverweigerung veranlasst. Dazu bedarf es einer nationalen Regelung, wie sie jetzt in Satz 3 vorliegt. 290

6. Änderung von § 52 AufenthG (Widerruf)

„§ 52 AufenthG

(1) ¹Der Aufenthaltstitel des Ausländers nach § 4 Absatz 1 Satz 2 Nummer 1 zweite Alternative, Nummer 2, 2a, 2b, 2c, 3 und 4 kann außer in den Fällen der Absätze 2 bis 6 nur widerrufen werden, wenn

1. er keinen gültigen Pass oder Passersatz mehr besitzt,
2. er seine Staatsangehörigkeit wechselt oder verliert,
3. er noch nicht eingereist ist,
4. seine Anerkennung als Asylberechtigter oder seine Rechtsstellung als Flüchtling oder als subsidiär Schutzberechtigter erlischt oder unwirksam wird oder
5. Die Ausländerbehörde nach Erteilung einer Aufenthaltserlaubnis nach § 25 Abs. 3 Satz 1 feststellt, dass
   a) die Voraussetzungen des § 60 Absatz 5 oder 7 nicht oder nicht mehr vorliegen,
   b) der Ausländer einen der Ausschlussgründe nach § 25 Abs. 3 Satz 2 Nummer 1 bis 4 erfüllt oder
   c) in den Fällen des § 42 Satz 1 des Asylgesetzes die Feststellung aufgehoben oder unwirksam wird. ²**Satz 1 Nummer 1 findet keine Anwendung auf Inhaber einer Niederlassungserlaubnis (§ 9) oder einer Erlaubnis zum Daueraufenthalt – EU (§ 9a), wenn die Beschaffung eines Passes oder Passersatzes jedes**

---

[279] Darauf weist Wittmann, Schriftliche Stellungnahme v. 7.12.2023, Ausschussdrucksache 20(4)348 H, S. 35 f. hin.

Staates, dessen Staatsangehörigkeit sie besitzen, nicht in zumutbarer Weise möglich ist. ³In den Fällen des Satzes 1 Nr. 4 und 5 kann auch der Aufenthaltstitel der mit dem Ausländer in familiärer Gemeinschaft lebenden Familienangehörigen widerrufen werden, wenn diesen kein eigenständiger Anspruch auf den Aufenthaltstitel zusteht."

291 § 52 Abs. 1 Satz 1 AufenthG ermöglicht den nachträglichen Widerruf eines bereits erteilten Aufenthaltstitels nach pflichtgemäßem Ermessen, wenn der Betroffene keinen gültigen Pass oder Passersatz mehr besitzt. Nach der Begründung des Regierungsentwurfs[280] soll § 52 Abs. 1 Satz 2 AufenthG nunmehr aus Gründen der Verhältnismäßigkeit klarstellen, dass ein entsprechender Widerruf dann nicht erfolgen kann, wenn der Betroffene einen unbefristeten Aufenthaltstitel besitzt und eine Beschaffung von Reisepapieren nicht in zumutbarer Weise möglich ist. In diesen Fällen wird den Betroffenen schon nach gegenwärtiger Rechtslage ein Reiseausweis für Ausländer ausgestellt (§ 5 Abs. 1 AufenthV).

292 Aus der Gesetzesänderung folgt vor diesem Hintergrund keine Änderungen in der Praxis.

7. Änderung von § 54 AufenthG (Ausweisungsinteressen)

293 Erweiterungen im Bereich des Ausweisungsinteresses sind schon bei vorausgehenden Gesetzesreformen zur Verbesserung der Rückführungen vorgenommen worden. Dieser Pfad wird weiter beschritten.

„§ 54 AufenthG

(1) Das Ausweisungsinteresse im Sinne von § 53 Absatz 1 wiegt besonders schwer, wenn der Ausländer

1. ...

1c. wegen einer oder mehrerer Straftaten nach § 96 rechtskräftig zu einer Freiheits- oder Jugendstrafe von mindestens einem Jahr verurteilt worden ist,

2. ...

2a. die Sicherheit der Bundesrepublik Deutschland gefährdet; hiervon ist auszugehen, wenn Tatsachen die Schlussfolgerung rechtfertigen, dass er einer Vereinigung im Sinne des § 129 des Strafgesetzbuches angehört oder angehört hat,

3. ...

(2) Das Ausweisungsinteresse im Sinne von § 53 Absatz 1 wiegt schwer, wenn der Ausländer

1. wegen einer oder mehrerer vorsätzlicher Straftaten rechtskräftig zu einer Freiheitsstrafe von mindestens sechs Monaten verurteilt worden ist,

2. wegen einer oder mehrerer vorsätzlicher Straftaten rechtskräftig zu einer Jugendstrafe von mindestens einem Jahr verurteilt und die Vollstreckung der Strafe nicht zur Bewährung ausgesetzt worden ist,

---

280 BT-Drs. 20/9463, S. 38.

2a. wegen vorsätzlicher Straftaten nach dem 17., 19. oder 20. Abschnitt des Strafgesetzbuchs, die innerhalb eines Zeitraums von zwölf Monaten begangen wurden, mehrfach rechtskräftig zu einer Geld- oder Freiheitsstrafe verurteilt wurde; Verurteilungen zu Geldstrafen bis zu 90 Tagessätzen bleiben außer Betracht,
3. als Täter oder Teilnehmer den Tatbestand **des § 96 oder des § 97 oder** des § 29 Absatz 1 Satz 1 Nummer 1 des Betäubungsmittelgesetzes verwirklicht oder dies versucht,
9. wegen einer oder mehrerer vorsätzlicher Straftaten rechtskräftig zu einer Geld- oder Freiheitsstrafe verurteilt wurde und im Rahmen des Urteils ein antisemitischer, rassistischer, fremdenfeindlicher, geschlechtsspezifischer, gegen die sexuelle Orientierung gerichteter oder sonstiger menschenverachtender Beweggrund im Sinne des § 46 Absatz 2 Satz 2 des Strafgesetzbuches ausdrücklich festgestellt wurde. Verurteilungen zu Geldstrafen bis zu 90 Tagessätzen bleiben außer Betracht oder
10. ..."

Durch die Neufassung begründen rechtskräftige Verurteilungen nach § 96 AufenthG (Schleuserkriminalität) bereits dann ein besonders schweres Ausweisungsinteresse, wenn eine Freiheits- oder Jugendstrafe von mindestens einem Jahr ausgesprochen wurde. Ein schweres Ausweisungsinteresse liegt immer dann vorliegen, wenn der der Betroffene sich in irgendeiner Weise nach § 96 AufenthG strafbar gemacht hat (§ 54 Abs. 2 Nr. 3). Eine Verurteilung ist insoweit nicht erforderlich. Nach der Gesetzesbegründung dient die Gesetzesänderung dem Zweck, das Interesse an der Ausweisung der Betroffenen in den Fällen mittlerer Schleuserkriminalität stärker zu gewichten und dem hohen Allgemeininteresse an der Bekämpfung der Schleuserkriminalität durch stärkere Sanktionierung selbst geringfügiger Fälle Rechnung zu tragen.[281]

294

Die Ergänzung in Ansatz 1 Nr. 2a bezieht sich auf Bestrafung wegen der Mitgliedschaft in einer kriminellen Vereinigung gem. § 129 StGB. Diese Regelung war im Vorfeld unzutreffend durch die Charakterisierung als Sippenhaft kritisiert worden. Der Tatbestand bietet dafür aber ebenso wenig einen Anhaltspunkt wie § 129 StGB selbst, der einen entsprechenden Nachweis für jede Einzelperson verlangt.

295

In Bezug auf die Variante „angehört hat", die dazu führt, dass auch Personen erfasst werden, die sich inzwischen von der kriminellen Vereinigung distanziert haben, wird überzeugend kritisiert, dass es an einer Reueklausel fehlt, wie sie in der vorausgehenden Nr. 2 am Ende vorgesehen ist.[282]

296

Aufgrund der Beschlussempfehlung des Ausschusses für Inneres und Heimat wurde in Absatz 2 eine neue Nummer 2a eingefügt.[283] Diese begründet ein schweres Ausweisungsinteresse, wenn ein Ausländer wegen mehrerer Straftaten gegen die körperliche Unversehrtheit, Diebstahl oder Unterschlagung oder Raub und Erpressung innerhalb eines Zeitraums von einem Jahr mehrfach rechtskräftig zu einer Geld- oder Freiheits-

297

---

281 BT-Drs. 20/9463, S. 38, 40.
282 Wittmann, Schriftliche Stellungnahme v. 7.12.2023, Ausschussdrucksache 20(4)548 H, S. 45.
283 BT-Drs. 20/10090, S. 6.

strafe verurteilt wurde, wobei Verurteilungen zu Geldstrafen bis zu 90 Tagessätzen außer Betracht bleiben. Damit sollen ausweislich der Begründung sog. Intensivstraftäter besser erfasst werden.[284] Voraussetzung ist nach dem Wortlaut kumulativ, dass der Ausländer wegen mehrerer Straftaten, die durch die Nummer erfasst werden, mehrfach verurteilt wurde, also mindestens zweimal. Fraglich ist allerdings, ob dann schon im Sinne der Begründung von einem Intensivstraftäter gesprochen werden kann. Es handelt sich dabei um ein Konzept der Kriminalämter, das nicht einheitlich und eindeutig definiert ist. In der Regel wird dabei von deutlich mehr als zwei Straftaten ausgegangen und die untere Grenze nicht ausdrücklich ausgewiesen. Vor diesem Hintergrund dürften zwei Verurteilungen in der Regel noch nicht ausreichen.

298 Ergänzt wurde in Absatz 2 zudem eine neue Nummer 9, die sich auf Fälle bezieht, in denen im Rahmen des Urteils ein antisemitischer, rassistischer, fremdenfeindlicher, geschlechtsspezifischer, gegen die sexuelle Orientierung gerichteter oder sonstiger menschenverachtender Beweggrund im Sinne des § 46 Absatz 2 Satz 2 des Strafgesetzbuches ausdrücklich festgestellt wurde. § 46 StGB hat seine aktuelle Fassung erst durch die Änderungen in den Jahren 2021 und 2023 erhalten, durch die auf antisemitische und geschlechtsdiskriminierende Verhaltensmotive reagiert wurde.[285] Finden sich in den Urteilsgründen entsprechende Feststellung, so kann das schwere Ausweisungsinteresse auf Absatz 2 Nummer 9 gestützt werden.

299 Insgesamt dürfte es durch die Änderungen in Zukunft leichter werden, bei praxisrelevanten Konstellationen das überwiegende Ausweisungsinteresse zu begründen.

8. Änderung von § 56 AufenthG (Überwachung ausreisepflichtiger Ausländer)

„§ 56 AufenthG

(1) ¹Ein Ausländer, gegen den eine Ausweisungsverfügung auf Grund eines Ausweisungsinteresses nach § 54 Absatz 1 Nummer 2 bis 5 oder eine Abschiebungsanordnung nach § 58a besteht, unterliegt der Verpflichtung, sich mindestens einmal wöchentlich bei der für seinen Aufenthaltsort zuständigen polizeilichen Dienststelle zu melden, soweit die Ausländerbehörde nichts anderes bestimmt. ²Eine dem Satz 1 entsprechende Meldepflicht kann angeordnet werden, wenn der Ausländer

1. vollziehbar ausreisepflichtig ist und ein in Satz 1 genanntes Ausweisungsinteresse besteht oder

2. auf Grund anderer als der in Satz 1 genannten Ausweisungsinteressen vollziehbar ausreisepflichtig ist und die Anordnung der Meldepflicht zur Abwehr einer Gefahr für die öffentliche Sicherheit und Ordnung erforderlich ist.

(2) Sein Aufenthalt ist auf den Bezirk der Ausländerbehörde beschränkt, soweit die Ausländerbehörde keine abweichenden Festlegungen trifft.

(3) ...

---

284 BT-Drs. 20/10090, S. 16.
285 Gesetz zur Bekämpfung des Rechtsextremismus und der Hasskriminalität v. 30.3.2021, BGBl. 2021 I 441 und Gesetz zur Überarbeitung des Sanktionenrechts – Ersatzfreiheitsstrafe, Strafzumessung, Auflagen und Weisungen sowie Unterbringung in einer Entziehungsanstalt v. 26.07.2023, BGBl. 2023 I Nr. 203. Zur Reform BeckOK StGB/von Heintschel-Heinegg, 59. Ed. 1.11.2023, StGB § 46 Rn. 189.

(5) ¹Die Verpflichtungen nach den Absätzen 1 bis 4 ruhen, wenn sich der Ausländer in Haft befindet. ²Eine Anordnung nach den Absätzen **1 bis 4** ist sofort vollziehbar."

Die kleine Änderung in Absatz 5, durch die sofortige Vollziehbarkeit kraft Gesetzes, die bislang auf Anordnungen nach Absatz 3 beschränkt war, auf alle Anordnungen erweitert wird, hat eine erhebliche praktische Bedeutung für die Praxis. Die Regelung erweist sich auch als folgerichtig und begegnet keinen rechtlichen Bedenken.

III. Maßnahmen zur Erleichterung der Durchführung einer Rückführung

Weitere Regelungen des Gesetzes beziehen sich auf die Durchführung einer Rückführung und damit jenen Bereich, der als besonders defizitär eingestuft wird.

1. Änderung von § 58 AufenthG (Abschiebung)

Zentralnorm für den Bereich der Rückführung ist § 58 AufenthG. Es überrascht deshalb nicht, dass durch das Gesetz auch an dieser Regelung bedeutsame Änderungen in Gestalt von Befugniserweiterungen vorgenommen werden.

„§ 58 AufenthG

(5) ¹Soweit der Zweck der Durchführung der Abschiebung es erfordert, kann die die Abschiebung durchführende Behörde die Wohnung des abzuschiebenden Ausländers zu dem Zweck seiner Ergreifung betreten, wenn Tatsachen vorliegen, aus denen zu schließen ist, dass sich der Ausländer dort befindet. ²**In Formen gemeinschaftlicher Unterbringung gilt Satz 1 auch für die Wohnung anderer Personen sowie für gemeinschaftlich genutzte Räumlichkeiten.** ³Die Wohnung umfasst die Wohn- und Nebenräume, Arbeits-, Betriebs- und Geschäftsräume sowie anderes befriedetes Besitztum.

(7) ¹Zur Nachtzeit darf die Wohnung nur betreten oder durchsucht werden, wenn Tatsachen vorliegen, aus denen zu schließen ist, dass die Ergreifung des Ausländers zum Zweck seiner Abschiebung andernfalls vereitelt wird. ²Die Organisation der Abschiebung ist keine Tatsache im Sinne von Satz 1, **es sei denn, es handelt sich um Bedingungen, die durch die die Abschiebung durchführende Behörde nicht beeinflusst werden können.**

(8) ¹Durchsuchungen nach Absatz 6 dürfen nur durch den Richter, bei Gefahr im Verzug auch durch die die Abschiebung durchführende Behörde angeordnet werden. ²Die Annahme von Gefahr im Verzug kann nach Betreten der Wohnung nach Absatz 5 nicht darauf gestützt werden, dass der Ausländer nicht angetroffen wurde.

(9) ¹Der Inhaber der zu durchsuchenden Räume darf der Durchsuchung beiwohnen. ²Ist er abwesend, so ist, wenn möglich, sein Vertreter oder ein erwachsener Angehöriger, Hausgenosse oder Nachbar hinzuzuziehen. ³Dem Inhaber oder der in dessen Abwesenheit hinzugezogenen Person ist in den Fällen des Absatzes 6 Satz 2 der Zweck der Durchsuchung vor deren Beginn bekannt zu machen. ⁴Über die Durchsuchung ist eine Niederschrift zu fertigen. ⁵Sie muss die verantwortliche Dienststelle, Grund, Zeit und Ort der Durchsuchung und, falls keine gerichtliche Anordnung ergangen ist, auch Tatsachen, welche die Annahme einer Gefahr im Verzug begründet haben,

enthalten. ⁶Dem Wohnungsinhaber oder seinem Vertreter ist auf Verlangen eine Abschrift der Niederschrift auszuhändigen. ⁷Ist die Anfertigung der Niederschrift oder die Aushändigung einer Abschrift nach den besonderen Umständen des Falles nicht möglich oder würde sie den Zweck der Durchsuchung gefährden, so sind dem Wohnungsinhaber oder der hinzugezogenen Person lediglich die Durchsuchung unter Angabe der verantwortlichen Dienststelle sowie Zeit und Ort der Durchsuchung schriftlich zu bestätigen.

(9a) ¹Für richterliche Anordnungen nach Absatz 8 ist die ordentliche Gerichtsbarkeit zuständig. ²Für das Verfahren gelten die Vorschriften des Gesetzes über das Verfahren in Familiensachen und in den Angelegenheiten der freiwilligen Gerichtsbarkeit entsprechend. ³Die Länder können abweichend von den Sätzen 1 und 2 auch die Zuständigkeit der Verwaltungsgerichtsbarkeit festlegen.

(10) ¹Weitergehende Regelungen der Länder, die den Regelungsgehalt der Absätze 5 bis 9 betreffen, bleiben unberührt. ²**Dies gilt entsprechend für Regelungen des Bundes und der Länder, die den Regelungsgehalt des Absatzes 4 betreffen.**

303 Ein auch in der medialen Kritik an der Abschiebungspraxis immer wieder hervorgehobenes Beispiel für die Schwächen des geltenden Rechts ist die Fallkonstellation, dass die Vollzugsbeamten den abzuschiebenden Ausländer nicht in seinem Raum in der Gemeinschaftsunterkunft antreffen, für die eine richterliche Betretungs- und Durchsuchungsanordnung vorliegt, es aber verlässliche Hinweise darauf gibt, in welchem anderen Raum die gesuchte Person sich aufhält. Der Zutritt zu diesem Raum ist in der ohne richterliche Anordnung möglichen Form des Betretens nach bisheriger Rechtslage nicht eröffnet. In diesen Fällen musste immer eine Durchsuchung nach Absatz 6 durch einen Richter angeordnet werden.[286] Dafür hatte die Rechtsprechung hohe Anforderungen gestellt, insbesondere hinsichtlich der Tatsachen, aus denen abgeleitet wurde, dass sich der abzuschiebende Ausländer in den „anderen" Räumen aufhält.[287] Hier schafft die Ergänzung in Absatz 5 Satz 2 Abhilfe. In Formen gemeinschaftlicher Unterbringung umfasst das Betretungsrecht nach Satz 1 jetzt auch die Wohnung anderer Personen sowie gemeinschaftlich genutzte Räumlichkeiten.

304 Der Begriff der gemeinschaftlich genutzten Räumlichkeiten versteht das Gesetz im Sinne von Artikel 18 Absatz 1 Buchstabe b und c der Richtlinie 2013/33/EU des Europäischen Parlaments und des Rates vom 26. Juni 2013 zur Festlegung von Normen für die Aufnahme von Personen, die internationalen Schutz beantragen (Aufnahmerichtlinie). Hierzu gehören Aufnahmeeinrichtungen nach § 44 AsylG, Gemeinschaftsunterkünfte nach § 53 AsylG sowie andere für die gemeinschaftliche Unterbringung gewählte Formen wie etwa die Anmietung eines ganzen oder von Teilen eines Hotels.[288]

305 Die Neuregelungen in Absatz 5 sind verfassungsrechtlich unbedenklich. Es wird zwar seit Jahren in Rechtsprechung und Literatur darüber gestritten, wie die Betretungs- und die Durchsuchungsbefugnis abzugrenzen sind und ab welcher Schwelle der Rich-

---

286 Dollinger, in: Bergmann/Dienelt (Hrsg.), Ausländerrecht, 14. Aufl. 2022, § 58 AufenthG, Rn. 38.
287 VG Düsseldorf BeckRS 2021, 5001.
288 BT-Drs. 20/9463, S. 40.

tervorbehalt eingreift.²⁸⁹ Das bloße Betreten der Wohnung und die Nachprüfung, ob die gesuchte Person anwesend ist, ohne dass in möglichen Versteckmöglichkeiten nachgeschaut wird, stellt nach der Rechtsprechung des Bundesverwaltungsgerichts keine Durchsuchung dar.²⁹⁰ Es kann auch nicht darauf abgestellt werden, dass die Behörden stets mit der Notwendigkeit von entsprechenden Suchmaßnahmen rechnen (müssen) und deshalb immer eine Durchsuchung vorliege.²⁹¹

Die Regierungsbegründung weist darauf hin, dass ein Betreten von Wohnungen anderer Personen nur dann zulässig ist, „wenn Tatsachen vorliegen, aus denen zu schließen ist, dass sich der Ausländer dort befindet". Es gelte insofern derselbe Maßstab wie beim Betreten der Wohnung des abzuschiebenden Ausländers in § 58 Absatz 5 Satz 1 oder der Durchsuchung der Wohnung Dritter in § 58 Absatz 6 Satz 2. Es müsse sich dabei um konkrete Tatsachen handeln, der bloße nicht durch Tatsachen belegte Verdacht reiche nicht aus.²⁹² Das entspricht der bisherigen Rechtsprechung. 306

Allgemein weist der Regierungsentwurf zutreffend darauf hin, dass bei der Ermessensbetätigung der Grundsatz der Verhältnismäßigkeit zu beachten ist. Dieser verlangt insbesondere, dass „die Belastungen für Minderjährige, Familien mit Minderjährigen und weitere besonders schutzbedürftige Personengruppen, wie Opfer von Menschenhandel, Folter oder psychischer, physischer und sexueller Gewalt, Menschen mit schweren körperlichen und psychischen Erkrankungen, Schwangere, Menschen mit Behinderung, ältere Menschen oder Personen, die vor Verfolgung aufgrund ihrer sexuellen Orientierung oder geschlechtlichen Identität geflohen sind", berücksichtigt werden müssen.²⁹³ 307

Die Regierungsbegründung weist – zutreffend – darauf hin, dass die Befugnis zum Betreten der Wohnung in § 56 Abs. 5 die Befugnis zum gewaltsamen Öffnen der Wohnungstür im Wege der Verwaltungsvollstreckung mitumfasst, soweit dies erforderlich ist.²⁹⁴ 308

Eine weitere Änderung findet sich in Gestalt eines Ausnahmetatbestand zum Verbot des Abschiebungsvollzugs zur Nachtzeit in Absatz 7, wenn ansonsten die Abschiebung nicht in der vorgesehenen und alternativlosen Form durchgeführt werden kann. Damit wird auf die Rechtsprechung zur bisherigen Regelung reagiert²⁹⁵ und klargestellt, welche Ausnahmen zulässig sind. 309

Einerseits von klarstellender Bedeutung und andererseits verbunden mit der eher theoretisch relevanten Möglichkeit einer Zuständigkeitsregelung für die Durchsuchungsanordnung ist die Regelung in Absatz 9a. Sie statuiert anknüpfend an die Rechtsprechung zur bisherigen Rechtslage²⁹⁶ die Zuständigkeit der ordentlichen Gerichtsbarkeit und eröffnet den Ländern die Möglichkeit, die Zuständigkeit der Verwaltungsgerichtsbarkeit zu begründen. Da dies mit einem höheren Personalaufwand und damit Mehrkosten verbunden ist, dürfte davon kaum Gebrauch gemacht werden. 310

---

289 Dazu um Überlick VG Düsseldorf BeckRS 2021, 5001, Rn. 10 ff. und Franke/Kerkemeyer NVwZ 2020, 760 ff.
290 BVerwG, NVwZ 2023, 1750, Rn. 16 ff. m.w.N. zur entgegenstehenden Instanzrechtsprechung.
291 So aber OVG Berlin-Brandenburg BeckRS 2021, 5272, Rn. 9 ff.
292 BT-Drs. 20/9463, S. 40.
293 BT-Drs. 20/9463, S. 41.
294 BT-Drs. 20/9463, S. 41.
295 OVG Munster BeckRS 2021, 8261, OVG Munster NVwZ-RR 2021, 732.
296 BGH NVwZ 2023, 190; BVerwG NVwZ 2023, 166.

311 Insgesamt dürften die Änderungen in § 58 AufenthG durchaus konstruktiv im Sinne einer Verbesserung der Wirksamkeit von Rückführungsmaßnahmen sein.

2. Änderung des § 59 AufenthG (Androhung der Abschiebung)

312 Der Gesetzgeber hat auch die Regelung zur Androhung der Abschiebung genutzt, um Erleichterungen der Durchführung von Rückführungen einzuführen, indem in Absatz 3 von einer Opt-out-Regelungen der Rückführungsrichtlinie Gebrauch gemacht wurde. Zugleich wurden in Absatz 1 Vorgaben aus der Rechtsprechung des EuGH zur Rückführungsrichtlinie[297] umgesetzt.

„§ 59 AufenthG

(1) ¹Die Abschiebung ist unter Bestimmung einer angemessenen Frist zwischen sieben und 30 Tagen für die freiwillige Ausreise anzudrohen, **wenn keine Abschiebungsverbote vorliegen und der Abschiebung weder das Kindeswohl noch familiäre Bindungen noch der Gesundheitszustand des Ausländers entgegenstehen.** ²Ausnahmsweise kann eine kürzere Frist gesetzt oder von einer Fristsetzung abgesehen werden, wenn dies im Einzelfall zur Wahrung überwiegender öffentlicher Belange zwingend erforderlich ist, insbesondere wenn

1. der begründete Verdacht besteht, dass der Ausländer sich der Abschiebung entziehen will, oder
2. von dem Ausländer eine erhebliche Gefahr für die öffentliche Sicherheit oder Ordnung ausgeht.

³Unter den in Satz 2 genannten Voraussetzungen kann darüber hinaus auch von einer Abschiebungsandrohung abgesehen werden, wenn

1. der Aufenthaltstitel nach § 51 Absatz 1 Nummer 3 bis 5 erloschen ist oder
2. der Ausländer bereits unter Wahrung der Erfordernisse des § 77 auf das Bestehen seiner Ausreisepflicht hingewiesen worden ist.

⁴Die Ausreisefrist kann unter Berücksichtigung der besonderen Umstände des Einzelfalls angemessen verlängert oder für einen längeren Zeitraum festgesetzt werden. § 60a Absatz 2 bleibt unberührt. ⁵Wenn die Vollziehbarkeit der Ausreisepflicht oder der Abschiebungsandrohung entfällt, wird die Ausreisefrist unterbrochen und beginnt nach Wiedereintritt der Vollziehbarkeit erneut zu laufen. ⁶Einer erneuten Fristsetzung bedarf es nicht. ⁷Nach Ablauf der Frist zur freiwilligen Ausreise darf der Termin der Abschiebung dem Ausländer nicht angekündigt werden.

(2) ...

(3). ¹**Dem Erlass der Androhung stehen Abschiebungsverbote und die in Absatz 1 Satz 1 genannten Gründe für die vorübergehende Aussetzung der Abschiebung nicht entgegen, wenn der Ausländer aufgrund oder infolge einer strafrechtlichen Verurteilung ausreisepflichtig ist oder gegen ihn ein Auslieferungsverfahren anhängig ist.** ²In der Androhung ist der Staat zu bezeichnen, in den der Aus-

---

[297] EuGH Urt. v. 14.1.2021, C-441/19, NVwZ 2021, 550 zur Abschiebung eines unbegleiteten Minderjährigen; EuGH Urt. v. 22.11.2022, C-69/21, NVwZ 2023, 405, zur Berücksichtigung des Gesundheitszustands des Ausländers; EuGH Beschl. v. 15.2.2023, C-484/22, NVwZ 2023, 743, zu Kindeswohl und familiären Bindungen des Ausländers; EuGH Urt. v. 6.7.2023, C-663/21, NVwZ 2023, 1405, zum Non-Refoulement.

länder nicht abgeschoben werden darf. ³Stellt das Verwaltungsgericht das Vorliegen eines Abschiebungsverbots fest, so bleibt die Rechtmäßigkeit der Androhung im Übrigen unberührt.

..."

Im deutschen Recht kommt Abschiebungsandrohung eine zentrale Bedeutung bei der Umsetzung der Rückführungsrichtlinie zu, weil dadurch die Rückkehrentscheidung getroffen wird. Allerdings ist der durch Absatz 1 eröffnete Anwendungsbereich zu weit gefasst, weshalb durch mehrere Entscheidungen des EuGH die nun vorgenommene Beschränkung vorgenommen werden musste.

Wegen des engen Bezuges zur Rückführungsrichtlinie hätte es auch nahegelegen, die in Absatz 3 ergänzte Ausnahmeregelung ebenfalls in Absatz 1 zu verorten. Diese wird auf Artikel 2 Absatz 2 Buchstabe b der Rückführungsrichtlinie gestützt.

Danach ist die Rückführungsrichtlinie nicht auf Drittstaatsangehörige anzuwenden, die nach einzelstaatlichem Recht aufgrund einer strafrechtlichen Sanktion oder infolge einer strafrechtlichen Sanktion rückkehrpflichtig sind oder gegen die ein Auslieferungsverfahren anhängig ist. Von dieser Möglichkeit macht der Gesetzgebe jetzt Gebrauch.[298] Dabei ist allerdings nicht abschließend geklärt, ob der pauschale Bezug auf strafgerichtliche Verurteilungen ausreicht, oder das Strafrecht selbst spezifisch ausländerrechtliche Sanktionselemente vorsehen muss.[299] Einstweilen bleiben insoweit rechtliche Unsicherheiten bestehen.

Die Streichung der Pflicht zur Ankündigung der Abschiebung in Absatz 5 Satz 2 ist ebenfalls umstritten. Nach bisheriger Rechtslage war die Abschiebung eine Woche vorher anzukündigen. Die Bekanntgabe des genauen Termins der Durchführung der Abschiebung hat der Gesetzgeber 2015 in § 59 Abs. 1 S. 8 AufenthG bereits untersagt worden, um Entziehungsmaßnahmen zu vermeiden. Die Rückführungsrichtlinie sieht eine Fristsetzung für die Rückkehr, aber keine Pflicht zur Ankündigung der Abschiebung vor. Entscheidend ist deshalb, dass in jedem Fall die entsprechende individuelle Frist für die Rückkehr festgesetzt wird.

3. Änderung von § 60a AufenthG (Duldung)

Im Bereich der Grundnorm der Duldung hat der Gesetzgeber den rechtlichen Rahmen für den Widerruf der Duldung verändert. In Absatz 5 wurde die bisherige Regelung zur Ankündigung der Abschiebung in Satz 4 gestrichen und mit einem engeren Anwendungsbereich zur Entlastung der Ausländerbehörden in Absatz 5a neu geregelt. Der neue Absatz 5b wurde auf Grund der Beschlussempfehlung des Ausschusses für Inneres und Heimat ergänzt.[300]

„§ 60a AufenthG

(1)–(4) [...]

---

298 BT-Drs. 20/9463, S. 43.
299 Dazu näher Wittmann, Schriftliche Stellungnahme v. 7.12.2023, Ausschussdrucksache 20(4)348 H, S. 56 f.
300 BT-Drs. 20/10090, S. 17.

(5) ¹Die Aussetzung der Abschiebung erlischt mit der Ausreise des Ausländers. ²Sie wird widerrufen, wenn die der Abschiebung entgegenstehenden Gründe entfallen. ³Der Ausländer wird unverzüglich nach dem Erlöschen ohne erneute Androhung und Fristsetzung abgeschoben, es sei denn, die Aussetzung wird erneuert.

(5a) ¹Ist die Abschiebung eines Ausländers mit Kindern im Alter von unter zwölf Jahren länger als ein Jahr ausgesetzt, so ist die nach dem Widerruf im Sinne des Absatz 5 Satz 2 vorgesehene Abschiebung mindestens einen Monat im Voraus anzukündigen; die Ankündigung ist zu wiederholen, wenn die Aussetzung für mehr als ein Jahr erneuert wurde. ²Satz 1 findet keine Anwendung, wenn der Ausländer die der Abschiebung entgegenstehenden Gründe durch vorsätzliche falsche Angaben oder durch eigene Täuschung über seine Identität oder Staatsangehörigkeit selbst herbeiführt oder zumutbare Anforderungen an die Mitwirkung bei der Beseitigung von Ausreisehindernissen nicht erfüllt.

(5b) ¹Einem Ausländer, der eine Duldung besitzt, soll die Ausübung einer Erwerbstätigkeit erlaubt werden, wenn die Bundesagentur für Arbeit zugestimmt hat oder durch Rechtsverordnung bestimmt ist, dass die Ausübung der Beschäftigung ohne Zustimmung der Bundesagentur für Arbeit zulässig ist. ²Satz 1 gilt nicht, wenn zum Zeitpunkt der Beantragung der Erlaubnis zu Ausübung einer Erwerbstätigkeit konkrete Maßnahmen zur Aufenthaltsbeendigung bevorstehen, die in einem hinreichenden sachlichen und zeitlichen Zusammenhang zur Aufenthaltsbeendigung stehen; diese konkreten Maßnahmen zur Aufenthaltsbeendigung stehen bevor, wenn

1. eine ärztliche Untersuchung zur Feststellung der Reisefähigkeit veranlasst wurde,
2. der Ausländer einen Antrag zur Förderung mit staatlichen Mitteln einer freiwilligen Ausreise gestellt hat,
3. die Buchung von Transportmitteln für die Abschiebung eingeleitet wurde,
4. vergleichbar konkrete Vorbereitungsmaßnahmen zur Abschiebung des Ausländers eingeleitet wurden, es sei denn, es ist von vornherein absehbar, dass diese nicht zum Erfolg führen, oder
5. ein Verfahren zur Bestimmung des zuständigen Mitgliedsstaates gemäß Artikel 20 Absatz 1 der Verordnung (EU) Nr. 604/2013 eingeleitet wurde.

(6) ¹**Im übrigen darf dem** Ausländer, der eine Duldung besitzt, die Ausübung einer Erwerbstätigkeit nicht erlaubt werden, wenn

1. er sich in das Inland begeben hat, um Leistungen nach dem Asylbewerberleistungsgesetz zu erlangen,

…"

318 Die Verschiebung und gleichzeitige Verkürzung der Vorgaben zur Ankündigung einer Abschiebung nach deren Widerruf von Absatz 5 Satz 4 a.F. in den neuen Absatz 5a wird in der Begründung des Regierungsentwurfs mit der Entlastung der Ausländerbehörden begründet. Das ist angesichts der relativ geringen Zahl entsprechender Fälle in der Praxis zwar nicht falsch, aber auch nicht sehr überzeugend. Rechtliche Probleme sind

damit gleichwohl nicht verbunden, weil eine solche Ankündigung nicht zwingend geboten ist.

Die Ergänzung des Absatzes 5b bezieht sich im Schwerpunkt nicht direkt auf die Rückführung, sondern auf den Zugang zu einer Erwerbstätigkeit während der Duldung. Die Änderung in der Sache besteht darin, dass die Erlaubnis zur Beschäftigung von geduldeten Ausländern nicht mehr im freien Ermessen der Ausländerbehörde steht. Durch das nun gebundene Ermessen soll ein Gleichklang mit der Regelung für Geduldete hergestellt werden, die verpflichtet sind, in einer Aufnahmeeinrichtung zu wohnen. Es soll zudem eine möglichst bundeseinheitliche Praxis in der Anwendung der Regelung erreicht werden. Den Ausländerbehörden verbleibt die Möglichkeit, bei Vorliegen von atypischen Sachverhalten die Erlaubnis zu verweigern.

Um den bereits angelaufenen Vollzug der Ausreisepflicht nicht zu verhindern, sind von der Regelung geduldete Ausländer ausgenommen, bei denen konkrete Maßnahmen zur Aufenthaltsbeendigung bevorstehen, wenn diese in einem hinreichenden sachlichen und zeitlichen Zusammenhang mit der Aufenthaltsbeendigung stehen. Vergleichbare konkrete Vorbereitungsmaßnahmen sind Maßnahmen, die in einem engen sachlich-zeitlichem Zusammenhang mit der Abschiebung selbst stehen. Die konkreten Maßnahmen werden in Nummer 1 bis 5 konkret definiert. Damit soll sichergestellt werden, die bei vollziehbar Ausreisepflichtigen gebotene Durchsetzung der Ausreisepflicht nicht zu gefährden.

4. Änderung des § 60d AufenthG (Beschäftigungsduldung)

Siehe zu den Änderungen zur Beschäftigungsduldung die Ausführungen → Rn. 138.

5. Änderungen in § 62 AufenhtG (Abschiebehaft)

Die Regelungen zur Abschiebungshaft wurden in ihrem Anwendungsbereich und bezüglich der Höchstdauer erweitert.

„§ 62 AufenthG

(3) ¹Ein Ausländer ist zur Sicherung der Abschiebung auf richterliche Anordnung in Haft zu nehmen (Sicherungshaft), wenn

1. Fluchtgefahr besteht,
2. der Ausländer auf Grund einer unerlaubten Einreise vollziehbar ausreisepflichtig **oder nach einer erlaubten Einreise vollziehbar ausreisepflichtig geworden** ist, **oder**
3. eine Abschiebungsanordnung nach § 58a ergangen ist, diese aber nicht unmittelbar vollzogen werden kann. **oder**
4. **der Ausländer entgegen einem Einreise- und Aufenthaltsverbot in das Bundesgebiet eingereist ist und sich darin aufhält.**

²Von der Anordnung der Sicherungshaft nach Satz 1 Nummer 2 kann ausnahmsweise abgesehen werden, wenn der Ausländer glaubhaft macht, dass er sich der Abschiebung nicht entziehen will. ³Die Sicherungshaft ist unzulässig, wenn feststeht, dass aus Gründen, die der Ausländer nicht zu vertreten hat, die Abschiebung nicht innerhalb der nächsten **sechs** Monate durchgeführt werden kann. ⁴Abweichend von Satz 3 ist

die Sicherungshaft bei einem Ausländer, von dem eine erhebliche Gefahr für Leib und Leben Dritter oder bedeutende Rechtsgüter der inneren Sicherheit ausgeht, auch dann zulässig, wenn die Abschiebung nicht innerhalb der nächsten ~~drei~~ **sechs** Monate durchgeführt werden kann.

(6) ¹Zum Zwecke der Abschiebung kann ein Ausländer auf richterliche Anordnung für die Dauer von längstens 14 Tagen zur Durchführung einer Anordnung nach § 82 Absatz 4 Satz 1, bei den Vertretungen oder ermächtigten Bediensteten des Staates, dessen Staatsangehörigkeit er vermutlich besitzt, persönlich zu erscheinen und die zur Klärung seiner Identität erforderlichen Angaben zu machen, oder eine ärztliche Untersuchung zur Feststellung seiner Reisefähigkeit durchführen zu lassen, in Haft genommen werden, wenn

1. der Ausländer
    a) einer solchen erstmaligen Anordnung unentschuldigt ferngeblieben ist oder die zur Klärung seiner Identität erforderlichen Angaben unterlassen hat oder
    b) einer Anordnung nach § 82 Absatz 4 Satz 1, zu einem Termin bei der zuständigen Behörde persönlich zu erscheinen unentschuldigt ferngeblieben ist oder im Termin die zur Klärung seiner Identität erforderlichen Angaben unterlassen hat und
2. zuvor auf die Möglichkeit einer Inhaftnahme hingewiesen wurde (**Mitwirkungshaft**).

²Eine Verlängerung der Mitwirkungshaft ist nicht möglich. ²Eine Mitwirkungshaft ist auf die Gesamtdauer der Sicherungshaft anzurechnen. ⁴§ 62a Absatz 1 findet entsprechende Anwendung.

323 Erweiterungen der Abschiebungshaft sind an Art. 15 der Rückführungsrichtlinie zu messen und oft umstritten. So auch im vorliegenden Fall. So wird die Bestimmung des Art. 62 Abs. 3 Satz 1 Nr. 4 AufenthG unionsrechtlich für nicht tragfähig gehalten, da diese den in Art. 15 Abs. 1 Satz 1 RfRL bezeichneten Haftgründen einen eigenständigen Haftgrund hinzufüge, der – mangels Anwendbarkeit des § 62 Abs. 3 Satz 2 AufenthG – auch nicht mittelbar auf den Haftgrund der Fluchtgefahr zurückgeführt werden könne. Ein selbstständiger Haftgrund könne auch nicht unter Hinweis auf die nicht abschließende Natur des Art. 15 Abs. 1 Satz 1 RfRL („insbesondere") gerechtfertigt werden, da die Richtlinie die Einreise unter Verstoß gegen unionsrechtliche Einreise- und Aufenthaltsverbote ausdrücklich nicht als eigenständigen Haftgrund bezeichne, obwohl sie diese im Übrigen ausführlich regelt. Die Bestimmung des Art. 62 Abs. 3 Satz 1 Nr. 4 AufenthG-E könne schließlich auch nicht durch die Anwendung der Opt-Out-Klausel des Art. 2 Abs. 2 lit. b) RfRL gerechtfertigt werden. Es fehle insoweit an einer klar erkennbaren Bezugnahme auf die Opt-Out-Regelung.[301]

6. Änderung von § 62b AufenthG (Ausreisegewahrsam)

324 Zwei kleine, aber bedeutsame Veränderungen wurden bei der Regelungen des Ausreisegewahrsams in § 62b AufenthG vorgenommen.

---

301 Wittmann, Schriftliche Stellungnahme v. 7.12.2023, Ausschussdrucksache 20(4)348 H, S. 68 f.

„§ 62b AufenthG

(1) ¹Unabhängig von den Voraussetzungen der Sicherungshaft nach § 62 Absatz 3, insbesondere vom Vorliegen der Fluchtgefahr, kann ein Ausländer zur Sicherung der Durchführbarkeit der Abschiebung auf richterliche Anordnung bis zu **28** Tage in Gewahrsam genommen werden, wenn

…

(2) Der Ausreisegewahrsam wird im Transitbereich eines Flughafens oder in einer Unterkunft, von der aus die Ausreise des Ausländers möglich ist, vollzogen."

Die erste in Absatz 1 Satz 1 betrifft die zulässige Dauer, die von bisher 10 Tagen auf nunmehr 28 Tage angehoben wurde. Es handelt sich um die zweite Verlängerung, nachdem durch das Gesetz zur Neubestimmung des Bleiberechts und der Aufenthaltsbeendigung vom 27. Juli 2015 zunächst eine Höchstdauer von nur 4 Tagen vorgesehen war. Durch das Gesetz zur besseren Durchsetzung der Ausreisepflicht vom 20. Juli 2017 hat der Gesetzgeber die maximale Gewahrsamsdauer auf 10 Tage erweitert. Da der Ausreisegewahrsam den gleichen Regelungen wie die Abschiebungshaft unterliegt, bestehen hinsichtlich der Erweiterung auf 28 Tage keine rechtlichen Bedenken.

In Absatz 2 wurde der Zusatz „ohne Zurücklegen einer größeren Entfernung zu einer Grenzübergangstelle" wieder gestrichen, so dass es darauf bei der Durchführung des Ausreisegewahrsams nicht mehr ankommt. Auch das ist rechtlich unproblematisch.

7. Einfügung des § 62d AufenthG (Pflichtanwalt)

Diese Regelungen wurde durch die Beschlussempfehlung des Ausschusses für Inneres und Heimat in das Gesetz einbezogen.

„§ 62d (Bestellung eines anwaltlichen Vertreters)

Zur richterlichen Entscheidung über die Anordnung von Abschiebungshaft nach § 62 und Ausreisegewahrsam nach § 62b bestellt das Gericht dem Betroffenen, der noch keinen anwaltlichen Vertreter hat, von Amts wegen für die Dauer des Verfahrens einen anwaltlichen Vertreter als Bevollmächtigten."

Mit dieser wohl aufgrund eines koalitionsinternen politischen Kompromisses eingeführten Regelung wird dem Ausländer zur richterlichen Entscheidung über die Anordnung von Abschiebungshaft nach § 62 AufenthG und Ausreisegewahrsam nach § 62c AufenthG ein anwaltlicher Vertreter verpflichtend durch das Gericht bestellt. Abschiebungshaft und Ausreisegewahrsam stellen eine Freiheitsentziehung dar und damit einen Eingriff in Artikel 2 Absatz 2 Satz 2 des Grundgesetzes. Die Pflichtbestellung im Abschiebungshaftverfahren und Verfahren des Ausreisegewahrsams dient dazu, es dem Ausländer leichter zu ermöglichen, mithilfe eines anwaltlichen Vertreters seine Rechte in dem für ihn in der Regel unbekannten Verfahren der Anordnung der Abschiebungshaft bzw. des Ausreisegewahrsams geltend zu machen. Eine entsprechende verfassungs- oder unionsrechtliche Pflicht besteht insoweit nicht.[302]

---

[302] Zu Einzelheiten Franz NVwZ 2024, 216 ff.

329 Aufgrund der Komplexität der Materie und der Bedeutung des Eingriffs geht die Begründung davon aus, dass es sich hierbei um einen fachkundigen Rechtsanwalt handeln müsse. Dabei werde im Regelfall ein Anwalt aus einem entsprechenden Verzeichnis der Bundesrechtsanwaltskammer zu wählen sein. Da es sich bei der Abschiebungshaft und dem Ausreisegewahrsam nicht um eine Strafhaft handle, seien die Regelungen in §§ 140 ff. StPO nicht anwendbar. Daher bedürfe es der eigenständigen Regelung, welche zur besseren Sichtbarkeit direkt in das Aufenthaltsgesetz bei den Vorschriften zur Abschiebungshaft und Ausreisegewahrsam aufgenommen wurde.[303]

330 Der Bundesrat hat dazu folgende Entschließung zur Evaluation der Regelung gefasst:[304]

„Der Bundesrat bittet die Bundesregierung, die Anwendung des § 62d AufenthG-neu in der gerichtlichen Praxis, insbesondere im Zusammenhang mit dem Erlass einstweiliger Anordnungen nach § 427 Absatz 3 FamFG-neu, zu beobachten und soweit erforderlich das Verhältnis der beiden Vorschriften gesetzlich klarzustellen.

Artikel 1 Nummer 16a des Gesetzes sieht die Einfügung des § 62d AufenthG-neu vor, wonach das Gericht zur richterlichen Entscheidung über die Anordnung von Abschiebungshaft nach § 62 AufenthG und Ausreisegewahrsam nach § 62b AufenthG dem Betroffenen, der noch keinen anwaltlichen Vertreter hat, von Amts wegen für die Dauer des Verfahrens einen anwaltlichen Vertreter als Bevollmächtigten zu bestellen hat. Nach dem Verständnis des Bundesrates soll die Vorschrift es dem Ausländer ermöglichen, seine Rechte in dem für ihn in der Regel unbekannten Verfahren der Anordnung der Abschiebungshaft bzw. des Ausreisegewahrsams geltend zu machen, ohne den mit dem Gesetz verfolgten Zweck, die Rückführung von ausreisepflichtigen Personen zu verbessern, zu konterkarieren. Allerdings könnte der Wortlaut der Vorschrift – mangels entsprechender Ausführungen in der Gesetzesbegründung – dahingehend missverstanden werden, das Gericht müsse auch in Fällen, in denen es nach § 427 Absatz 3 FamFG-neu wegen drohender Zweckvereitelung die Abschiebungshaft vorläufig – ohne vorherige Anhörung des Betroffenen – anordnet, einen anwaltlichen Vertreter als Bevollmächtigter bestellen. Dies würde dem Sinn und Zweck des neu geschaffenen § 427 Absatz 3 FamFG-neu zuwiderlaufen. In der Einzelbegründung hierzu heißt es insoweit: „Liegen dringende Gründe für die Annahme vor, dass die Voraussetzungen des § 62 AufenthG für die Anordnung einer Freiheitsentziehung gegeben sind, besteht jedoch regelmäßig die Gefahr, dass der Betroffene eine Ladung zur Anhörung zum Anlass nehmen wird, sich der zum Zwecke einer konkreten Vollzugsmaßnahme erforderlichen Freiheitsentziehung und mithin der Vollzugsmaßnahme selbst zu entziehen. Zwar sieht § 427 Absatz 2 FamFG eine vorläufige Freiheitsentziehung im Wege einstweiliger Anordnung in Fällen von Gefahr im Verzug auch ohne vorherige Anhörung vor. Das Tatbestandsmerkmal der Gefahr im Verzug stellt jedoch auf zeitliche Dringlichkeit ab und ist daher für den Fall der geplanten Freiheitsentziehung unpassend. Hinzu kommt, dass nach § 427 Absatz 1 FamFG die vorläufige Freiheitsentziehung generell ein dringendes Bedürfnis für ein sofortiges Tätigwerden voraussetzt. Auch dieses Dringlichkeitserfordernis ist

---

303 BT-Drs. 20/10090, S. 18.
304 BR-Drs. 21/24.

für den Fall der geplanten Freiheitsentziehung unpassend. Durch das Gebot, die Anhörung unverzüglich nachzuholen, trägt die Neuregelung dem Umstand Rechnung, dass die Anhörung als bedeutsame Verfahrensgarantie durch Artikel 104 Absatz 1 des Grundgesetzes grundrechtlichen Schutz genießt und Kernstück der Amtsermittlung im Freiheitsentziehungsverfahren ist (vgl. BVerfG, Beschluss vom 12. März 2008 – 2 BvR 2042/05). Nach der Anhörung kann unmittelbar eine Entscheidung in der Hauptsache erfolgen, soweit nicht aufgrund anderer noch fehlender Verfahrenshandlungen weiterhin nur ein einstweiliger Beschluss gerechtfertigt wäre." Der Bundesrat geht daher davon aus, dass dem Ausländer erst nach der Anordnung gemäß § 427 Absatz 3 FamFG-neu ein Anwalt nach § 62d AufenthG-neu beizuordnen ist. Für den Fall, dass die gerichtliche Praxis einen anwaltlichen Vertreter künftig bereits vor Erlass einer vorläufigen Anordnung beiordnet, spricht sich der Bundesrat für eine gesetzliche Klarstellung aus."

8. Änderung des § 82 AufenthG (Mitwirkung des Ausländers)

„§ 82 AufenthG

(1)–(3) [...]

(4) Soweit es zur Vorbereitung und Durchführung von Maßnahmen nach diesem Gesetz und nach ausländerrechtlichen Bestimmungen in anderen Gesetzen erforderlich ist, kann angeordnet werden, dass ein Ausländer bei der zuständigen Behörde sowie den Vertretungen oder ermächtigten Bediensteten des Staates, dessen Staatsangehörigkeit er vermutlich besitzt, persönlich erscheint **und die zur Klärung seiner Identität erforderlichen Angaben macht** sowie eine ärztliche Untersuchung zur Feststellung der Reisefähigkeit durchgeführt wird. Kommt der Ausländer einer Anordnung nach Satz 1 nicht nach, kann sie zwangsweise durchgesetzt werden. § 40 Abs. 1 und 2, die §§ 41, 42 Abs. 1 Satz 1 und 3 des Bundespolizeigesetzes finden entsprechende Anwendung.

(5)–(6) [...]"

Ebenfalls eine kleine, klarstellende Änderung findet sich in der Vorschrift zu den Mitwirkungspflichten des Ausländers. Auch diese Ergänzung ist rechtlich unbedenklich und praktisch nützlich.

9. Änderung von § 84 AufenthG (Wirkungen von Widerspruch und Klage)

Die Erweiterung des Katalogs der Maßnahmen, in Bezug auf die Widerspruch und Klage keine aufschiebende Wirkung im Sinne des § 80 Abs. 1 VwGO entfalten, gehört zu den wiederkehrenden gesetzgeberischen Strategien, von der auch diesmal Gebrauch gemacht wird.

„§ 84 AufenthG

(1) ¹Widerspruch und Klage gegen 1. die Ablehnung eines Antrages auf Erteilung oder Verlängerung des Aufenthaltstitels,

1a. Maßnahmen nach § 49,

1b. die Anordnung einer räumlichen Beschränkung nach § 61 Absatz 1c,

1c. die Anordnung einer Wohnsitzauflage nach § 61 Absatz 1d,
1d. die Anordnung einer Sicherheitsleistung nach § 66 Absatz 5,
2. die Auflage nach § 61 **Absatz 1e Absatz 1f**, in einer Ausreiseeinrichtung Wohnung zu nehmen,
2a. Auflagen zur Sicherung und Durchsetzung der vollziehbaren Ausreisepflicht nach § 61 Absatz 1e,
3. die Änderung oder Aufhebung einer Nebenbestimmung, die die Ausübung einer Erwerbstätigkeit betrifft,
4. den Widerruf des Aufenthaltstitels des Ausländers nach § 52 Abs. 1 Satz 1 Nr. 4 in den Fällen des § 75 Absatz 2 Satz 1 des Asylgesetzes,
5. den Widerruf oder die Rücknahme der Anerkennung von Forschungseinrichtungen für den Abschluss von Aufnahmevereinbarungen nach § 18d,
6. die Anordnung und Ausreiseuntersagung nach § 46 Absatz 2 Satz 1,
7. die **Anordnung und** Befristung eines Einreise- und Aufenthaltsverbots nach § 11 **sowie,**
8. **die Feststellung nach § 85a Absatz 1 Satz 2**

haben keine aufschiebende Wirkung.

²Die Klage gegen die Anordnung eines Einreise- und Aufenthaltsverbots nach § 11 Absatz 7 hat keine aufschiebende Wirkung.

…"

333 Die Anordnung des Wegfalls der aufschiebenden Wirkung von Widerspruch und Klage steht sehr weitgehend im Ermessen des Bundesgesetzgebers und ist rechtlich unbedenklich.

10. Änderung von § 95 AufenthG (Strafvorschriften)

„§ 95 AufenthG

(1) Mit Freiheitsstrafe bis zu einem Jahr oder mit Geldstrafe wird bestraft, wer

1. entgegen § 3 Abs.1 in Verbindung mit § 48 Abs. 2 sich im Bundesgebiet aufhält,
2. ohne erforderlichen Aufenthaltstitel nach § 4 Absatz 1 Satz 1 sich im Bundesgebiet aufhält, wenn
   a) er vollziehbar ausreisepflichtig ist,
   b) ihm eine Ausreisefrist nicht gewährt wurde oder diese abgelaufen ist und c) dessen Abschiebung nicht ausgesetzt ist,
3. entgegen § 14 Abs. 1 Nr. 1 oder 2 in das Bundesgebiet einreist,
4. einer vollziehbaren Anordnung nach § 46 Abs. 2 Satz 1 oder 2 oder § 47 Abs. 1 Satz 2 oder Abs. 2 zuwiderhandelt,
5. entgegen § 49 Abs. 2 eine Angabe nicht, nicht richtig oder nicht vollständig macht, sofern die Tat nicht in Absatz 2 Nr. 2 mit Strafe bedroht ist,
6. entgegen § 49 Abs. 10 eine dort genannte Maßnahme nicht duldet,
6a. **entgegen § 56 Absatz 1 Satz 1 eine Meldung nicht, nicht richtig oder nicht rechtzeitig macht,**
6b. einer vollziehbaren Anordnung nach § 56 Absatz 1 Satz 2, Absatz 3 oder Absatz 4 zuwiderhandelt,

6c. einer räumlichen Beschränkung nach § 56 Absatz 2 zuwiderhandelt,
7. wiederholt einer räumlichen Beschränkung nach § 61 Abs. 1 oder Absatz 1c zuwiderhandelt oder
8. im Bundesgebiet einer überwiegend aus Ausländern bestehenden Vereinigung oder Gruppe angehört, deren Bestehen, Zielsetzung oder Tätigkeit vor den Behörden geheim gehalten wird, um ihr Verbot abzuwenden.

(1a)–(7) [...]"

Durch die Neuregelungen werden moderate Strafverschärfungen eingeführt, die sich im Rahmen des Gestaltungsspielraums des Gesetzgebers bewegen und keine grundsätzlichen Bedenken auslösen. 334

11. Änderung von § 96 AufenthG (Einschleusen von Ausländern)

Die Bekämpfung des Schleuserwesens gehört zu einer der zentralen Anliegen des neuen Gesetzes und wird durch Änderungen in den §§ 96 und 97 AufenthG umgesetzt. 335

„§ 96 AufenthG

(1) ¹Mit Freiheitsstrafe von drei Monaten bis zu fünf Jahren, in minder schweren Fällen mit Freiheitsstrafe bis zu fünf Jahren oder mit Geldstrafe wird bestraft, wer einen anderen anstiftet oder ihm dazu Hilfe leistet, **eine Handlung**

1. eine Handlung nach § 95 Abs. 1 Nr. 3 oder Abs. 2 Nr. 1 Buchstabe a zu begehen und
   a) dafür einen Vorteil erhält oder sich versprechen lässt oder
   b) wiederholt oder zugunsten von mehreren Ausländern handelt oder
2. **eine Handlung** nach **§ 95 Absatz 1 Nummer 1 oder Nummer 2, Absatz 1a oder Absatz 2 Nummer 1 Buchstabe b oder Nummer 2 oder nach § 9 Absatz 1 des Freizügigkeitsgesetzes/EU** zu begehen und dafür einen Vermögensvorteil erhält oder sich versprechen lässt.

²Ebenso wird bestraft, wer zugunsten eines Ausländers handelt, der keine vorsätzliche rechtswidrige Tat begangen hat.

(2) ¹Mit Freiheitsstrafe **nicht unter einem Jahr** wird bestraft, wer in den Fällen des Absatzes 1

1. gewerbsmäßig handelt,
2. als Mitglied einer Bande, die sich zur fortgesetzten Begehung solcher Taten verbunden hat, handelt,
3. Eine Schusswaffe bei sich führt, wenn sich die Tat auf eine Handlung nach § 95 Abs. 1 Nr. 3 oder Abs. 2 Nr. 1 Buchstabe a bezieht,
4. Eine andere Waffe bei sich führt, um diese bei der Tat zu verwenden, wenn sich die Tat auf eine Handlung nach § 95 Abs. 1 Nr. 3 oder Abs. 2 Nr. 1 Buchstabe a bezieht,
5. den Geschleusten einer das Leben gefährdenden, unmenschlichen oder erniedrigenden Behandlung oder der Gefahr einer schweren Gesundheitsschädigung aussetzt oder
6. **versucht, sich im Straßenverkehr in grob verkehrswidriger und rücksichtsloser Weise einer polizeilichen Kontrolle zu entziehen und dadurch Leib oder**

Leben eines anderen Menschen oder fremde Sachen von bedeutendem Wert gefährdet.

²Ebenso wird bestraft, wer in den Fällen des Absatzes 1 **Satz 1** Nummer 1 zugunsten eines minderjährigen ledigen Ausländers handelt, der ohne Begleitung einer personensorgeberechtigten Person oder einer dritten Person, die die Fürsorge oder Obhut für ihn übernommen hat, in das Bundesgebiet einreist, **auch wenn dieser keine vorsätzliche rechtswidrige Tat begangen hat.** ³In minder schweren Fällen des Satzes 2 ist die Strafe Freiheitsstrafe von sechs Monaten bis zu zehn Jahren.

(3) Der Versuch ist strafbar.

(4) ¹**Absatz 1 Satz 1 Nummer 1 Buchstabe a und Nummer 2, Satz 2, Absatz 2 Satz 1 Nummer 1, 2, 3, 5 und 6, Satz 2 und Absatz 3 sowie bei Einreise auf dem Landweg auch Absatz 1 Satz 1 Nummer 1 Buchstabe b** sind auf Zuwiderhandlungen gegen Rechtsvorschriften über die Einreise und den Aufenthalt von Ausländern in das Hoheitsgebiet der Mitgliedstaaten der Europäischen Union oder eines Schengen-Staates anzuwenden, wenn

1. sie den in **§ 95 Absatz 1 Nummer 2 oder Nummer 3 oder Absatz 2 Nummer 1** bezeichneten Handlungen entsprechen und
2. der Täter einen Ausländer unterstützt, der nicht die Staatsangehörigkeit eines Mitgliedstaates der Europäischen Union oder eines anderen Vertragsstaates des Abkommens über den Europäischen Wirtschaftsraum besitzt.

(5) § 74a des Strafgesetzbuchs ist anzuwenden."

336 Neben den strafverschärfenden Regelungen in Absatz 1 sind als Neuerungen die ausdrückliche Regelung von Straftaten im Zusammenhang mit dem Fluchtgeschehen und dem Entziehen an Polizeikontrollen in Absatz 2 Nr. 6a hervorzuheben, Damit wird auf die in diesem Zusammenhang immer wieder auftretenden schweren Rechtsgutsverletzungen reagiert.

337 Durch die Beschlussempfehlung wurde zudem in Absatz 4 Satz 1 die Beschränkung auf Schleusungen auf dem Landweg eingefügt, um eine Kriminalisierung der zivilgesellschaftlichen Seenotrettung zu vermeiden, die rein formal auch unter der Scheuserbegriff gefasst werden kann.[305]

12. Änderung von § 97 AufenthG (Einschleusen mit Todesfolge)

338 Die Änderung von § 97 AufenthG wurde durch die Beschlussempfehlung veranlasst. Sie erweitern der Strafrahmen in Fällen der tödlichen Folgen von Schleusungen.

„§ 97

(1) ¹Mit Freiheitsstrafe nicht unter **fünf** Jahren wird bestraft, wer in den Fällen des § 96 Abs. 1, auch in Verbindung mit § 96 Abs. 4, den Tod **eines anderen Menschen** verursacht. ²Wird in den Fällen des § 96 Absatz 1, auch in Verbindung mit § 96 Absatz 4, der Tod eines anderen Menschen wenigstens leichtfertig verursacht, ist die Strafe lebenslange Freiheitsstrafe oder Freiheitsstrafe nicht unter zehn Jahren.

---

305 Siehe dazu auch Möller ZAR 2023, 366 ff.

(2) Mit Freiheitsstrafe **nicht unter drei Jahren** wird bestraft, wer in den Fällen des § 96 Abs. 1, auch in Verbindung mit § 96 Abs. 4, als Mitglied einer Bande, die sich zur fortgesetzten Begehung solcher Taten verbunden hat, gewerbsmäßig handelt.

(3) **In minder schweren Fällen des Absatzes 1 Satz 1 oder des Absatzes 2 ist die Strafe Freiheitsstrafe nicht unter einem Jahr.**

(4) § 74a des Strafgesetzbuches ist anzuwenden."

13. Änderung von § 8 AsylG (Übermittlung personenbezogener Daten)

Ein wichtiger Bestandteil einer effektiven Rückführungspolitik ist die Bereitstellung der erforderlichen Statusinformationen. Durch die Änderungen in § 8 AsylG wird deren Umfang moderat erweitert.

„§ 8 AsylG

(1)–(1b) [...]

(1c) ¹Die Träger der Grundsicherung für Arbeitsuchende, die mit der polizeilichen Kontrolle des grenzüberschreitenden Verkehrs beauftragten Behörden, die Ausländerbehörden und die deutschen Auslandsvertretungen teilen den mit der Ausführung dieses Gesetzes betrauten Behörden mit, wenn sie von Umständen Kenntnis erlangt haben, dass **ein Ausländer, der einen Asylantrag gestellt hat,** ein Asylberechtigter oder ein Ausländer, dem internationaler Schutz im Sinne des § 1 Absatz 1 Nummer 2 zuerkannt **oder für den ein Abschiebungsverbot nach § 60 Absatz 5 oder 7 des Aufenthaltsgesetzes festgestellt** worden ist, in sein Herkunftsland (§ 3 Absatz 1 Nummer 2) gereist ist. ²Die nach Satz 1 übermittelten personenbezogenen Daten dürfen nur für die Prüfung verarbeitet werden, ob die Voraussetzungen für **die Einstellung des Asylverfahrens oder die Ablehnung eines Asylantrags nach § 33 Absatz 1 und 3 oder für** einen Widerruf oder eine Rücknahme der Asylberechtigung **oder,** des internationalen Schutzes **oder der Feststellung eines Abschiebungsverbots nach § 60 Absatz 5 oder 7 des Aufenthaltsgesetzes vorliegen.**

(2)–(5) [...]"

Die Übermittlungspflicht wird dahingehend ergänzt, dass die genannten Behörden die Umstände zu Reisen ins Herkunftsland auch dann mitzuteilen haben, wenn sie eine Person betreffen, die sich im Asylverfahren befindet oder für die ein Abschiebungsverbot nach § 60 Abs. 5 oder 7 AufenthG festgestellt wurde. Durch die Ergänzung soll sichergestellt werden, dass das BAMF die Informationen zu Reisen ins Herkunftsland erhält, um das Vorliegen der Voraussetzungen für eine Einstellung oder Ablehnung eines Asylantrags nach § 33 Abs. 1 u und 3 oder das Vorliegen der Voraussetzungen für einen Widerruf oder eine Rücknahme nach § 73 Abs. 6 prüfen zu können. Aufgrund der Änderung kann das BAMF seiner gesetzlichen Prüfpflicht nachkommen.

14. Änderung von § 14 AsylG (Antragstellung)

§ 14 Abs. 3 AsylG, wird im ersten und letzten Satz neu gefasst. Die bisherige Rechtslage schaffte nach Ansicht des Gesetzgebers Fehlanreize zur Asylantragstellung aus asylfremden Gründen. Das Asylgesuch legalisiert den Aufenthalt des Ausländers zum Zwecke der Durchführung des Asylverfahrens (§ 55 Abs. 1) und lässt die Voraussetzungen der Anordnung von Abschiebungshaft trotz Vorliegen der sonstigen Haftvoraussetzungen damit entfallen. Befand sich der Ausländer noch nicht in Haft, konnte die Anordnung von Abschiebungshaft folglich durch die Stellung eines Asylantrags verhindert werden. Die Neufassung des § 14 Abs. 3 soll diesem Anreiz zum Missbrauch des Asylverfahrens entgegenwirken, indem sie die unsachgemäße Anknüpfung an das Erfordernis des Bestehens von Haft oder Gewahrsam aufhebt.

> „§ 14 AsylG
>
> (3) ¹**Befindet sich der Ausländer in Haft oder sonstigem öffentlichem Gewahrsam oder lagen zum Zeitpunkt der Stellung des Asylantrags die Voraussetzungen der Abschiebungshaft vor, so steht die Stellung des Asylantrags der Anordnung oder Aufrechterhaltung von Abschiebungshaft nicht entgegen.** ²Dem Ausländer ist unverzüglich Gelegenheit zu geben, mit einem Rechtsbeistand seiner Wahl Verbindung aufzunehmen, es sei denn, er hat sich selbst vorher anwaltlichen Beistands versichert. ³Die Abschiebungshaft endet mit der Zustellung der Entscheidung des Bundesamtes, spätestens jedoch vier Wochen nach Eingang des Asylantrags beim Bundesamt, es sei denn, es wurde auf Grund von Rechtsvorschriften der Europäischen Gemeinschaft oder eines völkerrechtlichen Vertrages über die Zuständigkeit für die Durchführung von Asylverfahren ein Auf- oder Wiederaufnahmeersuchen an einen anderen Staat gerichtet oder der Asylantrag wurde abgelehnt."

342 § 14 Absatz 3 setzte bislang voraus, dass der Ausländer sich bereits in einer der enumerativ genannten Haft- oder Gewahrsamsarten befinden musste, um den Anwendungsbereich der Norm zu eröffnen. Nur wenn diese Voraussetzung erfüllt war, stand die Asylantragstellung der Anordnung oder Aufrechterhaltung von Abschiebungshaft nach § 62 AufenthG nicht entgegen. In der Praxis wurden die Zeitpunkte von Asylantragstellung und Inhaft- oder Ingewahrsamnahme regelmäßig von verschiedenen externen Faktoren beeinflusst. Die Möglichkeit der Anordnung oder Aufrechterhaltung von Abschiebungshaft konnte im Einzelfall damit vom Zufall abhängen. Durch die Neufassung von Satz 1 wird das in Zukunft verhindert.

343 Der Neuregelung wird ebenso wie der bisherigen Regelung entgegengehalten[306], dass die Rückführungsrichtlinie eine Inhaftnahme im Falle eines Asylantrags nur zulässt, wenn berechtigte Gründe für die Annahme bestehen, dass der Antrag auf internationalen Schutz nur gestellt wird, um die Vollstreckung der Rückkehrentscheidung zu verzögern oder zu vereiteln. Die Begründung lässt erkennen, dass dies grundsätzlich unterstellt wird und genügt insoweit nicht den Vorgaben von Art. 8 Abs. 3 UA 1 lit. d) der RL 2013/33/EU.

344 Die Neuregelung ermöglicht die Fortdauer der Haft auch bei einer Ablehnung des Asylantrags als einfach unbegründet. Bislang endete die Abschiebungshaft grundsätzlich mit Zustellung des Bescheids, wenn nicht aufgrund von Rechtsvorschriften der Europäischen Gemeinschaft oder eines völkerrechtlichen Vertrages über die Zuständigkeit für die Durchführung von Asylverfahren ein Auf- oder Wiederaufnahmeersuchen an einen

---

306 Wittmann, Schriftliche Stellungnahme v. 7.12.2023, Ausschussdrucksache 20(4)348 H, S. 91 f.

anderen Staat gerichtet oder der Asylantrag als unzulässig nach § 29 Abs.1 Nr. 4 oder als offensichtlich unbegründet abgelehnt wurde. Bislang waren in Abschiebungshaft befindliche Ausländer, deren Asylantrag als lediglich einfach unbegründet abgelehnt wurde, damit bessergestellt als solche, die keinen Asylantrag stellen. Die Änderung hilft diesem Wertungswiderspruch ab und wirkt den aus der bestehenden Rechtslage resultierenden Fehlanreizen zum Missbrauch des Asylverfahrens zu asylfremden Zwecken entgegen. Die Verhältnismäßigkeit der Regelungen wird dadurch gesichert, dass eine nach § 14 Abs. 3 angeordnete oder aufrechterhaltene Abschiebungshaft stets den Anforderungen des § 62 AufenthG entsprechen muss.

15. Änderung von § 15 AsylG (Allgemeine Mitwirkungspflichten)

„§ 15 AsylG

(1) ¹Der Ausländer ist persönlich verpflichtet, bei der Aufklärung des Sachverhalts mitzuwirken. ²Dies gilt auch, wenn er sich durch einen Bevollmächtigten vertreten lässt.

(2) Er ist insbesondere verpflichtet,

1. den mit der Ausführung dieses Gesetzes betrauten Behörden die erforderlichen Angaben **wahrheitsgemäß und nach bestem Wissen und Gewissen** mündlich und nach Aufforderung auch schriftlich zu machen;
2. das Bundesamt unverzüglich zu unterrichten, wenn ihm ein Aufenthaltstitel erteilt worden ist;
3. den gesetzlichen und behördlichen Anordnungen, sich bei bestimmten Behörden oder Einrichtungen zu melden oder dort persönlich zu erscheinen, Folge zu leisten;
4. seinen Pass oder Passersatz den mit der Ausführung dieses Gesetzes betrauten Behörden vorzulegen, auszuhändigen und zu überlassen;
5. alle erforderlichen Urkunden und sonstigen Unterlagen, die in seinem Besitz sind, den mit der Ausführung dieses Gesetzes betrauten Behörden vorzulegen, auszuhändigen und zu überlassen;
6. im Falle des Nichtbesitzes eines gültigen Passes oder Passersatzes an der Beschaffung eines Identitätspapiers mitzuwirken und auf Verlangen alle Datenträger, die für die Feststellung seiner Identität und Staatsangehörigkeit von Bedeutung sein können und in deren Besitz er ist, den mit der Ausführung dieses Gesetzes betrauten Behörden vorzulegen, auszuhändigen und zu überlassen;
7. die vorgeschriebenen erkennungsdienstlichen Maßnahmen zu dulden.

(3) ...

(4) ¹Die mit der Ausführung dieses Gesetzes betrauten Behörden **sowie die Aufnahmeeinrichtungen** können den Ausländer und Sachen, die von ihm mitgeführt werden, durchsuchen, wenn der Ausländer seinen Verpflichtungen nach **Absatz 2 Nummer 4 und 5** nicht nachkommt sowie nicht gemäß Absatz 2 Nummer 6 auf Verlangen die Datenträger vorlegt, aushändigt oder überlässt und Anhaltspunkte bestehen, dass er im Besitz solcher Unterlagen oder Datenträger ist. ²Der Ausländer darf nur von einer Person gleichen Geschlechts durchsucht werden.

(5) Durch die Rücknahme des Asylantrags werden die Mitwirkungspflichten des Ausländers nicht beendet."

345 Die Änderungen haben in erster Linie einen klarstellenden Charakter und führen nicht zu bedeutsamen inhaltlichen Änderungen.

16. Änderung von § 15a AsylG (Auswertung von Datenträgern)

346 Die Regelung wurde vollständig neu gefasst und hat jetzt folgenden Wortlaut:

„§ 15a AsylG

(1) ¹Das Auslesen von Datenträgern, einschließlich mobiler Geräte und Cloud-Dienste, ist zum Zwecke der Sicherstellung einer Auswertung nach Absatz 2 zulässig, wenn es zur Feststellung der Identität und der Staatsangehörigkeit erforderlich ist, da der Ausländer keinen gültigen Pass, Passersatz oder sonstigen geeigneten Identitätsnachweis besitzt. ²Der Ausländer hat die notwendigen Zugangsdaten für ein zulässiges Auslesen der Datenträger zur Verfügung zu stellen; § 48a des Aufenthaltsgesetzes gilt entsprechend.

(2) ¹Das Auswerten der ausgelesenen Daten ist nur zulässig, soweit dies für die Feststellung der Identität und Staatsangehörigkeit des Ausländers nach § 15 Absatz 2 Nummer 6 erforderlich ist und der Zweck der Maßnahme nicht durch mildere Mittel erreicht werden kann. ²Liegen tatsächliche Anhaltspunkte für die Annahme vor, dass durch die Auswertung von Datenträgern allein Erkenntnisse aus dem Kernbereich privater Lebensgestaltung erlangt würden, ist die Maßnahme unzulässig. ³Erkenntnisse aus dem Kernbereich privater Lebensgestaltung, die durch die Auswertung von Datenträgern erlangt werden, dürfen nicht verwertet werden. ⁴Aufzeichnungen hierüber sind unverzüglich zu löschen. ⁵Die Tatsache ihrer Erlangung und Löschung ist aktenkundig zu machen. ⁶Die Datenträger dürfen nur von einem Bediensteten ausgewertet werden, der die Befähigung zum Richteramt hat.

(3) ¹Ausgelesene Daten sind unverzüglich zu löschen, sobald sie für die Feststellung der Identität oder Staatsangehörigkeit nicht mehr erforderlich sind. ²Das Auslesen, Auswerten und Löschen von Daten ist in der Asylakte zu dokumentieren. ³Durch geeignete technische und organisatorische Maßnahmen nach den Artikeln 24, 25 und 32 der Verordnung (EU) 2016/679 ist sicherzustellen, dass kein unberechtigter Zugriff auf die ausgelesenen Daten erfolgt.

(4) Für die in den Absätzen 1 bis 3 genannten Maßnahmen ist das Bundesamt zuständig.

347 Die Neuregelung entspricht inhaltlich weitgehend den Neuregelungen in § 48 Abs. 3a und 3b AufenthG, so dass auf die Ausführungen zu diesen verwiesen werden kann.

17. § 30 AsylG (offensichtlich unbegründete Asylanträge)

348 Der Bundesgesetzgeber setzt mit der Neuregelung vor allem Art. 32 Abs. 2 der Asylverfahrensrichtlinie 2013/32/EU um. Art. 31 Abs. 8 der Asylverfahrensrichtlinie zählt diese Fälle abschließend auf. Dabei enthält diese Norm sowohl materielle Gründe für eine

Entscheidung als offensichtlich unbegründet (Buchstabe a und e) als auch Gründe für eine Ablehnung eines Asylantrags als offensichtlich unbegründet, ohne dass dieser materiell offensichtlich unbegründet sein muss.

„§ 30 AsylG

(1) Ein unbegründeter Asylantrag ist als offensichtlich unbegründet abzulehnen, wenn der Ausländer

1. im Asylverfahren nur Umstände vorgebracht hat, die für die Prüfung des Asylantrags nicht von Belang sind,
2. eindeutig unstimmige und widersprüchliche, eindeutig falsche oder offensichtlich unwahrscheinliche Angaben gemacht hat, die im Widerspruch zu hinreichend gesicherten Herkunftslandinformationen stehen, sodass die Begründung für seinen Asylantrag offensichtlich nicht überzeugend ist,
3. die Behörden durch falsche Angaben oder Dokumente oder durch Verschweigen wichtiger Informationen oder durch Zurückhalten von Dokumenten über seine Identität oder Staatsangehörigkeit offensichtlich getäuscht hat,
4. ein Identitäts- oder ein Reisedokument, das die Feststellung seiner Identität oder Staatsangehörigkeit ermöglicht hätte, mutwillig vernichtet oder beseitigt hat oder die Umstände offensichtlich diese Annahme rechtfertigen,
5. sich weigert, der Verpflichtung zur Abnahme seiner Fingerabdrücke gemäß der Verordnung (EU) Nr. 603/2013 des Europäischen Parlaments und des Rates vom 26. Juni 2013 über die Einrichtung von Eurodac für den Abgleich von Fingerabdruckdaten zum Zwecke der effektiven Anwendung der Verordnung (EU) Nr. 604/2013 zur Festlegung der Kriterien und Verfahren zur Bestimmung des Mitgliedstaats, der für die Prüfung eines von einem Drittstaatsangehörigen oder Staatenlosen in einem Mitgliedstaat gestellten Antrags auf internationalen Schutz zuständig ist und über der Gefahrenabwehr und Strafverfolgung dienende Anträge der Gefahrenabwehr- und Strafverfolgungsbehörden der Mitgliedstaaten und Europols auf den Abgleich mit Eurodac-Daten sowie zur Änderung der Verordnung (EU) Nr. 1077/2011 zur Errichtung einer Europäischen Agentur für das Betriebsmanagement von IT-Großsystemen im Raum der Freiheit, der Sicherheit und des Rechts (ABl. L 180 vom 29.6.2013, S. 1) nachzukommen,
6. den Asylantrag nur zur Verzögerung oder Behinderung der Vollstreckung einer bereits getroffenen oder unmittelbar bevorstehenden Entscheidung, die zu seiner Abschiebung führen würde, gestellt hat,
7. aus schwerwiegenden Gründen der öffentlichen Sicherheit oder öffentlichen Ordnung ausgewiesen wurde oder es schwerwiegende Gründe für die Annahme gibt, dass er eine Gefahr für die nationale Sicherheit oder die öffentliche Ordnung darstellt,
8. einen Folgeantrag (§ 71 Absatz 1) oder einen Zweitantrag (§ 71a Absatz 1) gestellt hat und ein weiteres Asylverfahren durchgeführt wurde oder
9. Entgegen einem Einreise- und Aufenthaltsverbot in das Bundesgebiet eingereist ist.

(2) Auf unbegleitete Minderjährige findet Absatz 1 Nummer 1 bis 6 keine Anwendung.

349 Im Einzelnen werden die folgenden Regelungen der Asylverfahrensrichtlinie umgesetzt:

350 Absatz 1 Nummer 1 setzt Art. 32 Abs. 2 in Verbindung mit Art. 31 Abs. 8 Buchstabe a der Asylverfahrensrichtlinie um. Er umfasst die nach der bisherigen Rechtslage geregelten Fälle, in denen die Voraussetzungen für eine Anerkennung als Asylberechtigter und die Voraussetzungen für die Zuerkennung des internationalen Schutzes offensichtlich nicht vorliegen (§ 30 Abs. 1), insbesondere, wenn nach den Umständen des Einzelfalles offensichtlich ist, dass sich der Ausländer nur aus wirtschaftlichen Gründen oder um einer allgemeinen Notsituation zu entgehen, im Bundesgebiet aufhält (§ 30 Abs. 2) oder, wenn es sich nach dem Inhalt des gestellten Antrags nicht um einen Asylantrag im Sinne des § 13 Abs. 1 handelt (§ 30 Abs. 5).

351 Absatz 1 Nummer 2 setzt Art. 32 Abs. 2 in Verbindung mit Art. 31 Abs. 8 Buchstabe e der Asylverfahrensrichtlinie um. Die Regelung erfasst die nach bisheriger Rechtslage offensichtliche Unbegründetheit nach § 30 Abs. 3 Nummer 1, wenn das Vorbringen des Ausländers in wesentlichen Punkten nicht substantiiert oder in sich widersprüchlich ist, offenkundig den Tatsachen nicht entspricht oder auf gefälschte oder verfälschte Beweismittel gestützt wird.

352 Absatz 1 Nummer 3 setzt Art. 32 Abs. 2 in Verbindung mit Art. 31 Abs. 8 Buchstabe c der Asylverfahrensrichtlinie um. Er umfasst die nach bisheriger Rechtslage in § 30 Abs. 1 Nummer 2 und 5 geregelten Fälle der Täuschung über die Identität oder Staatsangehörigkeit.

353 Absatz 1 Nummer 4 setzt Art. 32 Abs. 2 in Verbindung mit Art. 31 Abs. 8 Buchstabe d der Asylverfahrensrichtlinie um. Die Neufassung erfasst die nach bisheriger Rechtslage in § 30 Abs. 1 Nummer 2 und 5 geregelten Fälle der Täuschung über die Identität oder Staatsangehörigkeit, durch Vernichtung oder Beseitigung eines Identitäts- oder Reisedokuments.

354 Absatz 1 Nummer 5 setzt Art. 32 Abs. 2 in Verbindung mit Art. 31 Abs. 8 Buchstabe i der Richtlinie 2013/32/EU um. Dieser Fall wurde bisher unter § 30 Absatz 3 Nummer 2 gefasst, der den Fall der offensichtlichen Unbegründetheit regelt, wenn der Ausländer im Asylverfahren Angaben über seine Identität oder Staatsangehörigkeit verweigert.

355 Absatz 1 Nummer 6 setzt Art. 32 Abs. 2 in Verbindung mit Art. 31 Abs. 8 Buchstabe g der Asylverfahrensrichtlinie um. Er umfasst den im bisherigen § 30 Abs. 3 Nummer 4 geregelten Fall der offensichtlichen Unbegründetheit, wenn der Ausländer den Asylantrag gestellt hat, um eine drohende Aufenthaltsbeendigung abzuwenden, obwohl er zuvor ausreichend Gelegenheit hatte, einen Asylantrag zu stellen.

356 Absatz 1 Nummer 7 setzt Art. 32 Abs. 2 in Verbindung mit Art. 31 Abs. 8 Buchstabe j der Asylverfahrensrichtlinie um. Bereits nach der bisherigen Rechtslage war ein Asylantrag als offensichtlich unbegründet abzulehnen, wenn der Ausländer aus schwerwiegenden Gründen der öffentlichen Sicherheit oder öffentlichen Ordnung ausgewiesen wurde oder es schwerwiegende Gründe für die Annahme gab, dass er eine Gefahr für die nationale Sicherheit oder die öffentliche Ordnung darstellt. § 30 Abs. 3 Nummer 6 setzte in Bezug auf die Ausweisung aus schwerwiegenden Gründen der öffentlichen Sicherheit oder öffentlichen Ordnung voraus, dass der Ausländer nach §§ 53, 54 AufenthG

vollziehbar ausgewiesen wurde. § 30 Abs. 4 setzte für die schwerwiegenden Gründe für die Annahme, dass der Ausländer eine Gefahr für die nationale Sicherheit oder die öffentliche Ordnung darstellt, voraus, dass die Voraussetzungen des § 60 Abs. 8 Satz 1 AufenthG oder des § 3 Abs. 2 vorlagen oder, dass das Bundesamt nach § 60 Abs. 8 Satz 3 AufenthG von der Anwendung des § 60 Abs. 1 AufenthG abgesehen hatte. Die Neufassung des § 30 Abs. 1 Nummer 7 entspricht somit der bisherigen Rechtslage.

Absatz 1 Nummer 8 setzt Art. 32 Abs. 2 in Verbindung mit Art. 31 Abs. 8 Buchstabe f der Asylverfahrensrichtlinie um. Demnach ergeben sich folgende mögliche Entscheidungen bei Stellung eines Folgeantrags (§ 71) oder Zweitantrags (§ 71a). Sofern ein Folge- oder Zweitverfahren nicht durchzuführen ist, da die Voraussetzungen von § 71 Abs. 1 oder § 71a Abs. 1 nicht vorliegen, ist der Asylantrag als unzulässig abzulehnen (§ 29 Abs. 1 Nummer 5). Liegen die Voraussetzungen des § 71 Abs. 1 oder § 71a vor, ist ein Folge- oder Zweitverfahren durchzuführen. Sofern der Ausländer in diesem Verfahren nicht als Asylberechtigter anerkannt wird, ihm kein internationaler Schutz zuerkannt wird und kein Abschiebungsverbot nach § 60 Abs. 5 oder 7 AufenthG festgestellt wird, ist der unbegründete Asylantrag nach dem neu gefassten § 30 Abs. 1 Nummer 1 als offensichtlich unbegründet abzulehnen.

357

Absatz 1 Nummer 9 stellt sicher, dass unbegründete Asylanträge von Ausländern künftig als offensichtlich unbegründet abgelehnt werden, wenn sie entgegen einem Einreise- und Aufenthaltsverbot in das Bundesgebiet eingereist sind. Dadurch werden die entsprechenden Verfahren erheblich beschleunigt. Denn bei der Ablehnung eines Asylantrags als offensichtlich unbegründet verkürzt sich die dem Ausländer zu setzende Ausreisefrist auf eine Woche (§ 36 Abs. 1), eine Klage gegen die ablehnende Entscheidung des BAMF ist innerhalb einer Woche zu erheben (§ 74 Abs. 1) und hat keine aufschiebende Wirkung (§ 75 Abs. 1). Ein Antrag nach § 80 Abs. 5 der Verwaltungsgerichtsordnung auf Anordnung der aufschiebenden Wirkung der Klage ist ebenfalls innerhalb einer Woche nach Bekanntgabe der Entscheidung zu stellen (§ 36 Abs. 3 Satz 1), wobei das Gericht grundsätzlich innerhalb einer Woche über den Antrag entscheiden soll (§ 36 Abs. 3 Satz 5).

358

Absatz 2 setzt Art. 25 Abs. 6 UAbs. 2 Buchstabe a der Asylverfahrensrichtlinie um und schließt in den aufgeführten Fällen die Ablehnung eines Asylantrags von einem unbegleiteten minderjährigen Ausländer als offensichtlich unbegründet aus.

359

Zu der Regelung ist eine Übergangsregelung in § 87 Abs. 2 Nr. 6 AsylG vorgesehen.

360

18. Neufassung des § 30a AsylG (Beschleunigte Verfahren)

Die Regelung zu den beschleunigten Verfahren hat in der bisherigen Praxis nur eine sehr geringe Bedeutung erlangt. Da nach Ablauf der verkürzten Frist die Verfahren nach den normalen Regelungen fortgeführt werden, sind damit aber auch keine negativen Folgen für die Betroffenen verbunden. Die Ergänzung der Regelungen durch die neue Fallgruppe in Absatz 1 Nr. 8 wird an der geringen Bedeutung voraussichtlich nichts ändern.

361

„§ 30a AsylG

(1) Das Bundesamt kann das Asylverfahren in einer Außenstelle, die einer besonderen Aufnahmeeinrichtung (§ 5 Absatz 5) zugeordnet ist, beschleunigt durchführen, wenn der Ausländer

1. Staatsangehöriger eines sicheren Herkunftsstaates (§ 29a) ist,
2. die Behörden durch falsche Angaben oder Dokumente oder durch Verschweigen wichtiger Informationen oder durch Zurückhalten von Dokumenten über seine Identität oder Staatsangehörigkeit offensichtlich getäuscht hat,
3. ein Identitäts- oder ein Reisedokument, das die Feststellung seiner Identität oder Staatsangehörigkeit ermöglicht hätte, mutwillig vernichtet oder beseitigt hat, oder die Umstände offensichtlich diese Annahme rechtfertigen,
4. einen Folgeantrag gestellt hat,
5. den Antrag nur zur Verzögerung oder Behinderung der Vollstreckung einer bereits getroffenen oder unmittelbar bevorstehenden Entscheidung, die zu seiner Abschiebung führen würde, gestellt hat,
6. sich weigert, der Verpflichtung zur Abnahme seiner Fingerabdrücke gemäß der Verordnung (EU) Nr. 603/2013 des Europäischen Parlaments und des Rates vom 26. Juni 2013 über die Einrichtung von Eurodac für den Abgleich von Fingerabdruckdaten zum Zwecke der effektiven Anwendung der Verordnung (EU) Nr. 604/2013 zur Festlegung der Kriterien und Verfahren zur Bestimmung des Mitgliedstaats, der für die Prüfung eines von einem Drittstaatsangehörigen oder Staatenlosen in einem Mitgliedstaat gestellten Antrags auf internationalen Schutz zuständig ist und über der Gefahrenabwehr und Strafverfolgung dienende Anträge der Gefahrenabwehr- und Strafverfolgungsbehörden der Mitgliedstaaten und Europols auf den Abgleich mit Eurodac-Daten sowie zur Änderung der Verordnung (EU) Nr. 1077/2011 zur Errichtung einer Europäischen Agentur für das Betriebsmanagement von IT-Großsystemen im Raum der Freiheit, der Sicherheit und des Rechts (ABl. L 180 vom 29.6.2013, S. 1) nachzukommen,
7. aus schwerwiegenden Gründen der öffentlichen Sicherheit oder öffentlichen Ordnung ausgewiesen wurde oder es schwerwiegende Gründe für die Annahme gibt, dass er eine Gefahr für die nationale Sicherheit oder die öffentliche Ordnung darstellt **oder**.
8. **entgegen einem Einreise- und Aufenthaltsverbot in das Bundesgebiet eingereist ist.**"

362 Die Neuregelung in Nr. 8 soll die Durchführung eines beschleunigten Verfahrens auch in Fällen ermöglichen, in denen der Betroffene unter Verstoß gegen ein Einreise- und Aufenthaltsverbot eingereist ist. Sie ist unionsrechtlich bedenklich, weil sie keiner der in Art. 31 Abs. 8 VerfRL abschließend umschriebenen Fallgruppen entspricht.

19. Änderung von § 34 AsylG (Abschiebungsandrohung)

„§ 34 AsylG

(1) ¹Das Bundesamt erlässt nach den §§ 59 und 60 Absatz 10 des Aufenthaltsgesetzes eine schriftliche Abschiebungsandrohung, wenn

1. der Ausländer nicht als Asylberechtigter anerkannt wird,
2. dem Ausländer nicht die Flüchtlingseigenschaft zuerkannt wird,
2a. dem Ausländer kein subsidiärer Schutz gewährt wird,
3. die Voraussetzungen des § 60 Absatz 5 und 7 des Aufenthaltsgesetzes nicht vorliegen oder die Abschiebung ungeachtet des Vorliegens der Voraussetzungen des § 60 Absatz 7 Satz 1 des Aufenthaltsgesetzes ausnahmsweise zulässig ist und,
4. **der Abschiebung weder das Kindeswohl noch familiäre Bindungen noch der Gesundheitszustand des Ausländers entgegenstehen und**
5. der Ausländer keinen Aufenthaltstitel besitzt.

²Eine Anhörung des Ausländers vor Erlass der Abschiebungsandrohung ist nicht erforderlich. ³Im Übrigen bleibt die Ausländerbehörde für Entscheidungen nach § 59 Absatz 1 Satz 4 und Absatz 6 des Aufenthaltsgesetzes zuständig."

Es handelt sich um eine Änderung zur Umsetzung der Rechtsprechung des EuGHs, wonach sind die Mitgliedstaaten vor dem Erlass einer Rückkehrentscheidung zur Prüfung von Artikel 5 Buchstabe a bis c der Rückführungsrichtlinie verpflichtet sind.[307] Stehen zum Zeitpunkt des Erlasses einer Rückkehrentscheidung das Kindeswohl, familiäre Bindungen oder der Gesundheitszustand eines Ausländers der Rückkehr entgegen, dürfen die Mitgliedstaaten keine Rückkehrentscheidung erlassen. Das BAMF ist nach der Neufassung des § 34 Abs, 1 Nummer 4 verpflichtet, diese Belange vor Erlass einer Ausreiseaufforderung und Abschiebungsandrohung zu prüfen.

In der Praxis dürfte sich die Umsetzung als schwierig erweisen, weil inlandsbezogene Abschiebungshindernisse in der Regel nicht durch das BAMF, sondern durch die Ausländerbehörde ermittelt werden. Es bedarf deshalb einer entsprechenden Zusammenarbeit.

20. Änderung § 61 AsylG (Erwerbstätigkeit)

Im Zusammenhang mit der Politik der Potenzialausschöpfung zugunsten des Arbeitsmarktes wurde durch die Beschlussempfehlung eine Änderung in § 61 AsylG aufgenommen.

„§ 61

(1) ¹Für die Dauer der Pflicht, in einer Aufnahmeeinrichtung zu wohnen, darf der Ausländer keine Erwerbstätigkeit ausüben. ²Abweichend von Satz 1 ist dem Ausländer die Ausübung einer Beschäftigung zu erlauben, wenn

1. das Asylverfahren nicht innerhalb von **sechs** Monaten nach der Stellung des Asylantrags unanfechtbar abgeschlossen ist,
2. die Bundesagentur für Arbeit zugestimmt hat oder durch Rechtsverordnung bestimmt ist, dass die Ausübung der Beschäftigung ohne Zustimmung der Bundesagentur für Arbeit zulässig ist,
3. der Ausländer nicht Staatsangehöriger eines sicheren Herkunftsstaates (§ 29a) ist und

---

[307] EuGH Beschl. v. 15.2.2023, C-484/22, NVwZ 2023, 743, zu Kindeswohl und familiären Bindungen des Ausländers.

4. der Asylantrag nicht als offensichtlich unbegründet oder als unzulässig abgelehnt wurde, es sei denn das Verwaltungsgericht hat die aufschiebende Wirkung der Klage gegen die Entscheidung des Bundesamtes angeordnet;

Ausländern, die seit mindestens sechs Monaten eine Duldung nach § 60a des Aufenthaltsgesetzes besitzen, **soll** die Ausübung einer Beschäftigung erlaubt werden, **es sei denn** zum Zeitpunkt der Beantragung der Erlaubnis zur Ausübung einer Beschäftigung stehen konkrete Maßnahmen zur Aufenthaltsbeendigung, die in einem hinreichenden sachlichen und zeitlichen Zusammenhang zur Aufenthaltsbeendigung stehen, bevor; diese konkreten Maßnahmen zur Aufenthaltsbeendigung stehen bevor, wenn

1. eine ärztliche Untersuchung zur Feststellung der Reisefähigkeit veranlasst wurde,
2. der Ausländer einen Antrag zur Förderung mit staatlichen Mitteln einer freiwilligen Ausreise gestellt hat,
3. die Buchung von Transportmitteln für die Abschiebung eingeleitet wurde,
4. vergleichbar konkrete Vorbereitungsmaßnahmen zur Abschiebung des Ausländers eingeleitet wurden, es sei denn, es ist von vornherein absehbar, dass diese nicht zum Erfolg führen, oder
5. ein Verfahren zur Bestimmung des zuständigen Mitgliedsstaates gemäß Artikel 20 Absatz 1 der Verordnung (EU) Nr. 604/2013 eingeleitet wurde.

³Die §§ 39, 40 Absatz 1 Nummer 1 und Absatz 2 und die §§ 41 und 42 des Aufenthaltsgesetzes gelten entsprechend für Ausländer nach Satz 2."

366 Mit der Reduzierung der Wartezeit von neun auf sechs Monate wird Ausländern, die in einer Aufnahmeeinrichtung zu wohnen verpflichtet sind, die Aufnahme einer Beschäftigung erleichtert, wenn keine der in § 61 Absatz 1 Satz 2 Nummern 1 bis 4 benannten Ausschlussgründe vorliegen. Damit wird einem aus der Praxis artikulierten Bedürfnis Rechnung getragen, Asylsuchende frühzeitiger in Arbeit zu bringen und damit die öffentlichen Haushalte zu entlasten. Die Beibehaltung einer Wartefrist von sechs Monaten ist nach Ansicht des Gesetzgebers weiterhin sachgerecht, um sicherzustellen, dass das Asylverfahren ordnungsgemäß durchgeführt werden kann.

367 Die Erteilung der Erlaubnis zur Beschäftigung von geduldeten Ausländern, die verpflichtet sind, in einer Aufnahmeeinrichtung zu wohnen, steht zudem nicht mehr im freien Ermessen der Ausländerbehörde. Durch den Übergang zum gebundenen Ermessen soll eine möglichst bundeseinheitliche Praxis in der Anwendung der Regelung erreicht werden. Den Ausländerbehörden verbleibt nur noch die Möglichkeit, bei Vorliegen von atypischen Sachverhalten die Erlaubnis zu verweigern.

368 Um einen ggf. bereits begonnenen Vollzug der Ausreisepflicht nicht zu verhindern, sind von der Regelung geduldete Ausländer ausgenommen, bei denen konkrete Maßnahmen zur Aufenthaltsbeendigung bevorstehen, wenn diese in einem hinreichenden sachlichen und zeitlichen Zusammenhang mit der Aufenthaltsbeendigung stehen. Vergleichbare konkrete Vorbereitungsmaßnahmen sind Maßnahmen, die in einem engen sachlich-zeitlichem Zusammenhang mit der Abschiebung selbst stehen. Die konkreten Maßnahmen sind in Buchstaben a bis e konkret definiert. Damit soll sichergestellt wer-

den, die bei vollziehbar Ausreisepflichtigen gebotene Durchsetzung der Ausreisepflicht nicht zu gefährden. Die Geltung von § 60a Abs. 6 AufenthG bleibt unberührt

Für Inhaber einer Aufenthaltsgestattung nach § 55 AsylG, die nicht verpflichtet sind, in einer Aufnahmeeinrichtung zu wohnen, besteht bei Vorliegen der Voraussetzungen des § 61 Abs. 1 Satz 2 nach der Regelung in § 61 Abs. 2 Satz 5 ein Anspruch auf Erteilung einer Erlaubnis zur Ausübung einer Beschäftigung. Es gelten auch hier die Einschränkungen nach Satz 2. 369

Die Regelung ist ein weiteres Beispiel für die gesetzgeberischen Spannungen zwischen Integrationsförderung und effektiver Rückführung während des Anerkennungsverfahrens. 370

21. § 63 AsylG (Bescheinigung über die Aufenthaltsgestattung)

„§ 63 AsylG

(1) ¹Dem Ausländer wird nach der Asylantragstellung innerhalb von drei Arbeitstagen eine mit den Angaben zur Person und einem Lichtbild versehene Bescheinigung über die Aufenthaltsgestattung ausgestellt, wenn er nicht im Besitz eines Aufenthaltstitels ist. ²Im Falle des Absatzes 3 Satz 2 ist der Ausländer bei der Asylantragstellung aufzufordern, innerhalb der Frist nach Satz 1 bei der zuständigen Ausländerbehörde die Ausstellung der Bescheinigung zu beantragen.

(2) ¹Die Bescheinigung ist zu befristen. ²Solange der Ausländer verpflichtet ist, in einer Aufnahmeeinrichtung zu wohnen, beträgt die Frist längstens **sechs** und im Übrigen längstens **zwölf** Monate.

(3)–(5) [...]

Die Verlängerung der Höchstgeltungsdauer der Bescheinigung über die Aufenthaltsgestattung dient der Entlastung der Ausländerbehörden und ist rechtlich unbedenklich, da im Einzelfall kürzere Befristungen weiterhin möglich sind. 371

22. Änderung von § 71 AsylG (Folgeantrag)

Die Regelungen zum Folgeantrag stellen spezialgesetzliche Regelungen zu § 51 VwVfG dar, wobei die bislang vorhandenen Verweisungen auf diese Regelung durch die Neufassung gestrichen wurden, die jetzt als abschließende Regelung zu verstehen ist. 372

„§ 71 AsylG

(1) ¹Stellt der Ausländer nach Rücknahme oder unanfechtbarer Ablehnung eines früheren Asylantrags erneut einen Asylantrag (Folgeantrag), so ist ein weiteres Asylverfahren nur durchzuführen, wenn **neue Elemente oder Erkenntnisse zutage getreten oder vom Ausländer vorgebracht worden sind, die mit erheblicher Wahrscheinlichkeit zu einer für den Ausländer günstigeren Entscheidung beitragen, oder Wiederaufnahmegründe entsprechend § 580 der Zivilprozessordnung gegeben sind und der Ausländer ohne eigenes Verschulden außerstande war, die Gründe für den Folgeantrag im früheren Asylverfahren, insbesondere durch Rechtsbehelf, geltend zu machen**; die Prüfung obliegt dem Bundesamt. ²Das Gleiche gilt für den Asylantrag eines Kindes, wenn der Vertreter nach § 14a **Absatz** 3 auf die Durchführung eines Asylverfahrens verzichtet hatte.

(2) ¹Der Ausländer hat den Folgeantrag persönlich bei einer Außenstelle des Bundesamts zu stellen; ist sein Aufenthalt nach § 61 des Aufenthaltsgesetzes festgelegt, so hat er den Folgeantrag bei der nächstgelegenen Außenstelle in dem Land seines Aufenthalts zu stellen. ²Wenn der Ausländer das Bundesgebiet zwischenzeitlich verlassen hatte, gelten die §§ 47 bis 67 entsprechend. ³In den Fällen des § 14 **Absatz 2** Satz 1 **Nummer** 2 oder wenn der Ausländer nachweislich am persönlichen Erscheinen gehindert ist, ist der Folgeantrag schriftlich zu stellen. ⁴§ 19 **Absatz 1** findet keine Anwendung.

(3) ¹In dem Folgeantrag hat der Ausländer seine Anschrift sowie die Tatsachen und Beweismittel anzugeben, aus denen sich das Vorliegen der Voraussetzungen des **Absatzes 1 Satz 1** ergibt. ²Auf Verlangen hat der Ausländer diese Angaben schriftlich zu machen. ³Von einer Anhörung kann abgesehen werden. ⁴§ 10 gilt entsprechend.

(4) Liegen die Voraussetzungen des **Absatzes 1 Satz 1** nicht vor, sind die §§ 34, 35 und 36 entsprechend anzuwenden; im Falle der Abschiebung in einen sicheren Drittstaat (§ 26a) ist § 34a entsprechend anzuwenden.

(5) ¹Stellt der Ausländer, nachdem eine nach Stellung des früheren Asylantrags ergangene Abschiebungsandrohung oder -anordnung vollziehbar geworden ist, einen Folgeantrag, der nicht zur Durchführung eines weiteren Verfahrens führt, so bedarf es zum Vollzug der Abschiebung keiner erneuten Fristsetzung und Abschiebungsandrohung oder -anordnung. ²**Hat der Ausländer den Folgeantrag nur zur Verzögerung oder Behinderung der Abschiebung gestellt oder hat der Ausländer nach unanfechtbarer Ablehnung eines Folgeantrags einen erneuten Folgeantrag gestellt, so darf die Abschiebung vollzogen werden, wenn das Bundesamt mitgeteilt hat, dass die Voraussetzungen des Absatzes 1 Satz 1 nicht vorliegen.** ³Im Übrigen darf die Abschiebung erst nach Ablauf der Frist nach § 74 Absatz 1 Halbsatz 2 und im Fall eines innerhalb der Frist gestellten Antrags nach § 80 Absatz 5 der Verwaltungsgerichtsordnung erst nach der gerichtlichen Ablehnung dieses Antrags vollzogen werden.

(6) ¹Absatz 5 gilt auch, wenn der Ausländer zwischenzeitlich das Bundesgebiet verlassen hatte. ²Im Falle einer unerlaubten Einreise aus einem sicheren Drittstaat (§ 26a) kann der Ausländer nach § 57 **Absatz** 1 und 2 des Aufenthaltsgesetzes dorthin zurückgeschoben werden, ohne dass es der vorherigen Mitteilung des Bundesamtes bedarf.

(7) ¹War der Aufenthalt des Ausländers während des früheren Asylverfahrens räumlich beschränkt, gilt die letzte räumliche Beschränkung fort, solange keine andere Entscheidung ergeht. ²Die §§ 59a und 59b gelten entsprechend. ³In den Fällen der Absätze 5 und 6 ist für ausländerrechtliche Maßnahmen auch die Ausländerbehörde zuständig, in deren Bezirk sich der Ausländer aufhält.

(8) ¹Ein Folgeantrag steht der Anordnung von Abschiebungshaft nicht entgegen, **es sei denn, es wird ein weiteres Asylverfahren durchgeführt.** ²Wird ein weiteres Asylverfahren durchgeführt, gilt § 14 Absatz 3 entsprechend."

373 Auch diese Neuregelung dient in wichtigen Teilen der besseren Anpassung an das Unionsrecht. So entspricht Absatz 1 jetzt im Wesentlichen einer wortlautgetreuen Umsetzung des Art. 40 Abs. 1 – 4 AsylVerfRL und begegnet keinen rechtlichen Bedenken.

Kritisiert wird die Regelung des § 71 Abs. 2 Satz 2 AsylG, soweit sie eine Aufenthaltsgestattung in Fällen der Folgeantragstellung erst bei Durchführung eines weiteren Asylverfahrens oder allenfalls dann entstehen lässt, wenn der Ausländer das Bundesgebiet zwischenzeitlich verlassen hatte. Insoweit gebiete das unionsrechtliche Recht auf Verbleib im Bundesgebiet nicht lediglich eine Aussetzung der Abschiebung, sondern die Gewährung eines vollwertigen Bleiberechts.[308]

374

§ 74 Abs. 3 Satz 3 AsylG setzt Art. 33 Abs. 2 lit. d i.V.m. Art. 46 Abs. 6 und 8 AsylVerfRL um. Art. 46 VerfRL normiert das auch bei (nicht rechtsmissbräuchlichen bzw. wiederholten) Folgeanträgen gebotene Recht auf Verbleib im Mitgliedsstaat bis zum Ablauf der Rechtsmittelfrist bzw. zur Entscheidung über den zulässigen Eilrechtsschutzantrag.

375

Die Streichung der Beschränkung der Antragstellung auf die Außenstelle, in deren Bezirk der Ausländer während eines früheren Asylverfahrens zu wohnen verpflichtet war, führt zu einer Flexibilisierung der Verwaltungspraxis.

376

23. Änderung von § 73b AsylG (Widerrufs- und Rücknahmeverfahren)

„§ 73b AsylG

(1)–(5) [...]

(5a) ¹Teilt der Ausländer dem Bundesamt mit, im Asylverfahren unrichtige oder unvollständige Angaben gemacht oder benutzt zu haben, so darf diese Information zu Beweiszwecken in einem gegen den Ausländer oder gegen einen seiner in § 52 Absatz 1 der Strafprozessordnung bezeichneten Angehörigen geführten Straf- oder Bußgeldverfahren nur mit Zustimmung des Ausländers verwendet werden. ²Der Ausländer ist auf diese Rechtsfolgen hinzuweisen.

(6)–(8) [...]

Die Änderung in § 73b AsylG schafft eine Strafbarkeit für unrichtige, unvollständige oder ausbleibende Angaben im Rahmen der Widerrufs- und Rücknahmeprüfung (§ 73b Absatz 5 Satz 2 i. V. m. § 15 Absatz 2 Nummer 1) und etabliert damit eine strafbewehrte Selbstbezichtigungspflicht, wenn im Antragsverfahren gegenüber dem BAMF unrichtige oder unvollständige Angaben gemacht wurden. Das in § 73b Absatz 5a eingeführte Verwertungsverbot ist zur Auflösung des zwischen Selbstbezichtigungspflicht und verfassungsrechtlich garantiertem Schweigerecht (nemo tenetur se ipsum accusare) bestehenden Spannungsverhältnisses erforderlich. Der Betroffene darf nicht zum Werkzeug seiner eigenen Überführung gemacht werden, indem er gesetzlich dazu verpflichtet wird, durch eigene Aussagen die Voraussetzung einer strafgerichtlichen Verurteilung schaffen zu müssen.[309] Die Regelung sieht daher vor, dass strafrechtlich relevante Selbstbezichtigungen in einem gegen den Ausländer oder gegen einen seiner Angehörigen geführten Straf- oder Bußgeldverfahren nur verwendet werden dürfen, wenn der Ausländer gegenüber der Strafverfolgungsbehörde eine entsprechende Zustimmungserklärung abgibt. Der Betroffene ist vom BAMF auf diese Rechtsfolgen hinzuweisen.

377

---

308 So bereits Wittmann ZAR 2019, 45 (53) unter Bezugnahme auf EuGH Urt. v. 19.6.2018 – C-181/16 [Gnandi] – Rn. 61 ff.
309 Vgl. BVerfG NJW 1981, 1431 (1433).

24. Änderung von § 85 AsylG (Sonstige Straftaten)

378 Aktuell sind ausbleibende, falsche oder unvollständige Mitwirkungen im Asylverfahren nicht strafbar. Im Gegensatz zum Aufenthaltsgesetz fehlt im Asylgesetz eine entsprechende Regelung, sodass unzureichende Mitwirkungen gegenüber dem BAMF keine strafrechtlichen Konsequenzen nach sich ziehen. Mit der Änderung des § 85 AsylG wird diese Strafbarkeitslücke geschlossen. Sie orientiert sich an § 95 Absatz 1 Nummer 5 des Aufenthaltsgesetzes.

> „§ 85 AsylG
>
> (1) Mit Freiheitsstrafe bis zu einem Jahr oder mit Geldstrafe wird bestraft, wer
>
> 1. entgegen § 50 Abs. 6, auch in Verbindung mit § 71a Abs. 2 Satz 1, sich nicht unverzüglich zu der angegebenen Stelle begibt,
> 2. wiederholt einer Aufenthaltsbeschränkung nach § 56 oder § 59b Absatz 1, jeweils auch in Verbindung mit § 71a Abs. 3, zuwiderhandelt,
> 3. einer vollziehbaren Anordnung nach § 60 Abs. 2 Satz 1, auch in Verbindung mit § 71a Abs. 3, nicht rechtzeitig nachkommt **oder**
> 4. entgegen § 61 Abs. 1, auch in Verbindung mit § 71a Abs. 3, eine Erwerbstätigkeit ausübt,
> 5. **entgegen § 15 Absatz 2 Nummer 1 eine erforderliche Angabe zu seinem Alter, seiner Identität oder seiner Staatsangehörigkeit nicht, nicht richtig oder nicht vollständig macht, soweit nicht die Tat in Absatz 2 mit Strafe bedroht ist oder**
> 6. **entgegen § 15 Absatz 2 Nummer 4 bis 6 einen Pass, Passersatz, erforderliche Urkunden, sonstige Unterlagen oder Datenträger nicht vorlegt, aushändigt oder überlässt.**
>
> (2) **Mit Freiheitsstrafe bis zu drei Jahren oder mit Geldstrafe wird bestraft, wer im Asylverfahren vor dem Bundesamt oder im gerichtlichen Verfahren unrichtige oder unvollständige Angaben macht oder benutzt, um**
>
> 1. **die Anerkennung als Asylberechtigter, die Zuerkennung internationalen Schutzes im Sinne des § 1 Absatz 1 Nummer 2 oder die Feststellung der Voraussetzungen des § 60 Absatz 5 oder 7 des Aufenthaltsgesetzes zu erreichen oder**
> 2. **den Widerruf oder die Rücknahme der Anerkennung als Asylberechtigter, der Zuerkennung internationalen Schutzes im Sinne des § 1 Absatz 1 Nummer 2 oder der Feststellung der Voraussetzungen des § 60 Absatz 5 oder Absatz 7 Satz 1 des Aufenthaltsgesetzes abzuwenden."**

379 Mit der Einfügung der Nummer 5 in § 85 Absatz 1 wird die Verletzung der allgemeinen Mitwirkungspflicht aus § 15 Absatz 2 Nummer 1 (Verpflichtung des Ausländers, den mit der Ausführung des Asylgesetzes betrauten Behörden die erforderlichen Angaben zu machen) soweit es um die Angabe von Alter, Identität und Staatsangehörigkeit geht ebenso mit Freiheitsstrafe bis zu einem Jahr oder mit Geldstrafe sanktioniert wie die mangelhafte Mitwirkung im Asylwiderrufs- und -rücknahmeverfahren nach § 73b Absatz 5.

380 Mit der Einfügung der Nummer 6 in § 85 Absatz 1 wird die Verletzung der Mitwirkungspflicht aus § 15 Absatz 2 Nummer 4 bis 6 ebenfalls mit Strafe bewehrt.

Durch den neuen Absatz soll einem Missbrauch des Asylverfahrens durch Gebrauch falscher Angaben entgegengewirkt werden. Es kann bestraft werden, wer im Asylverfahren oder bei einer Streitigkeit nach dem Asylgesetz unrichtige oder unvollständige Angaben macht oder benutzt, um die Erteilung eines asylrechtlichen Schutzstatus zu erreichen oder dessen Widerruf oder Rücknahme abzuwenden. Der Schutzberechtigte wird durch die Regelung auch dazu verpflichtet, unvollständige oder unrichtige Angaben, die er im Antragsverfahren gemacht hat, bei der Widerrufs- und Rücknahmeprüfung zu korrigieren.

Die Gesetzesbegründung hält die Regelung für erforderlich, da das BAMF im Asylverfahren weitgehend auf die Angaben des Ausländers angewiesen ist.[310] Aufgrund dieses berechtigten Informationsbedürfnisses sei der Gesetzgeber befugt, eine Abwägung mit den Interessen des Betroffenen vorzunehmen.

Die Norm setzt voraus, dass die unrichtigen oder unvollständigen Angaben der Erlangung eines Schutzstatus dienen. Unrichtig sind Angaben, wenn die tatsächlichen Angaben nicht dem wahren Sachverhalt entsprechen. Unvollständig sind Angaben, wenn für sich gesehen richtige Angaben den unzutreffenden Eindruck einer umfassenden Information erwecken können, zugleich aber andere (richtige) nachteilige Tatsachen, nicht angegeben werden. Die Tatbestandsverwirklichung erfordert nicht, dass die Angaben tatsächlich dazu geführt haben, dass dem Betroffenen der Schutzstatus zuerkannt wurde. Erforderlich ist lediglich, dass die Angaben im Asylverfahren vor dem BAMF gemacht wurden, so dass ein abstraktes Gefährdungsdelikt vorliegt.

25. Änderung von § 427 FamFG (Einstweilige Anordnung)

Durch die Ergänzung von Absatz 3 wird eine Rechtsgrundlage für eine unangekündigte Festnahme bei geplanten Freiheitsentziehungen geschaffen. Damit werden bisher bestehende Rechtsunsicherheiten insbesondere im Abschiebungshaftrecht beseitigt.

„§ 427 FamFG

(3) ¹Abweichend von den Absätzen 1 und 2 kann das Gericht eine einstweilige Anordnung vor der Anhörung des Betroffenen erlassen, wenn dringende Gründe für die Annahme vorliegen, dass die Voraussetzungen für die Anordnung einer Freiheitsentziehung gegeben sind, und die vorherige Anhörung den Zweck der Anordnung gefährden würde. ²Die Anhörung ist unverzüglich nachzuholen."

Zwar sieht § 427 Abs. 2 FamFG schon jetzt eine vorläufige Freiheitsentziehung im Wege einstweiliger Anordnung in Fällen von Gefahr im Verzug auch ohne vorherige Anhörung vor. Das Tatbestandsmerkmal der Gefahr im Verzug stellt jedoch auf zeitliche Dringlichkeit ab und ist daher für den Fall der geplanten Freiheitsentziehung unpassend.

Hinzu kommt, dass nach § 427 Abs. 1 FamFG die vorläufige Freiheitsentziehung generell ein dringendes Bedürfnis für ein sofortiges Tätigwerden voraussetzt. Auch dieses Dringlichkeitserfordernis ist für den Fall der geplanten Freiheitsentziehung unpassend.

---

310 BT-Drs. 20/9463, S. 59.

387 Durch das Gebot, die Anhörung unverzüglich nachzuholen, trägt die Neuregelung dem Umstand Rechnung, dass die Anhörung als bedeutsame Verfahrensgarantie durch Artikel 104 Absatz 1 GG grundrechtlichen Schutz genießt und Kernstück de r Amtsermittlung im Freiheitsentziehungsverfahren ist. Nach der Anhörung kann unmittelbar eine Entscheidung in der Hauptsache erfolgen, soweit nicht aufgrund anderer noch fehlender Verfahrenshandlungen weiterhin nur ein einstweiliger Beschluss gerechtfertigt wäre.

IV. Anpassungen im Freizügigkeitsgesetz/EU
1. Vorgaben der Europäischen Union

388 Wegen der deutschen Umsetzung der Richtlinie 2004/38/EG des Europäischen Parlaments und des Rates vom 29. April 2004 über das Recht der Unionsbürger und ihrer Familienangehörigen, sich im Hoheitsgebiet der Mitgliedstaaten frei zu bewegen und aufzuhalten, zur Änderung der Verordnung (EWG) Nr. 1612/ 68 und zur Aufhebung der Richtlinien 64/221/EWG, 68/360/EWG, 72/194/EWG, 73/148/EWG, 75/34/EWG, 75/35/EWG, 90/364/EWG, 90/365/EWG und 93/96/EWG (Freizügigkeitsrichtlinie) ist ein Vertragsverletzungsverfahren (VVV) gegen Deutschland anhängig.

389 Die Europäische Kommission hat an der bisherigen Umsetzung zwei Punkte beanstandet. Als Pendant zu einer Ausweisung im Aufenthaltsrecht sieht das Freizügigkeitsgesetz/EU eine sogenannte Verlustfeststellung vor. Durch diese stellt die zuständige Behörde fest, dass kein Recht zum Aufenthalt im Bundesgebiet mehr besteht. Automatische Rechtsfolge einer Verlustfeststellung aus Gründen der öffentlichen Sicherheit ist nach der derzeitigen Fassung des FreizügG/EU ein Einreise- und Aufenthaltsverbot. Das Einreise- und Aufenthaltsverbot wird von Amts wegen durch die zuständige Behörde befristet, wobei die Frist unter Berücksichtigung der Umstände des Einzelfalles festzusetzen ist. Nach Auffassung der Europäischen Kommission widerspricht dieser Automatismus formal dem Grundprinzip des Freizügigkeitsrechts, wonach sämtliche belastenden Rechtsfolgen nach Ermessen festzulegen sind.

390 Nach der jetzigen Fassung des FreizügG/EU richtet sich die Aufenthaltsbeendigung von Drittstaatsangehörigen, die als „nahestehende Personen" (Verwandte im weiteren Sinne von Unionsbürgern und deren Ehegatten oder Lebenspartner sowie Lebensgefährten) zugelassen worden sind, nach allgemeinem Aufenthaltsrecht (§§ 53 ff. AufenthG). Aus Sicht der Europäischen Kommission gebietet es die Gleichstellung von nach Ermessen als „nahestehende Personen" zugelassenen Personen mit anderen Freizügigkeitsberechtigten, dass auch auf diese die freizügigkeitsrechtlichen Vorschriften in Deutschland, also die §§ 6 und 7 FreizügG/EU, Anwendung finden.

391 Um diese Defizite zu beheben, sieht das Rückführungsverbesserungsgesetz in Artikel 4 Änderungen in den §§ 2, 6, 7 und 11 FreizügG/EU vor.

2. Änderung des § 2 FreizügG/EU

392 In § 2 FreizügG/EU wird in den Absätzen 1 bis 3 die personelle und sachliche Reichweite des unionsrechtlichen Rechts auf Einreise und Aufenthalt normiert. In Absatz 4 wird sodann der rechtliche Rahmen für das Nichtbestehen des Rechts nach Absatz 1

bestimmt. Der Anwendungsbereich dieser Regelung wird durch die Neufassung auf die nachstehenden Personen nach § 3a FreizügG/EU erstreckt.

„(4) ¹Das Nichtbestehen des Rechts nach Absatz 1 kann festgestellt werden, wenn feststeht, dass die betreffende Person das Vorliegen einer Voraussetzung für dieses Recht durch die Verwendung von gefälschten oder verfälschten Dokumenten oder durch Vorspiegelung falscher Tatsachen vorgetäuscht hat. ²Das Nichtbestehen des Rechts nach Absatz 1 kann bei einem Familienangehörigen, der nicht Unionsbürger ist, außerdem festgestellt werden, wenn feststeht, dass er dem Unionsbürger nicht zur Herstellung oder Wahrung der familiären Lebensgemeinschaft nachzieht oder ihn nicht zu diesem Zweck begleitet. ³Einem Familienangehörigen, der nicht Unionsbürger ist, kann in diesen Fällen die Erteilung der Aufenthaltskarte oder des Visums versagt werden oder seine Aufenthaltskarte kann eingezogen werden. ⁴Entscheidungen nach den Sätzen 1 bis 3 bedürfen der Schriftform. **⁵Die Sätze 1, 2 und 4 sind auf nahestehende Personen, denen ein Recht zur Einreise und zum Aufenthalt im Bundesgebiet nach § 3a Absatz 1 verliehen worden ist, entsprechend anzuwenden.**"

Die Neuregelung ist Folge der unionsrechtlichen Verpflichtung, die nahestehenden Personen nach § 3a FreizügG/EU in das Rechtsregime des Freizügigkeitsgesetzes auch in Bezug auf die Aufenthaltsbeendigung und Rückführung einzubeziehen.

3. Änderung des § 6 FreizügG/EU

„(9) **Die Absätze 1 bis 8 finden auf Personen, die ein Recht zur Einreise und zum Aufenthalt im Bundesgebiet nach § 3a Absatz 1 haben, entsprechende Anwendung.**"

Auch diese Neuregelung ist Folge der unionsrechtlichen Verpflichtung, die nahestehenden Personen nach § 3a FreizügG/EU in das Rechtsregime des Freizügigkeitsgesetzes auch in Bezug auf die Aufenthaltsbeendigung und Rückführung einzubeziehen.

4. Änderung des § 7 FreizügG/EU

In § 7 Abs. 2 FreizügG/EU wurde bislang ein Einreiseverbot gesetzlich begründet, sobald der Wegfall des Aufenthaltsrechts und die Ausreisepflicht festgestellt wurden. Die Neuregelung verlangt auch in diesen Fällen nach den Vorgaben der EU-Kommission eine Einzelfallentscheidung durch Verwaltungsakt.

„(2) ¹Personen, die ihr Recht nach § 2 Absatz 1 oder ihr Recht nach § 3a Absatz 1 nach § 6 Absatz 1 verloren haben, soll untersagt werden, erneut in das Bundesgebiet einzureisen und sich darin aufzuhalten. ²Personen, bei denen das Nichtbestehen des Freizügigkeitsrechts nach § 2 Absatz 4 festgestellt worden ist, kann untersagt werden, erneut in das Bundesgebiet einzureisen und sich darin aufzuhalten. ³Personen nach Satz 2 soll untersagt werden, erneut in das Bundesgebiet einzureisen und sich darin aufzuhalten, wenn ein besonders schwerer Fall, insbesondere ein wiederholtes Vortäuschen des Vorliegens der Voraussetzungen des Rechts auf Einreise und Aufenthalt, vorliegt oder wenn der Aufenthalt dieser Personen die öffentliche Ordnung und Sicherheit der

Bundesrepublik Deutschland in erheblicher Weise beeinträchtigt. ⁴Bei einer Entscheidung nach den Sätzen 1 bis 3 ist § 6 Absatz 3, 6 und 8 entsprechend anzuwenden.⁵Das Verbot nach den Sätzen 1 bis 3 wird von Amts wegen befristet. ⁶Die Frist ist unter Berücksichtigung der Umstände des Einzelfalles auf Grund der auf Tatsachen gestützten Annahme der künftig von einem Aufenthalt der Person innerhalb der Europäischen Union und der Schengen-Staaten ausgehenden Gefahren für die öffentliche Ordnung und Sicherheit festzusetzen und darf fünf Jahre nur in den Fällen des § 6 Absatz 1 überschreiten. ⁷Die Frist beginnt mit der Ausreise. ⁸Ein nach angemessener Frist oder nach drei Jahren gestellter Antrag auf Aufhebung oder auf Verkürzung der festgesetzten Frist ist innerhalb von sechs Monaten zu bescheiden."

396 Durch die Änderung wird nunmehr entsprechend dem Modell in § 11 Absatz 1 des Aufenthaltsgesetzes auch im Freizügigkeitsgesetz/EU vorgesehen, dass im Zusammenhang mit einem Einreise- und Aufenthaltsverbot zwei Verwaltungsakte erlassen werden. Der erste Verwaltungsakt ist die Anordnung des Verbotes. Durch den zweiten Verwaltungsakt wird die Frist des Verbotes bestimmt. Da beide Verwaltungsakte zugleich und von derselben Behörde erlassen werden, sind die Fristen und Zuständigkeiten für Rechtsmittel identisch.

397 Im neu formulierten Satz 1 wird die Anordnung des Verbotes als „Soll"-Vorschrift ausgestaltet. Damit wird berücksichtigt, dass im Freizügigkeitsrecht belastende Verwaltungsakte stets nach Ermessen zu erlassen sind. Zugleich werden in der Praxis denkbar keine Fälle auftreten, in denen einerseits die für eine Verlustfeststellung aus Gründen der öffentlichen Sicherheit erforderliche weitere konkrete und individuelle Gefährdung eines Grundinteresses der Gesellschaft prognostisch zu bejahen ist, andererseits kein Bedürfnis besteht, die betroffene Person zumindest für einen bestimmten Zeitraum vom Bundesgebiet zur Wahrung derselben Interessen fernzuhalten. Um den Begründungsaufwand für die Verwaltung entsprechend begrenzt zu halten, wurde das Ermessen daher entsprechend gebunden ausgestaltet. Die Sätze 2 und 3 wurden ohne Änderung der Rechtslage redaktionell angepasst. Die Änderung hin zu einer Ermessensregelung muss auch dadurch nachvollzogen werden, dass § 7 Abs, 2 Satz 4 künftig auch § 7 Abs. 2 Satz 1 erfasst.

398 Durch die Neuregelung wird die Systematik des EU-Rückführungsrechts, die für alle Rückführungsmaßnahmen einzelfallbezogene Entscheidungen verlangt, in denen eine Verhältnismäßigkeitsprüfung erfolgt, auch im Bereich des Freizügigkeitsrechts konsequent umgesetzt.

5. Änderung des § 11 FreizügG/EU

399 In § 11 FreizügG/EU wird die Verbindung zu den Regelungen des Aufenthaltsgesetzes hergestellt. Durch die Veränderungen bei den Regelungen zu den nahestehenden Personen nach § 3a FreizügG/EU gibt es auch in dieser Norm Folgeänderungsbedarf.

„§ 11

(1) Auf die Personen, deren Einreise und Aufenthalt nach § 1 Absatz 1 durch dieses Gesetz geregelt ist, finden § 3 Absatz 2, § 11 Absatz 8, die §§ 13, 14 Absatz 2, § 44 Absatz 4, die §§ 45a, 46 Absatz 2, § 50 Absatz 3 bis 6, § 59 Absatz 1 Satz 6 und 7, die §§ 69, **71 Absatz 2 und Absatz 3 Nummer 2** erste Alternative, die §§ 73, 74 Ab-

satz 2, § 77 Absatz 1, die §§ 80, 82 Absatz 5, die §§ 85 bis 88, 90, 91, 95 Absatz 1 Nummer 4 und 8, Absatz 2 Nummer 2, Absatz 4, die §§ 96, 97, 98 Absatz 2 Nummer 2, Absatz 2a, 3 Nummer 3, Absatz 4 und 5 sowie § 99 des Aufenthaltsgesetzes entsprechende Anwendung.

(2) ...

(3) [1]§ 78 des Aufenthaltsgesetzes ist für die Ausstellung von Aufenthaltskarten, Daueraufenthaltskarten, Aufenthaltsdokumenten-GB und Aufenthaltsdokumenten für Grenzgänger-GB entsprechend anzuwenden. [2]**Auf die Angaben nach § 78 Absatz 1 Satz 3 Nummer 10 und 11 des Aufenthaltsgesetzes wird verzichtet, soweit zum Zeitpunkt der Veranlassung der Ausstellung ein anerkannter und gültiger ausländischer Pass vorhanden ist.** [3]Sie tragen die nach Maßgabe der nach den §§ 11a und 99 Absatz 1 Nummer 13a Satz 1 des Aufenthaltsgesetzes erlassenen Rechtsverordnung festgelegten Bezeichnungen. [4]In der Zone für das automatische Lesen wird anstelle der Abkürzungen nach § 78 Absatz 2 Satz 2 Nummer 1 des Aufenthaltsgesetzes in Aufenthaltskarten und Daueraufenthaltskarten die Abkürzung „AF" und in Aufenthaltsdokumenten-GB und Aufenthaltsdokumenten für Grenzgänger-GB die Abkürzung „AR" verwendet.

(3) ... (7)

(8) [1]Auf den Aufenthalt von Personen, die

1. sich selbst als Familienangehörige im Bundesgebiet aufgehalten haben und nach § 3 Absatz 2 nach dem Tod eines Unionsbürgers ein Aufenthaltsrecht behalten,
2. nicht Unionsbürger sind, sich selbst als Ehegatten oder Lebenspartner im Bundesgebiet aufgehalten haben, und die nach der Scheidung oder Aufhebung der Ehe oder Aufhebung der Lebenspartnerschaft nach § 3 Absatz 4 ein Aufenthaltsrecht behalten, oder
3. **sich als nahestehende Personen eines verstorbenen Unionsbürgers auf Grund eines Rechts zur Einreise und zum Aufenthalt im Bundesgebiet nach § 3a Absatz 3 in Verbindung mit § 3 Absatz 2 im Bundesgebiet aufgehalten haben**,

sind die §§ 6 und 7 nicht anzuwenden. [2]Insoweit findet das Aufenthaltsgesetz entsprechende Anwendung. [3]**Die Regelungen des Aufenthaltsgesetzes zum Familiennachzug zu Inhabern von Aufenthaltserlaubnissen aus familiären Gründen sind auf den Familiennachzug zu den in Satz 1 Nummer 1 und 2 genannten Personen sowie auf den Familiennachzug zu solchen nahestehenden Personen eines Unionsbürgers, denen ein Recht auf Einreise und Aufenthalt im Bundesgebiet nach § 3a verliehen wurde entsprechend anzuwenden."**

6. Folgen für die Praxis

Für die behördliche Praxis bedeuten die Neuregelungen eine erhebliche Neuorientierung sowohl bei den Personen nach § 3a FreizügG/EU als auch bei Maßnahmen der Aufenthaltsbeendigung. Die Ausländerbehörden müssen in Bezug auf diese Personengruppe und in Bezug auf Unionsbürger in Zukunft immer Einzelfallentscheidungen zu Einreise- und Aufenthaltsverboten und deren Befristung erlassen, wie es für Drittstaatsangehörige nach § 11 AufenthG vorgesehen ist.

400

Teil 3: Das neue Staatsangehörigkeitsrecht

A. Die Vorgaben des Koalitionsvertrags und ihre Einordnung

I. Besonderheiten des deutschen Staatsangehörigkeitsrechts

Das deutsche Staatsangehörigkeitsrecht stand von Beginn an vor besonderen Herausforderungen. Viele der heutigen Regelungen gehen zurück auf das Reichs- und Staatsangehörigkeitsgesetz aus dem Jahr 1871, das die Integration der bis dahin bestehenden Landesstaatsangehörigkeiten in eine übergreifende Reichsstaatsangehörigkeit bewerkstelligen musste.[311] Nach 1949 musste auch nach Maßgabe des Art. 116 GG die Integration der Vertriebenen unter besonderen Bedingungen ermöglicht werden.[312]

401

Das deutsche Staatsangehörigkeitsrecht kannte subjektive Einbürgerungsnormen bis in die 1990er-Jahre nur im Kriegsfolgenrecht und zur Vermeidung von Staatenlosigkeit.[313] Allgemeine Einbürgerungsansprüche wurden erstmals im AuslG 1990, zuerst in Form von Regeleinbürgerungsnormen für junge, seit acht Jahren ansässige Ausländer zum 1.1.1991 eingeführt.[314] Der Gesetzgeber zeigte mit der Stellung im siebenten Abschnitt des Ausländergesetzes („Erleichterte Einbürgerung") an, dass nun die einwanderungsrechtliche Bewältigung der aufgrund der Anwerbeabkommen seit den 1950er-Jahren gekommenen und bleibenden Menschen sowie ihrer Abkömmlinge thematisiert wurde, die über § 8 (Ru)StAG aus verschiedenen Gründen nicht umgesetzt werden konnten.[315] Die Integration der §§ 85–91 AuslG in §§ 10–12b StAG erfolgte zum 1.1.2005 durch Art. 5 Nr. 8 ZuwG v. 30.7.2004.[316] Mit der Neuregelung des Ausländerrechts wurde § 10 Abs. 1 S. 1 Nr. 2 StAG hinsichtlich erforderlicher dauerhafter Aufenthaltsrechte angepasst.[317] Im internationalen Vergleich erweist sich das deutsche Staatsangehörigkeitsrecht damit als offen und „modern".

402

Im Zusammenhang mit den facettenreichen Debatten über die Integration von Ausländern wies das Bundesverfassungsgericht in seinen Entscheidungen zum kommunalen Ausländerwahlrecht darauf hin, dass die Integration von Ausländern in diesem Bereich durch Änderungen im Bereich des Staatsangehörigkeitsrechts zu verwirklichen sind.[318]

403

II. Bisherige Debatten zu mehrfacher Staatsangehörigkeit und Integration

Gestritten wurde immer wieder, unter welchen Voraussetzungen im Zusammenhang mit einer Einbürgerung oder einem anderen Erwerbstatbestand eine andere Staatsangehörigkeit fortbestehen kann mit der Folge, dass es zu einer Mehrfachstaatsangehörigkeit kommt. Zuletzt spielte diese Frage im Zusammenhang mit der sog. Optionsregelung nach § 29 StAG eine zentrale Rolle.[319]

404

---

311 BeckOK AuslR/Weber, 39. Edition, 1.10.2023, § 1 StAG, Rn. 31 ff.
312 Kluth, in: BeckOK AuslR, 39. Edition, 1.10.2023, Art. 116 GG, Rn. 14 ff.
313 Weber Staatsangehörigkeit und Status, 2018, S. 172 f.
314 § 85 Abs. 1 AuslG 1990 aF, BGBl. 1990 I 1354.
315 Zum Anlass siehe die Entwurfsbegründung der Bundesregierung zum AuslG 1990, BT-Drs. 11/6321, S. 47.
316 BGBl. I 1950.
317 BT-Drs. 14/7387, 108.
318 BVerfGE 83, 37 ff.
319 Dazu Hailbronner ZAR 2013, 357 ff. Zur geänderten Fassung Berlit ZAR 2015, 90 ff.

405 Die Hinnahme einer mehrfachen Staatsangehörigkeit bei einer Einbürgerung war zuletzt in § 12 StAG so geregelt, dass dies möglich ist, wenn der Ausländer seine bisherige Staatsangehörigkeit nicht oder nur unter besonders schwierigen Bedingungen aufgeben kann.[320] In der behördlichen Praxis wurde zuletzt in ca. 70 % der Fälle die Mehrfachstaatsangehörigkeit hingenommen.[321]

III. Zielvorgaben des Koalitionsvertrags

406 Der Koalitionsvertrag formuliert für die Reform des Staatsangehörigkeitsrechts die folgende Zielvorgabe:

„Wir schaffen ein modernes Staatsangehörigkeitsrecht. Dafür werden wir die Mehrfachstaatsangehörigkeit ermöglichen und den Weg zum Erwerb der deutschen Staatsangehörigkeit vereinfachen. Eine Einbürgerung soll in der Regel nach fünf Jahren möglich sein, bei besonderen Integrationsleistungen nach drei Jahren. Eine Niederlassungserlaubnis soll nach drei Jahren erworben werden können. In Deutschland geborene Kinder ausländischer Eltern werden mit ihrer Geburt deutsche Staatsbürgerinnen bzw. Staatsbürger, wenn ein Elternteil seit fünf Jahren einen rechtmäßigen gewöhnlichen Aufenthalt im Inland hat. Für zukünftige Generationen prüfen wir, wie sich ausländische Staatsbürgerschaften nicht über Generationen vererben.

In Anerkennung ihrer Lebensleistung wollen wir die Einbürgerung für Angehörige der sogenannten Gastarbeitergeneration erleichtern, deren Integration lange Zeit nicht unterstützt wurde, indem wir für diese Gruppe das nachzuweisende Sprachniveau senken. Zudem schaffen wir eine allgemeine Härtefallregelung für den erforderlichen Sprachnachweis. Das Einbürgerungserfordernis der „Einordnung in die deutschen Lebensverhältnisse" werden wir durch klare Kriterien ersetzen. Wir werden mit einer Kampagne über die Möglichkeiten zum Erwerb der deutschen Staatsangehörigkeit werben und begrüßen die Durchführung von Einbürgerungsfeiern ausdrücklich."[322]

407 Der Bundestag hat zur Umsetzung das Gesetz zur Modernisierung des Staatsangehörigkeitsrechts am 19.01.2024 auf der Grundlage des Regierungsentwurfs[323] und der Beschlussempfehlung des Ausschusses für Inneres und Heimat[324] beschlossen.[325]

B. Die generelle Hinnahme der Mehrstaatigkeit

408 Die strukturell wichtigste und zugleich politisch umstrittenste Änderung besteht darin, dass die bestehenden beschränkenden Regelungen in Bezug auf die Hinnahme von Mehrstaatigkeit vollständig gestrichen wurden. Legistisch wurde dies durch die Streichung von § 10 Abs., 1 Nr. 4, § 12 und § 29 (Optionsregelung) StAG umgesetzt.

---

320 Zu Einzelheiten BeckOK AuslR/Weber, 39. Edition, 1.10.2023, § 12 StAG, Rn. 5 ff.
321 SVR Integration und Migration, Positionspapier zur Weiterentwicklung des Staatsangehörigkeitsrechts, https://www.svr-migration.de/wp-content/uploads/2024/01/SVR-Positionspapier-zur-Weiterentwicklung-des-Staatsangehoerigkeitsrechts.pdf.
322 „Mehr Fortschritt wagen", Koalitionsvertrag zwischen SPD, Bündnis 90/Die Grünen und FDP v. 10.12.2021, S. 94.
323 BT-Drs. 20/9044.
324 BT-Drs. 20/10093.
325 Überblick bei Berlit ZAR 2024, 59 ff.

Aus verfassungs- und völkerrechtlicher Perspektive gibt es wohl keine durchgreifenden Einwände gegenüber einem solchen Schritt. Die in früheren Jahrzehnten vertretene und auch vom deutschen Gesetzgeber zugrundgelegte sog. „Übeldokrtin", durch die eine eindeutige Zuordnung von Personen zu einem Staat sichergestellt werden sollte[326], hat an Bedeutung verloren. Auch mit Blick auf die Gesetzgebung in anderen durch Migration geprägten Staaten sowie als zusätzlicher Anreiz für die Gewinnung von Fachkräften kann man die Öffnung durchaus gut nachvollziehen.[327] 409

Der Gesetzgeber hätte aber den Prüfauftrag im Koalitionsvertrag ernster nehmen müssen: „Für zukünftige Generationen prüfen wir, wie sich ausländische Staatsbürgerschaften nicht über Generationen vererben." Die aktuellen Entwicklungen im Bereich der türkischen Doppelstaatler, die nach der Reform deutlich zunehmen wird, zeigt mit der angekündigten Gründung einer eigenen Partei, welche demokratietheoretisch problematischen machtpolitischen Verflechtungen und integrationspolitischen Konflikte damit verbunden sein können.[328] 410

Vor diesem Hintergrund erweisen sich die Debatten über einen Generationenschnitt[329] und eine Optionspflicht, als durchaus bedeutsam und es ist wenig überzeugend, dass diese Diskussion durch die insoweit allzu zügige Gesetzgebung leergelaufen ist. 411

C. Absenkung der Voraufenthaltszeiten

Die zweite bedeutsame Erleichterung der Einbürgerung wurde durch die Absenkung der Voraufenthaltszeiten in § StAG erreicht. Beim Geburtserwerb nach § 4 Abs. 3 StAG und bei der Anspruchseinbürgerung nach § 10 Abs. 1 StAG wurde die erforderliche Dauer des rechtmäßigen gewöhnlichen Inhaltsaufenthalts von acht auf im Regelfall fünf Jahre herabgesetzt. Im Falle der Anspruchseinbürgerung kommt bei Vorliegen von besonderen Integrationsleistungen eine weitere Absenkung auf drei Jahre in Betracht. Zugleich wurden aber die Anforderungen an die Sprachkenntnisse erhöht. 412

D. Änderungen bei den Anforderungen an die Lebensunterhaltssicherung

In einem gewissen Gegensatz zu den aufgezeigten Erleichterungen stehen die Neuregelungen im Bereich der Lebensunterhaltssicherung. § 10 Abs. 1 1 Nr. 3 StAG regelt bislang, dass der Einbürgerungsbewerber den Lebensunterhalt für sich und seine unterhaltsberechtigten Angehörigen ohne die Inanspruchnahme von steuerfinanzierten Leistungen der Existenzsicherung (Sozialhilfe/SGB XII und SGB II) bestreiten muss, es sei denn, dass er diesen Leistungsbezug nicht zu vertreten hat.[330] 413

---

326 Zu Einzelheiten BeckOK AuslR/Weber, 39. Edition, 1.10.2023, § 25 StAG, Rn. 1 ff.; BVerwG BeckRS 2019, 11281 Rn. 6 ff.
327 So auch Berlit ZAR 2024, 59. SVR Integration und Migration, Positionspapier zur Weiterentwicklung des Staatsangehörigkeitsrechts, spricht von „Überinklusion", https://www.svr-migration.de/wp-content/uploads/2024/01/SVR-Positionspapier-zur-Weiterentwicklung-des-Staatsangehoerigkeitsrechts.pdf.
328 Kritisch auch Berlit ZAR 2024, 59 (67); Friehe NJW 2023, 3626 ff.
329 Dazu Weinmann ZAR 2016, 317 ff. und ders., ZRP 2017, 144 ff.
330 Zu Einzelheiten Hailbronner/Gnatzy, in: Hailbronner/Kau/Gnatzy/Weber, 7. Aufl. 2022, StAG § 10 Rn. 76 ff.

414 Davon wird jetzt abgewichen und eine engere Vorgabe für die Ausnahmen normiert:

„von dieser Voraussetzung wird abgesehen, wenn der Ausländer

a) auf Grund eines Abkommens zur Anwerbung und Vermittlung von Arbeitskräften bis zum 30. Juni 1974 in das Gebiet der Bundesrepublik Deutschland nach dem Stand vom 2. Oktober 1990 oder als Vertragsarbeitnehmer bis zum 13. Juni 1990 in das in Artikel 3 des Einigungsvertrages genannte Gebiet eingereist ist und die Inanspruchnahme von Leistungen nach dem Zweiten oder Zwölften Buch Sozialgesetzbuch nicht zu vertreten hat,

b) in Vollzeit erwerbstätig ist und dies innerhalb der letzten 24 Monate mindestens 20 Monate war oder

c) als Ehegatte oder eingetragener Lebenspartner mit einer nach Maßgabe von Buchstabe b erwerbstätigen Person und einem minderjährigen Kind in familiärer Gemeinschaft lebt,".

415 Durch Buchstabe a) soll die Gast- und Vertragsarbeitergeneration gewürdigt werden. Die Buchstaben b) und c) stellen auf Fallgruppen ab, in denen entweder besonders hohe Mieten zu zahlen sind oder die familiären Lasten besonders groß sind.[331] Damit setzt das modernisierte Gesetz in einem deutlich größeren Maße auf wirtschaftliche Leistungsfähigkeit ab, als die bisherige Rechtslage. Dies wurde im Gesetzgebungsverfahren deutlich kritisiert[332], hat den Gesetzgeber aber nicht zu einer Änderung bewegen können. Vielmehr wurde lediglich auf die Härtefallklausel im Rahmen der Ermessenseinbürgerung nach § 8 StAG verwiesen.[333]

416 Die Auswirkungen der Verschärfung des Lebensunterhaltssicherungserfordernisses werden durch die Übergangsregelung in § 40a StAG gemildert, nach der auf bis zum 23.8.2023 (Tag des Kabinettsbeschlusses über den Regierungsentwurf) gestellte Einbürgerungsanträge das bislang geltende Recht anzuwenden ist, soweit es günstigere Bestimmungen enthält.

E. Neufassung der Integrationsanforderungen

417 Eine weitere – umstrittene – Verschärfung von Anforderungen betrifft die Neugestaltung der Einordnung in die deutschen Lebensverhältnisse.

418 Bislang hieß es in § 10 aE: „seine Einordnung in die deutschen Lebensverhältnisse gewährleistet, insbesondere er nicht gleichzeitig mit mehreren Ehegatten verheiratet ist." Dieser Satzteil wurde gestrichen. Dafür wurde in § 10 Abs. 1 folgender Satz 3 ergänzt: „Antisemitisch, rassistisch oder sonstige menschenverachtend motivierte Handlungen sind mit der Menschenwürdegarantie des Grundgesetzes für die Bundesrepublik Deutschland unvereinbar und verstoßen gegen die freiheitliche demokratische Grundordnung im Sinne dieses Gesetzes."

419 Auf Vorschlag des Ausschusses wurde zudem in § 10 Abs. 1 folgende neue Nummer 1a ergänzt: „sich zur besonderen historischen Verantwortung Deutschlands für die na-

---

[331] Berlit ZAR 2024, 59 (60 f.) der auch verfassungsrechtliche Bedenken hinsichtlich Art. 3 GG anführt.
[332] Berlit ADrs. 20(4)350, 10 ff.
[333] Berlit ZAR 2024, 59 (61).

tionalsozialistische Unrechtsherrschaft und ihren Folgen, insbesondere für den Schutz jüdischen Lebens, sowie zum friedlichen Zusammenleben der Völker und dem Verbot der Führung eines Angriffskrieges, bekennt."

Auf die in § 10 gestrichene Regelung zur Einordnung in die deutschen Lebensverhältnisse wurde aber nicht verzichtet. Vielmehr wurde diese in veränderter Form in § 11 Satz 1 bei den Ausschlussgründen als neue Nr. 3 eingeführt. Danach ist die Einbürgerung ausgeschlossen, wenn „der Ausländer a) gleichzeitig mit mehreren Ehegatten verheiratet ist oder b) durch sein Verhalten zeigt, dass er die im Grundgesetz festgelegte Gleichberechtigung von Mann und Frau missachtet." 420

Zudem wurde auf Beschlussempfehlung des Ausschusses in § 11 Abs. 1 folgende neue Nr. 1a eingefügt: „1a. tatsächliche Anhaltspunkte die Annahme rechtfertigen, dass das Bekenntnis, das der Ausländer nach § 10 Absatz 1 Satz 1 Nummer 1 oder nach Nummer 1a abgegeben hat, inhaltlich unrichtig ist". Damit wird den Behörden die Möglichkeit eröffnet, auf bloße Lippenbekenntnisse im Rahmen der Einbürgerung durch eine Rücknahme zu reagieren. 421

Die Neuregelungen haben vielfältige Kritik ausgelöst, weil sie ihrerseits Auslegungs- und Anwendungsschwierigkeiten zur Folge haben.[334] Die damit verbundene Aufklärungsarbeit im Rahmen der Einbürgerungsverfahren wird die Behörden zudem zusätzlich belasten. Die gesetzlichen Regelungen sind insoweit nicht besonders anwendungsfreundlich. 422

F. Änderungen bei den Verlustgründen und weitere Änderungen

Im Rahmen des Gesetzes wurde auch bei den Regelungen zum Verlust der deutschen Staatsangehörigkeit (§§ 17 ff. StAG) Änderungen vorgenommen, durch die vor allem Vorgaben der Rechtsprechung umgesetzt wurden.[335] 423

In § 17 StAG, der vollständig neu gefasst wurde, werden jetzt alle Verlusttatbestände aufgeführt. Dabei hat der Bundesgesetzgeber auch für die Fälle, in denen durch eine rechtliche Vaterschaftsanfechtung die Voraussetzungen für den Erwerb der deutschen Staatsangehörigkeit eines Kindes wegfallen, in § 17 Abs. 2 StAG eine hinreichend bestimmte gesetzliche Grundlage geschaffen, an der es bislang fehlte.[336] 424

Es werden zudem die rechtlichen Folgen der generellen Zulassung einer mehrfachen Staatsangehörigkeit im Rahmen der bisherigen Verlusttatbestände nachvollzogen. Dies führt zur ersatzlosen Aufhebung der bisherigen §§ 18, 19, 22, 23, 24, 25, 27 und 29 StAG.[337] Die Regelung zum Verzicht auf die deutsche Staatsangehörigkeit in § 26 wird teilweise neu gefasst. 425

Im Zusammenhang mit der Regelung in § 30 StAG zur Feststellung der Staatsangehörigkeit hat der Gesetzgeber eine Ergänzung in Absatz 1 vorgesehen, um der Rechtsprechung des EuGH zu den Auswirkungen des Verlustes der Staatsangehörigkeit auf die Unionsbürgerschaft gerecht zu werden. 426

---

334 Berlit ZAR 2024, 59 (62 f. mwN).
335 Zu Einzelheiten Berlit ZAR 2024, 59 (65 f.).
336 Das hatte BVerfG, NZF am 2019, 813 ff. entgegen BVerwG NZFam 2018, 648 ff. festgestellt.
337 BT-Drs. 20/9044, S. 10.

„§ 30 StAG

(1) ¹Das Bestehen oder Nichtbestehen der deutschen Staatsangehörigkeit wird bei Glaubhaftmachung eines berechtigten Interesses auf Antrag von der Staatsangehörigkeitsbehörde festgestellt. ²Die Feststellung ist in allen Angelegenheiten verbindlich, für die das Bestehen oder Nichtbestehen der deutschen Staatsangehörigkeit rechtserheblich ist. ³Bei Vorliegen eines öffentlichen Interesses kann die Feststellung auch von Amts wegen erfolgen. **⁴Das Nichtbestehen der deutschen Staatsangehörigkeit darf bei Vorliegen der Voraussetzungen für einen gesetzlichen Verlust der deutschen Staatsangehörigkeit, der zugleich den Verlust der Unionsbürgerschaft zur Folge hätte, nur dann festgestellt werden, wenn der Verlust auch der Unionsbürgerschaft verhältnismäßig ist. ⁵Dies gilt nicht, wenn kein Antrag zur Abwendung des gesetzlichen Verlusts der deutschen Staatsangehörigkeit gestellt oder einem solchen Antrag nicht entsprochen worden ist.**"

427 Der EuGH hat entschieden, dass bei einem Verlust kraft Gesetzes die Möglichkeit bestehen müsse, zumindest inzident eine einzelfallbezogene Verhältnismäßigkeitsprüfung durchzuführen ist.[338] Damit soll gewährleistet werden, dass bei einem zugleich eintretenden Verlust des Unionsbürgerstatus die Auswirkungen für den Betroffenen und seine Familienangehörigen im Rahmen der unionsrechtlich gebotenen Verhältnismäßigkeitsprüfung hinreichend berücksichtigt werden. Der Europäische Gerichtshof hat auch eine nachgelagerte Individualüberprüfung als zulässig erachtet. In Fällen des ipso iure eintretenden Verlustes der deutschen Staatsangehörigkeit wird eine einzelfallbezogene Verhältnismäßigkeitsprüfung dadurch gewährt, dass gemäß § 30 Absatz 1 im Rahmen eines Feststellungsverfahrens einzelfallbezogen geklärt werden kann, ob die Voraussetzungen für einen Staatsangehörigkeitsverlust tatsächlich vorgelegen haben und ein Verlust tatsächlich eingetreten ist.

428 Um sicherzustellen, dass die unionsrechtlichen Vorgaben berücksichtigt werden, wird in dem neuen Absatz 1 Satz 4 eine ergänzende Regelung aufgenommen, nach der eine Feststellung des Nichtbestehens der deutschen Staatsangehörigkeit bei Vorliegen der Voraussetzungen für ihren gesetzlichen Verlust, der zugleich den Verlust der Unionsbürgerschaft zur Folge hätte, nur dann erfolgen darf, wenn der Verlust auch der Unionsbürgerschaft verhältnismäßig ist. Sofern zwar die Voraussetzungen für einen gesetzlichen Verlust der deutschen Staatsangehörigkeit vorliegen, ein damit verbundener Verlust der Unionsbürgerschaft aber nicht verhältnismäßig wäre, ist kein Verlust der deutschen Staatsangehörigkeit und der Unionsbürgerschaft eingetreten. In diesem Fall ist daher das (Fort-)Bestehen der deutschen Staatsangehörigkeit festzustellen.

429 Im Rahmen dieser Verhältnismäßigkeitsprüfung ist das Kindeswohl ein Gesichtspunkt, der gemäß Art. 3 Abs. 1 KRK vorrangig zu berücksichtigen ist. Diese vorrangige Berücksichtigungspflicht führt jedoch nicht dazu, dass dem Kindeswohl in jedem Einzelfall gegenüber divergierenden öffentlichen Interessen ein absoluter Vorrang gebührt.[339] Der neue Satz 5 des Absatzes 1 nimmt Fallkonstellationen von der verpflichtenden Prüfung der Verhältnismäßigkeit nach Satz 4 aus, in denen die Möglichkeit bestand, einen An-

---

338 EuGH ZAR 2019, 389 m. Anm. Pfersich.
339 BVerwG NVwZ 2013, 867 m. Anm. Gutmann.

trag zur Abwendung der gesetzlichen Verlustfolge zu stellen, dies aber nicht erfolgt ist, oder ein entsprechender Antrag gestellt wurde, diesem aber nicht entsprochen wurde. Dies betrifft insbesondere den Verlust der deutschen Staatsangehörigkeit auf Grund eines auf Antrag erfolgten Erwerbs einer ausländischen Staatsangehörigkeit sowie den Verlust infolge der Optionspflicht bei fortbestehender ausländischer Staatsangehörigkeit, der jeweils durch eine Beibehaltungsgenehmigung abgewendet werden konnte (§§ 25 und 29 in der vor Inkrafttreten dieses Gesetzes geltenden Fassung).

Es betrifft ferner den Verlust bei einem freiwilligen Eintritt in fremde Streitkräfte, soweit er durch eine gesetzlich vorgesehene, zu beantragende Zustimmung des Bundesministeriums der Verteidigung oder der von ihm bezeichneten Stelle zu diesem Eintritt abgewendet werden kann beziehungsweise konnte (§ 28 StAG). In diesen Fallkonstellationen stellt der Verlust der Unionsbürgerschaft auf Grund des gesetzlichen Verlusts der deutschen Staatsangehörigkeit nach Ansicht des Gesetzgebers keinen Verstoß gegen den Grundsatz der Verhältnismäßigkeit dar, da eine auf die Abwendung des Verlusts gerichtete Beibehaltungsgenehmigung beziehungsweise Zustimmung beantragt werden konnte beziehungsweise werden kann, in deren Rahmen eine Einzelfallprüfung der Folgen des Verlusts für die Situation des Betroffenen erfolgen konnte beziehungsweise kann.[340] Die nach Ermessen zu treffende Entscheidung ermöglicht eine umfassende Prüfung der Rechtsstellung des Betroffenen unter Berücksichtigung der Folgen auch für einen möglichen Verlust der Unionsbürgerschaft und Einbeziehung des Grundsatzes der Verhältnismäßigkeit.[341]

430

Neu eingefügt wird § 32b, durch den eine verpflichtende Abfrage in den Fällen einer rechtskräftigen Verurteilung zu einer Bagatellstrafe nach den §§ 86, 86a, 102, 104, 111, 125, 126, 126a, 130, 140, 166, 185 bis 189, 192a, 223, 224, 240, 241, 303, 304 und 306 bis 306c StGB eingeführt wird. Bei diesen in § 32b konkret benannten Straftatbeständen sind grundsätzlich antisemitische, rassistische oder sonstige menschenverachtende Beweggründe für die Begehung der Tat nicht von vornherein unwahrscheinlich. Die Regelung des § 32b soll dazu beitragen, dass zukünftig noch zuverlässiger festgestellt wird, ob eine Verurteilung wegen einer Tat im Sinne des § 12a Abs. 1 Satz 2 SzAG erfolgt ist, die einer Einbürgerung entgegensteht.

431

> „§ 32b
>
> In den Fällen einer rechtskräftigen Verurteilung nach den §§ 86, 86a, 102, 104, 111, 125, 126, 126a, 130, 140, 166, 185 bis 189, 192a, 223, 224, 240, 241, 303, 304 und 306 bis 306c des Strafgesetzbuches, die sonst nach § 12a Absatz 1 Satz 1 bei der Einbürgerung außer Betracht bleiben würde, ersucht die Staatsangehörigkeitsbehörde zur Feststellung der Voraussetzungen des § 12a Absatz 1 Satz 2 die zuständige Staatsanwaltschaft um Mitteilung, ob im Rahmen des Urteils antisemitische, rassistische oder sonstige menschenverachtende Beweggründe im Sinne von § 46 Absatz 2 Satz 2 des Strafgesetzbuches festgestellt worden sind oder nicht. Die zuständige Staatsanwaltschaft teilt dies der ersuchenden Staatsangehörigkeitsbehörde unverzüglich mit."

---

[340] BT-Drs. 20/9044, S. 45.
[341] OVG Münster NVwZ-RR 2022, 930, Rn. 12 ff.

432 In den Fällen einer rechtskräftigen Verurteilung nach einem nicht in § 32b gelisteten Straftatbestand ist es den Staatsangehörigkeitsbehörden weiterhin unbenommen, bei den Staatsanwaltschaften um die Mitteilung etwaiger Beweggründe zu ersuchen. Die Staatsanwaltschaften sind dann nach § 32 Abs. 1 Satz 1 StAG verpflichtet, die Informationen zu Beweggründen, die die Einbürgerung nach § 12a Absatz 1 Satz 2 ausschließen, zu übermitteln. Ergibt sich aufgrund der Angaben im Einbürgerungsantrag oder der BZR-Auskunft, dass eine Verurteilung zu einer Bagatellstrafe vorliegt, hat die Staatsangehörigkeitsbehörde aufgrund der Regelung in § 12a Absatz 1 Satz 2 zu prüfen, ob antisemitische, rassistische oder sonstige menschenverachtende Beweggründe im Sinne von § 46 Abs. 2 Satz 2 StGB in den schriftlichen Urteilsgründen festgestellt worden sind.[342] Hierzu wird nun bestimmt, dass dann, wenn eine der in § 32b genannten Straftaten begangen wurde, bei denen grundsätzlich antisemitische, rassistische oder sonstige menschenverachtende Beweggründe im Sinne von § 46 Abs. 2 Satz 2 StGB für die Begehung der Tat in Betracht kommen, die Staatsangehörigkeitsbehörde die zuständige Staatsanwaltschaft um entsprechende Mitteilung ersucht. Für einen sachgerechten Vollzug der Regelung des § 12a Abs. 1 Satz 2 sind die Staatsangehörigkeitsbehörden auf deren fachkundige Einschätzung und entsprechende Mitteilung angewiesen. Die zuständige Staatsanwaltschaft überprüft die schriftlichen Urteilsgründe darauf, ob darin antisemitische, rassistische oder sonstige menschenverachtende Beweggründe festgestellt worden sind oder nicht und teilt dies der ersuchenden Staatsangehörigkeitsbehörde unverzüglich mit.

433 Eine verfahrensrechtliche Neuerung findet sich in § 34 StAG, der die Vornahme von Verfahrenshandlungen nach dem StAG bereits ab Vollendung des 16. Lebensjahres ermöglicht, sofern er nicht nach Maßgabe des Bürgerlichen Gesetzbuches geschäftsunfähig ist oder für ihn in dieser Angelegenheit ein Betreuer bestellt und ein Einwilligungsvorbehalt nach § 1825 des Bürgerlichen Gesetzbuches angeordnet ist. § 80 Absatz 3 und § 82 des Aufenthaltsgesetzes gelten entsprechend.

434 Hinzuweisen ist schließlich auf die an vielen Stellen des Gesetzes vorgenommene Umbenennung der Verwaltungsbehörden bzw. Einbürgerungsbehörden in Staatsangehörigkeitsbehörden.

G. Herausforderungen bei der Umsetzung

435 Mit der Erleichterung der Einbürgerung, vor allem durch die generelle Hinnahme der mehrfachen Staatsangehörigkeit, wird sich die Zahl der Einbürgerungsanträge weiter erhöhen. Da die zuständigen Behörden bereits jetzt überlastet sind und es offenbar schwierig ist, zusätzliches Personal zu finden, ist damit zu rechnen, dass die gesetzlichen Vergünstigungen durch überlange Verfahrenslaufzeiten konterkariert werden.[343] Deshalb ist es wichtig, die Digitalisierung der zuständigen Behörden weiter voranzutreiben und weitere Maßnahmen zur Verfahrensbeschleunigung zu ergreifen.[344]

---

[342] BT-Drs. 20/9044, S. 45.
[343] Dazu Klaus InfAuslR 2023, 303 ff.; Kluth NVwZ-online 7/2023.
[344] Vorschläge dazu bei Schneider/Tonn ZAR 2024, 69 ff.

Teil 4: Die GEAS-Reform – Fortschreitende Harmonisierung oder zunehmende Fragmentierung?

A. Einführung

Ende der 1990er Jahre wurden mit dem Gemeinsamen Europäischen Asylsystem (GEAS) Mindeststandards für die Aufnahme und Anerkennung von Schutzsuchenden[345] sowie die Prüfung ihrer Anträge auf internationalen Schutz (Asylanträge) geschaffen. Zum GEAS werden drei Richtlinien (**Asylverfahrens-, Aufnahme- und Qualifikationsrichtline**) und zwei Verordnungen (**Dublin- und Eurodac-Verordnung**) gezählt. Die RL (EG) 2008/115 (RückführungsRL) ist gerade nicht Bestandteil des GEAS,[346] sondern wurde davon bewusst getrennt.[347] Die Rechtsakte wurden bis 2013 mehrheitlich reformiert und zielen zum einen mit den Richtlinien auf eine Angleichung der Asylsysteme der Mitgliedstaaten, damit eine Gleichbehandlung von Schutzsuchenden unabhängig vom Aufenthaltsort erfolgt. Zum anderen soll mit den Verordnungen eine verbindliche Registrierung von Schutzsuchenden und die Bestimmung des zuständigen Mitgliedstaats erfolgen. Dabei obliegt den Mitgliedstaaten bei Richtlinien die Umsetzung und genaue Ausgestaltung der Verfahren, die Verordnungen haben sie hingegen unmittelbar anzuwenden.

436

Seit 2013 befindet sich die EU in einem **Reformprozess**, der nach einem Jahrzehnt erfolgloser Verhandlungen nun das erste Mal die Aussicht hat, umgesetzt zu werden. Der Rat der Europäischen Union (Rat) hat sich 2023 hinsichtlich der Kernelemente des GEAS auf ein Mandat einigen können welches sich teilweise erheblich von den Vorstellungen des Europäischen Parlaments unterschieden hat. Während der Trilog-Verhandlungen konnten sich die Ratspositionen dennoch größtenteils durchsetzen.

437

Insgesamt ist der Reformprozess schwer zu überblicken, da einige Rechtsakte zwar weniger Diskussionen auslösen, ihre Verabschiedung jedoch unter Umständen von einer Einigung hinsichtlich anderer Rechtsakte abhängt (→ Rn. 481 f.). Der vorliegende Beitrag nimmt eine zweigeteilte Untersuchung vor. Im Anschluss an die einführende Betrachtung der Entstehungsgeschichte, Weiterentwicklung und des Solidaritätsverständnisses des GEAS (Kapitel A.) wird deshalb in Kapitel B. zunächst auf die Reformvorhaben eingegangen, zu denen weitestgehende Einigung besteht. Sodann werden in Kapitel C. diejenigen Reformen analysiert, die Gegenstand kontroverser Diskussionen sind. Da sich in den Trilog-Verhandlungen im Dezember 2023 allem Anschein nach

438

---

345 Der Begriff Schutzsuchende wird nachfolgend im generischen Sinne verwendet und umfasst alle Personen, die subjektiv Schutz suchen, unabhängig davon, ob sie formell einen Antrag auf internationalen Schutz gestellt haben, anerkannt schutzberechtigt sind oder eine rechtskräftige Ablehnung ihres Antrags erhalten haben.
346 Von legislativen Rechtsakten, die sich auf Art. 78 AEUV stützen und das GEAS darstellen, kann im weiteren Sinne eine gemeinsame europäische Asyl- und Migrationspolitik unterschieden werden, zu der die RückführungsRL, die sich auf Art. 79 II c) AEUV stützt, durchaus gezählt werden kann: Presidency Conclusion of the Meeting on 15 and 16 October 1999 in Tampere, Rn. 10–27.
347 Gemeinsam mit dem Visumsverfahren (VO (EG) 2009/810 zul. geändert durch VO (EU) 2019/1155), den Grenzkontrollen (VO (EU) 2016/399) und der operativen Unterstützung an Außengrenzen durch Frontex (VO (EU) 2019/1896).

vordergründig die Positionen des Rates durchgesetzt haben,[348] erfolgt die Betrachtung maßgeblich an seinen Entwurfsfassungen.[349] Abschließend sollen in Kapitel D. die Reformvorhaben einer kritischen Gesamtwürdigung unterzogen werden.

I. Zur Notwendigkeit einer gemeinsamen Asylpolitik

439   Nach völkerrechtlichem Gesichtspunkt fällt eine Asylgewährung unter die staatlichen Souveränitätsrechte.[350] Dieses Verständnis geht auf die Entstehung von Nationalstaaten zurück, die sich selbst als ein abgeschlossenes System sahen.[351] Auch mit der GFK[352] oder später mit der EMRK[353] wurde keine ausdrückliche Rechtspflicht des Staates zur Asylgewährung begründet.[354] Das *Refoulment-Verbot* der Art. 33 GFK und Art. 3 EMRK beschränken jedoch staatliches Handeln bezüglich ihrer Einreise- und Ausweisungspraxis.[355] Erst das erklärte Ziel eines gemeinsamen, **europäischen Binnenmarktes** machte die Koordinierung der mitgliedstaatlichen Einwanderungs- und Asylpolitik erforderlich.[356]

440   Die Bestimmung des zuständigen Mitgliedstaats – aktuell durch die VO (EU) 604/2013 (Dublin-III-VO) geregelt – geht somit in ihren Ursprüngen auf das Schengener Durchführungsübereinkommen zurück, welches bereits Zuständigkeitsregelungen für Asylverfahren beinhaltete.[357] Diese wurden jedoch bald vom Dubliner Übereinkommen[358] abgelöst. Die Entwicklung des GEAS geschah also im Windschatten der Etablierung eines europäischen Binnenmarkts und der **Abschaffung von Binnengrenzkontrollen**.

---

348   Vgl. Europäisches Parlament, PM v. 20.12.2023, Asyl und Migration: Einigung für mehr Solidarität und geteilte Verantwortung, online abrufbar: https://www.europarl.europa.eu/news/de/press-room/20231214IPR15929/asyl-und-migration-einigung-fur-mehr-solidaritat-und-geteilte-verantwortung?quizBaseUrl=https%3A%2F%2Fquizweb.europarl.europa.eu.
349   Der vorliegende Beitrag berücksichtigt alle Entwicklungen bis Ende 2023. Änderungen, die sich später und insbesondere durch die am 9.2.2024 veröffentlichten Entwürfe ergeben haben, konnten punktuell berücksichtigt werden. Hinzuweisen ist auf die Überführung des Rückkehr-Grenzverfahrens (→ 547 ff.) in eine eigene Verordnung. Die seit Februar öffentlich zugänglichen Verhandlungsergebnisse sind online abrufbar: https://www.consilium.europa.eu/en/press/press-releases/2024/02/08/asylum-and-migration-reform-eu-member-states-representatives-green-light-deal-with-european-parliament/.
350   Goodwin-Gill/McAdam, The Refugee in International Law, S. 400 ff; Oberreuter StaatsLex, S. 414.
351   Noiriel, Die Tyrannei des Nationalen, S. 83 ff; vgl. auch Thym/Hailbronner EU Immigration/Thym, Chapter 1 Rn. 3 sowie Chapter 2 Rn. 32 ff; zum Wandel der Grenzkontrollen als Ausreisekontrolle hin zur Einreisekontrolle Alston/Búrca/Witte/Walker, S. 89 f.
352   Abkommen über die Rechtsstellung der Flüchtlinge v. 28.7.1951 (BGBl. II S. 559), in Deutschland in Kraft getreten am 25.4.1954 (BGBl. II S. 619).
353   Konvention zum Schutze der Menschenrechte und Grundfreiheiten, in Deutschland in Kraft getreten am 3.9.1953 (BGBl 1954 II, S. 14). Kollektivausweisungen wurden erst mit dem 4. Zusatzprotokoll v. 16.9.1963 verboten.
354   Wolter, Auf dem Weg zu einem gemeinschaftlichen Asylrecht, S. 26; Fröhlich, Das Asylrecht im Rahmen des Unionsrechts, S.11.
355   Fröhlich, Das Asylrecht im Rahmen des Unionsrechts, S. 14 ff., 20 f.
356   Thym/Hailbronner EU Immigration/Thym, Chapter 2 Rn. 22; Fröhlich, Das Asylrecht im Rahmen des Unionsrechts, S. 130; mit dem Amsterdamer Vertrag erfolgte die Überführung der Kompetenz zur Asyl- und Flüchtlingspolitik in den Zuständigkeitsbereich der EU: Streinz/Weiß, Art. 78 Rn. 1.
357   Barwig/Beichel-Benedetti/Brinkmann/Bender, Das Dublin System als Teil des europäischen Integrationsprozesses, 227; Thym/Hailbronner EU Immigration/Thym, Chapter 2 Rn. 1.
358   Als Vorgänger der Dublin-III-VO, allerdings noch mit völkerrechtlichem Charakter.

II. Die zwei Harmonisierungsphasen des GEAS

Im **Tampere-Programm** proklamierte der Europäische Rat 1999 die Schaffung des GEAS zum Aufbau eines Raums der Freiheit des Rechts und der Sicherheit.[359] Damit läutete er den ersten Harmonisierungsprozess für ein europäisches Asylsystem ein. Zentrales Element war hierbei die bereits erwähnte unveränderte Überführung des Dubliner Übereinkommens in das Gemeinschaftsrecht der EG am 25.2.2003 in Form der Dublin-II-VO.[360] Im Weiteren wurden die Instrumente vor allem für eine effektivere Zuständigkeitsbestimmung und Etablierung einheitlicher Mindeststandards verabschiedet.[361]

441

Trotz der entwickelten Instrumente konnten zentrale Herausforderungen, wie einheitliche Schutzquoten und die Einhaltung der Unterbringungs- und Verfahrensstandards, nicht bewältigt werden.[362] Die zweite Harmonisierungsphase ab 2005, eingeleitet durch das **Haager Programm**,[363] war deshalb auf die Erhöhung der Mindeststandards und die Etablierung eines einheitlichen Schutzniveaus gerichtet. Durch eine fortschreitende Implementierung von Mindeststandards sollte sich mithin ein Standardverfahren mit einheitlichem Status entwickeln.[364] Dafür sollten die in der ersten Phase in Kraft getretenen Richtlinien bis zum Juni 2013 überarbeitet werden.[365] Obwohl seit dem Vertrag von Lissabon zum einen die Ziele des GEAS in die Art. 67 Abs. 2, 78 Abs. 1 AEUV überführt worden sind und zum anderen die EU in ihrer Gesetzgebungskompetenz nicht mehr nur an den Erlass von Mindestnormen gebunden ist (vgl. Art. 63 EGV a.F.), hielt die EU bisher an ihrer Praxis fest, lediglich Mindeststandards zu bestimmen.[366] Trotz Abschluss der zweiten Harmonisierungsphase und einer Angleichung der nationalstaatlichen Verfahren ist bis heute das im Tampere-Programm enthaltene, langfristige Ziel eines unionsweit einheitlichen Schutzstatus[367] nicht erreicht worden.[368] Dies liegt vornehmlich an der unzureichenden Vertiefung der Integration innerhalb der drei, im programmatischen Rahmen[369] stets betonten, Eckpfeiler des GEAS: **Solidarität** der Mit-

442

---

359 Europäischer Rat, Tampere-Programm, Rn. 4, 13 ff. Die Ziele des GEAS sind nunmehr im Art. 78 AEUV statuiert.
360 Barwig/Beichel-Benedetti/Brinkmann/Bender, Das Dublin System als Teil des europäischen Integrationsprozesses, 227 f.; Fröhlich, Das Asylrecht im Rahmen des Unionsrechts, S. 196; Vgl. auch Wendel JZ 71/2016, 332, der in der Dublin-III-VO trotz ihrer zentralen Bedeutung zugleich den Schwachpunkt des GEAS sieht.
361 Peers/Moreno-Lax/Garlick/Guild EU Immigration, S. 10 f.
362 COM(2007), 301 final, 3; ausführlich Fröhlich, Das Asylrecht im Rahmen des Unionsrechts, S. 152 ff. m.w.N.
363 Europäischer Rat, Haager Programm zur Stärkung von Freiheit, Sicherheit und Recht in der Europäischen Union, ABl. EU Nr. C 53/1 v. 3.3.2005, 1. (im Folgenden: Haager Programm).
364 COM(2007), 301 final, 3; Hailbronner, AsylR/AuslR, § 3 Rn. 46.
365 COM(2007), 301 final, 3 ff.; zu den Schwierigkeiten der planmäßigen Umsetzung des Haager Programms bis 2010 siehe Barwig/Beichel-Benedetti/Brinkmann/Bender, Das Dublin System als Teil des europäischen Integrationsprozesses, 224 f. und Peers/Moreno-Lax/Garlick/Guild, EU Immigration, S. 4; vgl. auch Europäischer Rat, ABl. EU Nr. C 115/1 v. 4.5.2010 (C 115/30) [im Folgenden: Stockholmer Programm], welches aufgrund der nicht eingehaltenen Fristsetzung des Haager Programms eine Verlängerung der zweiten Harmonisierungsphase bis 2012 vorsah.
366 Peers/Moreno-Lax/Garlick/Guild, EU Immigration, S. 11 f.
367 Europäischer Rat, Tampere-Programm, Rn. 15.
368 Allerdings ist bis heute uneindeutig, was ein „einheitlicher Schutzstatus" beinhalten soll: Peers/Moreno-Lax/Garlick/Guild, EU Immigration, S. 13 f.
369 Siehe dazu: Rat der Europäischen Union, Tampere-Programm, Rn. 15 f., 20, 33, 36; Haager Programm (C 53/3, C 53/12); COM(2007), 161 final, 3 ff.; Stockholmer Programm (C 115/32 f.).

gliedstaaten untereinander, fortschreitende **Rechtsangleichung** sowie eine praktische **Verwaltungskooperation**.[370]

443 Darüber hinaus ist seit der sog. Flüchtlingskrise 2015 kurz nach Abschluss der zweiten Harmonisierungsphase eine Rechtspraxis zu beobachten, die vor allem beim Grenzschutz wieder auf eine nationale Praxis setzt. Dementsprechend ist parallel zum derzeitigen dritten Reformprozess ein **Implementierungsdefizit** zu konstatieren. Dies führte dazu, dass die bis 2013 reformierten Rechtsakte kaum zu einer Harmonisierung der mitgliedstaatlichen Praxis beitrugen. Bestehende Unterschiede blieben bestehen oder wurden verstärkt (insbesondere bezüglich der Aufnahmebedingungen).

444 Neben der legislativen Entwicklung des GEAS hat jedoch auch die **Judikatur** des EGMR und des EuGH zur materiellen und verfahrensrechtlichen Ausgestaltung des europäischen Asylsystems beigetragen. Insbesondere durch den Umstand, dass bis heute die Umsetzung der Richtlinien nicht einheitlich verläuft und die Asylsysteme dementsprechend große Differenzen aufweisen, sind viele Entwicklungen des GEAS auf die Rechtsprechung zurückzuführen, die über Auslegung der Richtlinien, Vereinbarkeit mit höherrangigem Recht und (unzureichende) Umsetzungen zu entscheiden hatte.[371]

445 Der **EGMR** entwickelte so zum Beispiel eine Rechtsprechung bezüglich des Dublin-Systems, nach der die Annahme, Mitgliedstaaten würden Menschenrechte einhalten, widerlegbar ist, sodass gegebenenfalls eine Prüfung erfolgen muss, ob die Person im Falle einer Überstellung einer unmenschlichen oder erniedrigenden Behandlung ausgesetzt wäre.[372] Von Relevanz war auch die Weiterentwicklung der Rechtsprechung zum wirksamen Rechtsschutz und Zugang zum Asylverfahren.[373] Weiterhin bezog der EGMR Stellung zur extraterritorialen Anwendung der EMRK auf hoher See.[374]

446 Der **EuGH** hat beispielsweise betont, dass eine Inhaftierung im Rahmen der Rückführung nicht in gewöhnlichen Haftanstalten mit Strafgefangenen erlaubt sei.[375] Zudem hat er Grenzen aufgezogen für Befragungen im Rahmen des Asylverfahrens, die auf die sexuelle Orientierung von Antragsteller:innen[376] abzielen.[377] Eine bedeutende Entwicklung beinhaltete auch, aufbauend auf der EGMR-Rechtsprechung, dass eine wegen **systemischer Mängel** zu unterbleibende Dublin-Überstellung die Notwendigkeit mit sich bringt, zügig die Zuständigkeitsbestimmung abzuschließen (gegebenenfalls durch Selbsteintritt), um Antragsteller:innen durch eine unangemessene Verfahrensdauer

---

370 Europäischer Rat, Stockholmer Programm; Fröhlich, Das Asylrecht im Rahmen des Unionsrechts, S. 278; Hailbronner AsylR/AuslR, § 3 Rn. 46.
371 Für eine Übersicht siehe: EASO (Hrsg.), Richterliche Analyse – Einführung in das gemeinsame europäische Asylsystem für Gerichte, August 2016: https://euaa.europa.eu/sites/default/files/easo-introduction-to-ceas-ja_de.pdf.
372 EGMR Urt. v. 7.3.2000, Rs. 43844/98 – T.I.; EGMR Urt. v. 21.1.2011, Rs. 30696/09 Rn. 338 ff. – M.S.S.; EGMR Urt. v. 4.11.2014, Rs. 29217/12 Rn. 94 – Tarakhel, 104 ff.
373 EGMR Urt. v. 11.7.2000, Rs. 40035/98 Rn. 50 – Jabari; EGMR Urt. v. 5.2.2002, Rs. 51564/99 Rn. 75 ff. – Čonka; EGMR Urt. v. 20.9.2007, Rs. 45223/05 Rn. 81 ff. – Sultani; zur Beweislast: EGMR Urt. v. 13.12.2012, Rs. 39630/09 Rn. 165 ff. – El-Masri; EGMR Urt. v. 7.7.2015, Rs. 601/25/11 Rn. 195 ff. – V.M. sowie zusammenfassend EGMR Urt. v. 2.2.2012, Rs. 9152/09 Rn. 127 ff. – I.M.
374 EGMR Urt. v. 23.2.2012, Rs. 27765/09 Rn. 70 ff. – HirsiJamaa.
375 EuGH Urt. v. 17.7.2014, Rs. C-474/13, ECLI:EU:C:2014:2096 Rn. 19 – Pham.
376 Mit dem Begriff Antragsteller:innen werden nachfolgend alle Personen bezeichnet, die internationalen Schutz im Sinne der Qualifikationsrichtlinie RL (EU) 2011/95 beantragen.
377 EuGH Urt. v. 2.12.2014, Rs. C-148/13 bis C-150/13, ECLI:EU:C:2014:2406 Rn. 45 ff. – A. u.a.

nicht zusätzlich zu belasten.[378] Von hoher Relevanz war schließlich das Grundsatzurteil, dass für die Prüfung der Anträge von unbegleitet minderjährigen Antragsteller:innen (UMA) prinzipiell der Mitgliedstaat zuständig ist, in dem sich UMA aufhalten.[379]

Bezüglich der Implementierungsdefizite seit 2015 kann in der Judikatur des EuGH und des EGMR gewissermaßen eine Kompensation für die rückschreitende Harmonisierung gesehen werden. In einem wichtigen EuGH-Urteil hinsichtlich der in Frage stehenden **Geltung der Dublin-III-VO** angesichts ihrer faktischen Nichtbeachtung, hat er beispielsweise dargelegt, welche rechtlichen Konsequenzen daraus für die Zuständigkeitsbestimmung zu ziehen sind.[380]

447

III. Solidarität und Verantwortung im GEAS

Die derzeit geltende Dublin-III-VO verfolgt, als zentrales Element des GEAS,[381] vorrangig die Verhinderung des *forum shopping* und der *refugees in orbit*.[382] Aus diesen Hauptzielen ergibt sich bereits implizit das Streben nach einem möglichst schnellen Verfahren.[383] Neben einzelnen Verbesserungen[384] durch die Dublin-III-VO wurde bis heute am Grundkonzept des Dubliner Übereinkommens von 1990 festgehalten: die ausschließliche Zuständigkeit eines einzigen Mitgliedstaates sowie eine Zuständigkeitsbestimmung, die sich nach dem **Verantwortlichkeitsgrad** der Mietgliedstaaten für die Einreise richtet.[385] Das Festhalten an diesem Mechanismus liegt einerseits daran, dass die Verordnung vom Gedanken des Schengen-Raums geprägt ist, in dem Grenzkontrollen zu Gunsten eines freien Personenverkehrs abgebaut werden sollen,[386] und anderseits durch eine (EU-)Außengrenze, die es dafür umso mehr abzuschirmen gilt.[387] In diesem Sinne liegt dem Festlegungsmechanismus die Erwägung zugrunde, dass die jeweiligen Mitgliedstaaten ihre Außengrenzen auch im Interesse aller Mitgliedstaaten zu schützen haben und demzufolge derjenige Mitgliedstaat für die Antragsprüfung zuständig sein müsse, der für die Einreise der Drittstaatsangehörigen die größte Verantwortung trägt.[388]

448

Dementsprechend legen die Art. 3 Abs. 1, 7 Abs. 1 fest, dass der zuständige Mitgliedstaat gemäß der in Kapitel III der Dublin-III-Verordnung gelisteten Kriterien zu bestimmen

449

---

378 EuGH Urt. v. 21.12.2011, Rs. C-411/10, ECLI:EU:C:2011:865 Rn. 98 ff. – N.S. u.a.
379 EuGH Urt. v. 6.6.2013, Rs. C-648/11, ECLI:EU:C:2013:367 Rn. 48 ff. – M.A. u.a.
380 EuGH Urt. v. 26.7.2017, Rs. C-646/16, ECLI:EU:C:2017:586 – Jafari.
381 Siehe Erwägungen (2) und (7) Dublin-III-VO.
382 Siehe zu den Begrifflichkeiten Günther ZAR 2017, 7 (8, 10 f.).
383 Günther ZAR 2017, 7 (8 f.); EuGH Urt. v. 21.12.2011, Rs. C-411/10, ECLI:EU:C:2011:865 Rn. 84, 98 – N.S. u.a.; explizit ist dies auch in Erwägungsgrund (5) Dublin-III-VO genannt.
384 Siehe zusammenfassend: Chetail/De Bruycker/Maiani, Reforming GEAS, S. 114 ff.
385 Letzteres wird als Verursacherprinzip bezeichnet: Dörr DÖV 1993, 696 (701) und wurde aus dem Umweltrecht übernommen: Marx AsylVfG § 27a Rn. 8; Fröhlich, Das Asylrecht im Rahmen des Unionsrechts, S. 139.
386 Siehe Erwägungsgrund (6) VO (EU) 2016/399 (SGK); Barwig/Beichel-Benedetti/Brinkmann/Bender, Das Dublin System als Teil des europäischen Integrationsprozesses, S. 226 f; vgl. grundlegend zum Erfordernis eines gemeinsamen Systems bei Wegfall der Binnengrenzkontrollen: Menke, Bedingungen einer Asylgesetzgebung der EG, S. 78 ff., 86 ff.
387 Siehe Erwägungsgrund (25) Dublin-III-VO; COM(2011) 835 final, 2; Günther ZAR 2017, 7 (7 f.); Fröhlich, Das Asylrecht im Rahmen des Unionsrechts, S. 131, 138 ff.
388 Marx spricht insofern von einer Wahrnehmung von Flüchtlingen als Strafe für nationales Versagen Marx AsylVfG § 27a Rn. 9; vgl. auch die Begründung der Kommission zur Dublin-II-VO: COM(2001) 447 final, Erwägungsgrund (8); zur Bedeutung der ursprünglichen Dublin-Rechtsakten: EuGH Urt. v. 10.12.2013, Rs. C-394/12, ECLI:EU:C:2013:813 Rn. 56 – Abdullahi.

ist. Vorbehaltlich des Minderjährigenschutzes in Art. 8, und des Vorrangs der Familieneinheit in Art. 9–11, ist zunächst der Mitgliedstaat zuständig, der ein Visum oder Aufenthaltstitel ausgestellt hat, Art. 12. Anschließend ist das Kriterium der illegalen Einreise, Art. 13 anzuwenden und darauffolgend das Kriterium der visafreien Einreise, Art. 14. Schließlich bietet Art. 15 eine **Zuständigkeitsbestimmung** wegen einer Antragstellung in Transitbereichen von Flughäfen. Diese Aufteilung der Verantwortlichkeiten sieht die Europäische Kommission als wegbereitend für ein solidarisches System.[389] Die „gerechten Kriterien"[390] des Festlegungsmechanismus beziehen sich, vorbehaltlich des Vorrangs der Familieneinheit und des Minderjährigenschutzes, allerdings ausschließlich auf das oben skizzierte Verantwortlichkeitsprinzip.[391] Unberücksichtigt bleiben die schon zur Dublin-II-VO geäußerten Bedenken an der einseitigen Belastung der südlichen Mitgliedstaaten und mithin an einem solidarischen Mechanismus.[392] So orientiert sich unter empirischer Betrachtung, neben einer Verantwortlichkeit durch Visumserteilung oder wegen visafreier Einreise, Art. 12, 14, die Lastenverteilung maßgeblich an geografischen Gegebenheiten.[393] Denn von den Kriterien zur Bestimmung des für den Asylantrag zuständigen Mitgliedstaats ist das der illegalen Einreise, Art. 13 Abs. 1, das am häufigsten angewandte.[394]

450 Angesichts der Fluchtrouten nach Europa und der territorialen Grenzen der Mitgliedstaaten führt das **Kriterium der illegalen Einreise** zwangsläufig zu einer Mehrbelastung der südlichen Mitgliedstaaten. Zwar kann formal immer noch von einer Verantwortung gesprochen werden, da sie den Grenzübertritt nicht verhinderten. In Anbetracht der globalen Fluchtursachen, die gegebenenfalls zu einem „Massenzustrom" führen, lassen sich illegale Grenzübertritte jedoch weniger als verantwortungsbegründende, unterlassene Grenzkontrollen einstufen, sondern vielmehr als Ereignisse, denen die äußeren Mitgliedstaaten schlicht ausgeliefert sind. Dennoch appellierte die Kommission 2016 trotz oder gerade wegen der hohen Antragszahlen an eine Rückbesinnung auf den Verteilungsmechanismus der Dublin-III-Verordnung.[395]

451 Diese Divergenz von augenscheinlich ungleicher Lastenverteilung und dem Postulat eines gerechten Kriterienkatalogs lässt sich damit erklären, dass mit einem solidarischen Verteilungsmechanismus, wie er durch die Dublin-III-VO begründet werden soll, eben keine **gerechte Lastenverteilung** im Sinne einer gleichmäßigen Verteilung von Schutzsuchenden unter den Mitgliedstaaten gemeint ist.[396] Art. 78 AEUV bildet die **primär-**

---

389 COM(2011) 835 final, 2; zur Reformbedürftigkeit der Dublin-II-VO mit dem Ziel, deren Integrität zu bewahren siehe COM(2011) 835 final, 7; Barwig/Beichel-Benedetti/Brinkmann/Groenendijk, Solidarität, S. 44.
390 Siehe Erwägungsgrund (5) Dublin-III-VO.
391 Vgl. Günther ZAR 2017, 7 (9).
392 Als Zugeständnis wurde lediglich eine Begrenzung der Verantwortung aufgrund illegaler Einreise auf 12 Monate verankert: Weinzierl, Flüchtlinge: Schutz und Abwehr in der erweiterten EU, S. 152; Marx, AsylVfG § 27a Rn. 5 f; zur Kritik: UNHCR, The Dublin II Regulation, S. 1, online abrufbar: http://www.refworld.org/docid/4445fe344.html; Günther ZAR 2017, 7 (9); Peers/Moreno-Lax/Garlick/Guild EU Immigration, S. 346 f; ECRE, Dublin Reconsidered, S. 12 f.; zu den bzgl. der Dublin-II-VO geäußerten Bedenken Barwig/Beichel-Benedetti/Brinkmann/Bender, Das Dublin System als Teil des europäischen Integrationsprozesses, S. 228; ein Zugeständnis konnte ihnen aufgrund von (finanzieller) Unterstützung bei der Absicherung der Außengrenzen abgerungen werden: Weinzierl ZAR 2010, 260 (265).
393 Vgl. auch zu der dies bedingenden Systemlogik Wendel JZ 2016, 332 (333).
394 Günther ZAR 2017, 7 (10); Marx, AsylVfG § 27a Rn. 5.
395 COM(2016) 85 final, 3.
396 So auch ausdrücklich die COM(2007), 301 final, 11.

rechtliche Grundlage für den Erlass von Rechtsakten zum Aufbau eines GEAS.[397] Hierfür wird eine Politik der **Solidarität** statuiert. So heißt es in Art. 80 Abs. 1 AEUV: *„Für die [...] Politik und ihre Umsetzung gilt der Grundsatz der Solidarität und der gerechten Aufteilung der Verantwortlichkeiten [...], einschließlich in finanzieller Hinsicht."* Diese rechtsverbindliche Pflicht[398] der Mitgliedstaaten untereinander und gegenüber EU-Organen weist daraufhin, dass eine Lastenverteilung hinsichtlich der Prüfung von Asylanträgen nicht die einzige Form von Solidarität ist. Explizit unterscheidet die Kommission vier Formen der Solidarität.[399] In diesem Sinne sieht Groendijk den Verteilungsmechanismus des bisherigen Dublin-Systems vorrangig als **Druckmittel** gegenüber Mitgliedstaaten, effektiv Grenzschutz zu betreiben, während durch finanzielle Solidarität[400] und praktische Zusammenarbeit[401] dem Solidaritätsgrundsatz entsprochen werden soll.[402] Bereits im bestehenden Dublin-System ist demnach keine solidarische Lastenteilung im Sinne einer gleichmäßiger Verteilung von Antragsteller:innen auf die Mitgliedstaaten, sondern Solidarität ausschließlich durch **Ausgleichmechanismen** vorgesehen.

B. Reformprozess und Übersicht über bereits erzielte Einigungen

Dem Tampere-Programm folgend, wurden in Den Haag 2005 und Stockholm 2010[403] jeweils detaillierte Fünfjahrespläne aufgestellt, um den Weg für eine gemeinsame (Weiter)Entwicklung der Asylpolitik zu ebnen (→ Rn. 442). Die von der Kommission 2015 aufgestellte Agenda war schließlich jedoch außer Stande, den Mangel an Solidarität und die daraus resultierenden politischen Spannungen zwischen einzelnen Mitgliedstaaten zu überwinden und bedeutete auch das Ende der Fünfjahrespläne.[404] Der **Migrationspakt von 2016** begründete deshalb im Vergleich zu den zwei legislativen Harmonisierungsphasen einen Bruch mit dem *modus operandi* der GEAS-Weiterentwicklung.[405] Bis auf den Ausbau von Frontex zu einer vollwertigen Grenzschutzagentur,[406] scheiterten die Reformvorhaben. Hauptsächlich war dafür, dass keine Einigung hinsichtlich der Frage erzielt werden konnte, wie die Solidarität zwischen den Mitgliedstaaten im Dublin-System ausgestaltet werden soll[407] sowie die Lagerbildung verschiedener Mitglied-

452

---

397 Darüber hinaus ist Art. 78 AEUV in das Kapitel V AEUV eingegliedert und damit integraler Bestandteil des Konzepts eines Raums der Freiheit, des Rechts und der Sicherheit: COM(2007), 301 final, 1; Thym/Hailbronner EU Immigration/Thym, Chapter 1 Rn. 5.
398 Grabitz/Hilf/Nettesheim/Thym AEUV Art. 80 Rn. 4.
399 Barwig/Beichel-Benedetti/Brinkmann/Groenendijk, Solidarität, S. 44 f.
400 Überwiegend in Form von Zuschüssen aus dem Flüchtlingsfond: Barwig/Beichel-Benedetti/Brinkmann/Groenendijk, Solidarität, S. 44.
401 Z.B. durch Frontex und die EUAA als EU-Agenturen.
402 Barwig/Beichel-Benedetti/Brinkmann/Groenendijk, Solidarität, S. 44 ff.; Groß/Tryjanowski STAAT 2009, 259 (264).
403 Europäischer Rat, Stockholmer Programm, 1.
404 Thym/Odysseus/De Bruycker, Reforming GEAS, S. 34.
405 Vgl. auch Kramer, Öffentliche Sicherheit 2014, 48 f.
406 Verordnung EU/2019/1896 des Europäischen Parlaments und des Rates vom 13. November 2019 über die Europäische Grenz- und Küstenwache und zur Aufhebung der Verordnungen (EU) Nr. 1052/2013 und (EU) 2016/1624, L 295/1 vom 14. November 2019.
407 Thym/Odysseus/De Bruycker, Reforming GEAS, S. 35.

staaten im Nachgang der Umverteilungs-Entscheidung des Rats vom 22.9.2015.[408] Ein zentraler Streitpunkt war zudem die Reform der Asylverfahrensverordnung.

I. Der Neue Migrationspakt von 2020

453 Die Kommission konstatierte im September 2020 *„the current system no longer works"*[409] und legte deshalb einen gegenüber den Reformvorschlägen aus dem Jahr 2016 erneuerten Migrationspakt vor.[410] Die Entwürfe für eine neue Aufnahmerichtlinie und Eurodac-Verordnung wurden weitestgehend übernommen wie auch die Pläne zur Umwandlung der EASO zu einer EU-Agentur.[411] Zentrale Bestandteile der Reformvorschläge von 2020 waren indes der Vorschlag einer Screening-Verordnung,[412] einer Verordnung zum Umgang mit Krisensituationen[413] sowie Änderungen hinsichtlich des Entwurfs einer Asylverfahrens-Verordnung,[414] die zusammengenommen darauf hinauslaufen, ein sog. **integriertes Grenzverfahren** zu etablieren. Zusätzlich sollte noch stärker auf die Konzepte der sicheren Drittstaaten und sicheren Herkunftsstaaten gesetzt werden sowie ein Solidaritätsmechanismus eingeführt werden, der die Verteilung von Asylantragsteller:innen regelt und an die Stelle der Dublin-Verordnung tritt.

454 Obwohl der Migrationspakt von 2016 also gescheitert ist, wurden einige Reformvorhaben im überarbeiteten Neuen Migrationspakt von 2020 aufgegriffen, da sie von Vornherein kaum Diskussionsbedarf auslösten. Auf diese soll nachfolgend eingegangen werden.

455 Das betrifft zunächst die Umwandlung der RL (EU) 2011/95 zu einer **Qualifikations-VO-E**.[415] Die Trilog Verhandlungen drehen sich vor allem um die Frage, ob die unterschiedliche Behandlung von Personen mit subsidiärem Schutzstatus und Flüchtlingsstatus beibehalten werden oder angeglichen werden soll hinsichtlich Befristung der Aufenthaltserlaubnis und Zugang zu Sozialleistungen.[416] Des Weiteren soll nunmehr verbindlich für alle Mitgliedstaaten ein **Widerrufsverfahren** eingeführt werden, Art. 14, 20 QualifikationsVO-E. Die Behörden sollen danach zwingend die Schutzgewährung überprüfen, und zwar nicht erst bei Verlängerung der Aufenthaltserlaubnis, sondern auch, sofern sich die Situation im Herkunftsland ändert. Dies führt nicht nur zu einer

---

408 Council Decision (EU) 2015/1601 of 22 September 2015 establishing provisional measures in the area of international protection for the benefit of Italy, OJEU, L 248 of 24 September 2015.
409 Europäische Kommission, A fresh start on migration, Press release v. 23.9.2020, abrufbar unter: https://ec.europa.eu/commission/presscorner/detail/en/ip_20_1706.
410 Communication on a New Pact on Migration and Asylum, COM(2020) 609 final.
411 Der überarbeitete Vorschlag sieht allerdings eine Verknüpfung der Eurodac-Datenbank mit anderen Datenbanken vor sowie deutlich erweiterte Zugriffsrechte von Migrations- und Sicherheitsbehörden. Dazu kritisch: Europäischer Datenschutzbeauftragter, Zusammenfassung der Stellungnahme des EDSB zum neuen Migrations- und Asylpaket, ABl. 2021 C 99/9.
412 COM(2020) 612 final.
413 COM(2020) 613 final.
414 COM(2020) 611 final.
415 Rat, Proposal for a Regulation of the European Parliament and the Council on standards for the qualification of third-country nationals or stateless persons as beneficiaries of international protection, for a uniform status for refugees or for persons eligible for subsidiary protection and for the content of the protection granted and amending Council Directive 2003/109/EC of 25 November 2003 concerning the status of third-country nationals who are long-term residents (First reading), conditional confirmation of the final compromise text with a view to agreement (10010/18), 18.6.2018.
416 BAfF e.V. u.a. (Hrsg.), Für den Fortbestand des Zugangs zum individuellen Asylrecht in Europa, S. 10 f., abrufbar unter: https://www.baff-zentren.org/wp-content/uploads/2018/01/Gemeinsames-Positionspapier-zur-Reform-des-GEAS-25-Januar-2017.pdf.

erhöhten Unsicherheit von anerkannt Schutzberechtigten, sondern bedeutet auch einen erheblichen Verwaltungsaufwand.

Ebenfalls herrscht weitestgehend Einigung über die Verabschiedung einer **ResettlementVO-E**.[417] Diese soll bestehende Möglichkeiten zur humanitären Aufnahme und Resettlement-Verfahren vereinheitlichen und legale Zugangswege für Schutzsuchende in die Mitgliedstaaten vereinheitlichen.[418] Vermittelt wird die Neuansiedlung durch den UNHCR. Vom Anwendungsbereich umfasst sind ausschließlich vulnerable Personen, Art. 5 Abs. 1b ResettlementVO-E. Nicht durchsetzen konnten sich der von der Kommission vorgeschlagene Ausschlussgrund, wonach Resettlement grundsätzlich nur aus Drittstaaten erfolgen sollte, die sich aktiv an Migrationskontrollen beteiligen. Gleiches gilt für den zunächst angedachten individuellen Ausschlussgrund für Personen, die zuvor irregulär in die Europäische Union eingereist sind.[419]

456

Neben der bereits erwähnten Aufwertung von Frontex zu einer vollwertigen EU-Agentur, wurde auch das EASO zu einer **Asylagentur** (EUAA) umgewandelt.[420] Sie soll insbesondere die Mitgliedstaaten unterstützen und dadurch zu einer stärkeren Kohärenz und Vereinheitlichung der nationalen Asylsysteme beitragen. Zudem wird damit der **Solidaritätsverpflichtung nach Art. 80 AEUV** im Sinne einer praktischen Verwaltungskooperation Rechnung getragen.[421] Vorgesehen ist dafür eine einheitliche Datenerhebung, ein verbesserter Informationsaustausch, die Analyse von Informationen sowie die Schulung von Personal der Mitgliedstaaten (Kapitel 2 der Verordnung). Darüber hinaus soll die EUAA auch bei der Anwendung des Konzepts sicherer Drittstaaten durch die Mitgliedstaaten unterstützen und Länderinformationen von einschlägigen Drittstaaten aufbereiten (Kapitel 3 der Verordnung). Aufgrund der forcierten Kooperation von EU-Agenturen und Mitgliedstaaten stellt sich aus rechtsstaatlicher Sicht das Problem der **Verantwortlichkeit staatlichen Handelns**. In der Praxis muss daher gewährleistet werden, dass Handlungen eindeutig auf bestimmte Akteure rückführbar sind und Schutzsuchenden gegebenenfalls die Möglichkeit gegeben wird, entsprechend einen Rechtsbehelf dagegen einzulegen.[422]

457

Außerdem soll die **Eurodac-Verordnung** überarbeitet werden.[423] Eurodac ist eine Datenbank zum Abgleich von Fingerabdrücken, die die Zuständigkeitsbestimmung und

458

---

417 Rat, Proposal for a Regulation of the European Parliament and the Council establishing a Union Resettlement Admission Framework and amending Regulation (EU) N0 2021/1147 of the European Parliament and the Council, Amended mandate for negotiations with the European Parliament (16110/22), 16.12.2022, online abrufbar: https://www.eunews.it/wp-content/uploads/2022/12/Resettlement.pdf.
418 Vgl. ausführlich Bratanova van Harten, The new EU Resettlement Framework, EU Law Analysis blog v. 3.2.2023, abrufbar unter: http://eulawanalysis.blogspot.com/2023/02/the-new-eu-resettlement-framework-ugly.html.
419 Vgl. COM(2016) 468 final, Art. 4 lit. d), 6 Abs. 1, lit. d).
420 VO (EU) 2021/2303.
421 Vgl. De Bruycker, ECA Journal 2/2023, 13 (16, 18).
422 Vgl. Marin, Frontex and the Rule of Law Crisis at EU External Borders, Verfassungsblog v. 5.9.2022, abrufbar unter: https://verfassungsblog.de/frontex-and-the-rule-of-law-crisis-at-eu-external-borders/.
423 Rat der Europäischen Union, Amended proposal for a Regulation of the European Parliament and of the Council on the establishment of ‚Eurodac' for the comparison of biometric data for the effective application of Regulation (EU) No 604/2013 and Directive 2001/55/EC, for identifying an illegally staying third-country national or stateless person and on requests for the comparison with Eurodac data by Member States' law enforcement authorities and Europol for law enforcement purposes and amending Regulations (EU) 2018/1240, (EU) 2019/818 and (EU) 2017/2226, mandate for negotiations with the European Parliament (10583/22), 22.6.2022; zum Überblick der interinstitutionellen Einigung siehe: Europäischen Parlament (Hrsg.),

Überstellungen im Rahmen des Dublin-Systems erleichtern soll. Diese Funktion wird in mehrfacher Hinsicht ausgeweitet. Zunächst soll der Anwendungsbereich erweitert werden, indem von jeder Person ab einem Alter von sechs Jahren entsprechende Daten erhoben werden sollen (vorher 14 Jahre). Zusätzlich sollen vom Anwendungsbereich auch Drittstaatsangehörige umfasst werden, die sich illegal in der EU aufhalten und keinen Asylantrag gestellt haben. Auch der **Umfang der Datenerhebung** wird ausgeweitet, indem nicht mehr nur Fingerabdrücke, sondern auch erkennungsdienstliche Bilder eingespeist werden sollen. Daneben zielt der Entwurf auf eine verbesserte **Interoperabilität** mit anderen Datenbanken ab.[424] Schließlich soll die bisher limitierte Funktion der Datenbank für das GEAS aufgehoben werden, um gleichermaßen Rückführungsmaßnahmen zu unterstützen.[425]

459 Ebenfalls gab es weitestgehende Übereinstimmung bezüglich einer Überarbeitung der RL (EU) 2013/33 (AufnRL), auf die nachfolgend näher eingegangen wird.

II. Aufnahmerichtlinie-E

460 Die politischen Verhandlungen des Rates mit dem Parlament zum Kommissionsentwurf von 2016[426] führten bereits 2018 zu einer vorläufigen Einigung, über die Überarbeitung der Aufnahmerichtlinie.[427] Sofern nicht anders verwiesen, beziehen sich die Normen auf die im Februar 2024 veröffentlichte Entwurfsfassung des Rats (AufnRL-E).[428] Zur Umsetzung angemessener **Aufnahmebedingungen** haben die Mitgliedstaaten bis dato einen weiten Ermessensspielraum, entsprechend groß sind auch die Unterschiede in den Mitgliedstaaten. Auffällig ist, dass die AufnRL-E das einzige Instrument der Reformen ist, welches nicht als Verordnung erlassen werden soll. Die Kommission begründet dies damit, dass die Unterschiede in den Mitgliedstaaten so gravierend sind, dass eine volle Harmonisierung nicht erstrebenswert sei.[429] Die Neufassung der AufnRL-E bezweckt in diesem Sinne eine weitere Harmonisierung, setzt sich jedoch darüber hinaus zum Ziel, Anreize für Sekundärmigration zu reduzieren (Erwägungsgrund 4, 11, 58 AufnRL-E). Aufgrund des Richtliniencharakters müssen die Mitgliedstaaten die Vorgaben der AufnRL in nationales Recht umsetzen.

461 Der **Anwendungsbereich** soll laut Art. 3 AufnRL-E unverändert bleiben, mithin wäre weiterhin ein informelles Asylgesuch ausreichend, um vom Anwendungsbereich der AufnRL umfasst zu werden. Welche formellen Verfahrensschritte eingeleitet wurden, ist dabei unbeachtlich (z.B. Registrierung, formelle Antragsstellung). Die Anwendung

---

EURODAC, 21.6.2018, online abrufbar: https://www.europarl.europa.eu/RegData/publications/divers/2016/0132/NEGO_CT(2016)0132(2018-06-21)_XL.pdf.
424 Europäisches Parlament, PM v. 20.12.2023, Eurodac: deal on better identification of asylum seekers and irregular migrants, online abrufbar: https://www.europarl.europa.eu/news/en/press-room/20231214IPR15934/eurodac-deal-on-better-identification-of-asylum-seekers-and-irregular-migrants.
425 Siehe tiefergehend: Niovi Vavoula, Focus on Eurodac: Disentangled from the ‚package approach' but is it fit to fly?, ECRE Working paper 19, April 2023.
426 COM(2016) 465 final.
427 Rat, Directive 2013/33/EU of the European parliament and of the Council of 26 June 2013 laying down standards for the reception of applicants for international protection (recast) – Conditional confirmation of the final compromise text with a view to agreement, 10009/18, 13.6.2018.
428 Rat, Proposal for a Directive of the European parliament and of the Council laying down standards for the reception of applicants for international protection (recast) – Letter to the Chair of the LIBE Committee (6381/24), 9.2.2024, online abrufbar: https://data.consilium.europa.eu/doc/document/ST-6381-2024-INIT/en/pdf.
429 Siehe COM(2016) 465 final, ‚Choice of the instrument'.

der AufnRL während des Screenings hängt mithin von der Äußerung eines solchen Asylgesuchs ab (→ Rn. 506).

1. Gewährung materieller Leistungen

Bezüglich der Gewährung materieller Leistungen gibt es neben der zu begrüßenden Aufnahme von anderen Bedarfsartikeln, wie **Hygieneprodukten** (Art. 2 Abs. 7 AufnRL-E) auch eine Einschränkung in den Entwürfen. Bisher konnten materielle Leistungen grundsätzlich in Form von Sach- oder Geldleistungen oder Gutscheinen gewährt werden. Lediglich die Deckung des täglichen Bedarfs musste zwingend als **Geldleistung** erfolgen, um ein Minimum an Autonomität zu gewährleisten. Nunmehr ist vorgesehen, dass auch die zur Deckung des persönlichen Bedarfs zu gewährende Leistung zum Teil als Sachleistungen erfolgen darf, wobei der Anteil der Geldleistung und der Startpunkt der Gewährung im Ermessen der Mitgliedstaaten steht, Art. 2 Abs. 8 AufnRL-E.

Ansonsten sind keine weiteren Änderungen bezüglich des **angemessenen Lebensstandards** nach Art. 19 Abs. 2 AufnRL-E vorgesehen. Allerdings wird an drei Stellen des Entwurfs von diesem Standard abgewichen, sodass die Gewährung materieller Leistungen auf ein **menschenwürdiges Minimum** herabgesenkt werden kann. Dies geschieht:

- vorübergehend, sofern die Unterbringungskapazitäten erschöpft sind (Art. 20 Abs. 10)
- im begründeten Einzelfall als Sanktionsinstrument (Art. 23 AufnRL-E)[430]
- pauschal, sofern sich Antragsteller:innen in einem anderen als dem zuständigen Mitgliedstaat aufhalten, (Art. 21 AufnRL-E).

In den ersten beiden Fällen steht eine Kürzung im Ermessen der Mitgliedstaaten. Art. 21 AufnRL-E hingegen sieht eine verpflichtende Reduzierung vor und bezweckt damit eine Verhinderung von Sekundärmigration. Dieser gebundenen Entscheidung entsprechend, unterliegt der Ausschluss materieller Leistungen nach Art. 21 nicht den Verfahrensgarantien des Art. 23 Abs. 4 AufnRL-E. Es bedarf mithin keiner Prüfung der Verhältnismäßigkeit. Der Leistungsentzug soll stattdessen zusammen mit dem Dublin-Bescheid mitgeteilt werden (Erwägungsgrund 9 AufnRL-E).

Dem Richtlinienentwurf sind konzeptionell mithin **drei Leistungsniveaus** zu entnehmen: der Standard für eigene Staatsangehörige (vgl. Art. 19 Abs. 7), der angemessene Lebensstandard (Art. 19 Abs. 2) sowie ein absoluter Minimalstandard (Art. 21). Letzterer wird als **menschenwürdiger Lebensstandard** bezeichnet und findet sich bereits in der aktuellen Richtlinie wieder (Art. 20 Abs. 5 AufnRL). Nach derzeit geltender Rechtslage ist das Unterschreiten des angemessenen Standards jedoch nur in wenigen Ausnahmefällen vorgesehen und muss stets in Ansehung der Person individuell angeordnet werden. In der Neufassung soll dieses Leistungsniveau nun umfassend und pauschal ohne individuelle Prüfung der Angemessenheit gelten. Dabei wird, anders als beim angemessenen Lebensstandard, nicht näher bestimmt, was unter dem menschenwürdigen Minimum zu verstehen ist. Der Bezug zur Menschenwürde legt nahe, dass damit die Grenze zur unmenschlichen und erniedrigenden Behandlung nach Art. 4 GrCh markiert werden soll. Dafür würde auch der vom Rat vorgeschlagene veränderte Wortlaut

---

[430] Die Nicht-Teilnahme an obligatorischen Integrationsleistungen als neuer Kürzungsgrund eingeführt, Art. 23 Abs. 2 lit. f) AufnRL-E.

des Erwägungsgrunds (47) AufnRL-E sprechen, nachdem jede Reduzierung und jeder Entzug materieller Leistungen nicht unterhalb des nach Unionsrecht vorgeschriebenen Minimums liegen darf.[431]

466 Diesbezüglich hat der EuGH im Hinblick auf Art. 1 GrCh festgestellt, dass selbst jeder noch so kurze **Entzug von Unterkunft, Verpflegung und Kleidung** unvereinbar mit der Menschenwürde ist.[432] Da diese Leistungen bereits den angemessenen Lebensstandard abbilden (vgl. Art. 17 Abs. 2, 2 lit. g) AufnRL und Art. 2 Abs. 7 AufnRL-E), haben die Mitgliedstaaten lediglich die Möglichkeit, Verpflegung, Kleidung und Unterbringungsstandards zu reduzieren, nicht jedoch zu entziehen. Im Ergebnis führt dies also keinesfalls zu mehr Klarheit. Es kann lediglich entnommen werden, dass die Mitgliedstaaten durch die AufnRL-E dazu verpflichtet werden, ein Leistungsniveau zu etablieren, welches Unterbringung, Verpflegung und Kleidung umfasst und sich systematisch zwischen einem unmenschlichen und einen angemessenen Lebensstandard einfügt.

2. Aufenthaltsbeschränkungen und Bewegungsfreiheit

467 Die am europäischen Gesetzgebungsprozess beteiligten Institutionen setzen auf eine Ausweitung von Aufenthaltsbeschränkungen und Einschränkungen der Bewegungsfreiheit (z.B. Residenzpflicht, Wohnsitzauflage). Art. 7, 8, und 9 AufnRL-E sehen Aufenthaltsbeschränkungen und Meldeauflagen vor, die bei Missachtung zu einer Leistungskürzung oder einem Entzug der Leistungen (Art. 23 Abs. 2 AufnRL-E) oder einer Inhaftnahme führen, sofern Fluchtgefahr besteht (Art. 10 Abs. 4 lit. c) AufnRL-E).[433] Auflagen und Beschränkungen nach Art. 7 und 8 bedürfen dabei keiner formellen Entscheidung (Art. 7 Abs. 7, Art. 8 Abs. 4) und im Übrigen wird den Mitgliedstaaten ein weites Ermessen bei Umsetzung gelassen.

468 Insbesondere sticht die neu eingeführt Definition für *„flüchtig"* (*absconding*) hervor. Rechtlich knüpfen an diesen Begriff die eben erwähnten Leistungskürzungen sowie Einschränkungen der Bewegungsfreiheit an (Art. 9 Abs. 1 lit. b) AufnRL-E). Zusätzlich stellen sie einen neuen **Haftgrund** dar (Art. 10 Abs. 4 lit. c) AufnRL-E). Bisher verfügt kein Rechtsakt im GEAS über eine entsprechende Definition.[434] Der EuGH hatte im Kontext der Dublin-III-VO gefordert, dass jedenfalls eine **Intention** zur Umgehung des Asylverfahrens vorliegen muss,[435] was auch der Kommissionsentwurf berücksichtigte.[436] Demgegenüber soll die Definition nun allerdings gem. Art. 2 Abs. 12 AufnRL-E unter Verzicht einer Intention weiter gefasst werden und jede Handlung umfassen, *„by which an aplicant does not remain available to the competent administrative or judicial authorities".* Die Möglichkeiten der Inhaftnahme werden dadurch ausgeweitet. Womöglich soll dadurch den praktischen Schwierigkeiten begegnet werden, eine Intention zu beweisen.[437]

---

431 Rat, State of play and guidance for further work, (5458/19), 21.1.2019, online abrufbar: https://www.statewatch.org/media/1378/eu-council-reception-conditions-state-of-play-5458-19.pdf.
432 EuGH Urt. v. 12.11.2019 – Rs. C-233/18, ECLI:EU:C:2019:956 – Haqbin.
433 Art. 7 und 8 beruhen auf dem Änderungsvorschlag des Rates: Rat, Conditional Confirmation to the final compromise text with view to agreement 10009/18 ADD, 18 June 2018, S. 62 f.
434 Lediglich Fluchtgefahr wird in Art. 2 lit. n) Dublin-III-VO legaldefiniert; siehe auch Art. 3 Abs. 7 RückführungsRL.
435 EuGH Urt. v. 19.3.2019 – Rs. C-163/17, ECLI:EU:C:2019:218 – Jawo.
436 COM(2016) 465 final, Art. 2 Abs. 10.
437 Thym/Odysseus/Slingenberg, Reforming GEAS, S. 268.

Eine gleichlautende Definition soll in die Asyl- und Migrationsmanagements-Verordnung eingefügt werden (→ Rn. 569).

Es soll somit nicht nur im Rahmen des Grenzverfahrens (Art. 10 Abs. 4 lit. d) AufnRL-E, sondern generell eine Inhaftierung erleichtert werden. Dabei bedarf es weiterhin einer individuellen **Angemessenheitsprüfung**. Das Vorliegen eines Haftgrundes muss bei **UMA** regelmäßig gerichtlich überprüft werden, Art. 11 Abs. 5 AufnRL-E. Sofern eine Inhaftierung im Grenzverfahren erfolgt, kann der Zugang von Beratungsstellen und Anwält:innen von einer vorherigen Vereinbarung mit den zuständigen Behörden abhängig gemacht werden, vgl. Art. 30 AsylVfVO-E.[438]

3. Unterstützung von Personen mit besonderen Bedürfnissen bei der Aufnahme

Die aktuelle AufnRL verfügt wie auch die RL (EU) 2013/32 (AsylVfRL) über bestimmte Vorgaben gegenüber vulnerablen Personen. Damit soll **antidiskriminierungsrechtlich** sichergestellt werden, dass alle Antragsteller:innen gleichermaßen die Rechte und Pflichten während des Asylverfahrens in Anspruch nehmen können.

In der überarbeiteten Aufnahmerichtlinie wurde in der englischsprachigen Entwurfsfassung jeder Bezug auf „Vulnerabilität" entfernt und stattdessen lediglich auf *applicants with special reception needs* Bezug genommen (Art. 24 AufnRL-E). Im deutschen Sprachgebrauch wurde Vulnerabilität ohnehin mit „besonders schutzbedürftigen Personen" übersetzt. Überdies dürfte der fehlende Bezug zum **Vulnerabilitätskonzept** keine praktischen Veränderungen bedeuten, da das Konzept sehr diffus ist[439] und wesentliche Bedeutung im Rahmen der Aufnahme erst mit dem Vulnerabilitäts-Assessment sowie der daran anschließenden besonderen Unterstützung erhält. Die überarbeiteten Art. 24 f. AufnRL-E sind deutlich klarer und detaillierter als die aktuelle Fassung und lassen besser auf das dahinterstehende Vulnerabilitätskonzept schließen, auch wenn dies nicht mehr explizit Erwähnung findet. Es wird im Folgenden daher kurz auf die Konzeption der Art. 20 f. AufnRL-E und anschließend auf die besonderen Bestimmungen für Minderjährige eingegangen.

In der aktuellen AufnRL wurden ausschließlich vulnerable Personen als Antragsteller:innen mit besonderen Bedürfnissen angesehen. Dafür enthielt Art. 24 eine nicht abschließende Liste an **Regelbeispielen**, um beispielhaft aufzuzeigen, welche Personengruppen umfasst sein sollten. Dies war einerseits konzeptionell schwierig, weil dadurch nicht der Ambivalenz vom Vulnerabilitäts-Konzept Rechnung getragen wurde.[440] Andererseits sorgte dies für – wenn auch vermeidbare – praktische Probleme. Denn die Identifizierung von besonders schutzbedürftigen Personen knüpfte häufig nur an bestimmte **offenkundige/offengelegte Kriterien** an (z.B. Anzeigeerstattung bzgl. Straftaten, Alter, Krankheit), mit der eine eindeutige Zuordnung zu einer Gruppe erfolgte. So erhielten trotz der nicht abschließenden Liste – wenn überhaupt – nur bestimmte Personengruppen Zugang zur Unterstützung. Zum anderen wurde der Umstand

---

[438] Kritisch dazu DAV, PM 24/23 v. 6.6.2023, abrufbar unter: https://anwaltverein.de/de/newsroom/pm-24-23-grenzverfahren-behindern-zugang-zum-recht-keine-einigung-um-jeden-preis.
[439] Junghans/Kluth, Exploring Asylum Seekers' Lived Experiences of Vulnerability in Germany, S. 17 ff.
[440] Personen können als vulnerabel betrachtet werden, ohne dass sie sich selbst vulnerabel fühlen und umgekehrt.

außer Acht gelassen, dass die Unterbringungsbedingungen an sich die Vulnerabilität derart verstärken können, dass eine entsprechende Unterstützung erforderlich wird (→ Rn. 688 ff.).[441] Die rechtliche Pflicht zur (proaktiven) **Identifizierung** besonderer Bedarfe unter gleichzeitiger Verwendung lediglich bestimmter Kategorien sorgt zudem in der Praxis dazu, dass bestimmte Vulnerabilitäten im Verborgenen bleiben. Hinsichtlich der aktuell vorzufindenden Praktiken zur Identifizierung ist ersichtlich, dass es hinsichtlich einer Umsetzung der aktuellen AufnRL bisher an einer systematischen und verbindlichen Beurteilung fehlt, die zudem nicht nur an einzelne Vulnerabilitätskriterien anknüpft.[442]

473   Die AufnRL-E scheint sich diesen Problemen dezidiert anzunehmen, indem eine systematische und schnellstmögliche Beurteilung vorgesehen ist (Art. 25 AufnRL-E),[443] die nunmehr deutlich konkreter ausgestaltet ist. Dabei wird die Aufzählung bestimmter Personengruppen erweitert, sodass z.B. die sexuelle Orientierung explizit genannt wird.[444] Entscheidend ist aber die Betonung, dass alle Antragsteller:innen besondere Bedürfnisse bei der Aufnahme haben können. Die enumerative Nennung bestimmter Kategorien dient lediglich dazu, zu berücksichtigen, dass Personen, die darunterfallen, wahrscheinlicher besondere Bedürfnisse haben werden (*„more likely to have special reception needs"*). Im Grunde wird hier also ein **postkategorialer** und **intersektionaler** Ansatz eingeführt, der durch die Enumeration eine Anwendungsleitlinie für die Umsetzung bietet. Diese Konzeption wird der kritischen Bestandsaufnahme bisheriger Praktiken durchaus gerecht.

474   Anstatt wie im Kommissionsentwurf schlicht das Erfordernis einer systematischen und alsbaldigen Beurteilung einzuführen, werden im Entwurf des Rates zudem die Anforderungen an eine **systematische Identifizierung** ausgestaltet, die eine höhere Transparenz und Verbindlichkeit versprechen und stichpunktartig dargestellt werden sollen:

- Eine erste Identifizierung und Beurteilung hat schnellstmöglich innerhalb von 30 Tagen nach Antragstellung in einem formellen Verwaltungsverfahren zu erfolgen, Art. 25 Abs. 1, Abs. 3
- Die Beurteilung erfolgt dabei individuell, Gruppengespräche sind nicht ausreichend[445]
- Auch später auftretende Bedarfe sind zu berücksichtigen, Art. 25 Abs. 1,
- Die Gewährleistung der Unterstützung erfolgt während des gesamten Asylverfahrens
- Es hat ein Monitoring der Bedarfssituation zu erfolgen, Art. 25 Abs. 1,
- Eine ausreichende Qualifizierung und kontinuierliche Fortbildung des Personals ist sicherzustellen, Art. 25 Abs. 2 lit. a)
- Besondere Schutzbedarfe sollen in der Akte vermerkt werden, Art. 25 Abs. 2 lit. b)

---

441 Junghans ZAR 2021, 59 (62); Junghans/Kluth, Exploring Asylum Seekers' Lived Experiences of Vulnerability in Germany, 2023, S. 18 f.
442 Junghans/Kluth, Exploring Asylum Seekers' Lived Experiences of Vulnerability in Germany, S. 28 ff.; Heuser/Junghans/Kluth, Der Schutz vulnerabler Personen im Flucht- und Migrationsrecht, S. 82 ff., 127 f.
443 Ansonsten sieht der Kommissionsentwurf von 2016 eine Streichung der Regelbeispiele in Art. 20 vor, lässt die Ausgestaltung darüber hinaus jedoch unverändert.
444 Rat, Conditional confirmation 10009/18 ADD, Art. 20 f., S. 64 ff.
445 So zunächst die Konzeption im Rahmen der Asylverfahrensberatung des BAMF: Junghans ZAR 2021, 365 (369); *Vom Felde/Flory/Baron*, Identifizierung besonderer Schutzbedürftigkeit am Beispiel von Personen mit Traumafolgestörungen, 2020.

- Eine Weiterleitung an psychologisches und medizinisches Fachpersonal ist nach vorheriger Einwilligung der Antragsteller:innen sicherzustellen, Art. 25 Abs. 2 lit. c)

Neben diesen generellen Verbesserungen bezüglich Personen mit besonderen Schutzbedarfen, baut Art. 27 AufnRL-E speziell für UMA die Garantien aus und sorgt hier für eine Vereinheitlichung. So wird klargestellt, dass die Vermutung der Minderjährigkeit ausreichend ist, um die Garantien auszulösen. Die **formelle Altersfeststellung** ist dafür unerheblich. Spätestens nach 15 (ausnahmsweise 25) Werktagen sind gem. Art. 23 Abs. 1 lit. b) AufnRL-E gesetzliche Vertreter:innen zu bestimmen. Diese dürfen zur Qualitätssicherung für maximal 30 (ausnahmsweise 50) UMA zuständig sein. Auch die Partizipation der Minderjährigen wird gestärkt, da Vertreter:innen ihre Ansichten berücksichtigen müssen.

Zudem soll für alle Minderjährigen der **Zugang zur Bildung** verbessert werden. Während nach aktueller Fassung der Zugang spätestens nach drei Monaten erfolgen soll und zudem Bildungsangebote in Unterbringungseinrichtungen ausreichend sind, ist diese Unterrichtsform nur noch ausnahmsweise für einen Zeitraum für maximal einen Monat möglich; ein Zugang zum Regelschulsystem hat nach spätestens zwei Monaten zu erfolgen, Art. 16 Abs. 2 AufnRL-E.

4. Zugang zum Arbeitsmarkt

Der Zugang zum Arbeitsmarkt hat gem. Art. 17 Abs. 1 AufnRL-E statt nach neun, nunmehr nach sechs Monaten zu erfolgen, sofern der Asylantrag nicht abgelehnt wurde. Dies korrespondiert mit der regulären Verfahrensdauer, die in Art. 34 Abs. 2 AsylVfVO-E vorgesehen ist. Antragsteller:innen, die einer beschleunigten Begründetheitsprüfung nach Art. 40 AsylVfVO-E unterliegen, ist der Zugang generell verwehrt. Da das Asylverfahren auch im Nachhinein beschleunigt werden kann, wird in diesen Fällen die **Beschäftigungserlaubnis** widerrufen. Durch den verbindlichen Wortlaut haben die Mitgliedstaaten bezüglich der Beschäftigung keinen Umsetzungsspielraum. Bedenklich ist, dass der oben genannte pauschale Leistungsausschluss für Antragsteller:innen, die sich nicht im zuständigen Mitgliedstaat befinden, auch auf den Zugang zum Arbeitsmarkt bezieht, Art. 21 AufnRL-E. Der EuGH hatte dies 2021 als rechtswidrig eingestuft. Dabei hat er seine Auslegung auch auf die Menschenwürde gestützt,[446] sodass davon auszugehen ist, dass er eine gegenläufige sekundärrechtliche Regelung nicht einfach akzeptieren wird. Denn das Sekundärrecht muss diesen universellen Grundsatz beachten. Mithin ist zu erwarten, dass der EuGH bei einer entsprechenden Vorlage bzgl. Art. 21 AufnRL-E urteilen wird, dass die **pauschale Verweigerung** des Zugangs zum Arbeitsmarkt nicht mit der Menschenwürde vereinbar ist.[447]

5. Zu erwartende Harmonisierung durch die AufnRL-E

Bezüglich der Identifizierung besonders schutzbedürftiger Personen und ihrer Unterstützung sind deutlich konkretere Vorgaben vorgesehen, sodass hier eine rechtliche Harmonisierung erzielt wird, wobei abzuwarten bleibt, inwieweit sich die mitgliedstaatlichen Praktiken auch tatsächlich angleichen. Zumindest ist durch die Aufstellung von

---

446 EuGH Urt. v. 14.1.2021 – Rs. C-322/19 und C-385/19, ECLI:EU:C:2021:11 Rn. 69 – KS u. MHK.
447 Thym/Odysseus/Slingenberg, Reforming GEAS, S. 257.

Kontingenzplänen nach Art. 32 AufnRL-E und durch das Monitoring gem. Art. 31 mehr Transparenz bezüglich der benötigten Ressourcen und der Implementierungsdefizite zu erhoffen.

479 Bezüglich Aufenthaltsbeschränkungen ist zwar eine Ausweitung intendiert, bei der Mitgliedstaaten jedoch ein weites Ermessen eingeräumt wird, sodass hier keine Harmonisierung zu erwarten ist. Gleiches gilt für die Gewährung materieller Leistungen. Die teilweise pauschalen Restriktionen sollen umfassend ausgebaut werden, um Anreizwirkungen für Sekundärmigration zu vermeiden. Sowohl unter systematischen Gesichtspunkten als auch hinsichtlich der EuGH- und BVerfG-Rechtsprechung muss jedoch bezweifelt werden, dass hier tatsächlich eine Harmonisierung eintritt (→ Rn. 662 ff.). Die Grenzen für ein menschenwürdiges Existenzminimum sind diesbezüglich bereits markiert. Zu prognostizieren ist hier vielmehr ein **Unterbietungswettbewerb**, der paradoxerweise durch die Aufnahmerichtlinie begünstigt wird. Denn sie schreibt den Mitgliedstaaten eine Leistungskürzung bzw. -entzug vor, während sie gleichzeitig offenlässt, was darunter zu verstehen ist bzw. wie sich die verschiedenen Leistungsniveaus voneinander abgrenzen. Für einen Bereich, der konzeptionell an der Grenze zur unmenschlichen Behandlung verortet sein soll, ist dies äußerst problematisch. Mitgliedstaaten werden mithin verpflichtet, die Grenzen auszuloten, sodass systematisch das Risiko von grundrechtswidrigen Praktiken gefördert wird.

C. Neuerungen in den aktuellen Beschlüssen

480 Auch wenn bezüglich der im letzten Kapitel erwähnten Legislativvorschläge eine weitestgehende Einigung im Rahmen des Trilogs erzielt werden konnte, bestanden weiterhin unterschiedliche Auffassungen zu den Kernelementen der GEAS-Reform. Einen Durchbruch stellten daher die auf den **EU-Innenministerkonferenzen** vom 8.6.2023[448] und 4.10.2023[449] erzielten Ergebnisse hinsichtlich der Asylverfahrensverordnung, Asyl- und Migrationsmanagement-Verordnung und Krisenverordnung dar. Die unterschiedlichen Meinungen innerhalb der Mitgliedstaaten, die sich im Rat der EU als Legislativorgan widerspiegelten konnten überwunden werden. Im Dezember 2023 wurde im Rahmen des **Trilogs** eine vorläufige Einigung zwischen dem Rat der Europäischen Union, der Kommission und dem Europäischen Parlament erzielt.[450] Dennoch dürfen die teilweise erheblichen Unterschiede zwischen der Entwurfsfassung des Parlaments und des Rates nicht aus dem Blick verloren werden. Die politische Einigung ist nicht gleichbedeutend mit einer rechtstechnischen Einigung über den Wortlaut und die letztendliche Konzeptionierung. Die Darstellung der nachfolgenden Reformvorschläge geschieht daher vorbehaltlich weiterer Änderungen in den nächsten Monaten.

---

448 Rat, Migrationspolitik: Rat erzielt Einigung über wichtige Asyl- und Migrationsgesetze, PM v. 8.6.2023, online abrufbar: https://www.consilium.europa.eu/de/press/press-releases/2023/06/08/migration-policy-council-reaches-agreement-on-key-asylum-and-migration-laws/.

449 Rat, Migrationspolitik: Rat vereinbart Mandat für EU-Rechtsakt zu Krisensituationen, PM v. 4.10.2023, online abrufbar: https://www.consilium.europa.eu/de/press/press-releases/2023/10/04/migration-policy-council-agrees-mandate-on-eu-law-dealing-with-crisis-situations/.

450 Europäisches Parlament, PM v. 20.12.2023, Asyl und Migration: Einigung für mehr Solidarität und geteilte Verantwortung, online abrufbar: https://www.europarl.europa.eu/news/de/press-room/20231214IPR15929/asyl-und-migration-einigung-fur-mehr-solidaritat-und-verantwortung?quizBaseUrl=https%3A%2F%2Fquizweb.europarl.europa.eu.

C. Neuerungen in den aktuellen Beschlüssen

Da die GEAS-Reform als Paket verabschiedet werden soll, ist ebenfalls das Szenario nicht ausgeschlossen, dass durch die fehlende Einigung zu einem einzelnen Rechtstext die Verabschiedung anderer Reformvorschläge verhindert wird. Angesichts der Wahl zum zehnten Europäischen Parlament am 9.6.2024 sollte spätestens zum Ende des ersten Quartals 2024 feststehen, ob das GEAS tatsächlich reformiert wird bzw. ob von dem sogenannten **Paketansatz** abgewichen wird, um zumindest einzelne Rechtstexte zu überarbeiten. Letzteres hatte die französische Ratspräsidentschaft 2022 mit dem sogenannten **graduellen Ansatz** befürwortet.[451]

481

Dabei ist jedoch zu beachten, dass die einzelnen Reformvorschläge teilweise auf die Reformen anderer GEAS-Rechtsakte angewiesen sind. Das zeigt z.B. die Konzeption des integrierten Grenzverfahrens, welches nicht Bestandteil eines einzelnen Verordnungsentwurfs ist, sondern sich auf verschiedene Rechtsakte und Verfahren bezieht, die aufeinander Bezug nehmen. Die im vorliegenden Kapitel zu untersuchenden **Kernelemente des GEAS** werden daher praktisch nur als Paketansatz zu realisieren sein. Denkbar ist lediglich, dass die die im vorigen Kapitel dargestellten Rechtsakte isoliert verabschiedet werden, insbesondere die QualifikationsVO-E, AufnRL-E und EurodacVO-E.

482

I. Hybridisierung des GEAS

Der Neue Migrationspakt von 2020 sieht eine Hybridisierung des GEAS vor. Wie eingangs erwähnt, beruhen die drei Themenbereiche Grenzkontrolle, Asylverfahren und Rückführung auf unterschiedlichen **primärrechtlichen Grundlagen**, auf die auch die jeweiligen sekundärrechtlichen Rechtsakte Bezug nehmen. Art. 77 AEUV dient der effektiven Kontrolle und des Monitorings an Außengrenzen (Schengen-System), während Art. 78 der humanitären Verpflichtung gegenüber Schutzsuchenden dient, wofür gemeinsame Verfahren implementiert werden sollen (GEAS). Art. 79 dient schließlich dem effizienten Migrationsmanagement, einschließlich Maßnahmen (z.B. Rückführungen) hinsichtlich irregulärer Migrant:innen, die nicht Antragsteller:innen bzw. anerkannt schutzberechtigt sind.

483

Hybridisierung bedeutet, dass die Rechtsakte im Rahmen der GEAS-Reformen sich nun nicht mehr allein auf Art. 78 stützen, sondern ebenfalls auf die anderen genannten primärrechtlichen Grundlagen Bezug nehmen. Das **Sekundärrecht** soll mithin die jeweiligen Kernbereiche in einzelnen Rechtsakten vereinen. Dies soll nachfolgend kurz anhand der Konzeption des integrierten Grenzverfahrens erläutert werden, bevor auf die einzelnen Reformvorschläge eingegangen wird.

484

Auch wenn das Grenzverfahren im engeren Sinne in Art. 41 AsylVfVO-E geregelt ist, findet sich das Konzept des **integrierten Grenzverfahrens** in mehreren Verordnungsentwürfen wieder. Umfasst sind drei Elemente: das Vorab-Screening, Asylverfahren und ein Rückkehr-Grenzverfahren, welche in der ScreeningVO-E und AsylVfVO-E geregelt sind. Diese Verfahren sind laut Kommission bisher separiert und sollen entsprechend besser aufeinander abgestimmt werden. Das Screening, welches Schritte der Registrierung und Identitätsprüfung bündelt, beruhte bisher vor allem auf der VO

485

---

451 Europe Daily Bulletin Nr. 12890 v. 15.2.2022, Gradual approach on ‚Migration and Asylum' Pact – progress on reflections in EU Member States, online abrufbar: https://agenceurope.eu/en/bulletin/article/12890/13.

(EU) 2016/399 (SGK) und wird nun in einer eigenen Verordnung zusammengefasst. Das Asylverfahren, welches aktuell durch die AsylVfRL geregelt ist, wird ebenfalls zu einer Verordnung umgewandelt und führt als zentrale Neuerung besondere Asylverfahren ein (die Grenzverfahren im engeren Sinne). Sie enthält auch das besondere **Rückkehr-Grenzverfahren** als drittes Element, welches sich vom Rückführungsverfahren gemäß der RückführungsRL unterscheidet. Die ScreeningVO-E und AsylVfVO-E zielen entsprechend mittels der Nichteinreisefiktion darauf ab, die Rückführung von irregulär aufhältigen Migrant:innen ohne Anwendung der RückführungsRL zu ermöglichen. Es werden lediglich einzelne Vorschriften entsprechend angewendet, vgl. Art. 41g Abs. 3 ScreeningVO-E.

486 Auch im Entwurf einer Asyl- und Migrationsmanagement-Verordnung[452] (AMMVO-E) finden sich Elemente des integrierten Grenzverfahrens wieder, da eine **Umverteilung** im Rahmen des Solidaritätsmechanismus die Bearbeitung eines Asylantrags im Grenzverfahren nicht berühren soll. Wenn eine Person sich in einem griechischen Grenzverfahren befindet und nach Deutschland umverteilt wird, bedeutet dass also, dass das Grenzverfahren hier fortgeführt wird und die Nichteinreisefiktion weiterhin angewendet wird.

487 Eine solche Hybridisierung gefährdet die **rechtliche Kohärenz**, da die verschiedenen primärrechtlichen Säulen unterschiedliche Ziele verfolgen und die gleichen Rechtsbegriffe wie z.B. „illegale Einreise" mitunter unterschiedlich ausgelegt werden.[453] Der Legal Service des Rates zeigt sich wegen dieser Inkohärenz des Dublin- und Schengen Systems besorgt und empfiehlt eine entsprechende Nachjustierung.[454]

488 Im Folgenden wird zunächst auf die einzelnen Rechtsakte eingegangen, das integrierte Grenzverfahren in seiner Gesamtkonzeption wird hingegen im nächsten Kapitel einer kritischen Würdigung unterzogen (→ Rn. 611 ff.).

II. Screeningverordnung-E

489 Der von der Kommission im September 2020 vorgestellte neue Migrationspakt enthält einen Entwurf über eine Screening-Verordnung,[455] zu der der Rat am 22.06.2023 ein Verhandlungsmandat erteilt hat.[456] Der aktuelle Diskussionsstand wird vorliegend unter Berücksichtigung der am 14.4.2023 veröffentlichten Stellungnahme[457] des Europäischen

---

452 Rat, Proposal for a Regulation of the European Parliament and the Council on asylum and migration management, Letter to the Chair of the LIBE Committee (6365/24), 9.2.2024, online abrufbar: https://data.consilium.europa.eu/doc/document/ST-6365-2024-INIT/en/pdf.
453 EuGH Urt. v. 26.7.2017 – Rs. C-646/16, ECLI:EU:C:2017:586 Rn. 72 ff. – Jafari.
454 Rat, Legal Service, The proposed new Pact on Migration and Asylum – „Variable geometry" – Schengen and Dublin *acquis* relevance of components of the proposed Pact, 6357/21, Brussels, 19 February 2021, siehe auch Policy Department for Citizens' Right and Constitutional Affairs (Hrsg.), The European Commission's legislative proposals, S. 145 ff.
455 COM(2020) 612 final.
456 Rat, Proposal for a Regulation of the European Parliament and of the Council introducing a screening of third country nationals at the external borders and amending Regulations (EC) No 767/2008, (EU) 2017/2226, (EU) 2018/1240 and (EU) 2019/817, mandate for negotiations with the European Parliament (10585/22), 22.6.2022, online abrufbar: https://data.consilium.europa.eu/doc/document/ST-10585-2022-INIT/en/pdf.
457 Europäisches Parlament, Report on the proposal for a regulation of the European Parliament and of the Council introducing a screening of third-country nationals at the external borders and amending Regulations (EC) No 767/2008, (EU) 2017/2226, (EU) 2018/1240 and (EU) 2019/817, (A9–0149/2023), 14.4.2023, online abrufbar:

Parlaments zum Kommissionsentwurf und der Pressemitteilung zu den Trilog-Ergebnissen im Dezember 2023[458] dargestellt. Sofern nicht anders verwiesen beziehen sich die Verweise auf die im Februar 2024 veröffentlichte Entwurfsfassung des Rates, welche die Trilog-Ergebnisse widerspiegelt (ScreeningVO-E).[459]

Die Verordnung führt ein vorgeschaltetes siebentägiges **Vorverfahren** an den EU-Außengrenzen ein, in dem Schutzsuchende dahingehend selektiert werden, welches (Grenz)Verfahren auf sie angewendet werden bzw. ob eine Einreiseverweigerung ergehen soll. Neben dieser Einteilung umfasst das Screening die Identifizierung und Registrierung der schutzsuchenden Personen sowie eine Sicherheitsüberprüfung, einen Gesundheits- und einen Vulnerabilitätscheck. Die Aufnahmerichtlinie findet gem. Art. 3a während des Screenings nur auf Asylantragsteller:innen Anwendung. Eine explizite Anwendung der Vorschriften auf alle vom Screening umfassten Personen,[460] insbesondere hinsichtlich der Garantien bezüglich einer Inhaftierung, hat sich nicht durchgesetzt.

490

Grundsätzlich sind die Schritte des Screenings auch nach geltender Rechtslage vorgesehen. Die Überprüfung der Identität wie auch Sicherheitsüberprüfungen und Vulnerabilitätsscreenings werden auf der Basis des SGK durchgeführt, Art. 8 Abs. 3 SGK. Auch Gesundheitschecks waren während der Covid-19 Pandemie in jedem Mitgliedstaat Bestandteil der Grenzkontrollen,[461] und sind beispielsweis in Art. 13 der geltenden AufnRL vorgesehen. Die Screening-Verordnung schafft hier also keine neuen Instrumente, sondern zielt auf eine **Vereinheitlichung** der mitgliedstaatlichen Praxis ab und setzt auf strenge Fristen für ein zügiges Verfahren. Durch die verbindliche Eingliederung in das integrierte Grenzverfahren sind als bedeutende Veränderungen vor allem die Anwendung der Nichteinreisefiktion während dieser Phase zu nennen, die Selektion hinsichtlich der an das Screening anschließenden Verfahren sowie die rechtlichen Einschränkungen, die während des Screenings gelten.

491

1. Anwendungsbereich

Der personelle Anwendungsbereich des Screenings umfasst alle Drittstaatsangehörigen, die nach einem irregulären Grenzübertritt aufgegriffen oder nach einem Such- und Rettungseinsatz ausgeschifft wurden – unabhängig davon, ob sie einen Asylantrag gestellt haben (Art. 3 Abs. 1 ScreeningVO-E). Mit der Screening-Verordnung wird demnach eine bisher gültige Trennungslinie im europäischen und internationalen Recht aufgehoben, die zwischen Schutzsuchenden und anderen Migrant:innen unterscheidet.[462] Ausnahmslos sollen sie während des Screenings in **Transitzentren** untergebracht werden

492

---

https://www.europarl.europa.eu/doceo/document/A-9-2023-0149_EN.pdf (im Folgenden: Report on a screening regulation).
458 Europäisches Parlament, PM v. 20.12.2023, MEPs and Council reach provisional agreement on pre-entry screening procedure, online abrufbar: https://www.europarl.europa.eu/news/en/press-room/20231214IPR15930/meps-and-council-reach-provisional-agreement-on-pre-entry-screening-procedure.
459 Rat, Proposal for a Regulation of the European Parliament and of the Council introducing a screening of third country nationals at the external borders and amending Regulations (EC) No 767/2008, (EU) 2017/2226, (EU) 2018/1240 and (EU) 2019/817, Letter to the Chair of the LIBE Committee (6403/24), 9.2.2024, online abrufbar: https://data.consilium.europa.eu/doc/document/ST-6403-2024-INIT/en/pdf.
460 Dies hatte das EP zunächst befürwortet: Europäisches Parlament, Report on a screening regulation, S. 102.
461 Policy Department for Citizens' Right and Constitutional Affairs (Hrsg.), The European Commission's legislative proposals, S. 53.
462 Thym/Odysseus/Jakuleviciene, Reforming GEAS, S. 84 f.

und dem gleichen Verfahren unterworfen werden. Hierfür gilt die Fiktion der Nichteinreise, d.h. es erfolgt gerade keine Einreisegestattung (Art. 4 Abs. 1 ScreeningVO-E).

2. Identitätsklärung und Sicherheitsüberprüfung

493 Das Screening umfasst die Identifizierung bzw. Überprüfung der Identität, sofern dies nicht schon im Rahmen der Grenzkontrollen geschehen ist (Art. 10 ScreeningVO-E). Neben der Erfassung biometrischer Daten nach Art. 10(b), 13, 14 und 14a EURODAC-VO werden Ausweisdokumente geprüft und Informationen seitens der Drittstaatsangehörigen dokumentiert.

494 Die Sicherheitsüberprüfung nach Art. 11, 12 ScreeningVO-E umfasst den Abgleich mit einschlägigen nationalen Datenbanken und Unionsdatenbanken.

3. Medizinische Untersuchung und Unterstützung vulnerabler Personen

495 Die Verordnung sieht eine medizinische Untersuchung vor, die mit der medizinischen Untersuchung nach Art. 23 AsylVfVO-E kombiniert werden kann. Sie dient der Identifizierung medizinischer Bedarfe oder einer notwendigen Isolation aufgrund von Infektionen. Einzelne Personen, können von der medizinischen Untersuchung auch ausgenommen werden, Art. 9 Abs. 1.

496 Das Gleiche gilt für das Vulnerabilitätsscreening, welches auf die entsprechenden Vorschriften der AufnRL-E und der AsylVfVO-E Bezug nimmt (Art. 9 Abs. 4a). Während der Kommissionsentwurf lediglich anlassbezogen ein **Vulnerabilitätsscreening** vorsah („*gegebenenfalls*"), hat sich das Europäische Parlament mit seiner verbindlichen Formulierung in den Trilog-Verhandlungen durchgesetzt, vgl. Art. 9 Abs. 2. Mitgliedsstaaten sind bereits bei Anhaltspunkten – und somit gegebenenfalls vor abschließender Beurteilung – dazu verpflichtet, eine zeitnahe und angemessene Unterstützung zu gewähren, insbesondere durch die Unterbringung in geeigneten Einrichtungen, Art. 9 Abs 3. Diesbezüglich ist zu betonen, dass im Rahmen einer solchen Beurteilung ohnehin nur bestimmte Schutzbedarfe identifiziert werden. Insbesondere Traumata oder beispielsweise die sexuelle Orientierung erfordern eine gewisse Vertrauenssphäre, sodass bestimmte „verborgene" Vulnerabilitäten (**hidden vulnerabilities**) häufig erst im Laufe des Asylverfahrens identifiziert werden. Einer frühzeitigen und effektiven Identifizierung läuft zudem strukturell entgegen, dass die Behörden verpflichtet sind (auch ohne Zustimmung der Betroffenen), alle Informationen weiterzugeben, Art. 13, 14 Abs. 1 ScreeningVO-E. Der Vulnerabilitätscheck im Rahmen des Screenings kann mithin zwar Teil einer systematischen Identifizierung im Sinne von Art. 25 AufnRL-E und Art. 21 AsylVfVO-E sein, diese jedoch nicht ersetzen.

497 Art. 9a ScreeningVO-E garantiert Minderjährigen Unterstützung durch besonders geschultes und qualifiziertes Personal sowie eine Berücksichtigung des Kindeswohls während des Screenings. Hinsichtlich der aktuell defizitären Vertretung von unbegleitet Minderjährigen ist darüber hinaus ein begrüßenswerter Schritt die verpflichtende Bestellung von rechtlichen Vertreter:innen bereits für das Screening.

498 Uneindeutig bleibt, worauf die im Entwurf vorgenommene Unterscheidung von Vulnerabilität einerseits und besonderen Aufnahme- bzw. Verfahrensbedarfen andererseits abzielt (vgl. etwa Art. 13 lit. cb). Aus der bisherigen Systematik ergab sich ein Bedarf

immer aus einer bestimmten Vulnerabilität heraus. Ein möglicher Erklärungsansatz könnte der **Verteilungsmechanismus** sein, nach der bestimmte Personen, die anhand von Kriterien ausgewählt werden, für das Asylverfahren in andere Mitgliedstaaten umverteilt werden können (ohne dass besondere Bedarfe identifiziert wurden). Eine Unterscheidung bestimmter (vulnerabler) Schutzsuchender ohne Identifizierung bestimmter Bedarfe entspräche damit dem zunehmenden Selektionsbedürfnis der Mitgliedstaaten.

4. Selektion von Schutzsuchenden und Rechtsschutzmöglichkeiten

Alle Drittstaatsangehörigen, die irregulär die Grenze übertreten haben oder ausgeschifft wurden, unterfallen dem Screening. Entsprechend werden **drei Personengruppen** selektiert:

- Drittstaatsangehörige, die irregulär die Grenze übertreten haben (sollen) und nicht um Schutz ersucht haben
- Schutzsuchende, die irregulär die Grenze übertreten haben (sollen)
- Personen, die nach einer Such- und Rettungsmission ausgeschifft wurden

Die asylrechtliche Vorprüfung im Rahmen des Screenings kann hinsichtlich der möglichen Anschlussverfahren zu folgenden Ergebnissen kommen:

a) Sofern kein Asylantrag gestellt wurde:
   - Einreiseverweigerung nach Art. 14 Abs. 1 SGK oder
   - Anwendung des Rückführungsverfahrens, Art. 14 Abs. 1 ScreeningVO-E

b) Sofern ein Asylantrag gestellt wurde
   - Anwendung des **Grenzverfahrens** (insbes. bei mutmaßlicher Unzulässigkeit eines Asylantrags wegen vorherigem Aufenthalt in einem sicheren Drittstaat, Art. 36 AsylVfVO-E) iVm Art. 14 Abs. 2 ScreeningVO-E oder
   - Anwendung des regulären Asylverfahrens und/oder
   - Anwendung des **beschleunigten Prüfverfahrens** wegen offensichtlicher Unbegründetheit eines Asylantrags (insbes. bei Personen aus „sicheren Herkunftsstaaten," Art. 40 AsylVfVO-E) iVm 14 Abs. 2 ScreeningVO-E
   -

Der Zweck des Screenings erschließt sich somit nur im Zusammenhang mit der AsylVfVO-E.[463] Zusammen führen sie ein **integriertes Grenzverfahren** ein, welches folgende administrative Möglichkeiten enthält:

---

[463] Obwohl die Datenerhebung im Rahmen des Screenings eine größere Nähe zur Einreisekontrolle nach dem SGK aufweist.

Tabelle 1: Screening-Ergebnis und Nichteinreisefiktion

Screening-Ergebnis/ Verfahren	Grenzverfahren	Einreise
	Reguläres Verfahren	Einreiseverweigerung
Anhaltspunkte für Unzulässigkeit oder Verfahrensbeschleunigung		Gem. Art. 41g AsylVfVO-E
■ Keine Anhaltspunkte für Unzulässigkeit/Beschleunigung, oder ■ Ausnahmegründe für Anwendung des Grenzverfahrens		
Kein Asylgesuch		Gem. Art. 14 Abs. 1 SGK

502 Einerseits wird also darüber entschieden, ob eine Person direkt dem Rückführungsverfahren unterworfen bzw. ihre Einreise verweigert werden soll. Andererseits erfolgt, falls ein Asylverfahren anschließt, die Einteilung in beschleunigte oder reguläre Asylverfahren sowie die Prüfung, ob das Grenzverfahren angewendet wird. Die Einleitung des einschlägigen Verfahrens geschieht noch im Rahmen des Screenings, Art. 6 Abs. 6 lit. f), 14 Abs. 7 ScreeningVO-E.

503 Dabei lässt die ScreeningVO-E offen, welchem Verfahren Personen zugeordnet werden, für die nicht innerhalb der Fristen eindeutige Informationen gesammelt werden konnten. Fest steht nur, dass das Screening mit **Fristablauf** automatisch endet und ein Auswertungsformular erstellt wird. Art. 14 Abs. 2 ScreeningVO-E sieht dazu vor, dass in das Formular alle Angaben aufgenommen werden, die relevant hinsichtlich der verschiedenen Verfahren erscheinen. Es sind hier Angaben von Behördenmitarbeiter:innen möglich, die keine eindeutige Zuordnung ermöglichen oder sich widersprechen (z.B. mangels standardisierter Erfassung von besonderen Schutzbedarfen vulnerabler Personen). Abhilfe könnte ein entsprechender **Auffangtatbestand** schaffen der regelt, dass im Zweifel eine Prüfung im regulären Asylverfahren erfolgt, wodurch eine eindeutige Zuordnung trotz fehlender Daten bei Fristablauf gewährleistet wäre. Eine solche Norm ist in der Screening-VO-E jedoch nicht vorgesehen.

504 Die Konzeption des Screenings sieht vor, dass in Fällen, in denen kein Asylgesuch geäußert wurde, die **Einreiseverweigerung** nach dem SGK getroffen wird (wobei die Begründung dieser Entscheidung auf dem Screening beruht). In allen anderen Fällen ergeht die Einreiseverweigerung aufgrund der Asylverfahrensverordnung (→ Rn. 501). Die **Rechtsschutzmöglichkeit** ergibt sich im ersten Fall aus Art. 14 Abs. 7 S. 1 SGK und im zweiten Fall aus Art. 53 Abs. 1 AsylVfVO-E.

5. Inhaftnahme

505 Grundsätzlich soll der Verbleib in den Transitzentren für die Durchführung des siebentägigen Screenings verpflichtend sein, Art. 4, 8 Abs. 1 lit. b) ScreeningVO-E. Es wurde sich dementsprechend darauf geeinigt, eine Inhaftierung nicht generell vorzusehen,[464]

---

[464] Thym/Odysseus/Cornelisse, Reforming GEAS, S. 63.

sondern es den Mitgliedstaaten zu überlassen, diese im Einzelfall anzuordnen (Erwägungsgrund 12 ScreeningVO-E). Bisher ist jedoch nicht ersichtlich, wie die Mitgliedstaaten die **Einreise effektiv verhindern** sollen, ohne dass die damit verknüpften Restriktionen für Schutzsuchende einen Freiheitsentzug und damit Haft darstellen (→ Rn. 625). Der Migrationspakt begründet mithin ein **fortlaufendes Spannungsverhältnis** zwischen der Nichteinreise während des Screenings und des Grenzverfahrens auf der einen Seite und dem Verbot der pauschalen Inhaftierung auf der anderen.[465]

Auch wenn gegen das Screening-Ergebnis selbst kein **Rechtsschutz** vorgesehen ist, so ist er jedenfalls dann zu gewähren, wenn eine Person inhaftiert werden soll. Wie auch im anschließenden Grenzverfahren ergeben sich die Anforderungen einheitlich aus Art. 10 ff. AufnRL-E (→ Rn. 469) Sofern die AufnRL während des Screenings keine Anwendung findet, weil eine Person kein Asylgesuch stellt, erfolgt die Inhaftnahme nach nationalem Recht. 506

6. Einführung eines Monitorings

Mit der ScreeningVO wird ein unabhängiges Monitoring eingeführt, welches insbesondere die Einhaltung der Grundrechtecharta, das Refoulement-Verbot, das Kindeswohl sowie die Aufnahmebedingungen überwachen soll, damit alle mutmaßliche Grundrechtsverstöße wirksam und unverzüglich untersucht werden (Art. 7 Abs. 2 ScreeningVO-E).[466] Die Einhaltung von Grundrechten soll unter anderem durch **Stichproben** und **unangekündigte Kontrollen** überwacht werden. 507

Entgegen anfänglicher Bestrebungen wurde im Trilog davon Abstand genommen, das Monitoring ebenfalls auf die Grenzüberwachung der Mitgliedstaaten zu erstrecken. Gegenstand ist lediglich die Einhaltung von Grundrechten im Rahmen des Screening-Verfahrens, sodass gegebenenfalls illegale Zurückweisungen an den Grenzen (Push-Backs) ausgeblendet werden. Die Forderung, das Monitoring stärker im SGK zu implementieren bzw. Grenzkontrollen ausdrücklich in Art. 7 zu erwähnen, hat sich dementsprechend nicht durchsetzen können. Verzichtet wurde auch auf eine individuelle und anonyme **Beschwerdemöglichkeit** von Schutzsuchenden, weshalb bisher unklar ist, welchen Hinweisen nachgegangen wird. 508

7. Fiktion der Nichteinreise an EU-Binnengrenzen?

Der Entwurf sieht in Art. 5 ebenfalls eine Anwendung des Screenings auf Drittstaatsangehörige vor, die im Hoheitsgebiet eines Mitgliedstaates aufgegriffen werden und irregulär eine Außengrenze überschritten haben, ohne dass sie einem Screening unterzogen wurden. In diesem Fall soll das Screening maximal 3 Tage dauern (Art. 6 Abs. 5 ScreeningVO-E). Dies zeigt, dass das Screening nicht nur im Kontext von Grenzübertritten an EU-Außengrenzen Anwendung finden soll, sondern auch an **Binnengrenzen**. Das Europäische Parlament favorisierte zunächst eine Streichung des Artikels wegen 509

---

[465] Thym, European Realpolitik, EU Migration Blog v. 28.9.2020, abrufbar unter: https://eumigrationlawblog.eu/european-realpolitik-legislative-uncertainties-und-operational-pitfalls-of-the-new-pact-on-migration-and-asylum/.
[466] Vgl. hierzu Policy Department for Citizens' Right and Constitutional Affairs (Hrsg.), The European Commission's legislative proposals, S. 62 f.

unverhältnismäßiger Anforderungen an Schutzsuchende und Mitgliedstaaten, als auch weil eine derartige Regelung nicht von der Rechtsgrundlage des Art. 77 Abs. 2 lit. b AEUV gedeckt sei und damit gegen Primärrecht verstoße.[467]

510 Der Regelungssinn des Art. 5 ergibt sich erst vor dem Hintergrund der beabsichtigten Reform des SGK.[468] Dem neu eingefügten Art. 23 f. SGK-E liegt die Intention zugrunde, irreguläre Migrant:innen im Kontext von Binnengrenzen zurückzuweisen ohne die RückführungsRL anzuwenden. Dafür bedarf es einer Nichteinreisefiktion. Denn nach geltender Rechtslage ist eine Einreiseverweigerung und damit **Zurückweisung nur an EU-Außengrenzen** möglich, während an Binnengrenzen die Einreise bereits mit Grenzübertritt erfolgt.

511 Der EuGH hat Praktiken der Mitgliedstaaten, die diese Lage verkennen, immer wieder als rechtswidrig eingestuft und betont, dass eine Rückführung an Binnengrenzen nur unter Anwendung der RückführungsRL erfolgen könne.[469] Es bedarf daher einer Rückkehrentscheidung, die zudem eine Frist zur freiwilligen Ausreise enthält, Art. 7 Abs. 1 RückführungsRL.[470] Die Schengen-Reformvorschläge beabsichtigten daher, mittels Nichteinreisefiktion und *de facto* Grenzkontrollen Maßnahmen zu ermöglichen, die sonst nur für Außengrenzen vorgesehen sind. Das Europäische Parlament verwehrt sich jedoch dieser Idee, indem Asylantragsteller:innen von dieser Regelung gerade ausgenommen werden sollen.[471] Da die Positionen sich diametral gegenüberstehen, ist eine Einigung unrealistisch. Dadurch würde auch Art. 5 Screening-VO-E obsolet. Der Entwurf aus Februar 2024, welcher die Trilog-Einigungen abbildet, rekurriert zwar weiterhin auf die Anwendung des Screenings an EU-Binnengrenzen. Nach Ansicht des Verfassers kann damit nach dem Vorhergesagten jedoch nur die Registrierung sowie die anderen Verfahrensschritte im Rahmen des Screenings gemeint sein, nicht aber die Anwendung der Nichteinreisefiktion. Diese Argumentation wird durch den neu eingefügten Art. 5 Abs. 2 Screening-VO-E unterstützt, der den Mitgliedstaaten eine unmittelbare Zurückweisung an Binnengrenzen bei Nichtdurchführung des Screenings offenlässt. Im Umkehrschluss wird hierdurch bestätigt, dass eine **unmittelbare Zurückweisung** im Rahmen des Screenings nicht möglich ist.

8. Zusammenfassung wesentlicher Neuerungen durch das Screening

512 Die Maßnahmen, die vom Screening umfasst sind, werden von Mitgliedstaaten bereits jetzt nach dem SGK durchgeführt. Die Kommission rechtfertigt den Entwurf mit der

---

467 Europäisches Parlament, Report on a screening regulation, S. 102.
468 Rat, Vorschlag für eine Verordnung des Europäischen Parlaments und des Rates zur Änderung der Verordnung (EU) 2016/399 über einen Unionskodex für das Überschreiten der Grenzen durch Personen, Allgemeine Ausrichtung (9937/22), 9. Juni 2022.
469 EuGH Urt. v. 21.9.2023 – Rs. C-143/22, ECLI:EU:C:2023:689 Rn. 31 ff – ADDE u.a.; EuGH Urt. v. 19.3.2019 – Rs. C-444/17, ECLI:EU:C:2019:220 Rn. 37, 39, 45 ff; EuGH Urt. v. 26.4.2022 – Rs. C-368/20, ECLI:EU:C:2022:298. Siehe auch Cornelisse/Moraru, European Papers 7/2022, 127 (136 f.). Vgl. auch VG München, Beschl. v. 17.7.2019 – M 11 S 19.50722, Rn. 18 f.
470 Bzw. muss bei einem Asylgesuch die Dublin-III-VO angewendet werden: EuGH Urt. v. 12.1.2023 – Rs. C-323/21, C-324/21, C-325/21, ECLI:EU:C:2023:4; EuGH Urt. v. 25.1.2018 – C-360/16, ECLI:EU:C:2018:35 – Hasan.
471 Europäisches Parlament, Compromise Amendments. Amending Regulation (EU) 2016/399 on a Union Code on the rules governing the movements of persons across borders, 19.9.2023, S. 52, online abrufbar: https://www.europarl.europa.eu/meetdocs/2014_2019/plmrep/COMMITTEES/LIBE/DV/2023/09-20/COMPsSBC_EN.pdf.

Notwendigkeit, die Verfahren anzupassen und die anzuwendenden Rechtsvorschriften zu klären.[472] Dazu werden folgende Regelungen erlassen:

- Verbindliche Fristen für die einzelnen Verfahren, insbesondere Datenbankabfragen und Identitätsklärung (→ Rn. 491, 493)
- Unterbringung in Transitzentren unter Anwendung der Nichteinreisefiktion (→ Rn. 492)
- Einführung eines Monitorings mit Unterstützung der EU Fundamental Rights Agency (→ Rn. 507)
- Gewährleistung einer rechtlichen Vertretung für UMA (→ Rn. 497)
- Selektion von Schutzsuchenden hinsichtlich unterschiedlicher Asyl- und Rückführungsverfahren (→ Rn. 499 ff.)

III. Asylverfahrensverordnung-E

Die Umwandlung der bisherigen AsylVfRL zu einer Verordnung beruht auf dem Kommissionsentwurf von 2016.[473] 2020 hat die Kommission einen erweiterten Entwurf vorgelegt,[474] der insbesondere eine zusätzliche Fallgruppe für **beschleunigte Prüfungen** im Grenzverfahren einfügt, ein zusätzliches Rückkehr-Grenzverfahren vorsieht sowie Veränderungen bezüglich des Grenzverfahrens und des Rechtsschutzes in Art. 41, 42a und 53 des Kommissionsentwurfes vornimmt. Im Juni 2023 hat sich schließlich der Rat auf eine allgemeine Ausrichtung hinsichtlich der Trilog-Verhandlungen einigen können (AsylVfVO-E).[475] Die Position des Europäischen Parlaments ergibt sich aus einer Zusammenschau verschiedener Dokumente.[476] Im Detail ist nicht vorhersehbar, welche Positionen im finalen Rechtsakt Berücksichtigung finden. Es wird hier unter Berücksichtigung der Trilog-Ergebnisse vom Dezember 2023[477] vor allem die aktuelle Position des Rates dargestellt und herausgearbeitet, in welchen Punkten sie vom Kommissionsentwurf und der Position des Parlaments abweicht.

513

Grundsätzlich sollen Asylanträge nach Art. 37 des Kommissionsentwurfs nur noch dann geprüft werden, wenn die Person sich im zuständigen Mitgliedstaat befindet, der Antrag nicht unzulässig ist und er auch nicht ausdrücklich oder stillschweigend zurückgenommen wurde. Darüber hinaus soll umfassend auf eine **Ausdifferenzierung des Asylverfahrens** gesetzt und der **Zugang zur Antragsprüfung** erschwert werden. Das geschieht einerseits durch die Ausweitung von Zulässigkeitskriterien und andererer-

514

---

472 Europäische Kommission, Commission Staff Working Document Accompanying the document Proposal for a Regulation of the European Parliament and of the Council on Asylum and Migration Management and amending Council Directive (EC)2003/109 and the proposed Regulation (EU)XXX/XXX [Asylum and Migration Fund], SWD(2020)207 final, Brussels, 23.9.2020 [im Folgenden: Staff Working Document], S. 6.
473 COM(2016) 467 final.
474 COM(2020) 611 final.
475 Rat, Ammended proposal for a Regulation oft he European Parliament and oft he Council establishing a common procedure for international protection in the Union and repealing Directive 2013/32/EU, General Approach (10444/23), 13.6.2023, online abrufbar: https://data.consilium.europa.eu/doc/document/ST-10444-2023-INIT/en/pdf (im Folgenden: Allgemeine Ausrichtung zur AsylVfVO-E, 10444/23).
476 Europäisches Parlament, Legislative Train, abrufbar unter: https://www.europarl.europa.eu/legislative-train/carriage/jd-reform-of-the-asylum-procedures-directive/report?sid=7401.
477 Europäisches Parlament, PM v. 20.12.2023, Provisional agreement reached on common asylum procedures, online abrufbar: https://www.europarl.europa.eu/news/en/press-room/20231214IPR15932/provisional-agreement-reached-on-common-asylum-procedures.

seits durch besondere Asylverfahren, für die gegenüber dem regulären Verfahren eine beschleunigte Antragsprüfung charakteristisch ist.

515 Neben dieser Ausdifferenzierung des Verfahrens ist ein zentraler Bestandteil des Entwurfs das Grenzverfahren, welches die Antragsprüfungen an zentralen Stellen bündelt und mit einer Fiktion der Nichteinreise verbindet, sodass Personen nach negativem Verfahrensabschluss mangels erfolgter Einreise direkt zurückgewiesen werden können ohne, dass die RückführungsRL angewendet werden muss.

516 Im Folgenden wird zunächst auf Änderungen bezüglich des Verfahrenszugangs und der Verfahrensmodalitäten eingegangen, um anschließend das Grenzverfahren und die unterschiedlichen Rechtsschutzgarantien näher zu beleuchten.

1. Modalitäten des Asylverfahrens

517 Die Ausdifferenzierung des Asylverfahrens geht mit unterschiedlichen Fristen einher, Art. 34 AsylVfVO-E. Im regulären Asylverfahren hat spätestens sechs Monate nach formeller Antragstellung eine Entscheidung zu ergehen, wobei die Frist auf 15 Monate verlängert werden darf. Erfolgt eine **beschleunigte Begründetheitsprüfung** gem. Art. 40 AsylVfVO-E, so verkürzen sich die Fristen auf drei bzw. fünf Monate. Innerhalb dieser Zeitspanne sind auch Fristen für die Zulässigkeitsentscheidung vorgesehen (zwei bzw. vier Monate), deren Nichteinhaltung jedoch keine Auswirkung auf die Zulässigkeit hat. Darüber hinaus enthält die AsylVfVO-E besondere Fristen für Folgeanträge (Zulässigkeitsprüfung innerhalb von sieben Tagen) und für den Fall, dass die Begründetheitsprüfung aufgrund von dynamischen Verhältnissen im Herkunftsstaat aufgeschoben werden muss (Entscheidung spätestens nach 21 Monaten, Art. 34 Abs. 5 und 5a). Für den Fall, dass nach Einlegung von Rechtsmitteln, ein Gericht die Entscheidung aufhebt und zurückverweist, gelten die gleichen Fristen für die erneute Antragsprüfung.

a) Zugang zum Asylverfahren und Verfahrensgarantien

518 Nach geltender Rechtslage ist es nicht erforderlich, das informelle Asylgesuch an eine bestimmte Behörde zu richten, um vom Anwendungsbereich der Asylverfahrens- und Aufnahmerichtlinie umfasst zu sein. Dadurch soll ein **effektiver Zugang** zu den Verfahren gewährleistet werden, was zuletzt wieder vom EuGH bekräftigt wurde.[478] Der Kommissionsentwurf setzt diesbezüglich auf eine Ausweitung der Behörden, die für eine Entgegennahme und Registrierung von Asylgesuchen zuständig sind.[479] Durch eine Einschränkung in Art. 5 Abs. 3aa AsylVfVO-E, sieht der Rat demgegenüber jedoch eine Limitierung vor, nach der die Mitgliedstaaten vorsehen können, dass ein Asylgesuch nur noch bei bestimmten Behörden möglich ist. Im Kontext zunehmend militarisierter Grenzkontrollen ist insbesondere bedenklich, dass das Militär hier ausgenommen wird.[480] Zusätzlich zur Einschränkung durch die Screening-VO würde dies dazu führen, dass ein Asylgesuch bei einer anderen Behörde nicht die Rechte und Pflichten der AufnRL-E und AsylVfVO-E auslöst. Das Europäische Parlament bestärkt hingegen den Ansatz der Kommission dadurch, dass alle unzuständigen Behörden, an die ein

---

[478] EuGH Urt. v. 25.6.2020 – Rs. C-36/20, ECLI:EU:C2020:495 – VL.
[479] Vgl. auch Erwägungsgrund 22 ff. des Kommissionsentwurfs.
[480] ECRE, Reforming EU Asylum Law: The final stage, policy paper, August 2023, 7.

Asylgesuch gerichtet wird, die Antragsteller:innen darüber informieren sollen, wo und wie sie einen Asylantrag stellen können.⁴⁸¹

Die persönliche **Anhörung** ist eine wesentliche Garantie in Verwaltungsverfahren, von der regelmäßig nur dann abgesehen wird, wenn eine Entscheidung zugunsten von Antragsteller:innen ergehen soll oder diese damit einverstanden sind, vgl. § 67 VwVfG. Während der Kommissionsentwurf und das Europäische Parlament diese Verfahrensgarantie prinzipiell bekräftigen, sieht der Rat in Art. 12 AsylVfVO-E eine Abschwächung vor. Neben den aktuell zulässigen Möglichkeiten eines schriftlichen Verfahrens bei einer beabsichtigten positiven Entscheidung und aus medizinischen Gründen der Antragsteller:innen, soll den Mitgliedstaaten die Gelegenheit dazu insbesondere bei Folgeanträgen eingeräumt werden.⁴⁸² Dies entspricht der Intention, Folgeanträge einzudämmen bzw. schneller ablehnen zu können.⁴⁸³ 519

Der Kommissionsentwurf sah in Art. 14 gegenüber der aktuellen Rechtslage eine Ausweitung von **kostenloser Rechtsberatung** und kostenlosem Rechtsbeistand während des Asylverfahrens vor. Eine entsprechende Beratung und Vorbereitung hat insbesondere positive Auswirkungen auf die Qualität der persönlichen Anhörung und steigert damit die Verfahrenseffizienz.⁴⁸⁴ Die von der Kommission und dem Parlament geforderte Verfahrensgarantie einer unentgeltlichen Rechtsberatung und -vertretung berücksichtige diese empirischen Erkenntnisse zur Qualität von Verwaltungsverfahren, während der Rat dies nur für das Rechtsbehelfsverfahren vorsah. In den Trilog-Verhandlungen im Dezember 2023 wurde sich darauf geeinigt, die Rechtsberatung bereits im Verwaltungsverfahren kostenlos zu gewähren, nicht jedoch die rechtliche Vertretung.⁴⁸⁵ Abgesehen davon sind im Verwaltungsverfahren gem. Art. 15 Informationen über (verfahrens)rechtliche Aspekte unentgeltlich zu gewähren. Nach der Antragstellung erfolgt dies automatisch und im weiteren Verwaltungsverfahren auf Anfrage der Antragsteller:innen. 520

b) Unzulässigkeitsprüfung

Sofern ein Antrag unzulässig ist, prüfen die Behörden ihn nicht daraufhin, ob er in der Sache auch begründet ist. Es erfolgt somit eine Ablehnung aus formellen Gründen. Nach Art. 36 AsylVfVO-E soll ein Asylantrag vor allem dann als unzulässig abgelehnt werden, wenn: 521

---

481 Europäisches Parlament, REPORT on the proposal for a regulation of the European Parliament and the Council establishing a common procedure for international protection in the Union and repealing Directive 2013/32/EU, A8–0171/2018, (im Folgenden: Report on the proposal for an asylum procedure regulation), Amendment 64.
482 Art. 12 Abs. 5 lit. c) AsylVfVO-E sieht einen weiteren Grund vor, der jedoch einen fehlerhaften Verweis enthält. Voraussichtlich ist danach ein schriftliches Verfahren auch dann möglich, wenn ein anderer Mitgliedstaat bereits internationalen Schutz gewährt hat.
483 COM(2020) 611 final, „Objectives of the proposal."
484 Vgl. BAMF, Evaluation Asylverfahrensberatung.
485 Europäisches Parlament, PM v. 20.12.2023, Deal on the new EU Regulation on Asylum and Migration Management, online abrufbar: https://www.europarl.europa.eu/news/en/press-room/20231214IPR15933/deal-on-the-new-eu-regulation-on-asylum-and-migration-management; sowie Europäisches Parlament, PM v. 20.12.2023, Provisional agreement reached on common asylum procedures, online abrufbar: https://www.europarl.europa.eu/news/en/press-room/20231214IPR15932/provisional-agreement-reached-on-common-asylum-procedures.

- ein Drittstaat als erster Asylstaat oder sicherer Drittstaat für Antragsteller:innen betrachtet werden kann, es sei denn eine Rückübernahme in diesen Drittstaat ist ausgeschlossen
- ein Folgeantrag gestellt wurde, oder
- ein anderer Mitgliedstaat für die Prüfung zuständig ist oder bereits Schutz gewährt hat.

522 Während der Kommissionsentwurf in all diesen Fällen eine **Unzulässigkeitsentscheidung** verpflichtend vorsieht, stellt der Rat eine Anwendung der ersten Fallgruppe in das Ermessen der Mitgliedstaaten. Auch wenn dies hinsichtlich eines harmonisierten Asylverfahrens inkonsequent erscheint, trägt der Änderungsvorschlags dem Umstand Rechnung, dass das Kriterium des sicheren Drittstaates rechtlich und politisch umstritten ist (→ Rn. 621 ff.). Mit der Öffnungsklausel würde den Mitgliedstaten die entsprechende Möglichkeit gegeben, von der Ausweitung der formellen Ablehnungsgründe abzusehen.[486]

523 Auf das Zulässigkeitskriterium des sicheren Drittstaats soll nachfolgend genauer eingegangen werden. Bereits die AsylVfRL bezieht sich in Art. 38 auf das Konzept. Die **Konzeption sicherer Drittstaaten** in Art. 45 f., 49 f. AsylVfVO-E ist sehr komplex, weshalb der Entwurf nachfolgend anhand des Ratsentwurfs systematisiert werden soll.[487]

524 Grundsätzlich ist für die Anwendung des sicheren Drittstaaten-Konzepts eine behördliche **Einzelfallentscheidung** nötig, ohne dass es dafür einer entsprechenden Einstufung durch die Mitgliedstaaten der EU oder zwischenstaatlicher Abkommen bedarf (vgl. Art. 45 Abs. 2 Alt. 2 und Art. 45 Abs. 2b lit. a) a.E.).[488] Die Entscheidung beruht nach aktueller Rechtslage im Grunde auf der behördlichen Prüfung, dass Antragsteller:innen in dem Drittstaat kein ernsthafter Schaden und keine Verfolgung drohen sowie dem *Refoulment-Verbot* in dem Staat entsprochen wird. Außerdem muss es der Person möglich sein, im betreffenden Staat Schutz gemäß der GFK zu erhalten, Art. 38 Abs. 1 lit. e) AsylVfRL. Dieser Maßstab wird nun in Art. 45 Abs. 1 AsylVfVO-E deutlich abgesenkt. Demnach ist:

- Statt eines GFK-Schutzes bereits ein **wirksamer Schutz**[489] gem. Art. 43a ausreichend. Danach müssen Antragsteller:innen im Drittstaat Zugang zu einer Aufenthaltsgestat-

---

486 Rat, Allgemeine Ausrichtung zur AsylVfVO-E, 10444/23, Erwägungsgrund 37.
487 Laut Pressemitteilung zu den Trilog-Ergebnissen im Dezember 2023 konnte sich das Europäische Parlament erfolgreich für Verfahrensgarantien einsetzen. Die daraufhin genannten Garantien ergeben sich jedoch allesamt bereits aus dem Verhandlungsmandat des Rates, wie die hier im Folgenden vorgenommene Systematisierung erkennen lässt. Vgl. Europäisches Parlament, PM v. 20.12.2023, Provisional agreement reached on common asylum procedures, online abrufbar: https://www.europarl.europa.eu/news/en/press-room/20231214I PR15932/provisional-agreement-reached-on-common-asylum-procedures.
488 Insofern ist Art. 45 je nach Auslegung redundant oder widersprüchlich. Einerseits ist nun erstmalig ein Verfahren auf Unionsebene zur Bestimmung sicherer Drittstaaten vorgesehen (Art. 46). Andererseits ändert dies ebenso wie die weiterhin bestehende Möglichkeit der Mitgliedstaaten, eigene Listen zu führen (Art. 45 Abs. 2, 50), nichts an dem Erfordernis einer Einzelfallentscheidung. Nationale Listen als auch die EU-Liste dürfen somit nicht die Funktion einer Fiktion einnehmen, sondern führen mittels Sicherheitsvermutung zu einer Beweislastumkehr, die stets die effektive Widerlegbarkeit im Einzelfall ermöglichen muss (Art. 45 Abs. 2b lit. a), unabhängig von der Zumutbarkeitsprüfung nach gem. Art. 45 Abs. 2b lit. b). Dies wird auch durch Art. 45 Abs. 3 a.E. bestätigt, der auf Abs. 2b insgesamt und nicht nur auf Art. 45 Abs. 2b lit. b) verweist.
489 Die Kriterien für einen „ausreichenden Schutz" im Sinne des Kommissionsentwurfs unterscheiden sich so erheblich vom wirksamen Schutz iSd Art. 43a AsylVfVO-E, dass hier auf eine vergleichende Darstellung verzichtet wird. Auch das Konzept des ersten Asylstaats bezieht sich in Art. 44 Abs. 1 lit. bb) AsylVfVO-E auf den wirksamen Schutz.

tung, ortsüblichen Existenzsicherung sowie Zugang zur medizinischen Notfallversorgung und Grundschulausbildung haben können, Art. 43a Abs. 2. Hat ein Drittstaat die GFK ratifiziert und achtet diese, so wird ein wirksamer Schutz vermutet.
- Für die Einstufung als sicher sind regionale **Vorbehalte** im Territorium des Drittstaats ebenso unbeachtlich, wie Vorbehalte bzgl. bestimmter Personengruppen, Art. 45 Abs. 1a.
- Der Einstufung als sicher steht nicht entgegen, dass eigene Staatsangehörige verfolgt werden, da die Kriterien nur hinsichtlich des Personenkreises geprüft werden müssen, welche nicht die Staatsangehörigkeit des betreffenden Drittstaats besitzen, Art. 45 Abs. 1 lit. c).

Die Anforderungen wurden also sowohl in **sachlicher, personaler,** als auch **geografischer** Hinsicht gesenkt, was auf das große Interesse innerhalb der Kommission und des Rates hinweist, umfassend auf das Konzept sicherer Drittstaaten zu setzen. Das gilt auch für die Bundesregierung, die zum 1.2.2023 einen Sonderbeauftragten für Migrationsabkommen ernannte.[490] Offensichtlich rechtswidrig ist Art. 45 Abs. 2b lit. (c), der die Voraussetzung für die Anwendung des Konzepts auf UMA regelt, da die Beweislast für eine **Kindeswohlgefährdung** den Minderjährigen auferlegt wird (→ Rn. 693). Im Übrigen ist zweifelhaft, ob die Absenkung des Maßstabs für einen effektiven Schutz mit Art. 78 Abs. 1 AEUV vereinbar ist, da der Zugang zu einem GFK-Schutz nicht mehr zur Anwendungsvoraussetzung des Konzepts gemacht wird. Durch die primärrechtliche Norm wird die GFK in die Unionsrechtsordnung integriert und bindet die EU im Rahmen der Gesetzgebung.[491] Letztlich wird daher der EuGH entscheiden müssen, ob es zulässig ist, den Maßstab für den effektiven Schutz unterhalb des GFK-Schutzes anzusetzen.

525

Diese Prüfung im Einzelfall kann nun unter bestimmten Umständen durch eine **Vermutungsregelung** ersetzt werden, wonach ein Drittstaat prinzipiell als sicher für Antragsteller:innen eingestuft wird, weil er die gerade genannten Kriterien erfüllt, vgl. Art. 45 Abs. 2. Hierfür sind die mitgliedstaatlichen und unionsweiten Listen sicherer Drittstaaten gedacht.[492] Aufgrund der Vermutungsregel müssen die Behörden nicht mehr die Sicherheit des Drittstaates für eine Person im Einzelfall prüfen. Vielmehr geht die Beweislast auf die Antragsteller:innen über, im Einzelfall zu widerlegen, dass die Sicherheitsvermutung auf sie zutrifft. Solche Vermutungsregelungen im Rahmen der Zulässigkeitsprüfung (also ohne Prüfung der Begründetheit des Asylantrags) stehen im Spannungsverhältnis zur Rechtsprechung des EGMR, der hohe Anforderungen an die

526

---

490 Vgl. auch den Beschluss des Bund-Länder-Gipfels v. 10.05.2023, S. 4 f., abrufbar unter: https://www.bundesregierung.de/resource/blob/974430/2189202/6b0fb8745bb6d8430328a426c04626c1/2023-05-10-mpk-beschluss-data.pdf?download=1.
491 Grabitz/Hilf/Nettesheim/Thym AEUV Art. 78 Rn. 6 f.
492 Art. 45 Abs. 3 ist insoweit irreführend, als der Anschein erweckt wird, dass hiermit ebenfalls eine Sicherheitsvermutung erreicht werden soll. Der Wortlaut lässt auf Rückübernahmeabkommen gemäß Art. 218 AEUV schließen. Diese haben eigentlich keinen Einfluss auf die Sicherheitsbeurteilung im Rahmen der Zulässigkeitsprüfung (→ 527 f.). Voraussichtlich wird also bezweckt, neben der Ernennung sicherer Drittstaaten ein weiteres Instrument einzuführen, womit die Sicherheit im Rahmen der Zulässigkeit vermutet werden kann. Dadurch würde die juristische Trennung solcher Abkommen vom Konzept sicherer Drittstaaten deutlich an Kontur verlieren, vgl. Schmidt, Asylmagazin 3/2015, 67 (68).

Sicherheitsbeurteilung stellt, sofern diese dazu dient, die Zulässigkeit von Asylantragsteller:innen abzulehnen (→ Rn. 623, 641 ff.).[493]

527 Von dieser im Einzelfall festgestellten oder vermuteten Sicherheit unberührt, bleibt die in jedem Fall anzuwendende **Zumutbarkeitsprüfung** im Einzelfall, Art. Art. 45 Abs. 2b lit. (b) AsylVfVO-E. Dies ergibt sich aus dem Verweis in Art. 45 Abs. 3 a.E. Die Externalisierung der Schutzpflicht durch Verweis auf eine Schutzalternative ist danach nur möglich, wenn eine bestimmte Bindung zwischen Drittstaat und Antragsteller:in besteht.[494] Das **Verbindungselement** sollte in Art. 45 Abs. 3 lit. a) des Kommissionsentwurfs dahingehend gelockert werden, dass der Transit durch ein Land ausreichend sei, um die Zumutbarkeit zu bejahen. Zuletzt hat der Rat jedoch den Transit allein nicht als ausreichende Verbindung angesehen, Art. 45 Abs. 2b AsylVfVO-E. Kriterien für eine Zumutbarkeit sind beispielsweise die Aufenthaltszeit im Drittstaat oder dort aufhältige Familienmitglieder.[495]

528 Unabhängig von diesen rechtlichen Prüfungsschritten für die Anwendung des Konzepts sicherer Drittstaaten sind die **Rückübernahmeabkommen** mit Drittstaaten zu beurteilen. Als **rein zwischenstaatliche** politische Abkommen, stehen sie in keinem direkten juristischen Zusammenhang zur Beurteilung eines sicheren Drittstaats im Rahmen der Zulässigkeit. Unmittelbare Bedeutung erhalten sie in diesem Zusammenhang allerdings dadurch, dass es einen **Ausschlussgrund** für die Anwendung des sicheren Drittstaaten-Konzepts gibt: Nach Art. 45 Abs. 7 steht einer Anwendung entgegen, wenn der betreffende Drittstaat keine Drittstaatsangehörigen zurücknimmt. Staaten sind völkergewohnheitsrechtlich nämlich nur zur Rückübernahme eigener Staatsangehöriger verpflichtet. Die Abkommen statuieren deshalb zwischenstaatlich die Pflicht zur Rückübernahme von Drittstaatsangehörigen in das eigene Hoheitsgebiet, um so die praktische und politische Voraussetzung für eine Anwendung des sicheren Drittstaats-Konzepts zu schaffen.[496] Ein solches Abkommen hat die EU bisher mit der Türkei geschlossen, allerdings wurde zuletzt aus Griechenland von 12.000 Anträgen, die aufgrund des Abkommens als unzulässig abgelehnt wurden, keine einzige Person von der Türkei rückübernommen.[497]

529 Nach dem Vorhergesagten erfolgt also stets eine behördliche Einzelfallprüfung, in der die individuelle Zumutbarkeit belegt werden muss, unabhängig davon, ob Rückübernahmeabkommen mit Drittstaaten bestehen oder die Sicherheitsvermutung greift. In jedem Fall haben Antragsteller:innen die Möglichkeit individuell die Sicherheitsvermutung zu widerlegen, wobei sie jedoch gegebenenfalls die Beweislast tragen. Fall das Konzept tatsächlich angewendet wird, werden durch die Ausweitung des **Anwendungsbereichs** umfassend Einzelpersonen und Familien dem Grenzverfahren unterworfen und riskieren eine Ablehnung ihres Antrags als unzulässig. Dies gilt unabhängig davon, ob sie aus Ländern kommen, für die in der EU eine hohe Wahrscheinlichkeit besteht, eine Schutzanerkennung zu bekommen. Das Konzept dient somit explizit der

---

[493] EGMR Urt. v. 21.11.2019, Rs. 47287/15 Rn. 124 ff. – Ilias und Ahmed.
[494] Ebenso nach geltender Rechtslage: Art. 38 Abs. 7 lit. a) AsylVfRL.
[495] Rat, Allgemeine Ausrichtung zur AsylVfVO-E, 10444/23, Erwägungsgrund (37).
[496] Schmidt, Asylmagazin 3/2015, 67 (68).
[497] Vor dem EuGH ist derzeit ein Verfahren anhängig, welches die Relevanz faktisch nicht möglicher Rückübernahmen für die Anwendung der Sicherheitsvermutung zum Gegenstand hat: EuGH – C-134/23.

Auslagerung (**Externalisierung**) von Schutzpflichten. Mit anderen Worten: Obwohl eine Person in den Mitgliedstaaten schutzberechtigt wäre, soll verhindert werden, das Anerkennungsverfahren unter dem GEAS zu eröffnen bzw. durchzuführen. Deshalb wird der Antrag als unzulässig abgelehnt und die Person darauf verwiesen, anderswo Schutz zu beantragen.

c) Beschleunigte Begründetheitsprüfung

Die inhaltliche Prüfung des Asylantrags soll im beschleunigten Verfahren statt der regulär vorgesehenen Frist von 6 Monaten innerhalb von **drei Monaten** nach förmlicher Antragstellung erfolgen. Es besteht eine Verlängerungsoption auf fünf Monate. Vorbehaltlich der erhöhten Anforderungen für Minderjährige nach Art. 40 Abs. 5 erfolgt die Prüfung der Begründetheit im beschleunigten Prüfungsverfahren bei 530

- einem für die Anerkennung lediglich unerheblichen bzw. einem falschen oder widersprüchlichen Sachvortrag, Art. 40 Abs. 1 lit. a) und b) AsylVfVO-E,
- Antragsteller:innen, die über ihre Identität/Nationalität getäuscht haben bzw. relevante Informationen vorenthalten haben, Art. 41 Abs. 3 iVm Art. 40 Abs. 1 lit. c) AsylVfVO-E,
- missbräuchlicher Antragsstellung, Art. 40 Abs. 1 lit. d) AsylVfVO-E,
- Antragsteller:innen aus sicheren Herkunftsstaaten Art. 40 Abs. 1 lit. e) AsylVfVO-E,
- Antragsteller:innen, die ein Sicherheitsrisiko darstellen, Art. 40 Abs. 1 lit. f) AsylVfVO-E,
- zulässigen Folgeanträgen, Art. 40 Abs. 1 lit. h) AsylVfVO-E,
- Antragsteller:innen, deren Herkunftsstaat eine europaweite Anerkennungsquote von im Durchschnitt maximal 20 % aufweisen, Art. 41 Abs. 3 iVm Art. 40 Abs. 1 lit. i) AsylVfVO-E.

Sofern die Krisenverordnung (→ Rn. 596) angewendet wird, kann für die letzte Fallgruppe das Grenzverfahren auch bis zu einer Anerkennungsquote von 50 % angewendet werden, Art. 4 Abs. 1 lit. a) KrisenVO-E.[498] Aufgrund des neu eingeführten Kriteriums der **Anerkennungsquote** besteht voraussichtlich ein hohes Risiko, dass der eigentliche Zweck der Verfahrensbeschleunigung in sein Gegenteil verkehrt wird. Es sind nämlich **Ausschlussgründe** vorgesehen, die die Behörde selbst zu überprüfen hat, die mithin nicht einer Vermutungsregelung unterliegen wie bei den anderen Konzepten. Neben der Berücksichtigungspflicht wesentlicher Änderungen im Herkunftsstaat ist die Anwendung des Kriteriums danach ausgeschlossen, sofern die Anerkennungsquote für einzelne Antragsteller:innen nicht repräsentativ ist. Diese Einzelfallprüfung kann sehr komplex und zeitaufwendig sein, wodurch das Ziel unterminiert wird, objektive und *„easy to use"*-Kriterien zu verwenden.[499] 531

---

[498] Die zunächst vorgesehene Anerkennungsquote von 75 % hat sich in den Trilog-Verhandlungen im Dezember 2023 nicht durchsetzen können: Europäisches Parlament, PM v. 20.12.2023, Provisional deal on new EU rules to respond to migratory crises, online abrufbar: https://www.europarl.europa.eu/news/en/press-room/20231214 IPR15931/provisional-deal-on-new-eu-rules-to-respond-to-migratory-crises.

[499] Policy Department for Citizens' Right and Constitutional Affairs (Hrsg.), The European Commission's legislative proposals, S. 72 ff.

532 Das Schutzniveau im Rahmen des Konzepts **sicherer Herkunftsstaaten** wird gegenüber der aktuellen Rechtslage dahingehend abgesenkt, dass **kein durchgängiger Schutz** mehr erforderlich ist, vgl. Art. 47 AsylVfVO-E mit Anhang I AsylVfRL.

533 Die Antragsprüfung von UMA kann unter Berücksichtigung der Einschränkungen des Art. 40 Abs. 5 ebenfalls beschleunigt werden. Allerdings soll dies nur dann im Grenzverfahren erfolgen, wenn sie ein Sicherheitsrisiko darstellen, Art. 41e AsylVfVO-E.

2. Grenzverfahren

534 Mit der AsylVfVO-E wird neben dem regulären Asylverfahren ein besonderes Grenzverfahren eingeführt, welches der deutschen Konzeption des Flughafenverfahrens gem. § 18a AsylG ähnelt. Wie bereits beim Screening, darf Personen, die sich im Grenzverfahren befinden, die Einreise nicht gestattet werden, Art. 41 Abs. 6, 41a Abs. 1 AsylVfVO-E. Dies geschieht ebenfalls durch die **Fiktion der Nichteinreise**. Das heißt, eine Einreise erfolgt nur dann, wenn einer der Ausschlussgründe für ein Grenzverfahren vorliegt (Art. 41e Abs. 2 AsylVfVO-E). Die Dauer des Grenzverfahrens ist auf 12 Wochen (maximal 16) beschränkt, sodass nach Ablauf der Frist automatisch eine Überführung in das reguläre Asylverfahren erfolgt und die Einreise gestattet wird.

535 Das Verfahren umfasst die Zulässigkeitsprüfung (Art. 41 Abs. 2 lit. a) AsylVfVO-E) sowie die beschleunigte Begründetheitsprüfung (Art. 41 Abs. 2 lit. b) AsylVfVO-E). Sofern eine ablehnende Entscheidung ergeht, soll mittels unmittelbar anschließender Einleitung eines Rückkehr-Grenzverfahrens und entsprechender Ausweitung der Nichteinreisefiktion eine **Rückführung direkt aus dem Transitbereich** bzw. den entsprechenden Unterkünften erfolgen.

536 Der Entwurf unterscheidet Situationen, in denen das Grenzverfahren verpflichtend durchgeführt wird und in denen eine Durchführung im Ermessen der Mitgliedstaaten steht. Danach erfolgt eine Antragsprüfung gem. Art. 41b iVm Art. 40 Abs. 1 lit. c), f) und i) AsylVfVO-E **obligatorisch** im Grenzverfahren, wenn:

- Antragsteller:innen über ihre Identität getäuscht haben
- Antragsteller:innen oder ein Familienmitglied ein Sicherheitsrisiko darstellen
- Antragsteller:innen aus einem Herkunftsstaat kommen mit einer europaweit durchschnittlichen Schutzquote von maximal 20 %, sofern diese Schutzquote auch repräsentativ für den Einzelfall ist.

537 Sofern keiner dieser Gründe vorliegt, bleibt es den Mitgliedstaaten überlassen das Grenzverfahren nach Art. 41 Abs. 1 AsylVfVO-E anzuwenden, wenn Personen:

- einen Asylantrag an einer Grenzstelle oder Transitzone stellen
- im Zusammenhang eines unautorisierten Grenzübertritts aufgegriffen werden
- nach einer Such- und Rettungsaktion ausgeschifft werden, oder
- nach der AMMVO-E überstellt werden (→ Rn. 587 ff.).

538 Letzteres bedeutet, das eine Person, die im Rahmen des Solidaritätsmechanismus aus dem Grenzverfahren heraus in einen anderen Mitgliedstaat umverteilt wird, im Nachgang weiterhin dem Grenzverfahren unterworfen werden kann.

539 Auch wenn einer der folgenden Gründe vorliegt, erfolgt ein Ausschluss vom Grenzverfahren bzw. eine **sofortige Beendigung**:

- dem Wegfall einer der Gründe für die Durchführung des Grenzverfahrens
- die notwendige Unterstützung für Antragsteller:innen mit besonderen Bedarfen bei der Aufnahme oder besonderen Bedürfnissen im Asylverfahren kann während des Grenzverfahrens bzw. in den entsprechenden Einrichtungen nicht gewährleistet werden
- aus medizinischen Gründen

Nach diesen Kriterien können potentiell alle schutzsuchenden Personen dem Grenzverfahren unterworfen werden, sofern nicht besondere Bedarfe identifiziert werden, die eine Überführung in das reguläre Asylverfahren erforderlich machen. Dies ist insbesondere für UMA der Fall, es sei denn sie stellen ein Sicherheitsrisiko dar.[500] Dass eine **Beendigung des Grenzverfahrens** für vulnerable Personen vorgesehen ist, sofern die Unterstützung in den Einrichtungen nicht gewährleistet werden kann ist zwar wichtig, dieses Erfordernis dürfte jedoch prinzipiell für alle Personen rechtlich geboten sein. Lediglich der Maßstab ändert sich je nachdem, ob und welche besonderen Schutzbedarfe vorliegen. Insofern wäre eine klarstellende Formulierung zu begrüßen, die eine Beendigung vorsieht, sofern die Standards der AufnRL-E nicht eingehalten werden können. Die Trilog-Ergebnisse im Dezember 2023 perpetuieren diesen intransparenten und rechtsunsicheren Zustand, indem bezüglich Familien lediglich vorgesehen ist, dass die Kommission einzelnen Mitgliedstaaten die Beendigung des Grenzverfahrens „empfehlen" kann, sofern angemessene Aufnahmebedingungen nicht gewährleistet werden können. Im Ergebnis ist daher mangels klarstellender Formulierung absehbar, dass das Grenzverfahren auch bei unangemessener und menschenunwürdiger Unterbringung nicht beendet wird.

540

Der Kommissionsentwurf von 2020 eröffnete durch Art. 42 Abs. 4 iVm Art. 25a Abs. 3 der VO (EG) 2009/810 (Visakodex) Mitgliedstaaten ferner die Möglichkeit, von der beschleunigten Prüfung der Antragsbegründetheit im Grenzverfahren abzusehen, wenn sie Schwierigkeiten mit einem Drittstaat bezüglich der **Rückübernahme** irregulärer Migrant:innen haben. Der Ratsentwurf enthält hingegen keine entsprechende Regelung.

541

a) Kapazitäten für Grenzverfahren

Es werden in den Art. 41ba ff. AsylVfVO-E Kapazitäten für die Grenzverfahren in den Mitgliedstaaten aufgestellt, die den Mitgliedstaaten ermöglichen soll, gegebenenfalls von obligatorischen Grenzverfahren abzusehen. Die systematische Verortung vor den Rückkehr-Grenzverfahren legt den Schluss nahe, dass diese Ausnahme sich vor allem auf neu ankommende Personen bezieht. Unterstützt wird dies durch den Verweis in Art. 41bc und 41be auf die beschleunigte Begründetheitsprüfung, sodass davon auszugehen ist, dass Personen, die sich im Rückkehr-Grenzverfahren befinden, dort priorisiert bleiben sollen, während neue Asylverfahren in das reguläre Verfahren überführt werden können.

542

---

500 Diesbezüglich konnte sich das Europäische Parlament durchsetzen: Europäisches Parlament, PM v. 20.12.2023, Provisional agreement reached on common asylum procedures, online abrufbar: https://www.europarl.europa.eu/news/en/press-room/20231214IPR15932/provisional-agreement-reached-on-common-asylum-procedures.

543 Die Ausnahmen gelten nicht für Personen, die ein **Sicherheitsrisiko** darstellen. Ihre Anträge sind ausnahmslos im Grenzverfahren zu prüfen, unabhängig davon, wie überlastet die Grenzinfrastruktur ist, Art. 41bb Abs. 2. Davon abgesehen bestehen zwei Maßstäbe für die Ausnahme von obligatorischen Grenzverfahren.

544 Zunächst wird durch die Kommission eine **„angemessene Kapazität"** für jeden Mitgliedstaat festgelegt, Art. 41ba ff. AsylVfVO-E. Diese wird unter Zugrundelegung des Werts von 30.000 Grenzverfahren auf europäischer Ebene pro Jahr berechnet und bleibt relativ stabil. Für die Berechnung wird der Wert 30.000 mit der Anzahl an irregulären Grenzübertritten und Zurückweisungen in dem Mitgliedstaat der letzten drei Jahre multipliziert. Der so gewonnene Wert wird anschließend dividiert durch die Anzahl an irregulären Grenzübertritten und Zurückweisungen in der gesamten Union. Erreicht ein Mitgliedstaat die angemessene Kapazität, so kann er unter vorheriger Benachrichtigung der Kommission davon Abstand nehmen, das **Kriterium der Anerkennungsquote** für die Zuteilung zum Grenzverfahren anzuwenden, Art. 41bc Abs. 2.

545 Neben der angemessenen Kapazität wird ebenfalls ein **maximales Kontingent** berechnet. Dieses berechnet sich jedoch nicht in Relation zu unionsweiten Zahlen, sondern bezieht sich nur auf die Anzahl an irregulären Grenzübertritten und Zurückweisungen in dem jeweiligen Mitgliedstaat, Art. 41bb. Abs. 1 und 2 AsylVfVO-E. Dieses Kontingent setzt sich zusammen aus dem Wert der angemessenen Kapazität summiert mit den darüber hinaus durchgeführten Grenzverfahren von Personen, die ein Sicherheitsrisiko darstellen. Der damit erhaltene Wert wird schließlich verdoppelt und stellt so das maximale Kontingent dar.[501] Wird das maximale Kontingent überschritten, so kann die Kommission den Mitgliedstaat mittels Implementierungsakt dazu autorisieren, von einer Anwendung der Kriterien **Anerkennungsquote und Identitätstäuschung** abzusehen. In diesem Fall reicht also eine einfache Benachrichtigung nicht aus.

546 Die Regelungen zur Kapazitätsgrenze zeigen mithin, dass zum einen die Nichtanwendung der obligatorischen Grenzverfahren aus einem zweistufigen Prozess besteht. Zum anderen wird ersichtlich, dass von der Antragsbearbeitung im Grenzverfahren keine Ausnahme möglich sein soll für Personen, die ein Sicherheitsrisiko darstellen. Dies müssen die Mitgliedstaaten innerhalb des **Belegungssystems** von entsprechenden Unterbringungseinrichtungen berücksichtigen.

b) Rückführung und Rückkehr-Grenzverfahren

547 Wie oben bereits erwähnt, werden Rückführungen nach der RückführungsRL nicht zum GEAS im engeren Sinne gezählt. Während der (erfolglosen) Bemühungen in den letzten Jahren, das GEAS zu reformieren und insbesondere das Solidaritätsprinzip nach Art. 18 AEUV zu implementieren, hat sich die Rückführung von Drittstaatsangehörigen jedoch zum präferierten Mittel herauskristallisiert, auf die zunehmende Fluchtmigration zu reagieren.[502] Diesbezüglich konnte sich mithin ein Konsens etablieren, der dazu

---

[501] Der Multiplikator steigt sukzessive auf eine Vervierfachung zwei Jahre nach Inkrafttreten der Verordnung.
[502] Vgl. Schultz, The end of protection?, EU Migration Blog v. 31.1.2020, abrufbar unter: https://eumigrationlawblog.eu/the-end-of-protection-cessation-and-the-return-turn-in-refugee-law/.

führte, dass **effektive Rückführungen** nunmehr ein Hauptbestandteil des Migrationspakts bilden.[503]

548 Ein wichtiger konzeptueller Schritt ist für das Reformpaket deshalb die Verbindung von Asyl- und Rückkehrverfahren, indem ein **Nexus zwischen Antragstellung und Rückführung** geschaffen wird.[504] Im Migrationspakt werden Hindernisse für eine stärkere Zusammenführung identifiziert, z.B. Folgeanträge, Sekundärmigration oder der Umstand, dass Asyl- und Rückkehrentscheidung separiert erfolgen.[505] Letzterem wird ausdrücklich mit Art. 35a AsylVfVO-E Rechnung getragen, indem der ablehnende Asylbescheid zugleich eine **Rückkehrentscheidung** enthalten soll.[506] Dadurch verschmelzen zwei Verwaltungsverfahren zu einem, mit der Konsequenz, dass beispielsweise nur eine Anhörung stattfindet und lediglich eine gerichtliche Überprüfung möglich ist. Rechtlich ist dies zulässig, sofern ein Vollzug der Rückkehrentscheidung bis zur Entscheidung über den Rechtsbehelf gegen den ablehnenden Asylbescheid ausgesetzt wird.[507]

549 Es stellt sich dabei die Problematik, dass die Prüfung auf internationalem Schutz keine vollumfängliche Beurteilung des Risikos des *Refoulements* nach Art. 3 EMRK, Art. 19 GrCh und Art. 5 RückführungsRL umfasst. Für Deutschland ist zudem auf die charakteristische Trennung von Abschiebungsverboten und -hindernissen zu verweisen. In der Praxis muss sichergestellt werden, dass alle **inlands- und zielstaatsbezogenen Abschiebungsverbote** geprüft werden. Gegebenenfalls bedarf es einer entsprechenden Verwaltungsumstrukturierung, sodass inlandsbezogene Hindernisse, die von den Ausländerbehörden geprüft werden, ebenfalls vom BAMF übernommen werden.

550 Um sowohl eine unautorisierte Einreise zu verhindern, als auch Rückführungen zu beschleunigen, wird darüber hinaus ein neues Verfahren eingeführt, das sog. **Rückkehr-Grenzverfahren** nach Art. 41g AsylVfVO-E (*return border procedure*). Es fügt sich in das integrierte Grenzverfahren ein und bildet nach dem Screening und dem Asylverfahren die dritte Säule. Entsprechend verbietet Art. 41g Abs. 1 den Mitgliedstaaten, Personen die Einreise zu gestatten, deren Antrag im Grenzverfahren abgelehnt wurde und sieht ihre Unterbringung in grenznahen Einrichtungen oder Transitzentren vor, Art. 41g Abs. 2 AsylVfVO-E.

551 Das Rückkehr-Grenzverfahren unterscheidet sich vom Verfahren im Rahmen der RückführungsRL. In Art. 41g Abs. 3 AsylVfVO-E werden aber bestimmte Vorschriften für anwendbar erklärt. Art. 41g AsylVfVO-E ersetzt das zunächst vorgesehene Grenzverfahren in Art. 22 RückführungsRL-E.[508] Sofern die Rückführung nicht innerhalb der Frist von 12 Wochen vollzogen werden kann, erfolgt eine automatische Fortführung des Verfahrens im Einklang mit der RückführungsRL, Art. 41g Abs. 3a AsylVfVO-E. Da Art. 41g Abs. 1 AsylVfVO-E auf das Grenzverfahren Bezug nimmt, ist der personale **Anwendungsbereich** identisch. Mithin fallen Personen, die aus dem Grenzverfahren

---

503 Thym/Odysseus/Moraru, Reforming GEAS, S.192.
504 Zum „seamless link" zwischen Asyl- und Rückführungspolitik siehe Thym/Odysseus/Moraru, Reforming GEAS, S. 195 ff.
505 COM(2020) 610 final, 5.
506 COM(2020) 611 final, 29.
507 EuGH Urt. v. 19.6.2019 – Rs. C-181/16, ECLI:EU:C:2018:465 – Gnandi.
508 COM(2018) 634 final, 42 f.; vgl. zum Entwurf Thym/Odysseus/Moraru, Reforming GEAS, S. 200.

gem. Art. 41e AsylVfVO-E ausgeschlossen sind, in den Anwendungsbereich der RückführungsRL.

552 Zum Zwecke der Rückführung darf die **Haft** von Personen, die während des Grenzverfahrens inhaftiert waren, ohne weitere Voraussetzungen für das maximal zwölfwöchige Rückkehr-Grenzverfahren fortgeführt werden, Art. 41h Abs. 1 AsylVfVO-E. In anderen Fällen muss nach Art. 41h Abs. 2 AsylVfVO-E Fluchtgefahr oder ein Sicherheitsrisiko vorliegen oder die Person ihre Rückführung behindern. Die Haft im Rahmen des Rückkehr-Grenzverfahrens wird in die durch die Mitgliedstaaten festgelegte maximale Haftdauer einbezogen Art. 41h Abs. 3 AsylVfVO-E iVm Art. 18 Abs. 5 RückführungsRL-E (maximal sechs Monate). Die Mitgliedstaaten dürfen nach Art. 18 Abs. 6 RückführungsRL-E zudem festlegen, dass die Höchstdauer um 12 Monate verlängert werden kann, wenn die Rückführung sich aufgrund mangelnder **Kooperationsbereitschaft** der Drittstaatsangehörigen oder einer nicht rechtzeitigen Übermittlung von Unterlagen durch Drittstaaten verzögert. Danach ist eine Haft nach der RückführungsRL-E insgesamt bis zu 18 Monate möglich.

3. Unterschiedlicher Rechtsschutz

553 Gegen ablehnende bzw. die Flüchtlingseigenschaft versagende Asylentscheidungen wird ein wirksamer Rechtsbehelf gewährt, Art. 53 Abs. 1 AsylVfVO-E. Die Frist beträgt gem. Art. 53 Abs. 7 lit. a) AsylVfVO-E fünf Tage, sofern der Antrag aus einem der folgenden Gründe abgelehnt wird:

- Unzulässigkeit,
- Stillschweigende Antragsrücknahme, Art. 39
- Unbegründetheit
- Offensichtliche Unbegründetheit, falls zum Zeitpunkt der Entscheidung der Grund der Verfahrensbeschleunigung nach Art. 40 Abs. 1 und Abs. 5 noch gegeben ist.

554 In allen anderen Fällen beträgt die Frist je nach nationalem Recht zwei bis vier Wochen, Art. 53 Abs. 7 AsylVfVO-E. Im Gegensatz zur aktuellen Rechtslage werden also unionsweit **verbindliche Rechtsbehelfsfristen** festgelegt.[509] Das Europäische Parlament sieht eine weitere Bestimmung vor, wonach die Rechtsbehelfsfrist erst zu laufen beginnt, wenn – für den Fall, dass Antragsteller:innen Rechtsberatung wünschen – ein Rechtsbeistand zugeteilt wurde.[510] Hinsichtlich der kurzen Fristen ist diese Regelung aus Gründen eines **wirksamen Rechtsschutzes** begrüßenswert. Demgegenüber sollte nicht der Forderung des Europäischen Parlaments entsprochen werden, auf mündliche Gerichtsverhandlungen zu verzichten. Zusammen mit den übrigen Elementen einer Beschleunigung des Asylverfahrens und einem gegebenenfalls bereits erfolgten schriftlichen Asylverfahren bestünde die Gefahr, einer Qualitäts- und Effizienzeinbuße. Die Kommission sah darüber hinaus in Art. 53 Abs. 9 nur **eine Rechtsinstanz** für Rechtsbehelfe vor, in der aktuellen Entwurfsfassung ist dies jedoch nicht mehr verbindlich formuliert, vgl. 53 Abs. 3 AsylVfVO-E. Die Mitgliedstaaten sind nach Art. 55 iVm Art. 53

---

[509] Das Europäische Parlament sieht gegenüber dem Ratsentwurf längere Rechtsbehelfsfristen vor: 15 Werktage für die erste Fallgruppe und 20 Werktage für die zweite, Europäisches Parlament, Report on the proposal for an asylum procedure regulation, Amendment 311 f.
[510] Europäisches Parlament, Report on the proposal for an asylum procedure regulation, Amendment 315.

Abs. 1, Abs. 7 AsylVfVO-E verpflichtet, im nationalen Recht vorzusehen, dass Gerichte innerhalb eines Zeitraums entscheiden sollen, der der jeweiligen Frist zur Einlegung eines Rechtsmittels entspricht, als innerhalb von fünf Tagen bzw. zwei bis vier Wochen.[511]

Die Differenzierung beim Rechtsschutz wird bezüglich der **aufschiebenden Wirkung** des Rechtsbehelfs fortgeführt. Nur, sofern keine der in Art. 54 Abs. 3 genannten Gründe bei der Entscheidung vorliegen, hat der Rechtsbehelf automatisch aufschiebende Wirkung nach Art. 54 Abs. 1 AsylVfVO-E. In allen anderen Fällen ist dafür ein Antrag erforderlich. Die Mitgliedstaaten können jedoch auch eine aufschiebende Wirkung von Amts wegen vorsehen, Art. 54 Abs. 4 AsylVfVO-E. Die aufschiebende Wirkung von Rechtsmitteln wird damit in Grenzverfahren zur Ausnahme. Aus Gründen der Harmonisierung wäre zumindest erfreulich gewesen, wenn einheitlich geregelt wäre, wann Gerichte von Amts wegen tätig werden sollen. Darüber hinaus ist mit der Reduzierung der Anwendungsfälle einer automatischen aufschiebenden Wirkung ein hoher bürokratischer Aufwand verbunden, der letztlich darauf hinausläuft, den Zugang zum Rechtsschutz weitmöglichst zu unterbinden (→ Rn. 646 f.).

555

Nach dem Vorhergesagten ergibt sich folgende **Verfahrensdauer** innerhalb des Grenzverfahrens. Dem Rechtsbehelfsverfahren werden dabei die jeweiligen fünftägigen Fristen zur Einlegung des Rechtsbehelfs und zur Entscheidung über den Rechtsbehelf zugrunde gelegt. Zu beachten sind die insoweit uneindeutig bleibenden Pressemitteilungen zu den Trilog-Ergebnissen im Dezember 2023, aus denen nicht hervorgeht, ob sich überhaupt verlängerte Fristen im Rahmen der Asylverfahrensverordnung durchgesetzt haben, oder ob lediglich eine Fristverlängerung nach Aktivierung der KrisenVO-E (→ Rn. 596) möglich ist.[512]

556

Tabelle 2: Integriertes Grenzverfahren – maximale Verfahrensdauer

Verfahren/ Dauer	Screening	Grenz- verfahren	Rechtsbehelfs- verfahren	Grenz- Rückkehr- verfahren	Gesamt
Reguläre Fristen	7 Tage	12 Wochen	10 Tage	12 Wochen	≈ 26 W (6,5 Monate)
Verlängerte Fristen	7 Tage	16 Wochen	10 Tage	12 Wochen	≈ 30 W (7,5 Monate)
Verlängerte Fristen gem. KrisenVO-E	10 Tage	22 Wochen	10 Tage	18 Wochen	≈ 43 W (11 Monate)

Die Fristen für das Grenzverfahren beginnen ab dem Zeitpunkt der ersten **Registrierung** zu laufen, Art. 41c Abs. 2 AsylVfVO-E. Die verlängerten Fristregelungen sind z.B. bei vorherigen Umverteilungen nach den Solidaritätsmechanismus vorgesehen. Die Tabelle gibt den Idealtypus wieder, wie er im Entwurf vorgesehen ist. Insbesondere

557

---

511 Im Kommissionsentwurf von 2016 war diesbezüglich noch eine Maximaldauer von sechs Monaten bzw. bei Inhaftierung von zwei Monaten mit jeweiliger Verlängerungsoption um drei Monate vorgesehen; siehe dazu kritisch Lehmann ZAR 2023, 275 (283).
512 In diesem Fall wäre die maximale Frist für das Grenzverfahren 18 statt 22 Wochen.

das **Rechtsbehelfsverfahren** kann sich verlängern, da Gerichten schwerlich eine Einhaltung aufgezwungen werden kann. Problematisch erscheint diesbezüglich, dass keine Rechtsfolgen vorgesehen sind für eine Überschreitung der Fristen im Rechtsbehelfsverfahren. Angebracht wäre hier, wie auch im Rahmen des Flughafenverfahrens nach Art. 18a AsylG, eine Einreisegestattung bei Fristablauf.[513] Die Frist für das Rückkehr-Grenzverfahren beginnt erst ab der Bestätigung der behördlichen Entscheidung im Rechtsbehelfsverfahren, es sei denn der Rechtsbehelf hat keine aufschiebende Wirkung. In diesem Fall beginnt die Frist nach der fünftägigen Frist zur Einlegung des Rechtsmittels. Die **tatsächliche Dauer** des Grenzverfahrens unter Anwendung der Nichteinreisefiktion kann sich also gegebenenfalls erheblich verlängern.

4. Zusammenfassung wesentlicher Neuerungen der Asylverfahrensverordnung

558 Stichpunktartig sollen hier die wesentlichen rechtlichen Neuerungen zusammengefasst werden:
- Einschränkungen des Zugangs zum Asyl durch:
  – Beschränkungen der Antragsmöglichkeiten (→ Rn. 518)
  – Ausweitung der Unzulässigkeitskriterien (→ Rn. 525)
  – Fiktion der stillschweigenden Rücknahme (→ Rn. 553, 684)
- Beschränkung des verfahrensbezogenen Gewährleistungsinhalts des Asylrechts durch:
  – Ausweitungen der Möglichkeiten ohne Anhörung zu entscheiden (→ Rn. 519)
  – Widerlegbare Sicherheitsvermutungen und Beweislastumkehr, insbesondere mittels Rekurses auf herkunftsbezogene durchschnittliche Anerkennungsquote (→ Rn. 526, 531)
- Einschränkungen des Rechtsschutzes durch:
  – Zusammenführung von Rückkehrentscheidung und Asylbescheid (→ Rn. 548)
  – Verkürzung von Rechtsbehelfsfristen (→ Rn. 553)
  – Erhöhung der Anforderungen hinsichtlich der aufschiebenden Wirkung von Rechtsbehelfen (→ Rn. 555)

IV. Asyl- und Migrationsmanagement-Verordnung-E

559 Während der Vorschlag von 2016, eine Dublin-IV-Verordnung zu erlassen, fallen gelassen wurde, sieht der neue Migrationspakt von 2020 nunmehr eine Verordnung zum Asyl- und Migrationsmanagement vor,[514] die die bestehende Dublin-III-VO ersetzen soll. Im Juni 2023 konnte sich der Rat hierzu ebenso wie bezüglich der ScreeningVO-E und der AsylVfVO-E auf eine allgemeine Ausrichtung für die Trilog Verhandlung einigen.[515] Das Europäische Parlament hatte sich bereits im April 2023 positioniert.[516] Im Februar

---

513 So auch Lehmann ZAR 2023, 275 (283).
514 COM(2020) 610 final, 23.9.2020.
515 Rat, General Approach (revised) on Asylum and Migration Management, 10443/1/23, 23.6.2023, online abrufbar: https://data.consilium.europa.eu/doc/document/ST-10443-2023-REV-1/en/pdf.
516 Europäisches Parlament, Report on the proposal for a regulation of the European Parliament and of the Council on asylum and migration management and amending Council Directive (EC) 2003/109 and the proposed Regulation (EU) XXX/XXX [Asylum and Migration Fund], A9–0152/2023, 14.4.2023.

wurde eine Entwurfsfassung, die den Einigungsstand der Trilog-Verhandlungen widerspiegelt, veröffentlicht (AMMVO-E).[517]

Eine wesentliche Änderung ist im Rahmen des **Wiederaufnahmeverfahrens** vorgesehen. Ein Rechtsschutz gegen Entscheidungen bezüglich der Rücküberstellung in einen anderen Mitgliedstaat soll hier nur noch eingeschränkt möglich sein (→ Rn. 654). Zudem werden die **Mitwirkungspflichten** von Antragsteller:innen ausgeweitet, Art. 9 f. AMMVO-E. Insbesondere sind sie prinzipiell dazu verpflichtet, sich im Mitgliedstaat der Ersteinreise bzw. im Falle einer Überstellung im zuständigen Mitgliedstaat aufzuhalten. Eine Sekundärmigration führt zum **Entzug materieller Leistungen** im Rahmen der Aufnahmerichtlinie. 560

Nachfolgend wird insbesondere auf den überarbeiteten Dublin-Mechanismus sowie den neu eingeführten Solidaritätsmechanismus eingegangen. 561

1. Verantwortlichkeitskriterien

Teil 3 der AMMVO-E beinhaltet eine überarbeitete Version der Dublin-III-VO, wobei die meisten Änderungen auf den Vorschlag für eine Dublin-IV-VO von 2016 zurückgehen. Die Systematik wird dabei ebenso beibehalten wie am Prinzip der Ersteinreise (Art. 21 AMMVO-E) festgehalten wird. Das vom Europäischen Parlament vorgeschlagene Schnellverfahren zum Zwecke der Familienzusammenführung sowie das vorrangige Kriterium der **besonderen Bindung** von Antragsteller:innen zu einem Mitgliedstaat konnte sich nicht in dieser Form durchsetzen.[518] Lediglich vorhandene Abschlusszeugnisse begründen die Zuständigkeit eines Mitgliedstaats (Art. 20), nicht jedoch soziale Bindungen oder Sprachkenntnisse.[519] Eine Berücksichtigung derartiger Kriterien steht den Mitgliedstaaten aber weiterhin im Rahmen der Selbsteintrittsklausel offen (Art. 25). 562

Die AMMVO-E enthält in Art. 8 Abs. 4 die einzige verbindliche Ausnahme von der üblichen Bestimmung des zuständigen Mitgliedstaats nach Teil 3 der Verordnung. Danach muss ein Mitgliedstaat den Asylantrag selbst prüfen, sofern der begründete Verdacht besteht, dass Antragsteller:innen ein **Sicherheitsrisiko** darstellen. 563

Des Weiteren wird ein neuer Art. 25 Abs. 2 eingefügt, der Mitgliedstaaten die Möglichkeit bietet, an einen nicht zuständigen Mitgliedstaat ein Aufnahmegesuch zu stellen, zu dem Antragsteller:innen eine besondere **familiäre, soziale oder kulturelle Bindung** haben. Die ersuchten Mitgliedstaaten haben zwei Monate Zeit für eine Antwort, die sie bei Ablehnung begründen müssen. Allerdings ergibt sich aus der Vorschrift keine Rechtsfolge für eine verfristete bzw. unbegründete Ablehnung.[520] Daher steht der praktische Nutzen in Frage, wie im Übrigen auch aufgrund des Ermessenscharakters der Vorschrift und der zweimonatigen Antwortfrist. Denn zumindest bei Eurodac-Treffern ist innerhalb dieses Zeitraums bereits vorgesehen, dass eine Überstellungsentscheidung 564

---

517 Rat, Proposal for a Regulation of the European Parliament and of the Council on asylum and migration management and amending Council Directive (EC) 2003/109 and the proposed Regulation (EU) XXX/XXX [Asylum and Migration Fund], Letter to the Chair of the LIBE Committee (6365/24), 9.2.2024, online abrufbar: https://data.consilium.europa.eu/doc/document/ST-6365-2024-INIT/en/pdf.
518 Vgl. Europäisches Parlament, A9–0152/2023, 14.4.2023, Amendments 214 und 250.
519 Europäisches Parlament, PM v. 20.12.2023, Deal on the new EU Regulation on Asylum and Migration Management, online abrufbar: https://www.europarl.europa.eu/news/en/press-room/20231214IPR15933/deal-on-the-new-eu-regulation-on-asylum-and-migration-management.
520 Vgl. demgegenüber den Wortlaut von Art. 30 Abs. 8 AMMVO-E.

ergangen ist (→ Rn. 571). Eine solche steht der Anwendung des Art. 25 Abs. 2 explizit entgegen. Die Berücksichtigung besonderer Bindungen hängt mithin von einer hohen Anwendungsbereitschaft des ersuchenden und des ersuchten Mitgliedstaates ab.

565 Eine einschneidende Veränderung ist für **UMA** vorgesehen. Bisher galt für den Fall, dass keine Verwandten auffindbar sind, dass der Mitgliedstaat zuständig ist, in dem UMA zuletzt einen Antrag gestellt haben und sich dort aufhalten, sofern dies dem Wohl des Kindes entspricht. Diese Auslegung des Art. 8 Abs. 4 Dublin-III-VO, die im Übrigen zumeist gleichlaufend mit dem Kindeswohl sein dürfte, wurde vom EuGH hinsichtlich des gleichlautenden Art. 6 Abs. 2 Dublin-II-VO vorgenommen.[521] Nach der AMMVO-E soll von dieser Praxis abgewichen werden, indem nunmehr der erste Asylantrag ausschlaggebend für die Zuständigkeitsbestimmung ist.[522] Waren UMA also prinzipiell von Rücküberstellungen ausgenommen, um sie nicht einer zusätzlichen Belastung auszusetzen und das Asylverfahren zu verzögern, soll eine Dublin-Überstellung jetzt die Regel werden (sofern kein Familienkriterium greift). Diese Neuregelung ist nur schwer mit dem Kindeswohl zu vereinen.

566 Dieser Widerspruch wurde vom Rat zunächst dahingehend aufgelöst, dass eine Beurteilung des **Kindeswohls** nur noch ausnahmsweise erfolgen sollte. Diese im Angesicht von Art. 24 Abs. 2 GrCh als auch der Kinderechtskonvention höchst fragwürdige Regelung (→ Rn. 693)[523] sollte dadurch ermöglicht werden, dass das Kindeswohl vermutet wird. Entsprechend sollte in Art. 15 Abs. 5 die sonst übliche Formulierung „sofern dies dem Wohl dient" abgeändert werden zu „sofern dies dem Wohl des Minderjährigen nicht nachweislich zuwiderläuft." Dies hätte die positive Kindeswohl-Beurteilung in Frage gestellt, indem die Beweislast für eine Kindeswohlgefährdung auf die Minderjährigen verlagert wird. Im Rahmen der Trilog-Verhandlungen wurde die Vermutungsregel an dieser Stelle wieder entfernt. Beibehalten wurde demgegenüber die Zuständigkeit des Mitgliedstaats, in dem der erste Asylantrag gestellt wurde – unabhängig vom Aufenthaltsort der UMA. Mithin wird zwar die Verkehrung der Kindeswohl-Beurteilung rückgängig gemacht, allerdings manifestiert sich dadurch erneut der Widerspruch, dass die bezweckte Rücküberstellung nicht mit dem Kindeswohl vereinbar ist, da sie u.a. den Zugang zum Asylverfahren verzögert und verkennt, dass Minderjährige nicht grundlos weiter migriert sind.[524] An anderer Stelle wird zudem weiterhin an der Beweislastumkehr im Rahmen der Kindeswohlbeurteilung festgehalten (Art. 15 Abs. 2 und Abs. 3).

567 In diesem Zusammenhang ist auch zu erwähnen, dass Art. 7 Abs. 3 Dublin-III-VO in den Entwürfen entfernt wurde, nach dem *„alle vorliegenden Indizien für den Aufenthalt von Familienangehörigen [...]"* vom Mitgliedstaat berücksichtigt werden müssen, welcher das Zuständigkeitsbestimmungsverfahren durchführt. Es findet sich lediglich in Art. 13 Abs. 6 AMMVO-E die Vorgabe, dass der Mitgliedstaat, in dem die erste Registrierung erfolgte, geeignete Schritte für eine Identifizierung von **Familienangehörigen** unternehmen soll.

---

521 EuGH Urt. v. 6.6.2013 – Rs. C-648/11, ECLI:EU:C:2013:367 – MA u.a.
522 Lediglich in der Positionierung des Europäischen Parlaments wird an der bisherigen Praxis festgehalten.
523 Es bedarf gerade einer vorrangingen Berücksichtigung: Jarass, Charta der Grundrechte der EU, Art. 24 Rn. 16.
524 Siehe auch zur grundrechtlichen Herleitung EuGH Urt. v. 6.6.2013 – Rs. C-648/11, ECLI:EU:C:2013:367, Rn. 56 ff. – MA u.a.

2. Verfahren zur Bestimmung des zuständigen Mitgliedstaats

Bezüglich des Verfahrens zur Bestimmung des zuständigen Mitgliedstaates sieht Art. 29 Abs. 1 AMMVO-E eine Verkürzung der Frist für ein Aufnahmegesuch von drei auf zwei Monate nach Registrierung vor. Entsprechend wird auch die Frist für eine Antwort in Art. 30 AMMVO-E um einen Monat gekürzt.

Die reguläre **Überstellungsfrist** bleibt mit sechs Monaten unverändert. Allerdings erhöht sie sich auf maximal drei Jahre, sofern Antragsteller:innen zum Beispiel flüchtig sind, Art. 35 Abs. 2. Erst dann geht die Zuständigkeit auf den überstellenden Mitgliedstaat über. Flüchtig ist eine Person gem. Art. 2 lit. p) AMMVO-E bereits dann, wenn sie sich in einem anderen Mitgliedstaat aufhält.

Art. 31 f. AMMVO-E sehen ein beschleunigtes **Benachrichtigungsverfahren** vor, für den Fall, dass bereits ein zuständiger Mitgliedstaat bestimmt wurde, vgl. Art. 26 Abs. 1 lit. b) und d) AMMVO-E. Aus der Tabelle wird jedoch ersichtlich, dass sich das Verfahren um maximal 2 Wochen verkürzt, da in diesen Fällen ein Eurodac-Treffer in der Regel vorhanden ist.

Tabelle 3: Fristen im Rahmen der Asyl- und Migrationsmanagement-Verordnung

Verfahren/Dauer		Fristen bei Eurodac-Treffer	Fristen ohne Eurodac-Treffer	Fristen gemäß der Krisen-VO-E	Umverteilung
Benachrichtigung Art. 31	Aufnahmegesuch Art. 29	2 Wochen	1 Monat	2 Monate	4 Monate
Benachrichtigung Art. 32	Antwort Art. 30	2 Wochen	2 Wochen	1 Monat	2 Monate	1–2 Wochen
	Urgent reply		2 Wochen		
Überstellungsentscheidung		2 Wochen			1 Woche
Gesamt bis zur Entscheidung		6–8 Wochen	12–14 Wochen	6,5 Monate	2–3 Wochen
Rechtsschutz		1–3 Wochen			
Entscheidung über aufschiebende Wirkung		1 Monat			
Entscheidung in der Hauptsache bei aufschiebender Wirkung		1 Monat			
Gesamt bis zur rechtskräftigen Entscheidung		15–19 Wochen (≈ 4 Monate)	20–25 Wochen (≈ 5,5 Monate)	33–35 Wochen (≈ 8,5 Monate)	
Überstellungsfrist	minimal	6 Monate		1 Jahr	4 Wochen
	maximal	3 Jahre			

In Art. 27 wurden Veränderungen vorgenommen, die eine einmal begründete Zuständigkeit länger bestehen bleiben lässt. Insbesondere wenn Personen sich in einem

573 anderen Mitgliedstaat aufhalten und die **Überstellungsfrist** sich gem. Art. 35 Abs. 2 AMMVO-E auf drei Jahre erhöht, kann die Zuständigkeit insgesamt mehrere Jahre bestehen bleiben.

573 Auch nach der AMMVO-E kann ein Mitgliedstaat jederzeit gem. Art. 25 von der **Selbsteintrittsklausel** Gebrauch machen, die in Zukunft voraussichtlich weiterhin eine große Bedeutung entfalten wird. Der EuGH hat überzeugend dargelegt, dass auch der Selbsteintritt im Ermessen der Mitgliedstaaten eine Ausübung von Unionsrecht ist, sie mithin die GrCh beachten müssen.[525] Bei **dauerhaften Überstellungsverboten** besteht zudem eine Ermessensreduzierung auf Null, sodass z.B. bei systemischen Mängeln im zuständigen Mitgliedstaat, der überstellende Mitgliedstaat zum Selbsteintritt verpflichtet ist.

574 Gegen eine Überstellungsentscheidung haben Antragsteller:innen nach Art. 33 Abs. 1 das Recht auf einen **wirksamen Rechtsbehelf**, der sich in der Entwurfsfassung allerdings auf die Prüfung beschränkt, ob Familienbindungen nicht berücksichtigt wurden oder bei Überstellung die Gefahr einer unmenschlichen oder erniedrigenden Behandlung besteht. Je nach Ausgestaltung durch die jeweiligen Mitgliedstaaten ist dafür eine Frist von ein bis drei Wochen vorgesehen, Art. 33 Abs. 2. Gleiches gilt für den Antrag auf aufschiebende Wirkung nach Art. 33 Abs. 3. Die Entscheidung über die aufschiebende Wirkung soll innerhalb eines Monats ergehen. Wird sie gewährt, soll ebenfalls die Entscheidung in der Hauptsache innerhalb eines Monats getroffen werden.

3. Solidaritätsmechanismus

575 Obwohl der Dublin-Mechanismus den Kulminationspunkt der Auseinandersetzung um fehlende Solidarität und dem Scheitern des GEAS bildete, wurde er größtenteils unverändert übernommen. Das lenkt die Aufmerksamkeit auf die Einführung des Solidaritätsmechanismus in Teil 4 AMMVO-E. Diese konkrete und komplexe Ausgestaltung eines Mechanismus bildet mithin auch das Herzstück der AMMVO-E. Dabei baut er auf Art. 5 AMMVO-E auf, der erstmals sekundärrechtlich abstrakt den Grundsatz der Solidarität normiert.[526]

576 Wie eingangs beschrieben ist die **solidarische Lastenverteilung** durch Art. 80 AEUV verpflichtend vorgegeben, ist aber im Rahmen des aktuellen GEAS sang- und klanglos gescheitert. Da die AMMVO-E weiterhin umfassend auf das Verantwortlichkeitsprinzip setzt, musste – gewissermaßen als Kompensation – ein Mechanismus gefunden werden, der insbesondere Solidarität durch Ausgleichsmechanismen effektiver gewährleistet. Es sei hier jedoch daran erinnert, dass, obwohl die Kommission konstatiert, *„no effective solidarity mechanism [...] is in place,"* dies dem Grunde nach auch mit der aktuellen Dublin-III-VO vorgesehen ist (→ Rn. 451). Es gab jedoch aus verschiedenen Gründen keine Motivation der Mitgliedstaaten, davon Gebrauch zu machen.[527] Im Folgenden wird deshalb der Solidaritätsmechanismus daraufhin untersucht, inwieweit er in der Lage sein wird, der Solidaritätspflicht besser Rechnung zu tragen.

577 Der Grundgedanke des Mechanismus ist die Erstellung eines unionsweiten **Solidaritätspools** (Art. 44a), der angepasst ist an die tatsächlichen Bedarfe aller Mitgliedstaaten,

---

525 EuGH Urt. v. 21.12.2011 – Rs. C-411/10, ECLI:EU:C:2011:865 – N.S. u.a.
526 Kluth ZAR 2023, 328 (331).
527 Vgl. Thym/Odysseus/Maiani, Reforming GEAS, S. 51.

und aus dem diese verschiedene Unterstützungsleistungen beziehen können. Unabhängig von der tatsächlichen Effektivität des Mechanismus liegt ein positiver Faktor bereits darin, dass nunmehr ein **transparentes Verfahren** implementiert wird zur Datenerhebung und Beurteilung einer Überlastung von Mitgliedstaaten. Es dürfte mithin schwieriger werden, dass Mitgliedstaaten einseitig die Nichtanwendung von Unionsrecht mit einer Überlastung ihrer Systeme rechtfertigen.

Gezielt werden Foren zur Abstimmung des Solidaritätsmechanismus unterhalb der obersten Leitungsebene angesiedelt, die Ausdruck des Versuchs sind, die konkrete Umsetzung zu entpolitisieren bzw. zu bürokratisieren.[528] Begrifflich wird zwischen begünstigten Mitgliedstaaten, die Solidaritätsmaßnahmen fordern bzw. erhalten und beitragenden Mitgliedstaaten unterschieden, die Maßnahmen zum Solidaritätspool beisteuern.

a) Lageberichte und Empfehlungen durch die Kommission

Grundlage für den Solidaritätsmechanismus sind jährlich zu erstellende **Migrationsmanagement-Berichte** seitens der Kommission (Art. 7a), die einerseits Aufschluss über Migrationsrouten nach Europa geben soll und andererseits die Migrationssituation in den einzelnen Mitgliedstaaten erfasst, inklusive einer Beurteilung, ob ein Mitgliedstaat Unterstützung bedarf. Gleichzeitig mit dem Bericht erlässt die Kommission nach Art. 7ba eine Entscheidung darüber, ob ein Mitgliedstaat im nächsten Jahr einem Migrationsdruck bzw. dem Risiko eines Migrationsdrucks ausgesetzt sein wird. Diese Instrumente dienen mithin zunächst einer Erhebung von Informationen und sachlichen Grundlage für den Solidaritätsmechanismus.

Auf dieser Informationslage basiert die ebenfalls von der Kommission jährlich zu erstellende Empfehlung nach Art. 7c hinsichtlich des Solidaritätspools, die alle erforderlichen Maßnahmen enthalten soll, um dem **Migrationsdruck** der jeweiligen Mitgliedstaaten zu begegnen. Unabhängig davon, ob ein Migrationsdruck festgestellt wurde sieht die Empfehlung dabei mindestens 30.000 Umverteilungen und EUR 600 Millionen an finanzieller Unterstützung vor.

b) Zugang zu Solidaritätsmaßnahmen

Der Rat stellt aufgrund der Empfehlung fest, welche Mitgliedstaaten einem Migrationsdruck ausgesetzt sind und erlässt nach Art. 44b eine Implementierungsentscheidung zur Errichtung des jährlichen **Solidaritätspools**. Diese Entscheidung ist für die Mitgliedstaaten erforderlich, um Zugang zu Unterstützungsmaßnahmen aus dem Solidaritätspool zu erhalten. Ein in der Entscheidung des Rates genannter Mitgliedstaat kann im Anschluss die Kommission nach Art. 44c AMMVO-E darüber informieren, dass er entsprechende Maßnahmen nach Art. 44a in Anspruch nehmen will.

Mitgliedstaaten, die in der Entscheidung nicht erwähnt werden, haben die Möglichkeit, der Kommission und dem Rat nach Art. 44d eigenständig den Bedarf anzuzeigen. Dadurch wird ein mehrstufiges **Prüfungsverfahren** ausgelöst, in dem ermittelt wird, ob der Mitgliedstaat aufgrund einer Überlastung Zugang zu Unterstützungsmaßnahmen erhalten soll.

---

528   Kluth ZAR 2023, 328 (333).

583 Die Mitgliedstaaten geben im Rahmen der Information nach Art. 44c die Art und den Umfang an Unterstützung an, die sie benötigen, um der Situation Abhilfe zu verschaffen. Art. 44a unterscheidet dabei drei Arten von **Unterstützungsmaßnahmen**: Umverteilungen, Finanzhilfen sowie alternative Solidaritätsmaßnahmen. Letztere können Maßnahmen zum Kapazitätsaufbau, operative Unterstützungen sowie Kooperationen mit Drittstaaten umfassen.

c) Zusammensetzung des Solidaritätspools

584 Grundsätzlich wird für jeden Mitgliedstaat ein fester Betrag ermittelt, der den jeweiligen Beitrag zum Solidaritätspool abbildet. Dieser setzt sich nach Art. 44k zu gleichem Maße aus der Bevölkerungsanzahl und dem BIP zusammen. Auf dem High-Level EU Migration Forum wird dann jährlich die Zusammensetzung des Solidaritätspool diskutiert, die auf diesem verbindlichen **Beitragsschlüssel** der Mitgliedstaaten und dem von der Kommission ermittelten Solidaritätsbedarf beruht. Im Rahmen des Forums legen die Mitgliedstaaten die erforderliche Höhe der jeweiligen Solidaritätsmaßnahmen fest und benennen ebenfalls Art und Umfang an Maßnahmen, die sie selber beitragen werden, Art. 44b Abs. 3. Alternative Solidaritätsmaßnahmen sind dabei für eine Vergleichbarkeit in ein **finanzielles Äquivalent** umzurechnen.[529] Im Anschluss wird der Solidaritätspool aufgrund der Ergebnisse des High Level Forums formell durch den Rat errichtet, Art. 44b Abs. 1. Zur logistischen Abstimmung und für die Durchführung der Unterstützungsmaßnahmen während des laufenden Jahres wird ein **Technical Forum** eingerichtet, Art. 44c Abs. 3, 44e AMMVO-E.

585 Mitgliedstaaten, für die der Rat zwar einen Migrationsdruck festgestellt hat, die aber keine Unterstützungsmaßnahmen beanspruchen, können nach Art. 44f f. AMMVO-E ihre eigenen Beiträge zum Solidaritätspool reduzieren. Sofern Mitgliedstaaten sich einem Migrationsdruck ausgesetzt sehen, der nicht durch den Rat festgestellt wurde, ist eine Reduzierung unter ausführlicher Begründung und mit Genehmigung des Rates möglich. Gegebenenfalls kann der Rat auch das High-Level EU Migration Forum einberufen, damit dieses den Solidaritätspool aufstockt, Art. 44d Abs. 7.

d) Durchführung der Solidaritätsmaßnahmen

586 Der Abruf der Ausgleichmaßnahmen erfolgt für alternative Solidaritätsmaßnahmen, die ein finanzielles Äquivalent erhalten, nach Art. 44j AMMVO-E **bilateral** zwischen dem begünstigten und beitragenden Mitgliedstaat. Für finanzielle Unterstützungen war zunächst zwar auch eine bilaterale Abwicklung vorgesehen,[530] letztlich wurde sich jedoch dafür entschieden, die Solidaritätsmaßnahmen mittels Finanztransaktionen in das Unionsbudget abzuwickeln, Art. 44i AMMVO-E.

---

529 Das Europäische Parlament konnte sich während der Trilog-Verhandlungen nicht mit der Vorgabe durchsetzen, dass Mitgliedstaaten mindestens 80 % der Solidaritätsmaßnahmen durch Umverteilungen zu erfüllen haben, vgl. Art. 45b Abs. 3.

530 Vgl. den Wortlaut des Art. 44i in der ersten Version des General Approachs vom 13.6.2023: Rat, Proposal for a Regulation of the European Parliament and the Council on Asylum and Migration Management and Amending Council Directive (EC) 2003/109 and the Proposed Regulation (EU) XXX/XXX [Asylum and Migration Fund] General Approach, 10443/23, 13.06.2023, online abrufbar: https://data.consilium.europa.eu/doc/document/ST-10443-2023-INIT/en/pdf 10443/23.

C. Neuerungen in den aktuellen Beschlüssen

Die Umverteilung erfolgt ebenfalls bilateral nach den Art. 57 ff. AMMVO-E. Der begünstigte Mitgliedstaat hat Personen zu identifizieren, die für eine Umverteilung in Betracht kommen. Dafür kann er gegebenenfalls die EUAA um Unterstützung bitten, Art. 57 Abs. 2a. Sofern Mitgliedstaaten dies bilateral vorgesehen haben, können prinzipiell auch anerkannte Schutzberechtigte von der **Umverteilung** umfasst werden, deren Zuerkennung bei Einrichtung des Solidaritätspools nicht mehr als drei Jahre zurückliegt, Art. 44a Abs. 2 lit. a) AMMVO-E. Kulturelle Erwägungen und Familienbindungen müssen bei der Identifizierung von Personen für eine Umverteilung berücksichtigt werden und bereits anerkannte Schutzberechtigte müssen vorher einer Umverteilung zustimmen, Art. 57 Abs. 2a und 2b. 587

Personen, die ein Sicherheitsrisiko darstellen, sind von einer Umverteilung nach Art. 57 Abs. 2 ausgeschlossen. Gleiches gilt für UMA ohne Familienbindungen innerhalb der EU. Generell sollen gem. Art. 57 Abs. 3 nur Personen ausgewählt werden, für die der begünstigte Mitgliedstaat nicht selbst zuständig ist, weil sich abhängige Personen oder Verwandte in ihm aufhalten. Dies impliziert, dass das Umverteilungsverfahren dem Verfahren zur Bestimmung des zuständigen Mitgliedstaates nachgeschaltet ist.[531] Gleichwohl sieht Art. 58 Abs. 2 vor, dass der beitragende Mitgliedstaat nicht automatisch zuständig für das Asylverfahren ist, vielmehr hat er nunmehr den zuständigen Mitgliedstaat zu bestimmen, sofern dies noch nicht geschehen ist. Dies hätte zur Folge, dass Antragsteller:innen unter Umständen zweimal in einen anderen Mitgliedstaat überstellt werden, bevor ihr Asylantrag geprüft wird. Für eine Steigerung der **Verfahrenseffizienz** und um unzumutbare Belastungen für Antragsteller:innen zu vermeiden, wäre es schlüssiger, einen automatischen Übergang der Zuständigkeit auf den beitragenden Mitgliedstaat nach erfolgter Umverteilung vorzusehen. Aufgrund der Unstimmigkeiten von Art. 58 Abs. 2 und 57 Abs. 3 AMMVO-E ist noch nicht absehbar, wie die Verfahren letztlich aufeinander abgestimmt werden. Derzeit muss davon ausgegangen werden, dass für die Identifizierung von Personen hinsichtlich einer Umverteilung eine Art **vereinfachtes Zuständigkeitsbestimmungsverfahren** vom begünstigten Mitgliedstaat durchzuführen ist. Aus Tabelle 3 (→ Rn. 571) wird ersichtlich, dass das Umverteilungsverfahren knapp zwei Monate dauern kann. Dementsprechend wird das reguläre Zuständigkeitsbestimmungsverfahren um diesen Zeitraum aufgeschoben. 588

Unter bestimmten Umständen können nach Art. 44h iVm Art. 58a AMMVO-E auch Antragsteller:innen von Umverteilungsmaßnahmen umfasst sein, für die der begünstige Mitgliedstaat **bereits zuständig** zur Durchführung des Anerkennungsverfahrens erklärt wurde. Von dieser Regelung sind UMA ausgenommen. Auch ist erforderlich, dass die Überstellungsfrist nicht abgelaufen ist, die Person nicht flüchtig ist und noch keine Schutzanerkennung erfolgte. Der Wortlaut ('has been determined as responsible') spricht dafür, dass diese Regelung nicht Personen umfassen soll, für die der begünstigte Mitgliedstaat sich selbst als selbst zuständig im Sinne des vorherigen Absatzes bestimmt hat (→ Rn. 588), sondern für die er von einem anderen Mitgliedstaat zuständig erklärt wurde.[532] Eine solche Auslegung wird auch durch die Bezugnahme auf die Überstellungsfrist gestützt. Die Regelung zielt mithin auf Personen ab, die sich in einem 589

---

531 So auch Thym/Odysseus/Thym, Reforming GEAS, S. 138.
532 Vgl. Auch der anderslautende Wortlaut in Art. 57 Abs. 3 AMMVO-E.

anderen als dem zuständigen Mitgliedstaat aufhalten (Sekundärmigration). So wird der mit Rücküberstellungen verbundene bürokratische Aufwand reduziert und im Übrigen individuellen Migrationserwägungen von Schutzsuchenden Rechnung getragen.

590 Verpflichtend ist diese Art der Solidaritätsmaßnahme in Fällen vorgesehen, in denen wegen unzureichender Kapazität der Solidaritätspool aufgestockt werden muss, oder wenn Mitgliedstaaten ihr Kontingent nicht erfüllt haben, Art. 44h Abs. 3 und Abs. 4. Im Ermessen der Mitgliedstaaten ist die Umverteilung dieser Personengruppe hingegen dann, wenn entweder:
- die im Rahmen des Solidaritätspools zugesagten Umverteilungsmaßnahmen mindestens 50 % des von der Kommission prognostizierten Bedarfs entsprechen, oder
- ein beitragender Mitgliedstaat bereits 50 % seines zugesagten Umverteilungskontingents erfüllt hat.

591 Die Anwendung ist also von einer **Kontingenterfüllung** abhängig. Entweder bezogen auf den unionsweiten Solidaritätspool oder hinsichtlich einzelner mitgliedstaatlicher Erfüllungsquoten. Damit soll voraussichtlich vermieden werden, dass Anreize für Sekundärmigration bestehen und der Umverteilungsmechanismus sich praktisch zu einem schlichten Überstellungsverzicht-Mechanismus entwickelt.

4. Zusammenfassung wesentlicher Neuerungen der AMMVO-E

592 Nachfolgend werden die wesentlichen Neuerungen stichpunktartig zusammengefasst:
- Stärkere Berücksichtigung wichtiger Bindungen von Antragsteller:innen zu einem Mitgliedstaat (→ Rn. 587, 672 ff.)
- Verkürztes Wiederaufnahmeverfahren, inklusive Einschränkungen von Rechtsschutzmöglichkeiten gegen Überstellungsentscheidungen (→ Rn. 560)
- Leistungskürzungen im Rahmen der AufnRL bei Sekundärmigration (→ Rn. 560, 662 ff.)
- Paradigmenwechsel bezüglich der Zuständigkeit für UMA und Abkehr von der vorrangigen Kindeswohlbeurteilung (→ Rn. 565, 693)
- Einführung eines verbindlichen und flexiblen Solidaritätsmechanismus (→ Rn. 575 ff.)

V. Krisenverordnung-E

593 Das Reformpaket von 2020 enthielt auch einen Verordnungsvorschlag „zur Bewältigung von Krisensituationen und Situationen höherer Gewalt im Bereich Migration und Asyl".[533] Der ursprünglich forcierte Ansatz, damit die Massenzustroms-RL (EG) 2001/55 zu ersetzen, wurde vom Rat und dem Parlament allerdings nicht aufgegriffen.

594 Angesichts der steigenden Anzahl an Personen, die Ende 2021 von Belarus versuchten, über Polen in die EU zu gelangen, legte die Kommission zudem einen Entwurf für eine **Schengen-Reform** vor, die eine Verordnung bezüglich der „Instrumentalisierung von Schutzsuchenden"[534] und einen Vorschlag zur **Änderung des SGK** enthielt.[535] Zudem

---
533 COM(2020) 613 final, 23.9.2020.
534 COM(2021) 890.
535 COM(2021) 891.

sollten Sofortmaßnahmen erlassen werden, die eine Abweichung von Fristen und Standards im Rahmen des Asylverfahrens und der Rückführung ermöglichen.[536]

Diese Schengen-Reformvorschläge waren eine Antwort auf die Versuche einiger Mitgliedstaaten, **illegale Zurückweisungen** (Push-Backs) zu legalisieren, sofern Drittstaaten Schutzsuchende instrumentalisieren würden. Hinsichtlich dieser eindeutig rechtswidrigen Praxis,[537] sollte den Mitgliedstaaten gewissermaßen ein legaler Ausweg aufgezeigt werden. Dieser bestand in dem Vorschlag, in Situationen der **Instrumentalisierung** Grenzübergangsstellen zu reduzieren (Art. 5 Abs. 4 SGK-E) und Schutzsuchende auf diese limitierten Grenzübergangsstellen zu verweisen. Denn Zurückweisungen bei gleichzeitig vollständiger Grenzschließung wären ein evidenter Verstoß gegen das *Refoulement-Verbot*.[538]

Nachdem der Rat im Juli keine Einigung erzielen konnte, hat er schließlich im September ein **Verhandlungsmandat** für den Erlass einer Krisenverordnung erteilt.[539] Der Ratsentwurf enthält erstmals Bestimmungen für eine Instrumentalisierung, die dadurch gewissermaßen aus der Schengen-Reform herausgenommen und in die GEAS-Reform integriert werden. Dies erklärt sich vor dem Hintergrund, dass eine diesbezügliche Einigung im Rahmen der Schengen-Reform nicht mehr zu erwarten war.[540] Während der Trilog-Verhandlungen im Dezember 2023 hat sich dieser Vorstoß des Rates durchsetzen können.[541] Seit Anfang Februar 2024 ist eine Entwurfsfassung öffentlich zugänglich, die das Ergebnis der Trilog-Verhandlungen widerspiegelt (KrisenVO-E).[542]

Die KrisenVO-E legaldefiniert zunächst in Art. 1 Abs. 4 lit. (a) **Krisensituationen**, die sich durch „außergewöhnlich" hohe Ankunftszahlen von Drittstaatsangehörigen und Staatenlosen auszeichnen, sodass das jeweilige mitgliedstaatliche Asyl-, Aufnahme- und Rückführungssystem funktionsuntüchtig wird und eine effektive Implementierung der AMMVO-E nicht gewährleistet werden kann.

Unter **höhere Gewalt** werden nach Art. 1 Abs. 5 außergewöhnliche und unvorhersehbare Umstände bezeichnet, die sich der Kontrolle des Mitgliedstaats entziehen und deren (bei gebotener Sorgfalt) unvermeidbare Folgen den Mitgliedstaat daran hindern, seinen Verpflichtungen aus der AMMVO-E und AsylVfVO-E nachzukommen.

An das Vorliegen solcher Situationen knüpfen vor allem **Öffnungsklauseln** für Mitgliedstaaten an, um von Fristen im Rahmen des GEAS abzuweichen (Kapitel IV

---

536 COM(2021) 752.
537 EuGH Urt. v. 30.6.2022 – Rs. C-72/22, ECLI:EU:C:2022:505; EGMR, Urteil v. 8.7.2021, Rs. 51246/17 – D.A. u.a.; EGMR, Urteil v. 23.7.2020, Rs. 40503/17, 42902/17, 43643/17 – M.K. u.a.
538 Vgl. EGMR, Urteil v. 13.2.2020, Rs. 8675/15, 8697/15, Rn. 209. – N.D. und N.T.
539 Rat, Proposal for a Regulation of the European Parliament and the Council addressing situations of crisis and force majeure in the field of migration and asylum, Mandate for negotiations with the European parliament (13800/23), 4.10.2023, online abrufbar: https://www.consilium.europa.eu/media/67070/st13800-en23.pdf.
540 Vgl. die Löschung jeglicher Bezüge zur Instrumentalisierung durch das EP: Europäisches Parlament, Compromise Amendments Amending Regulation (EU) 2016/399 on a Union Code on the rules governing the movements of persons across borders, 19.9.2023, online abrufbar: https://www.statewatch.org/media/1378/eu-council-reception-conditions-state-of-play-5458-19.pdf.
541 Europäisches Parlament, PM v. 20.12.2023, Provisional deal on new EU rules to respond to migratory crises, online abrufbar: https://www.europarl.europa.eu/news/en/press-room/20231214IPR15931/provisional-deal-on-new-eu-rules-to-respond-to-migratory-crises.
542 Rat, Proposal for a Regulation of the European Parliament and the Council addressing situations of crisis and force majeure in the field of migration and asylum, Letter to the Chair of the LIBE Committee (6379/24), 9.2.2024, online abrufbar: https://data.consilium.europa.eu/doc/document/ST-6379-2024-INIT/en/pdf.

KrisenVO-E). So ist nach Art. 10 eine verlängerte Registrierungsfrist von vier Wochen vorgesehen und die Frist für das Grenzverfahren kann gem. Art. 11 um sechs Wochen verlängert werden. Für das Zuständigkeitsbestimmungsverfahren gilt nach Art. 12 eine viermonatige Frist für das Aufnahmegesuch, die sich im Falle eines EURODAC-Treffers auf einen Monat reduziert sowie eine zweimonatige Frist für die Antwort auf das Aufnahmegesuch. Die Überstellungsfrist wird schließlich auf ein Jahr angehoben.

600 Gemäß Art. 8 f. KrisenVO-E kann der betreffende Mitgliedstaat zudem **Solidaritätsmaßnahmen** im Sinne der AMMVO-E ersuchen und unter anderem von der Pflicht befreit werden, Personen im Rahmen des Wiederaufnahmeverfahrens aufzunehmen, vgl. Art. 13.

601 Neben Fristabweichungen und Solidaritätsmaßnahmen ist drittens die Möglichkeit vorgesehen, den Anwendungsbereich vom **Grenzverfahren** auszuweiten. So können nicht nur Schutzsuchende mit einer behördlichen Anerkennungsquote von bis zu 20 %, sondern von bis zu 50 % in das Grenzverfahren integriert werden. In diesem Fall muss der Mitgliedstaat allerdings auch die Bearbeitung von Anträgen priorisieren, die wahrscheinlich begründet sind, vgl. Art. 11 Abs. 6 und Abs. 7.

602 Liegt hingegen eine **Instrumentalisierung** im Sinne von Art. 1 Abs. 4 lit. b vor, so können prinzipiell alle Personen dem Grenzverfahren unterworfen werden. Hiervon sind lediglich vulnerable Personen und Kinder unter 12 Jahren mit ihren Familien ausgenommen, wobei den Mitgliedstaaten offensteht, diese Ausnahmeregelung an eine hohe Erfolgsaussicht ihres Antrags zu knüpfen, vgl. Art. 11 Abs. 7.

603 Bezüglich der **Definition** von Instrumentalisierung ist der Wortlaut deutlich weiter gefasst, als noch im Rahmen der Schengen-Reform. Umfasst sein sollen nicht nur auf Drittstaaten rückführbare Handlungen, sondern auch solche von nichtstaatlichen Akteur:innen, sodass auch Schleuser:innen darunter fallen. Die Handlungen müssen Schutzsuchende dazu ermutigen oder es ihnen zumindest erleichtern, an die EU-Außengrenzen zu gelangen. Dabei müssen einerseits die (nicht)staatlichen Akteur:innen das Ziel verfolgen, die EU oder Mitgliedstaaten zu destabilisieren und andererseits die Handlungen auch kausal sein für die Gefährdung essentieller Funktionen der Mitgliedstaaten (wie z.B. Recht und Ordnung oder die nationale Sicherheit). Außerdem kann eine Instrumentalisierung unabhängig von einer außergewöhnlich hohen Ankunftsanzahl vorliegen.

604 Abgesehen von einer zehntägigen Fristverlängerung für die Registrierung von Anträgen (Art. 10 Abs. 6), darf die Derogation nur nach vorheriger Genehmigung durch die Kommission und eines **Durchführungsbeschlusses** des Rates erfolgen (Kapitel II KrisenVO-E). Diesbezüglich wurde also vom Kommissionsentwurf Abstand davon genommen, auch ohne Genehmigung die Krisenverordnung zu aktivieren, vgl. Art. 3 Abs. 7 des Entwurfs von 2020. Die Entscheidung der Kommission enthält eine Empfehlung an den Rat hinsichtlich der erforderlichen Maßnahmen, die sich auf Fristabweichungen und Solidaritätsleistungen bezieht, vgl. Art. 3. Außerdem werden Personengruppen bestimmt, die aufgrund hoher Anerkennungswahrscheinlichkeit für ein **Schnellverfahren** (*expedited procedure*) in Betracht kommen. Damit ist kein unmittelbarer Schutzsta-

tus gemeint, wie er noch im Kommissionsentwurf von 2020 enthalten war,[543] sondern eine Priorisierung gegenüber der Bearbeitung anderer Anträge und ein Verzicht auf die Anhörung, d.h. eine Verfahrensbeschleunigung. Die Begründetheitsprüfung hat bei Schnellverfahren gem. Art. 14 Abs. 2 innerhalb von vier Wochen zu erfolgen.

Der rechtliche Nutzen der KrisenVO-E für ein funktionierendes GEAS steht nach dem Vorhergesagten in Frage. Denn die jeweiligen Rechtsakte verfügen bereits über Ausnahmeregelungen, die ein Abweichen von Fristen ermöglichen, sodass ein intransparenter Modus mit drei unterschiedlichen Fristen für die gleichen Verfahren implementiert wird. Eine solche Vervielfältigung von Ausnahmebestimmungen steht einer kohärenten Reform des GEAS entgegen.[544] Zudem steht es Mitgliedstaaten unabhängig von diesen sekundärrechtlichen Möglichkeiten auch ohne eine KrisenVO-E primärrechtlich nach Art. 72 AEUV offen, von jeder Vorschrift abzuweichen, sofern sie mit einer höheren Gewalt konfrontiert sind (*force majeure*).[545] Auch die Möglichkeit einer Priorisierung von Anträgen mit hohen Erfolgsaussichten besteht bereits nach der AsylVfVO-E. 605

Der praktische Nutzen der KrisenVO-E dürfte vor allem darin liegen, die **Derogation** seitens der Mitgliedstaaten zu **prozeduralisieren**. Es wird ein einheitliches Verfahren implementiert, welches eine vorherige Einbindung der Kommission und des Rates erfordert. Die Funktion der Kommission als Vertragshüterin wird durch das Genehmigungsverfahren mithin vorverlegt. 606

Dem gegenüber steht jedoch die Integration komplexer Prüfungsprozesse zur Aktivierung der Derogationsmöglichkeiten, die an Kategorien wie der „Funktionstüchtigkeit" mitgliedstaatlicher Asylsysteme (Krisensituation) oder „essentieller staatlicher Funktionen" anknüpft (Instrumentalisierung). Anders als die Bestimmung eines Migrationsdrucks im Rahmen des Solidaritätsmechanismus ist hier ein intransparenter politischer Modus vorherbestimmt, der beispielsweise die Instrumentalisierungsintention von Schleuser:innen oder die Kausalität ihrer Handlungen für das Versagen staatlicher Funktionen eher behauptet denn belegt. Das Genehmigungsverfahren ist mithin weniger durch transparente, rechtsstaatliche Verfahren charakterisiert, als durch die politische Möglichkeit seitens der Mitgliedstaaten, der Kommission und des Rates, Derogationen von GEAS-Rechtsakten auszuhandeln. 607

D. Zusammenfassende Würdigung

Im Folgenden soll eine zusammenfassende Würdigung der **Kernelemente** der GEAS-Reform erfolgen. Dabei wird auch darauf eingegangen, inwieweit die Änderungen unmittelbare Veränderungen für die deutsche Praxis bedeuten. Zuerst wird dabei auf die Implementierung eines integrierten Grenzverfahrens eingegangen, welches vor allem auf eine Verhinderung der irregulären Einreise von Drittstaatsangehörigen in die Mitgliedstaaten abzielt. 608

---

543 Vgl. COM(2020) 613 final, Art. 10.
544 Bossong, Schriftliche Stellungnahme für den Ausschuss für Inneres und Heimat des Bundestags – öffentliche Anhörung vom 27.3.2023, S. 3, abrufbar unter: https://www.bundestag.de/resource/blob/939910/a6d16484d66d1 44259c53749f3cf5a9a/20-4-197-F-data.pdf.
545 EuGH Urt. v. 2.4.2020 – Rs. C-715/17, ECLI:EU:C:2020:257, Rn. 147; EuGH Urt. v. 11.7.1985 – Rs. C-101/84, ECLI: EU:C:1985:330; vgl. auch Art. 52 I GrCh.

609 Danach sollen die Reformbemühungen dahingehend analysiert werden, inwieweit sie sich auf den Rechtsschutz von Schutzsuchenden auswirken und inwieweit sie dazu in der Lage sein werden, unerwünschte Sekundärmigration tatsächlich zu verhindern. Es folgt eine Analyse der Reformen in Bezug auf die **Querschnittsthemen** *refugees in orbit* und besonders schutzbedürftige Personen.

610 Zum Schluss wird auf die zu prognostizierenden Folgen eines dysfunktionalen Asylsystems eingegangen, um abschließend einen Ausblick auf das kommende „Neue Migrationsrecht" aus rechtspraktischer Sicht zu geben.

I. Integriertes Grenzverfahren

611 Das integrierte Grenzverfahren soll laut Kommission helfen, den Druck auf die Mitgliedstaaten durch irreguläre Einreisen „nachhaltig zu senken und die Außengrenzen zu stärken, Sekundärbewegungen zu beschränken und ein System für eine schnelle und wirksame Rückkehr, Rückführung und Rückübernahme bereitzustellen."546

612 Die Unterbringung an Standorten des Grenzverfahrens unter Anwendung der Nichteinreisefiktion kann dabei über einen Zeitraum von vier Monaten hinausgehen (→ Rn. 556). Das integrierte Grenzverfahren ist gerade nicht nur an EU-Außengrenzen anwendbar. Daher wird auch Deutschland solche Verfahren einführen und entsprechende Gegebenheiten dafür einrichten müssen, in denen die Nichteinreise von Antragsteller:innen gewährleistet wird. Zu unterscheiden ist diese generelle Pflicht zu Grenzverfahren in allen Mitgliedstaaten von der Frage, ob Grenzverfahren an Binnengrenzen stattfinden. Diese Idee, auf die Art. 5 ScreeningVO-E Bezug nimmt, wurde jedoch verworfen. Es hätte dafür einer entsprechenden Änderung des SGK bedurft, die sich aller Voraussicht nach nicht durchsetzen wird. Dementsprechend kommen **Grenzverfahren in Deutschland** in zwei Fallkonstellationen zum Einsatz: an internationalen Flughäfen sowie bei Umverteilungen nach dem Solidaritätsmechanismus.

613 Umfasst sind vom integrierten Grenzverfahren nicht nur Personen, die keine Aussicht auf einen Schutzstatus haben, weil sie z.B. aus einem sog. sicheren Herkunftsstaat kommen.547 Auch Personen, die bei Prüfung ihres Antrags einen Schutzstatus zugesprochen bekommen würden, sind umfasst, inklusive Familien. Das gilt ebenso für (unbegleitete) Minderjährige, sofern sie ein Sicherheitsrisiko darstellen. Es gibt mithin keine Personengruppe, die *per se* vom Grenzverfahren ausgenommen ist. Auf eine verbindliche Regelung, die Personen mit hoher **Anerkennungswahrscheinlichkeit** vom Grenzverfahren ausnimmt, wird ebenfalls verzichtet. Dies hätte einen unbürokratischen Kompromiss darstellen können, zwischen Externalisierung von Schutzpflichten einerseits und Verantwortungsübernahme andererseits. Insbesondere, da in Frage steht, inwieweit die Begründetheitsprüfung im Rahmen der Grenzverfahren tatsächlich beschleunigt werden kann (→ Rn. 628 ff.), wäre dies aus Gründen der Verwaltungseffizienz ratsam gewesen.

614 Angesichts der Tatsache, dass keine bestimmte Personengruppe vom Grenzverfahren ausgenommen ist, drängt sich die Frage auf, warum überhaupt eine derart komplizierte

---

546 COM(2020) 611 final, 6.
547 Widersprüchlich ist in dieser Hinsicht, dass das Kriterium des sicheren Herkunftsstaat nicht einmal als Grund für die verpflichtende Anwendung des Grenzverfahren gelistet ist (→ Rn. 631).

D. Zusammenfassende Würdigung

Verordnung erlassen wird, anstatt in einem Satz festzulegen, dass alle Personen ein Grenzverfahren unterlaufen, es sei denn dies würde eine unzumutbare Härte bedeuten. Rechtlich wird den Mitgliedstaaten nämlich genau dies ermöglicht. Die gleiche Frage lässt sich hinsichtlich einer Inhaftierung stellen. Die dahinterstehende Intention einmal außer Acht lassend, bewirkt der gewählte Reformansatz in der Praxis jedenfalls eine **Fragmentierung der Verfahren** und damit eine De-Harmonisierung mitgliedstaatlicher Implementierungspraktiken. Denn der Anwendungsbereich für die verschiedenen Verfahren kann in jedem Mitgliedstaat unterschiedlich ausgestaltet werden.

1. Screening als Verfahrenshandlung

Durch die ScreeningVO-E wird zukünftig nicht mehr zwischen Schutzsuchenden und anderen Migrant:innen im Rahmen der Einreise unterschieden. Dies widerspricht der aktuellen Systematik des SGK, nach der die Bestimmungen für internationalen Schutz gerade Vorrang gegenüber den regulären Einreisevoraussetzungen haben. Art. 6 Abs. 5 lit. c) SGK sieht dafür eine Ausnahme für Schutzsuchende von den Einreisevoraussetzungen vor. Des Weiteren bestimmt Art. 14 Abs. 1 S. 2 SGK, dass Schutzsuchenden die Einreise nicht verweigert werden darf und Art. 8 statuiert detaillierte Vorgaben für Grenzkontrollen, die verhältnismäßig sein müssen (Art. 7 Abs. 1 SGK). Auch wenn die Aufhebung dieser **Trennungslinie** zwischen Schutzsuchenden und anderen Migrant:innen durch die Screening-VO-E nicht *per se* gegen den SGK verstößt, muss die Verhältnismäßigkeit im Blick behalten werden, wenn die Einreisegestattung von Schutzsuchenden verzögert wird (Nichteinreisefiktion), die sich auch am Pönalisierungsverbot nach Art. 31 GFK bemisst.[548] Durch eine unzureichende Abstimmung der Screening-VO mit dem SGK können sich zudem **systematische Auslegungsschwierigkeiten** ergeben, bspw. hinsichtlich der Auslegung von Begrifflichkeiten wie die der Einreise.

Die Kommission sieht in dem Screening vor allem eine **gebündelte Informationssammlung**, um die nachgeschalteten Verwaltungsverfahren effektiver zu gestalten.[549] Entsprechend ergeht keine formale Entscheidung, vielmehr wird das Ergebnis in einem Formblatt festgehalten (Art. 13 ScreeningVO-E) und den jeweiligen Behörden übermittelt, die für das einschlägige Verfahren zuständig sind.

Dennoch kann nicht über die Einschränkungen hinweggesehen werden, die das Screening bereithält.[550] Das betrifft zum einen die Persönlichkeitsrechte Betroffener und Datenschutzbestimmungen.[551] Darüber hinaus zeigt die Selektion bzw. die entsprechende Einleitung verschiedener Verwaltungsverfahren innerhalb des Screenings, dass das Ergebnis im Gegenteil erhebliche Auswirkungen auf die Rechte Betroffener hat. Beispielsweise unterscheiden sich die Verfahrensgarantien, Beweislastregeln, Rechtsschutzmöglichkeiten, Aufnahmebedingungen sowie die inhaltliche Prüfung eines beschleunigten

---

[548] HK-GFK/Klammer GFK Art. 31 Rn. 40 ff.
[549] Vgl. Thym/Odysseus/Jakuleviciene, Reforming GEAS, S. 86.
[550] Deshalb wird eine formale Entscheidung mit Rechtsschutzmöglichkeit teilweise als angemessener erachtet, da dies den weitreichenden Folgen für das Asylverfahren und seinen möglichen Ausgang Rechnung tragen würde: Thym/Odysseus/Jakuleviciene, Reforming GEAS, S. 87.
[551] Vgl. Elif Mendos Kuskonmaz (2021), Border management and technology: a challenge to the right to privacy, in: Hudson/Atak (Eds.) Migration, Security and Resistance: Global and Local Perspectives, S. 209 ff.

von einem regulären Asylverfahren.[552] Die (in)formelle Zuordnung zu einem Verfahren kann durchaus Auswirkungen auf die **Erfolgsaussichten** bei gleichgelagerten Fällen haben.[553] Aufgrund der Bedeutung des Screening-Ergebnisses hat das Europäische Parlament zumindest durchgesetzt, dass Betroffene durch ein Informationsblatt informiert werden sollen, das ihnen die Möglichkeit gibt, die erhobenen Daten zu verifizieren, Art. 13 ScreeningVO-E. Schließlich ist auch aus datenschutzrechtlicher Perspektive erforderlich, dass eine Person die Möglichkeit bekommt, die erhobenen Informationen zu berichtigen, Art. 16 DSGVO.

618 In Anbetracht der Tatsache, dass die Kriterien für die verschiedenen Asylverfahren an Merkmalen wie Staatsangehörigkeit, Fluchtroute, Identitätsklärung, Täuschungshandlungen usw. anknüpfen, sind fehlerhafte Ergebnisse vorhersehbar, insbesondere wenn kein Reisepass vorliegt oder widersprüchliche Informationen mit einer intendierten Täuschung gleichgesetzt werden. Das erkennt auch Art. 41 Abs. 9 lit. a) des Kommissionsentwurfs zur AsylVfVO-E an. Danach ist eine **Beendigung des Grenzverfahrens** und Überleitung in ein reguläres Verfahren vorgesehen, sofern sich nachträglich herausstellt, dass die Kriterien für die Anwendung des Grenzverfahrens nicht vorliegen.

619 Des Weiteren kann insbesondere aufgrund der unterschiedlichen Rechtsschutzmöglichkeiten und Verfahrensregeln durchaus bezweifelt werden, ob das Screening-Ergebnis tatsächlich keinen **Verwaltungsakt** darstellt. Im Ergebnis kann diese Frage jedoch offenbleiben, da es selbst bei Annahme eines Verwaltungsaktes rechtlich möglich ist, einen Rechtsschutz auszuschließen. Dieses Vorgehen entspricht dem Telos, der auch § 44a VwGO zugrunde liegt, wonach Rechtsbehelfe gegen einzelne Verfahrenshandlungen nur zusammen mit einem Rechtsbehelf gegen die Sachentscheidung geltend gemacht werden können. Allerdings ist dafür Voraussetzung, dass der Ausschluss einer gerichtlichen Überprüfung einzelner Verfahrenshandlungen für Betroffene nicht zu **unzumutbaren Nachteilen** führt, die in einem späteren Prozess nicht vollständig beseitigt werden können.[554]

620 Hier wird sich in der Praxis zeigen, ob im Grenzverfahren effektiver Rechtsschutz gewährleistet werden kann und die unterschiedliche Verfahrensausgestaltung der besonderen Asylverfahren (insbes. beschleunigte Begründetheitsprüfung und Sicherheitsvermutung) keine unzumutbaren Nachteile begründet. Sofern dies nicht der Fall ist, dürfte es unangemessen und damit grundrechtswidrig sein, keinen Rechtsschutz gegen das Screening-Ergebnis vorzusehen.

2. Nichteinreisefiktion und Externalisierung von Schutzpflichten

621 Die Reformbemühungen bauen auf eine umfassende Anwendung der Nichteinreisefiktion, die insbesondere eine **schnelle Aufenthaltsbeendigung** von Antragsteller:innen

---

552 Thym/Odysseus/Jakuleviciene, Reforming GEAS, S. 87.
553 Vgl. Bündnis unabhängiger Rechtsarbeit im Asylbereich, Zur Neustrukturierung des Asylbereichs, Bilanz zu einem Jahr der Umsetzung, S. 6 ff., online abrufbar: https://bündnis-rechtsarbeit-asyl.ch/wp-content/uploads/2020/09/DOSSIER_Rechtsarbeit_DE.pdf; Schweizerische Flüchtlingshilfe, Neues Asylverfahren: Bilanz der SFH, online abrufbar: https://www.fluechtlingshilfe.ch/fileadmin/user_upload/Publikationen/Positionspapiere/200129-faktenblatt-bilanz-beschleunigtes-asylverfahren-de.pdf.
554 BVerwG, Beschl. v. 14.3.2019 – 2 VR 5/18 Rn. 23; vgl. auch zu vergleichbaren Konstellationen im Bauplanungsrecht BVerfG Urt. v. 17.12.2013 – 1BvR 3386/08 und 1BvR 3389/08 Rn. 224.

an der Grenze ermöglichen soll. Entsprechend soll die RückführungsRL nicht angewendet werden, sondern Personen bereits vor einer Einreise zurückgewiesen werden. Die verwaltungsrechtliche Fiktion ist bisher vor allem im Kontext von Flughafenverfahren bekannt. Ansonsten hatte sie bisher lediglich eine geringe Bedeutung. Das liegt daran, dass – obwohl es kein Recht auf Einreise gibt[555] – ein informelles Asylgesuch verschiedene materielle und verfahrensrechtliche Pflichten des Mitgliedstaates auslöst. Diese haben für Schutzsuchende zum Teil subjektivrechtlichen Charakter, sodass sie unabhängig vom aufenthaltsrechtlichen Status eingeklagt werden können.

Rechtlichen Spielraum für eine Verweigerung der Einreise bei gleichzeitiger Beachtung des *Refoulement-Verbots* gibt es nur dann, solange der Nachbarstaat ein **sicherer Drittstaat** ist. Dabei bedarf die Annahme der Sicherheit einer Überprüfbarkeit und Anfechtbarkeit seitens der Schutzsuchenden. Die pauschale Einreiseverweigerung ohne Möglichkeit, die Sicherheitsvermutung zu widerlegen, würde bedeuten, dass sich Staaten ihrer Verpflichtung gem. der GFK/EMRK entledigen und unterläuft als unzulässige Pflichtenverlagerung auch Art. 18 GrCh, der ein **Recht auf eine Antragstellung** enthält.[556] Zudem bleibt die Pflicht der Mitgliedstaaten unberührt, unmenschliche Behandlungen an den Außengrenzen zu verhindern.[557] Die staatliche Obliegenheit, Schutzsuchenden die Einreise zu gestatten, ergab sich bisher also aus dem Umstand, dass andernfalls diese Verpflichtungen nicht wirksam eingehalten und überprüft werden konnten, insbesondere mangels fehlendem Zugang zu Gerichten.[558] Vor diesem Hintergrund sind die derzeitigen Reformvorschläge als Versuch zu verstehen, erstmals die praktischen Voraussetzungen dafür zu schaffen, umfassend die Einreise[559] von Schutzsuchenden zu verhindern. Die Behandlung, Zurückweisung bzw. Rückführung von Schutzsuchenden an Grenzen ist nur unter Berücksichtigung dieser menschenrechtlichen Verpflichtungen möglich.

622

Aus dem Vorhergesagten ergibt sich einerseits, dass die Fiktion der Nichteinreise als Konzept darauf abzielt, die Einreise im Sinne des SGK zu verweigern und so die Möglichkeit einer **rechtlich zulässigen Externalisierung** der Schutzpflicht zu schaffen.[560] Andererseits wird ersichtlich, dass diese Einreiseverweigerung aus rechtlichen Gründen keinesfalls mit einer Rechtsschutzverweigerung einhergehen kann. Es besteht mithin trotz Nichteinreisefiktion ein vorübergehendes **Bleiberecht**, welches sich nicht nur

623

---

555 Vgl. Thym/Hailbronner EU Immigration/Thym, Chapter 2 Rn. 32 ff; Endres de Oliveira KJ 2016, 167 (168 f.); Moreno-Lax EJML 2008, 315 (352 ff.).
556 Goodwin-Gill/McAdam, The Refugee in International Law, S. 413 f.; vgl. Moreno-Lax EJML 2008, 315 (350 ff.); Rengeling/Szczekalla EU-Grundrechte Rn. 844 ff; zum Rückübernahmeabkommen der EU mit der Türkei siehe Marx Rechtsgutachten Türkei als sicherer Drittstaat, S. 5, abrufbar unter: https://www.proasyl.de/wp-content/uploads/2016/03/160304_Gutachten_Marx_Tuerkei_als_sicherer_Drittstaat_korr.pdf.
557 Moreno-Lax EJML 2008, 315 (352 ff.) (357 ff.); vgl. Peers/Hervey/Kenner/Ward/Den Heijer, Fundamental Rights Rn. 18.07.
558 Siehe dazu Costello, The Human Rights of Migrants and Refugees in European Law, S. 236, 252 f.; Tettinger/Stern/Jochum Art. 18 Rn. 26; Goodwin-Gill/McAdam, The Refugee in International Law, S. 307 ff., 318, 460 ff.; Endres de Oliveira KJ 2016, 167 (168 f.); Moreno-Lax EJML 2008, 315 (333); Thym/Hailbronner, EU Immigration/Thym, Chapter 2 Rn. 35 ff.
559 Siehe zum deutschen Einreisebegriff BeckOK AuslR/Dollinger AufenthG § 13 Rn. 2.
560 Eine theoretisch mögliche Externalisierung wird praktisch zumeist an den rechtlichen Anforderungen und dem praktischen Aufwand, der damit einhergeht, scheitern, vgl. Thym/Hailbronner EU Immigration/Thym, Part B II, Rn. 35a; vgl. UNHCR, Auslagerung von Schutzverpflichtungen, abrufbar unter: https://www.unhcr.org/dach/wp-content/uploads/sites/27/2023/04/20230412_Fact-sheet-Externalisation-deutsch.pdf.

aus dem Flüchtlingsrecht (*non-refoulement*) ergibt, sondern auch aus dem Rechtsstaatsprinzip, welches einen wirksamen Rechtsbehelf garantiert. Bisherige Versuche, dies zu umgehen, wurden entsprechend als rechtswidrig eingestuft.[561]

624 Die Konzeptionierung des **sicheren Drittstaats** im Rahmen der AsylVfVO-E respektiert das Erfordernis einer Widerlegungsmöglichkeit und sieht gerade keine pauschale Einreiseverweigerung vor. Dadurch wird jedoch ersichtlich, dass der Nutzen der Nichteinreisefiktion rechtlich beschränkt ist. Schließlich wird damit keine Externalisierung der Schutzpflicht erzielt, sondern „nur" die Einreise im Rechtssinne verhindert. Eine **Externalisierung** wird vielmehr durch das Konzept des sicheren Drittstaats erreicht, welches unabhängig von der Nichteinreisefiktion und dem Grenzverfahren anwendbar ist, also auch nach erfolgter Einreise. Der EU-Gesetzgeber strebt also einerseits eine Einreiseverweigerung und Zurückweisung von Antragsteller:innen an, die aktuell aufgrund der Rechtslage und mangels ausreichender **Grenzinfrastruktur** so gut wie unmöglich ist. Andererseits schafft er durch die Nichteinreisefiktion zwar die Möglichkeit dazu, ohne jedoch den Aufenthalt der Person faktisch zu beenden. Die Situation bleibt für die Mitgliedstaaten damit praktisch die gleiche.

625 Dementsprechend drängt sich die Frage auf, worin die **rechtliche Wirkung** der Nichteinreisefiktion besteht. Die Konzeption der Nichteinreisefiktion sieht vor, diese im Regelfall gerade nicht durch **Freiheitsentzug** durchzusetzen. Dies würde Haft im Rechtssinne begründen und wäre derart pauschalisiert stets rechtswidrig.[562] Die Mitgliedstaaten sind entsprechend aufgrund der vorgesehenen Reformen verpflichtet, zur Verhinderung der Einreise Freiheitsbeschränkungen nach nationalem Recht durchzusetzen, die noch keinen Entzug bedeuten. Insgesamt sind durch die intransparente Rechtslage und mangels Vorgaben zur praktischen Umsetzung jedoch zahlreiche Rechtsverletzungen zu prognostizieren, die u.a. auf eine *de facto* Haft hinauslaufen und neben einer Verletzung des Rechts auf Freiheit zahlreiche weitere Rechte unterminieren.[563] Die Grundrechteagentur der EU kam angesichts der Hotspots in Griechenland bereits 2019 zu dem Ergebnis, dass Grenzverfahren grundrechtliche Herausforderungen herbeiführen, die kaum zu überwinden seien.[564]

626 Mit der **Nichteinreisefiktion** wird weiterhin bezweckt, dass die RückführungsRL keine Anwendung findet. Neben der rechtlichen Konsequenz, dass es dadurch keiner Gewährung einer **Ausreisefrist** bedarf,[565] bedeutet dies im Ergebnis geringere Hürden

---

561 Vgl. zum „Ruanda-Modell" den Beschluss des EGMR v. 14.6.2022, Rs. 28774/22 – N.S.K. und das Urteil des Supreme Courts v. 15.11.2023 – (2023) UKSC 42, online abrufbar: https://www.supremecourt.uk/cases/docs/uks c-2023-0093-etc-judgment.pdf; Israel und Australien verfügen zwar über geltende Abkommen, fallen aber auch nicht unter die Jurisdiktion der EMRK oder der GrCh; vgl. auch Bahl/Becker/Rosenthal/Hofmann, Globale Flucht- und Migrationsprozesse, S. 41 ff.

562 Für Inhaftierungen im Rahmen von Einreisekontrollen nach Art. 5 Abs. 1 lit. f EMRK gilt statt einer Verhältnismäßigkeitsprüfung eine reduzierte Willkür-Prüfung, wonach die Haftanordnung zumindest erkennen lassen muss, dass sie der Verhinderung der Einreise dient: EGMR, Urteil v. 29.1.2008, Rs. 13229/03, Rn. 67 ff. – Saadi; Dies dürfte zumindest eine Prüfung erfordern, ob eine Zurückweisung bzw. Transfer in einen Drittstaat überhaupt möglich ist (entsprechend dem Erfordernis für die Anwendung des sicheren Drittstaatenkonzepts in Art. 45 Abs. 7 AsylVfVO-E).

563 European Parliament Research Service (Hrsg.), Asylum Procedures at the Border, S. 24 ff; Cornelisse/Reneman ELJ 2020, 181 (192 ff.); Matevžič, Crossing a Red Line, S. 12 ff.

564 European Union Agency for Fundamental Rights, Update of the 2016 Opinion of the FRA on fundamental rights in the ‚hotspots' set up in Greece and Italy, 6 ff.

565 Diese steht nunmehr im Ermessen der Mitgliedstaaten, Art. 41f Abs. 4 AsylVfVO-E.

für eine Inhaftierung und das Fehlen einer automatischen aufschiebenden Wirkung für Rechtsbehelfe, vgl. Art. 41f Abs. 3 AsylVfVO-E. Daraus erschließt sich, dass sich der rechtliche Spielraum für Mitgliedstaaten bis auf eine erleichterte Inhaftierung[566] nicht vergrößert, sondern lediglich die Möglichkeit der Individuen verringert wird, ihre Rechte durchzusetzen. Denn es geht hier gerade nicht um neue materielle Rechtspositionen, sondern nur um den Zugang zu ohnehin bestehenden Rechten.

Zusammenfassend läuft die Fiktion der Nichteinreise in der Praxis ausschließlich darauf hinaus, Inhaftierungen leichter durchzusetzen und den **Zugang zum Recht** zu beschränken. Wie sich diese rechtliche Wirkung der Nichteinreisefiktion tatsächlich materialisiert, wird sich noch zeigen. Es ist jedoch offensichtlich, dass, wie auch bezüglich der Analyse zu **dysfunktionaler Gesetzgebung** (→ Rn. 697 ff.), in der Konsequenz eine (permanente) Nachjustierung durch die Judikative zu erwarten ist. Dies wird voraussichtlich vor allem entlang folgender Parameter erfolgen: wirksamer Zugang zu Rechten, effektiver Rechtsschutz sowie Zulässigkeit der Haft[567] (insbesondere hinsichtlich Dauer und Unterbringungsbedingungen). Dabei wird es Individuen durch die Rechtsschutzbeschränkungen und die Grenzinfrastruktur voraussichtlich deutlich selektiver als bisher möglich sein, behördliche Entscheidungen gerichtlich überprüfen zu lassen.

3. Verfahrensbeschleunigung?

Das beschleunigte Prüfungsverfahren nach Art. 40 AsylVfVO-E knüpft zum einen an Kriterien an, von denen (angeblich) auf eine **geringe Anerkennungswahrscheinlichkeit** geschlossen werden kann. Zum anderen werden Kriterien herangezogen, die sich sanktionierend auf ein (angeblich) rechtsmissbräuchliches Verhalten von Antragsteller:innen beziehen. Hinsichtlich des präferierten Ziels, möglichst schnell und umfassend eine Aufenthaltsbeendigung zu erwirken, sollen so bestimmte Verfahren priorisiert werden.

Problematisch ist in dieser Hinsicht zunächst, dass bei unstimmigen oder widersprüchlichen Angaben ein beschleunigtes Verfahren erfolgen soll. Erstens ist dies gerade für traumatisierte Personen nicht unüblich und erfordert eine besondere Schulung der Sachbearbeiter:innen. Zweitens ist dies in Verwaltungsverfahren kein außergewöhnlicher Umstand und macht eine **genaue Sachverhaltsermittlung** erforderlich.[568] Statt einer Verfahrensbeschleunigung ist hier aus Qualitätsgesichtspunkten also in der Regel eine Entschleunigung notwendig, um durch Vorhaltungen und Nachfragen den Sachverhalt zu ermitteln. Mittlerweile ist auch belegt, dass eine Vorbereitung, Aufklärung

---

566 Es bleibt jedoch abzuwarten, welche Maßstäbe der EGMR und EuGH bezüglich der Dauer der Inhaftierung aufstellen, also ob eine unter Umständen mehrmonatige Inhaftierung (→ Rn. 551 f.) noch den Anforderungen von Art. 5 Abs. 1 lit. f) EMRK genügt. Außerdem sind die Unterbringungsmodalitäten zu berücksichtigen, vgl. EGMR, Urteil v. 19.1.2010, Rs. 41442/07, Rn. 57 ff. – Muskhadzhiyeva u.a.
567 Vgl. bezüglich der Frage einer Inhaftierung: EuGH Urt. v. 14.5.2020, Rs. C-924/19, C-925/19, ECLI:EU:C:2020:367 Rn. 215 ff. – FMS u.a.; EGMR Urt. v. 21.11.2019, Rs. 61411/15, 61429/15, 61427/15, 3028/16 Rn. 150 ff.; EGMR Urt. v. 25.1.2018, Rs 22696/16; vgl. aber auch für das Nichtvorliegen einer Freiheitsentziehung: EGMR Urt. v. 21.11.2019, Rs. 47287/15, Rn. 231 ff. – Ilias and Ahmed.
568 Lehmann ZAR 2023, 275 (277).

und Beratung von Antragsteller:innen die Qualität des Asylverfahrens verbessert.[569] Das gilt insbesondere für die Anhörung. Eine automatische Beschleunigung des Verfahrens ist also insgesamt nicht unproblematisch und für vulnerable Personen regelmäßig unangemessen.

630 Des Weiteren ist das Anknüpfen an die **Anerkennungsquote** im Kontext der Asylverfahrensbeschleunigung und des Grenzverfahrens in mehrfacher Hinsicht problematisch. Die Einfügung dieses Kriteriums, welches im Kommissionsentwurf von 2016 noch nicht enthalten war, wurde damit gerechtfertigt, dass es zu einem signifikanten Anstieg von Antragsteller:innen mit einer geringen Schutzquote kam und es deshalb notwendig sei, effiziente Verfahren für wahrscheinlich unbegründete Anträge zu schaffen.[570] Die damit aufgenommene vermutete Sicherheit vor Verfolgung entspricht allerdings der gleichen Erwägung, die bereits dem Kriterium des sicheren Herkunftsstaats zugrunde liegt.[571] Für diese ist ein Verfahren zur Benennung auf Unionsebene vorgesehen, welches zumindest einige Vorgaben zur Qualitätssicherung enthält, Art. 48 AsylVfVO-E. Die Schlüssigkeit des Erwägungsgrunds steht auch deshalb in Frage, weil durch die Öffnungsklausel in der Krisenmanagementverordnung gerade Fälle umfasst werden sollen, für die eine hohe Schutzquote besteht. Die Ratio des Kriteriums ergibt sich bei diesem systematischen Vergleich demnach vielmehr aus einer Ausweitung des Konzepts des sicheren Herkunftsstaats bei gleichzeitiger **Umgehung der Anforderungen**, die für die Benennung gelten. Anders formuliert erschließt sich der Nutzen der Vorschrift erst, wenn man ihn als Auffangtatbestand für Antragsteller:innen ansieht, die keines der vorigen Kriterien erfüllen (insbesondere das des sicheren Herkunftsstaats), um möglichst umfassend das beschleunigte Asyl- und Grenzverfahren anzuwenden.

631 Diese Auslegung kann sich auch auf den Umstand stützen, dass die „geringe" Anerkennungsquote ein Kriterium für die verpflichtende Anwendung des Grenzverfahrens ist, die Herkunft aus einem sicheren Herkunftsstaat hingegen nicht, vgl. Art. 41b Abs. 1 AsylVfVO-E. Diesem Verständnis folgend, ergibt auch die Anhebung der Schutzquote auf 50 % bei Aktivierung der KrisenVO-E (→ Rn. 596) Sinn. Die Schutzquote ist zudem nicht bereinigt,[572] und die Schutzanerkennungen im Rahmen von Gerichtsprozessen wird nicht mit einberechnet, obwohl Gerichte einen signifikanten Anteil aller negativen Entscheidungen (in Deutschland 36 %) aufheben und einen Schutz zusprechen.[573] Schließlich wird auf die **unionsweite Anerkennungsquote** abgestellt, obwohl hinsichtlich einzelner Herkunftsstaaten eklatante Unterschiede in den Mitgliedstaaten bestehen.[574] Ein Abstellen allein auf die behördliche Praxis sowie auf einen unionsweiten Durchschnitt ist daher nicht sachgemäß und führt zu einer **verzerrten Darstellung**.[575]

---

569 BAMF (Hrsg.), Evaluation des Pilotprojektes „Asylverfahrensberatung", Entwurf v. 25.9.2017, abrufbar unter: https://www.nds-fluerat.org/wp-content/uploads/2018/05/FB_Asylverfahrensberatung_Entwurf170925.pdf.
570 Europäische Kommission, COM(2020) 611 final, Explanatory Memorandum, S. 13 f., online abrufbar: https://eur-lex.europa.eu/legal-content/EN/TXT/PDF/?uri=CELEX:52020PC0611.
571 Siehe dazu auch Thym/Odysseus/Vedsted-Hansen, Reforming GEAS, S. 105 f.
572 Während die offizielle Schutzquote formelle Verfahrenserledigungen umfasst, bleiben Entscheidungen, die keine inhaltliche Bewertung des Schutzgesuchs enthalten, bei der bereinigten Schutzquote unberücksichtigt und bezieht teilweise auch gerichtliche Entscheidungen mit ein: Siehe: Ergänzende Information zur Asylstatistik für das erste Halbjahr 2023, BT-Drs. 20/7833, 1 ff.
573 Bundesregierung, Ergänzende Informationen zur Asylstatistik für das Jahr 2022 (Ds. 20/5186), S. 1 f.
574 EUAA, Latest Asylum Trends, online abrufbar: https://euaa.europa.eu/latest-asylum-trends-asylum.
575 Siehe auch Lehmann ZAR 2023, 275 (279 f.).

D. Zusammenfassende Würdigung

Zudem bezieht sich das Kriterium nur auf die Quote für internationalen Schutz. Ob ein humanitärer Schutzgrund einschlägig ist, bleibt damit außer Betracht.

Die Intention, möglichst alle Antragsteller:innen in einem Grenzverfahren zu prüfen, ergibt sich somit erst aus einer Analyse der Regelungen, statt aus der Normbegründung, auch wenn sie durchaus dem Reformvorhaben entspricht. Aus praktischer Sicht wäre es für diesen Zweck naheliegender gewesen, ein beschleunigtes Verfahren grundsätzlich für alle Anträge vorzusehen und klare Ausnahmen (z.B. für vulnerable Personen oder komplexe Tatsachenvorträge) zu regeln. Dies entspricht auch der Ratio von Art. 40 Abs. 5, Abs. 9 AsylVfVO-E. Diese Diskrepanz von Gesetzesbegründung und rechtlicher Wirkung ist für ein **funktionales Rechtssystem** bedenklich. 632

Aus Effizienzgründen hätte sich insbesondere angeboten, Anträge mit hohen Erfolgsaussichten in einem beschleunigten oder verkürzten Verfahren zu prüfen, wie dies in Deutschland bereits praktiziert wurde. In der derzeitigen Fassung besteht kein unerhebliches Risiko, dass der eigentliche Zweck einer Effizienzsteigerung aufgrund mangelnder Kohärenz vielmehr zu einer **Effizienzeinbuße** der Verfahren führt.[576] Denn einerseits ist ein gewaltiger Ausbau der Grenzinfrastruktur erforderlich, zum anderen ist nicht ersichtlich, wie selbst unter hohem Aufwand fundamentalen Rechten, z.B. aus der Kinderrechtskonvention entsprochen werden kann. In der Praxis werden die Fristen und die Öffnungsklauseln, die einen Ausschluss vom Grenzverfahren vorsehen, sofern keine adäquate Unterbringung gewährleistet werden kann, daher eine große Bedeutung entfalten. 633

Es kann ebenfalls vermutet werden, dass sich nur ein Bruchteil aller Personen, die potentiell vom Anwendungsbereich umfasst sind, tatsächlich im Grenzverfahren befinden. Dies belegt die Diskrepanz zwischen der **Kapazität** von 30.000 Grenzverfahren und den jährlich ankommenden Schutzsuchenden. Auch werden weiterhin viele Personen über sog. grüne Grenzen einreisen, auf die das Grenzverfahren mit der Nichteinreisefiktion nicht rückwirkend angewendet werden kann. Die Fristen und erforderlichen Kapazitäten lassen erahnen, dass das Grenzregime durch den weiteren **Bürokratieaufbau** eher noch offensichtlicher überlastet sein wird, als es bisher der Fall war. Die rechtlich intendierte umfassende Anwendung steht demnach in Diskrepanz zur zu erwartenden praktischen Rechtsanwendung. Nur sofern alle Verfahren der Screening-VO, AsylVfVO und AMMVO-E effektiv ineinandergreifen und durchgeführt werden, könnte eine **administrative Verfahrensbeschleunigung** an der Grenze in Aussicht stehen. Die bislang unsystematische Eingliederung des integrierten Grenzverfahrens in den SGK sowie die zahlreichen gesetzlichen Unsicherheiten, Ermessensspielräume und vorhersehbaren **Vollzugsschwierigkeiten** legen jedoch den Schluss nahe, dass in der Praxis die Ausnahmeregelungen bzgl. Fristverlängerung und Öffnungsklauseln den Standard abbilden werden. Die Überführung in das reguläre Asylverfahren sowie die Einreisegestattung würde dann zum Regelfall. Insgesamt entbehrt die GEAS-Reform 634

---

576 So auch Policy Department for Citizens' Right and Constitutional Affairs (Hrsg.), The European Commission's legislative proposals, S. 118 f., 73 f., 77 f.

deshalb eines Ansatzes, der Verfahrensbeschleunigung und -entschleunigung ausbalanciert,[577] zulasten einer Verfahrenseffizienz und zulasten der Antragsteller:innen.

4. Verlagerung auf die Judikative

635 Aufgrund der legislativ intendierten umfassenden Externalisierung wird zukünftig vor allem durch die Judikative entschieden werden, wo die Grenze von unzulässiger und zulässiger **Auslagerung von Schutzpflichten** liegt. Dabei wird eine entscheidende Rolle die Frage einnehmen, ob tatsächlich wirksame Möglichkeiten bestehen, die Sicherheit zu widerlegen und Rechtsschutz einzulegen.

636 Die Verlagerung auf die Judikative wird dadurch begünstigt, dass die **Rückübernahmeabkommen** mit Drittstaaten keiner Kontrolle der Legislative unterliegen.[578] Das gilt ebenso für die Nichteinreisefiktion und die Beschränkung von Verfahrensgarantien, die zwar legislativ vorgeschrieben sind, allerdings ohne dabei die praktische Umsetzung auszugestalten. Die Exekutive wird daher Maßnahmen ergreifen müssen, die permanent im Spannungsverhältnis zu Menschenrechten und dem Rechtsstaatsprinzip stehen. Die Judikative hat dieses Spannungsverhältnis in Einzelfallentscheidungen entsprechend auszugestalten. Dabei ist zu beachten, dass durch die Umwandlung der AsylVfRL in eine Verordnung sowie durch den Erlass der Screening-Verordnung, diese nunmehr **unmittelbar anwendbar** sind. Vor allem die Vorschriften des AsylG werden daher an Bedeutung verlieren. So tritt beispielsweise das Grenzverfahren der AsylVfVO an die Stelle des Flughafenverfahrens nach § 18a AsylG. Hier besteht ein Spannungsverhältnis zwischen den bis zu 29 Wochen dauernden Grenzverfahren und den vom BVerfG aufgestellten **Verfahrensgarantien**, die für einen Zeitraum von 19 Tagen aufgestellt wurden. Interessant wird hier, wie sich das Verhältnis von EuGH und BVerfG entwickeln wird. Aufgrund der Solange-II-Rechtsprechung tritt eine Grundrechtsbewertung erst einmal in den Hintergrund. Das bedeutet jedoch nicht, dass das BVerfG vollständig dem EuGH die Auslegung der GrCh überlässt. Vielmehr wird es selbst eine **Anwendung der Unionsgrundrechte** durch deutsche Stellen kontrollieren („in enger Kooperation mit dem EuGH").[579] Der EGMR erhält insbesondere dann eine besondere und kompensierende Bedeutung, wenn nationale Gerichte dem EuGH entscheidende Fragen nicht vorlegen.[580]

II. Rechtsschutz

637 Die aktuelle AsylVfRL als auch der Reformvorschlag von 2016 statuieren, dass Asylantragsteller:innen unabhängig vom Vorliegen der Einreisevoraussetzungen des SGK ein Recht zum Verbleib zur Durchführung des Asylverfahrens haben.[581] Obwohl die AsylVfVO-E dies grundsätzlich ebenfalls bejaht, unterläuft die rechtliche Ausgestaltung diesen Grundsatz. Dabei ist der **effektive Rechtszugang** und **effektive Rechtsschutz**

---

577 Vgl. hierzu Reneman/Stronks, Time & Society 3/2021, 273 ff.
578 Kritisch dazu Lehmann ZAR 2023, 275 (279).
579 BVerfG, Beschl. v. 6.11.2019 – 1 BvR 276/17, ECLI:DE:BVerfG:2019:rs20191106.1bvr027617.
580 Vgl. zur unterlassenen Vorlage bezüglich der Anwendung des sicheren Drittstaats-Konzepts: Hofmann/Schmidt ZAR 2018, 1 ff.
581 Erwägungsgrund (25 f., 28 f.) und Art. 6, 9 AsylVfRL sowie Erwägungsgrund (12, 17, 22, 27) und Art. 9 AsylVfVO-E.

nicht isoliert zu beurteilen, sondern unter umfassender Einbeziehung der **konkreten Umstände**.

Nachfolgend soll daher zunächst auf das rechtsstaatliche Gebot eines effektiven Rechtszugangs eingegangen werden, um anschließend zu beleuchten, wie die unterschiedlichen Regelungen im Rahmen der GEAS-Reform gemeinsam dazu beitragen, den Rechtszugang zu beschränken. 638

1. Rechtsstaatliches Gebot eines effektiven Zugangs zum Recht

Das Recht auf Asyl nach Art. 18 GrCh statuiert keinen bloßen Grundsatz,[582] sondern ein einklagbares Freiheitsrecht,[583] welches sich positiv am Ehesten als Recht formulieren lässt, Asyl zu beantragen.[584] Abwehrrechtlich wird damit die **negative Unterlassungspflicht** begründet, keine schutzsuchende Person in das Land zurückzuweisen, in dem ihr Verfolgung droht, ohne zuvor den Flüchtlingsstatus zu klären.[585] Dabei wird das Recht auf Asyl nicht verletzt, wenn die Einreise formal als illegal oder nicht erfolgt bewertet wird, sofern dem Zurückweisungsverbot entsprochen wird. Da eine sich auf das Asylrecht berufende Person weder zurückgewiesen noch ausgewiesen bzw. abgeschoben werden darf, ohne das Vorliegen einer Verfolgung zu klären, ergibt sich aus diesem *Refoulement-Verbot*[586] aber grundsätzlich die Pflicht des Staates, ein vorläufiges Bleiberecht einzuräumen, um die Voraussetzungen der Verfolgungsgefahr zu prüfen.[587] 639

Daraus wird ersichtlich, dass die **Prüfungspflicht** zum Vorliegen einer Verfolgung nur begrenzt externalisiert werden kann. Der Zugang zum Recht auf Asyl darf nicht faktisch verunmöglicht werden, sondern muss im Gegenteil effektiv sein. Diese Gewährleistung wird durch die Garantie eines wirksamen Rechtsbehelfs flankiert, Art. 47 iVm Art. 18 GrCh. Unter diesen Umständen sind rechtliche Konzeptionen bzw. Fiktionen, die nicht rechtlich, aber faktisch darauf hinauslaufen, dass kein Vorliegen einer Verfolgung geprüft wird, kritisch zu bewerten. 640

2. Reduzierung von Verfahrensgarantien

Die GEAS-Reform setzt zum einen umfassend auf **rechtliche Fiktionen** (Nichteinreisefiktion, stillschweigende Rücknahme bei Verstoß gegen Aufenthaltsbeschränkungen) und **Vermutungsregelungen** bezüglich einer Sicherheit vor Verfolgung. Zum anderen werden die Möglichkeiten, einen wirksamen Rechtsbehelf einzulegen, mittels einer Reduzierung von Verfahrensgarantien eingeschränkt: Zunächst sieht die **ScreeningVO-E** trotz ihrer zentralen Funktion hinsichtlich der Einteilung in verschiedene Verfahren, 641

---

[582] Tettinger/Stern/Jochum Art. 18 Rn. 23; Calliess/Ruffert/Rossi, EU-GRCharta Art. 18 Rn. 2 f.; a.A. NK-EuGRCh/Bernsdorff Charta Art. 18 Rn. 1, 5 ff, 11.
[583] Vgl. den Wortlaut und die systematische Einordnung in das Kapitel der Freiheiten; Rengeling/Szczekalla EU-Grundrechte Rn. 835; Peers/Hervey/Kenner/Ward/Den Heijer, Fundamental Rights Rn. 18.06; Barwig/Beichel-Benedetti/Brinkmann/Groß, Migrationsrelevante Freiheitsrechte der GrCh, S. 73.
[584] Goodwin-Gill/McAdam, The Refugee in International Law, S. 413 f.
[585] Nußberger NVwZ 2016, 815 (816); Barwig/Beichel-Benedetti/Brinkmann/Groß, Migrationsrelevante Freiheitsrechte der GrCh, S. 74.
[586] Das *Refoulement*-Verbot ergibt sich nicht nur aus Art. 33 GFK und damit aus Art. 18 GrCh, sondern wurde auch eigenständig aus Art. 3 EMRK hergeleitet: Sondervotum des Richters Pinto de Albuquerque im Urteil des EGMR v. 23.2.12, Rs. 27765/09 – Hirsi Jamaa u.a; aus Art. 3 EMRK folgt die wichtigste menschenrechtliche Ausprägung des *Non-Refoulement* in Europa: Wendel JZ 2016, 332 (335); Goodwin-Gill/McAdam, The Refugee in International Law, S. 403. Siehe zudem Art. 19 GrCh, der ebenfalls ein Refoulement-Verbot statuiert.
[587] Barwig/Beichel-Benedetti/Brinkmann/Groß, Migrationsrelevante Freiheitsrechte der GrCh, S. 74 m.w.N.

keine **Informationspflichten** und **Beratungsangebote** vor. Diese sind erst während des Asylverfahrens vorgesehen: Art. 14 ff. AsylVfVO-E stellen Informationspflichten auf und gewährleisten während des Asylverfahrens den Anspruch auf eine Rechtsberatung und -vertretung.

642 Eine entscheidende Reduzierung wird im Rahmen des Asylverfahrens vorgenommen. Nach Art. 44 Abs. 2a, 45 Abs. 3 und 47 Abs. 4 AsylVfVO-E wird die **Beweislast** zur Widerlegung der Sicherheitsvermutung den Schutzsuchenden aufgebürdet. Rechtliche Vermutungsregeln sind zunächst einmal zur effizienten Verfahrensgestaltung zulässig. Sie begründen eine Beschränkung des **verfahrensbezogenen Gewährleistungsinhalts**,[588] d.h. die materielle Rechtsposition bleibt an sich unverändert, während der Zugang zum Recht eingeschränkt wird. Ihre Legitimität bemisst sich aus rechtsstaatlichen Gesichtspunkten nach zwei Kriterien: dem Anknüpfen an sachdienliche bzw. sachlich gerechtfertigte und nicht willkürliche Kategorien[589] sowie der effektiven Möglichkeit, die Vermutung zu widerlegen.[590] Der erste Punkt betrifft die zu rechtfertigende Einstufung von Drittstaaten als sicher, das Anknüpfen an Schutzquoten oder beispielsweise Täuschungshandlungen. Der zweite Punkt betrifft z.B. Informationspflichten, Fristenregelungen, aufschiebende Wirkung von Rechtsmitteln oder den Zugang zu (anwaltlicher) Beratung.

643 Dass in der AsylVfVO-E umfassend auf beschleunigte Verfahren aufgrund einer vermuteten Sicherheit (sowohl hinsichtlich der Zulässigkeits- als auch Begründetheitsprüfung) zurückgegriffen wird, zieht also die rechtliche Konsequenz mit sich, den Antragsteller:innen eine wirksame Möglichkeit zu geben, die Vermutung im individuellen Fall zu widerlegen. Andernfalls haben **widerlegbare Vermutungen** in der Praxis die Wirkung von Fiktionen, die in diesem Kontext willkürlich und damit rechtswidrig wären. Grundsätzlich bedenklich erscheint deshalb die mit dem Ausbau von Vermutungsregeln zeitgleich erfolgende Reduzierung von Verfahrensgarantien.

644 Darüber hinaus bestehen rechtliche Bedenken, wenn die vorgebliche Steuerung verschiedener Migrationsströme durch Zuteilung in verschiedene Verfahren auf eine **Migrationsverhinderung** hinausläuft. Konzepte wie die Bleibeperspektive,[591] sichere Dritt- und Herkunftsstaaten zielen weniger auf die Einleitung verschiedener Verwaltungsverfahren, sondern selektieren vielmehr Personen, für die prinzipiell das gleiche Verfahren gilt, um verschiedene rechtliche Standards anzusetzen sowie unterschiedliche

---

588 BVerfG Urt. v. 14.5.1996 – 2 BvR 1507/93 u. 2 BvR 1508/93, Rn. 65.
589 Vgl. den Maßstab des BVerfG, nach dem die Sicherheit aufgrund der Rechtslage, der Rechtsanwendung und der allgemeinen politischen Verhältnisse zu beurteilen ist und eine gewisse Stabilität zu erwarten ist: BVerfG Urt. v. 14.5.1996 – 2 BvR 1507/93 u. 2 BvR 1508/93, Rn. 79 ff.
590 Die Verwirklichung der Rechte darf daher nicht praktisch unmöglich oder übermäßig erschwert werden: Schlussanträge der Generalanwältin Trstenjak v. 22.9.2011 – Rs. C-411/10, ECLI:EU:C:2011:611 Rn. 134 – N.S. u.a.; EuGH Urt. v. 8.7.2010 – Rs. C-426/09, ECLI:EU:C:2010:54 Rn. 25 – Askoxilaki; EuGH, Urtl v. 12.2.2008 – Rs. C-2/06, ECLI:EU:C:2008:78 Rn. 57 – Kempter.
591 Innerhalb der GEAS-Reform wird auf die unionsweite Anerkennungsquote abgestellt. Das Konzept entspricht jedoch dem bereits in Deutschland eingeführten Konzept der Bleibeperspektive, welches der Selektion von Schutzsuchenden innerhalb der Verwaltung dient: Junghans/Kluth, Exploring Asylum Seekers' Lived Experiences of Vulnerability in Germany, S. 90 ff.

Verfahrensgarantien und Rechtsschutzmöglichkeiten zu gewähren. Derartige Selektionen müssen sich nicht zuletzt am **Diskriminierungsverbot** messen lassen.[592]

Insgesamt müssen sie zudem verhältnismäßig sein, was insbesondere dann problematisch wird, wenn keine Ausnahmen vorgesehen sind. Das internationale und europäische Recht verfügen nicht ohne Grund über Rechtsakte, die **universelle Schutzgarantien** für bestimmte Personengruppen enthalten, unabhängig von der rechtlichen Bewertung ihrer Einreise oder ihres Aufenthalts. Dies betrifft neben der GFK z.B. die Kinderrechts- oder Istanbul-Konvention, aber auch die Europaratskonvention zur Bekämpfung von Menschenhandel.[593] Für eine rechtliche Bewertung hängt mithin viel davon ab, inwieweit diesen individuellen Rechten tatsächlich entsprochen wird und Personen gegebenenfalls in das reguläre Verfahren überführt werden.

645

Das Ineinandergreifen der verschiedenen (Verwaltungs)Verfahren von Vorab-Screening, Asylverfahren und Rückkehr-Grenzverfahren birgt zumindest das Risiko, dass entscheidende Verfahrensgarantien und der **wirksame Zugang zum Schutzstatus** unterlaufen werden sowie universelle Rechte unberücksichtigt bleiben.[594] Beispielhaft sei hier allein das Szenario genannt, dass durch eine fehlerhafte Erhebung im Screening eine fehlerhafte Zuordnung zum Grenzverfahren erfolgt, die wiederum eine Ablehnung als unzulässig oder offensichtlich unbegründet nach sich zieht und durch ein nicht fristgemäßes Einlegen von Eilrechtsschutz bzw. eines Antrags auf aufschiebende Wirkung (fünf Tage) zu einer Rückführung führt. Dabei liegt auf der Hand, dass die Verfahrensgarantien nicht nur für den Zugang der Antragsteller:innen zu ihren Rechten entscheidend sind, sondern auch für ein **effektives Verwaltungsverfahren**. Wenn Fehler sich durch mangelnde Überprüfbarkeit jeweils fortsetzen und – wenn überhaupt – erst vor Gericht behoben werden können, kann dies zu einer enormen Verfahrensineffizienz führen. Es sind hier eine Reihe von Menschenrechtsverletzungen vorhersehbar, wie in den letzten Jahren bereits vom EGMR in Bezug auf die Situation in Griechenland festgestellt wurde.[595]

646

---

592 Während beschleunigte Asylverfahren durch „niedrige" Anerkennungsquoten legitimiert werden, können sie selbst Auswirkungen auf die Anerkennungsquote haben und werden dadurch zur selbsterfüllenden Prophezeiung. Antidiskriminierungsrechtlich ist sie daher bedenklich. Es bedarf hier weiterer empirischer Untersuchungen, um die Auswirkungen solcher Verfahrensmodalitäten auf den Zugang zum Recht zu analysieren. Gründe für eine Beeinflussung der Anerkennungsquote können zum Beispiel in einer schlechteren Informationslage liegen, einer eingeschränkten Rechtsberatung oder – durch periphere Unterbringung verstärkt – einem schlechteren Zugang zu Anwält:innen; vgl. Hänsel/Hess/Schurade, Germany Country Report, S. 45. Interessanterweise hat Kanada 2019 das Konzept sicherer Herkunftsstaaten abgeschafft, da es einerseits den Zweck verfehlt hätte, missbräuchliche Antragstellungen zu verhindern und andererseits zu Menschenrechtsverletzungen führe: Government of Canada, Canada ends the Designated Country of Origin practice, PM v. 17.5.2019, online abrufbar: https://www.canada.ca/en/immigration-refugees-citizenship/news/2019/05/canada-ends-the-designated-country-of-origin-practice.html.
593 Vgl. die Pflicht zur Gewährung einer mindestens 30-tägigen Erholungs- und Bedenkzeit bei mutmaßlichen Betroffenen von Menschenhandel gem. Art. 13 der Europaratskonvention zur Bekämpfung von Menschenhandel.
594 Thym/Odysseus/Vedsted-Hansen, Reforming GEAS, S. 111.
595 Moraru/Cornelisse/De Bruycker/Papapanagiotou-Leza/Kofinnis, The Case of Greece, S. 281 ff; siehe auch Lehnert/Nestler, Kurzgutachten zu einzelnen rechtlichen Aspekten der aktuellen GEAS-Reformvorschläge, online abrufbar: https://directus.equal-rights.org/assets/de9f49cb-20a6-4a13-8943-96f22511719b.

3. Faktische Zugangsbeschränkungen durch Infrastruktur

647 Da viele Fristen in der AsylVfVO-E auf wenige Tage reduziert sind (5 Tage bei Unzulässigkeitsentscheidungen, Art. 53 Abs. 7a, ist es unerlässlich, sofortige (wenn nicht vorherige) **Rechtsberatung** zu erhalten,[596] und sofort nach Zustellung der Entscheidung ein Rechtmittel zusammen mit dem Antrag auf aufschiebende Wirkung einzulegen. Zeit für eine fundierte rechtliche Beurteilung oder eine Bedenkzeit für die Personen, bleibt dabei kaum. Erst recht wird der Zugang bei einer **Inhaftierung** erschwert. Dies befördert eine Situation, in der Anwält:innen automatisierend Rechtsmittel einlegen müssen, da dies die einzige Möglichkeit ist, überhaupt Zeit für eine anwaltliche Beratung mit den Mandant:innen zu haben. Außerdem werden viele Antragsteller:innen nicht die Bedeutung des Antrags auf Wiederherstellung der aufschiebenden Wirkung kennen, sodass der **Zugang zu Anwält:innen** überhaupt zum Erfordernis für rechtliches Gehör wird. Unter diesen praktischen Gesichtspunkten wird es durch die strikte Regelung des Art. 54 AsylVfVO-E in vielen Fällen illusorisch sein, eine aufschiebende Wirkung von Rechtsmitteln zu erlangen.[597]

648 Umgekehrt sind aufgrund der **peripheren Unterbringung** von Personen Mandate für Anwält:innen mit einem hohen zeitlichen Aufwand verbunden. Zusammen mit der reduzierten Mobilität von Schutzsuchenden liegen hier zusätzliche Hürden für einen Zugang zu anwaltlicher Beratung.

4. Rechtsschutzbeschränkungen

649 Die mit einem Rechtsstaat verbundene Garantie eines effektiven Rechtsschutzes bemisst sich gerade nicht nur nach der theoretischen Möglichkeit, eine behördliche Entscheidung überprüfen zu lassen, sondern bezieht die tatsächlichen Umstände mit ein. Ein zwar rechtlich zugestandener, aber faktisch nicht möglicher, Zugang zu Verfahrensgarantien, ist mit einem wirksamen Rechtsschutz und dementsprechend mit dem Rechtsstaat nicht zu vereinbaren.[598]

650 In diesem Kontext ist auf die Rechtsprechung des EGMR hinzuweisen, nach der in Bezug auf eine Verletzung von Art. 3 EMRK Rechtsbehelfe ohne aufschiebende Wirkung nicht wirksam im Sinne von Art. 35 I EMRK sind.[599] Im Urteil wird zudem betont, dass die Anforderungen von Art. 13 EMRK unmittelbar dem Rechtsstaatsprinzip entspringen. Weiterhin führt der EGMR aus, dass grundsätzlich zulässige Verfahrensbeschleunigungen und Priorisierungen nicht zulasten der Wirksamkeit wesentlicher Verfahrensgarantien gehen dürfen und Art. 13 EMRK insoweit **notstandsfest** ist. Bezüglich der Beweislast hat der EGMR geurteilt, dass diese gegebenenfalls auf den Staat übergehen muss, damit der Rechtsschutz nicht leerläuft.[600]

651 Der EuGH hat ebenfalls eine entsprechende Rechtsprechung zur Notwendigkeit eines Rechtsbehelfs mit aufschiebender Wirkung (Art. 47 GrCH) entwickelt.[601] Und das

---

[596] Siehe zu den Anforderungen des BVerfG: BVerfG Urt. v. 14.5.1996 – 2 BvR 1516/93, Rn. 137.
[597] Thym/Odysseus/Vedsted-Hansen, Reforming GEAS, S. 110 f.
[598] Vgl. EGMR, Urteil v. 21.1.2011, Rs. 30696/09 Rn. 290 f, 321 – M.S.S.
[599] EGMR, Urteil v. 22.4.2014 – Rs. 6528/11 Rn. 94 ff. – A.C. u.a.
[600] EGMR, Urteil v. 13.12.2012, Rs. 39630/09, Rn. 152 f., 165 ff. – El-Masri.
[601] Vgl. EuGH Urt. v. 19.6.2018 – Rs. C-181/16, ECLI:EU:C:2018:465 – Gnandi; EuGH Urt. v. 26.9.2018 – Rs. C-175/17, ECLI:EU:C:2018:776.

BVerfG hat in den 1990er Jahren bezüglich des Flughafenverfahrens betont, dass für eine Grundrechtsvereinbarkeit den **sachtypischen Besonderheiten** Rechnung getragen werden muss.[602] Danach muss berücksichtigt werden, dass Asylbewerber:innen sich typischerweise in Beweisnot befänden und traumatische Erlebnisse ebenfalls die Fähigkeit einer glaubwürdigen Schilderung beeinflussen können.

Diese Umstände finden jedoch derzeit in der ScreeningVO-E und AsylVfVO-E keine Berücksichtigung. Zum einen wird die Sicherheit vor Verfolgung in Drittstaaten vermutet, um den Antrag als unzulässig oder unbegründet abzulehnen. Zum anderen wird Antragsteller:innen einseitig die **Beweislast** für die Widerlegung der Sicherheit auferlegt. Die Konzipierung des Grenzverfahrens lässt sich dadurch schwer mit den strengen Voraussetzungen des BVerfG vereinbaren.[603]

Allerdings werden anstelle der §§ 18, 29 ff. AsylG nach Inkrafttreten der Reformen die Vorschriften der AsylVfVO-E unmittelbar angewendet. Somit gelten zunächst einmal nicht die engen Verfahrensgarantien des BVerfG. Es bleibt daher abzuwarten, welche Kriterien der EuGH bezüglich eines effektiven **Rechtsschutzes** aufstellt. Dabei ist zu beachten, dass die einschränkende Ausgestaltung eines wirksamen Rechtsbehelfs möglicherweise unter Verweis auf Art. 52 I GrCh gerechtfertigt werden kann, sodass sich der EuGH in diesem Zusammenhang auch mit der Frage des Wesensgehalts von Art. 47 GrCh beziehungsweise der Verhältnismäßigkeit der Einschränkung auseinandersetzen dürfte.[604]

Auch der Rechtschutz gegen **Überstellungsentscheidungen** soll eingeschränkt werden. Neben den Fristverkürzungen, betrifft dies vor allem die Einschränkung des Prüfungsumfangs nach Art. 33 Abs. 1 AMMVO-E. Mithin kann gegen Überstellungsentscheidungen von Antragsteller:innen nur noch mit der Begründung geklagt werden, dass eine unmenschliche Behandlung droht oder Familienbindungen nicht berücksichtigt wurden. Danach wird es Antragsteller:innen insbesondere nicht mehr möglich sein, sich auf den Fristablauf im Rahmen der Zuständigkeitsbestimmung und des Überstellungsverfahrens zu berufen.

652

653

654

Damit wird eine Abkehr von der in den letzten zehn Jahren entwickelten **Rechtsprechung des EuGH** bezweckt, die die Verfahrensrechte gestärkt hat. Da seine Rechtsprechung in diesem Kontext allerdings vor allem auf der Systematik und des Wortlauts der Dublin-III-VO beruht, ist im Kontext von Überstellungen wahrscheinlicher als bezüglich des Asylverfahrens, dass der EuGH diese Rechtsschutzbeschränkungen hinnimmt und von seiner bisherigen Rechtsprechung Abstand nimmt. Andernfalls müsste er seine Entscheidungen stärker auf universelle Verfahrensgarantien stützen. Hinsichtlich des EGMR lässt sich eine vergleichbare Prognose aufstellen, da Art. 13 EMRK nur in Verbindung mit einem anderen Menschenrecht Anwendung findet und die im Kontext von Überstellungen bedeutsamen Art. 3 (unmenschliche Behandlung) und Art. 8 (Familienleben) weiterhin vom Prüfungsumfang umfasst sind.[605]

655

---

602 BVerfG Urt. v. 14.5.1996 – Rs. 2 BvR 1516/93, Rn. 121 ff.
603 So auch Lehmann ZAR 2023, 275 (280 f.).
604 Jarass GRCh EU-Grundrechte-Charta Art. 47 Rn. 18 f; vgl. Thym/Odyssey/Thym, Reforming GEAS, S. 141.
605 So auch Thym/Odyssey/Thym, Reforming GEAS, S. 140 f.

5. Zwischenfazit

656 Rechtsstaatlich spricht nichts dagegen, *mixed migration flows* dadurch besser steuern zu wollen, dass Personen, die im Kontext solcher Situationen ankommen, schnell und effektiv den einschlägigen Verwaltungsverfahren zugeordnet werden. Im Gegenteil ergibt sich aus dem **Rechtsstaatlichkeitsprinzip** wie auch aus dem Sekundärrecht das Erfordernis schneller Verwaltungsverfahren. Ebenfalls lässt sich jedoch das Recht ableiten, angehört zu werden und einen wirksamen Rechtsbehelf gegen die Entscheidung einlegen zu können. Rechtsstaatliche Bedenken bestehen deshalb dann, wenn eine schnelle Zuordnung den Betroffenen nur unzureichend Gelegenheit bietet, entscheidende Umstände der individuellen Migration darzulegen, und keine (ausreichenden) Rechtsmittel vorgesehen sind. Dies gilt insbesondere für Situationen, in denen Entscheidungen unmittelbare Konsequenzen folgen, wie einer Zurückweisung, Abschiebung oder Überstellung. Der **Vollzug der Entscheidung** bedeutet dann faktisch, kaum noch Möglichkeiten zu haben, die Entscheidung gerichtlich überprüfen lassen zu können.

657 Die Reformvorschläge verkürzen allumfassend die Rechtspositionen von Antragsteller:innen, indem:

- Der verfahrensbezogene Gewährleistungsinhalt des Asylrechts beschränkt wird
- Die Rechtsschutzgarantie reduziert wird, und
- Die praktischen Umstände für eine Geltendmachung individueller Rechte zunehmend limitierende Wirkung entfalten.

658 Das kumulative Vorliegen zahlreicher Restriktionen (Nichteinreisefiktion, Sicherheitsvermutungen, Fristverkürzungen, keine automatische aufschiebende Wirkung, Isolation und Inhaftierung in Massenunterkünften sowie periphere Unterbringung und eingeschränkter Zugang zu Rechtsberatung) rückt die GEAS-Reform jedenfalls nahe an die Grenze von rechtsstaatlich zulässigen Verfahren.

III. Sekundärmigration

659 Dem Phänomen Sekundärmigration kann sich aus verschiedenen Perspektiven genährt werden, die Ursachen lassen sich schließlich nicht monokausal erklären. Unerlässlich ist es, die Motivation von Migrierenden miteinzubeziehen,[606] die in der verkürzten politischen Auseinandersetzung von **Push- und Pull-Faktoren** nicht bzw. unzureichend Berücksichtigung finden.[607] Aus der Perspektive von Migrant:innen erschließt sich im besonderen Maße, inwieweit rechtliche Regelungen in der Praxis implementiert werden und welche Strategien gewählt werden, um zu überleben oder die individuelle Situation zu verbessern.[608] Ursächlich für Sekundärmigration können z.B. ineffektive Verwaltungsverfahren, praktische und administrative Hürden für Umverteilungen bzw. Dub-

---

[606] Vgl. Triandafyllidou EJML 19/2017, 1 ff.
[607] Wissenschaftliche Dienste des Bundestags, Push- und Pull-Faktoren in der Migrationsforschung (WD 1–3000–027/20), online abrufbar: www.bundestag.de/resource/blob/799860/b555457732e3ec012177cdf4357110a0/WD-1-027-20-pdf-data.pdf.
[608] Vgl. für eine solche Betrachtung Junghans/Kluth, Exploring Asylum Seekers' Lived Experiences of Vulnerability in Germany, S. 70 ff; sowie insgesamt die Ergebnisse des VULNER-Forschungsprojekts: www.vulner.eu.

lin-Überstellungen, wie auch unterschiedliche Lebensstandards und soziale Bindungen in den Mitgliedstaaten sein.[609]

Sekundärmigration steht bei alledem symptomatisch für die anhaltende Diskussion um eine Implementierung und Reform des GEAS in den Mitgliedstaaten: bezüglich der ungleichen Verteilung von Schutzsuchenden, unterschiedlicher Schutz-, Aufnahme- und Verfahrensstandards sowie einer unzureichenden Kooperation zwischen den Mitgliedstaaten. Das politische Aufmerksamkeitsfeld Sekundärmigration ist im GEAS dabei durch zwei **verschiedene Narrative** geprägt, die unterschiedlich auf den Begriff der Solidarität Bezug nehmen und auf dem eingangs geschilderten Spannungsverhältnis zwischen Verantwortlichkeitsprinzip und Lastenteilung beruhen. Während Mitgliedstaaten im geografischen Süden, die über eine EU-Außengrenze verfügen, die einseitige Lastenverteilung ohne ausreichend solidarische Ausgleichmechanismen monieren, steht bei Mitgliedstaaten im geografischen Norden die ineffektive Implementierung der (Verfahrens)Vorschriften des GEAS in der Kritik, die dazu führe, dass Sekundärmigration nicht verhindert wird.[610] 660

Das Scheitern des Dublin-Mechanismus zur verbindlichen Verteilung von Schutzsuchenden innerhalb der EU dient seit 2015 dazu, Krisenregelungen dauerhaft anzuwenden bzw. von einer Implementierung von Unionsrecht abzusehen. Davon zeugen die faktisch wieder eingeführten **Binnengrenzkontrollen**,[611] die regelmäßigen **Überstellungsverbote** wegen systemischer Mängel sowie die umfangreichen Versuche, die Einreise von Schutzsuchenden in den EU-Raum abzuwenden. Die Sekundärmigration hat dadurch jedoch nicht abgenommen. Zudem sind ad hoc-Maßnahmen wie der Umverteilungsbeschluss des Rates 2015 gescheitert. Unter Berücksichtigung dessen, dass zahlreiche „Krisenmaßnahmen", die in den letzten Jahren eingeführt wurden, nun zu einem Standardverfahren innerhalb des GEAS zusammengeführt werden, sollen die Reformvorschläge daraufhin analysiert werden, inwieweit sie praktisch dazu in der Lage sind, Sekundärmigration zu verhindern. 661

1. Absenkung des Lebensstandards

Mit der Reform der AufnRL-E wird komplementär zur AMMVO-E ebenfalls die Verhinderung von Sekundärmigration bezweckt. Diesbezüglich muss nach Analyse des Entwurfs zunächst bezweifelt werden, dass es zu einer weiteren Harmonisierung der mitgliedstaatlichen Standards kommt. Das Herzstück der Richtlinie – die Festlegung von Mindeststandards bei der Gewährung materieller Leistungen – bleibt ebenso unkonkret bezüglich der Qualitätsanforderungen für einen menschenwürdigen Standard, wie die aktuelle Fassung. Neu ist lediglich die verpflichtende **Leistungsreduzierung** bei Sekundärmigration auf ein gerade noch mit der Menschenwürde vereinbares Niveau. Mangels Konkretisierung und aufgrund des Richtliniencharakter sind dabei die nationale Umsetzung und der jeweilige verfassungsrechtliche Maßstab mit einzubeziehen. 662

---

609 Vgl. Thym/Odysseus/Thym, Reforming GEAS, S. 134; Junghans/Kluth, Exploring Asylum Seekers' Lived Experiences of Vulnerability in Germany, S. 96.
610 Thym/Odysseus/Thym, Reforming GEAS, S. 130.
611 Vgl. Europäische Kommission, Temporary Reintroduction of Border Control, abrufbar unter: https://home-aff airs.ec.europa.eu/policies/schengen-borders-and-visa/schengen-area/temporary-reintroduction-border-control _en.

663 Der Trend zu Sachleistungen und Gutscheinen ist auch in Deutschland zu beobachten, auch wenn er aufgrund des finanziellen und bürokratischen Aufwands gegen kommunale Interessen spricht.[612] Zudem ist ein vollständiger Verzicht auf Geldleistungen nur mit der Menschenwürde nach Art. 1 Abs. 1 GG vereinbar, wenn eine Teilhabe am sozialen und kulturellen Leben weiterhin ermöglicht wird.[613] Dies kann derzeit jedoch nicht gewährleistet werden. Obwohl Geldleistungen zu einem **menschenwürdigen Existenzminimum** (Art. 1 Abs. 1 iVm Art. 20 Abs. 1 GG) zählen, wird bereits jetzt immer wieder versucht, das Existenzminimum zu unterschreiten bis hin zur vollständigen Ersetzung des täglichen Bedarfs durch Gutscheine.[614] Zusätzlich dürfte in den meisten Mitgliedstaaten das Niveau eines „angemessenen Lebensstandard" derzeit ohnehin dem menschenwürdigen Minimum entsprechen bzw. darunter liegen.

664 Die politische Nichtbeachtung der Rechtsprechung des BVerfG sowie der Mindeststandards der AufnRL, ändert freilich nichts an den bestehenden **rechtlichen Grenzen**. Aus diesem Grund ist die verpflichtende Anwendung des „menschenwürdigen Minimums" im Rahmen der AufnRL-E kein Schritt zu einer rechtlichen Harmonisierung, sondern wird einen Prozess fördern, durch den die jeweiligen Mitgliedstaaten die Schwelle zur unmenschlichen oder erniedrigenden Behandlung ausloten müssen. Hinsichtlich der Aufnahmebedingungen ist daher mittelfristig statt einer Harmonisierung im Gegenteil ein **Unterbietungswettbewerb** zu prognostizieren, der Sekundärmigration eher fördert als verhindert.

665 Das Narrativ vom **Wohlfahrtstaat als Pull-Faktor**, dem durch möglichst umfassende Leistungsbeschränkung und Sanktionen zu begegnen ist, muss, unabhängig seiner rechtsstaatlichen Implikation, generell hinterfragt werden.[615] Zumindest muss diese Argumentation sehr viel stärker ausdifferenziert werden und bringt bei genauer Betrachtung teilweise kontraintuitive, jedenfalls aber komplexe Facetten zum Vorschein. Zudem werden die Anreizwirkungen von Sozialleistungen eher überschätzt.[616] Ausschlaggebend für eine Sekundärmigration sind häufig andere Erwägungen, wie soziale Beziehungen, der Zugang zum Arbeitsmarkt oder eine funktionierende Verwaltung.[617]

666 Auf lange Sicht werden die vorgenommenen Einschränkungen in der AufnRL-E daher keine nennenswerten Auswirkungen auf die **deutsche Rechtspraxis** haben. Einerseits, weil durch einzelne Kommunen die Mindeststandards der geltenden AufnRL ohnehin schon nicht beachtet werden und andererseits, weil sich in Deutschland hinsichtlich des vom BVerfG skizzierten Maßstabs konzeptionell kaum Spielraum für eine weitere Absenkung des Leistungsniveaus ergeben wird. Denkbar ist natürlich ein Abweichen des BVerfG von seiner bisherigen Rechtsprechung.

---

612 Tagesschau vom 4.10.2023, Bund nimmt Länder in die Pflicht, abrufbar unter: https://www.tagesschau.de/inland/migration-asyldebatte-sachleistungen-100.html.
613 BVerfG Urt. v. 18.7.2012 – 1 BvL 16/11 Rn. 64, BVerfGE Urt. v. 9.2.2010 – 1 BvL 1, 3, 4/09 Rn. 110, 135; Wissenschaftliche Dienste des Bundestags, Das Sachleistungsprinzip im Asylbewerberleistungsgesetz (WD 6–3000–127/15, online abrufbar: https://www.bundestag.de/resource/blob/405658/d43444b2e7098686cdade3c6271fb67b/WD-6-127-15-pdf-data.pdf.
614 Manche Kommunen setzen auch vollständig auf Gutscheine als Sanktionsinstrument: Junghans/Kluth, Exploring Asylum Seekers' Lived Experiences of Vulnerability in Germany, S. 58 ff.
615 Agersnap/Jensen/Kleven, The Welfare Magnet Hypothesis; De Jong/De Valk, JEMS 2020, 1773–1791; Neumayer, European Union Politics (5) 2004, 155 (171 ff.).
616 So auch Thym/Odysseus/Thym, Reforming GEAS, S. 143.
617 Junghans/Kluth, Exploring Asylum Seekers' Lived Experiences of Vulnerability in Germany, S. 64 ff, 88.

In Anbetracht von unzumutbaren Lebensbedingungen für Antragsteller:innen wird 667
jedoch die Aussicht auf ein menschenwürdiges Existenzminimum, welches als Sanktionierung gedacht ist, Personen nicht davon abhalten, einer aussichtslosen Situation zu entfliehen. Auch wenn durch neue Maßnahmen immer restriktiver die Mobilität und Dispositionsfreiheit von Schutzsuchenden beschränkt wird, ist eine Abschreckungswirkung ebenso zweifelhaft wie eine Auswirkung auf das tatsächliche Leistungsniveau. Stattdessen wird sich eher die **desintegrierende und gesundheitsschädigende Wirkung** der Maßnahmen bemerkbar machen, die individuell und gesamtgesellschaftlich teilweise irreparable Schäden und Nachteile hervorruft.[618]

2. Beschränkungen der (Bewegungs-)Freiheit

Der intendierte Ausbau an Maßnahmen zur Freiheitsentziehung und -beschränkung im 668
Rahmen des Screenings (→ Rn. 505), Asylverfahrens (→ Rn. 467 ff.), Rückkehr-Grenzverfahrens (→ Rn. 552) sowie im Kontext von Rücküberstellungen (Art. 34 AMMVO-E) schränkt offenkundig die Bewegungsfreiheit der Betroffenen ein. Dabei bestehen jedoch ebenfalls Zweifel, ob **Sekundärmigration** (vollständig) unterbunden wird. Zum einen bleibt abzuwarten, wie die Rechtsprechung die legislativ bisher offengelassene Abgrenzung der freiheitsbeschränkenden Maßnahmen von einer Inhaftierung im Rahmen des Grenzverfahrens ausgestaltet.

Zum anderen ist unwahrscheinlich, dass die Mitgliedstaaten die **Kapazitäten** für eine 669
Inhaftnahme abseits der Grenzverfahren (z.B. beim automatischen Übergang in das reguläre Asylverfahren nach maximal 16 Wochen → Rn. 556) derart ausbauen werden, dass alle vom Anwendungsbereich umfassten Personen tatsächlich inhaftiert werden, zumal es immer noch einer Angemessenheitsprüfung im Einzelfall bedarf. Bezüglich Art. 34 AMMVO-E ist des Weiteren die EGMR-Rechtsprechung zu beachten, nach der nicht in Mitgliedstaaten überstellt werden darf, bei denen systematische Mängel im Aufnahme- und Asylsystem bestehen. Wenn sich an diesen Zuständen langfristig nichts ändert, sind auch Rücküberstellungen und eine Inhaftierung ausgeschlossen.[619] Bezüglich der **administrativen Hürden** ist deshalb ebenfalls zu konstatieren, dass die Probleme der Dublin-Verordnung durch schlichte Übernahme des Dublin-Mechanismus perpetuiert werden. Lediglich die Fristen werden verkürzt und die Zuständigkeit eines einmal festgestellten Mitgliedstaats bleibt länger erhalten. Das grundsätzliche **Dilemma** von gleichmäßiger Verteilung und Verantwortlichkeitsprinzip bleibt hingegen bestehen: Auf der Ebene der Zuständigkeitsbestimmung gilt das einseitige und starre Prinzip der Verantwortung, während erst auf zweiter Ebene durch Ausgleichsmechanismen der Solidaritätspflicht entsprochen werden soll.

3. Die Auswirkung des Solidaritätsmechanismus

Der Solidaritätsmechanismus gestaltet an dieser Stelle jedoch erstmalig sehr konkret 670
die Ausgleichmaßnahmen aus. Gleichzeitig bleibt den Mitgliedstaaten dabei ein hohes

---

618 Junghans/Kluth, Exploring Asylum Seekers' Lived Experiences of Vulnerability in Germany, S. 60 f; 78 ff; 88 ff.
619 Siehe zuletzt wieder: VG Braunschweig, Urteil v. 8.5.2023 (2 A 269/22) sowie grundsätzlich der EuGH: EuGH Urt. v. 7.6.2016 – Rs C-63/15, ECLI:EU:C:2016:409 R. 35 – Ghezelbash; EuGH Urt. v. 26.7.2017 – Rs. C-490/16, ECLI:EU:C:2017:585 Rn. 24 f. – A.S.; EuGH Urt. v. 26.7.2017 C-670/16, ECLI:EU:C:2017:587 Rn. 41 ff. – Mengesteab.

Maß an **Flexibilität**. Der vorgesehene Mechanismus zur Umverteilung könnte daher tatsächlich unerwünschte Sekundärmigration verhindern, weil er einen **regulären Weg** aus den Ersteinreisestaaten anbietet und dabei soziale und kulturelle Bindungen von Antragsteller:innen berücksichtigt. Förderlich für ein Gelingen dürfte sich die Einbindung des Technical EU-Forums unterhalb der obersten Leitungsebene auswirken, sodass Umverteilungen weniger politischen Diskussionen ausgesetzt sein werden.[620] Die effektive Implementierung steht freilich noch vor einer Bewährungsprobe, für die unter anderem ausschlaggebend sein wird, inwieweit die einzelnen Bestandteile der GEAS-Reform tatsächlich angewendet werden und welche praktischen Auswirkungen das auf Sekundärmigration hat. An dieser Stelle ist auf die **KrisenVO-E** hinzuweisen (→ Rn. 596), die sich aller Voraussicht nach fördernd auf Sekundärmigration auswirken wird. Nach der Verordnung sollen Überstellungen in einen anderen Mitgliedstaat ausgesetzt werden können, wenn dieser sich einer Krisensituation ausgesetzt sieht. Personen können demnach in einen anderen Mitgliedstaat weiterziehen, ohne dass sie eine **Rücküberstellung** zu befürchten haben.

671 Auch wenn mit dem Solidaritätsmechanismus die Möglichkeit einer Verbesserung besteht, liegt das Risiko des Nichtgelingens weiterhin einseitig bei den begünstigten Mitgliedstaaten mit EU-Außengrenzen. Sie trifft auch vordergründig der erhöhte Verwaltungsaufwand für die Umverteilungen: Es muss das Screening, das Grenzverfahren, eine (vorläufige) Zuständigkeitsbestimmung als auch eine Identifizierung von umzuverteilenden Personen durchgeführt werden.[621] Die **vorläufige Zuständigkeitsbestimmung** ergibt sich implizit daraus, dass keine Personen umverteilt werden dürfen, für die der begünstigte Mitgliedstaat selbst zuständig wäre, weil sich Verwandte der Antragsteller:innen in ihm aufhalten (Art. 57 Abs. 3 AMMVO-E).

4. Berücksichtigung wichtiger Bindungen

672 In Art. 25 Abs. 2 AMMVO-E ist vorgesehen, dass bei wichtigen Bindungen von Antragsteller:innen zu einem bestimmten Mitgliedstaat entweder von einer **Überstellung** in den zuständigen Mitgliedstaat abgesehen werden kann oder der zuständige Mitgliedstaat die Umverteilung in einen anderen Mitgliedstaat anregen kann, um diesen Bindungen zu entsprechen. Die erste Alternative ist zwar ein begrüßenswerter Schritt hinsichtlich der Berücksichtigung individueller Umstände, reduziert jedoch keine Sekundärmigration, sondern reagiert vielmehr auf diese.

673 Die zweite Alternative bietet hingegen die Möglichkeit, irreguläre Sekundärmigration zu reduzieren, indem **ein regulärer Weg für eine Umverteilung** in einen bestimmten Mitgliedstaat eröffnet wird. Es ist noch nicht absehbar ist, wie sich diese Regelung im Detail in die AMMVO-E einfügen wird.

674 Die systematische Nähe zum **Selbsteintritt** lässt vermuten, dass die Umverteilung nach Art. 25 Abs. 2 eine vom Solidaritätsmechanismus unabhängige Möglichkeit eröffnet, im Rahmen einer bilateralen Übereinkunft bestimmte Personen umzuverteilen.

675 Die zu erwartende Effektivität einer solchen Umverteilung ist jedoch beschränkt, da kein verbindlicher Mechanismus etabliert wird. Auch können sich Personen nicht

---

620 Kluth ZAR 2023, 328 (333).
621 Thym/Odysseus/Maiani, Reforming GEAS, S. 55.

darauf berufen, die Anwendung mithin nicht rechtlich erzwingen. Es ist daher eher unwahrscheinlich, dass Personen von einer Sekundärmigration Abstand nehmen, nur weil die Mitgliedstaaten theoretisch die Möglichkeit besitzen, einer Umverteilung zuzustimmen. Dafür wäre eine **subjektivrechtliche Berücksichtigung** sozialer und kultureller Bindungen nötig gewesen, der es Personen mittels eines transparenten und verbindlichen Mechanismus ermöglicht, sich in ein rechtsstaatliches Verfahren zu begeben, anstatt irregulär weiter zu migrieren.

5. Zwischenfazit

Reguläre Sekundärmigration, die weiterhin die effektivste Lösung zur Verhinderung irregulärer Sekundärmigration sein dürfte, ist verbindlich im Rahmen des Solidaritätsmechanismus und bezüglich Familienbindungen im Rahmen der Zuständigkeitsbestimmung vorgesehen. Des Weiteren besteht die Möglichkeit, nachträglich irreguläre Sekundärmigration zu regularisieren, indem entweder vom Selbsteintrittsrecht Gebrauch gemacht wird oder ergänzend zur Umverteilung im Rahmen des Solidaritätsmechanismus auf eine Überstellung verzichtet wird. Ein **Wirksamkeitsdefizit** dürfte hierbei die fehlende subjektiv-rechtliche Ausgestaltung darstellen. Dieser würde die Verfahrenstransparenz steigern und die Bereitschaft bei Antragsteller:innen erhöhen, aktiv die vorgesehenen Verfahren zu nutzen (compliance).

676

Darüber hinaus besteht durch den **Solidaritätsmechanismus** die Möglichkeit, dass irreguläre Sekundärmigration reduziert wird. Das Funktionieren des Mechanismus ist dabei einerseits abhängig von einer effektiven Umsetzung des komplexen Systems der Art. 44a ff. AMMVO-E, wobei insbesondere die Bereitschaft der Mitgliedstaaten für Umverteilung und Rücküberstellungen einen großen Einfluss haben wird. Andererseits wird sich das Funktionieren ebenfalls an der Umsetzung der anderen Elemente des GEAS bemessen. Dies betrifft die Grenzverfahren, die Externalisierung des Flüchtlingsschutzes, Lebens- bzw. Aufnahmebedingungen und Verfahrensstandards (insbesondere Berücksichtigungen sozialer bzw. familiärer Beziehungen von Antragsteller:innen sowie Beschränkungen des Rechtsschutzes).

677

Die anderen Elemente des Reformpakets werden voraussichtlich eher weniger zu einer Reduzierung von Sekundärmigration innerhalb der Mitgliedstaaten beitragen. Dazu bauen sie zu sehr auf repressive Maßnahmen, die bereits in der Vergangenheit erprobt wurden und das Phänomen eher verstärkt haben.[622] Dieses Vorgehen spiegelt eine falsche Grundannahme wider, nach der Antragsteller:innen indirekt für strukturelle Defizite des GEAS verantwortlich gemacht werden. Auch die aktuellen Reformen berücksichtigen unzureichend, dass durch **systematische Funktionsdefizite** im europäischen Asylsystem Rechtsverletzungen hervorgerufen werden, die Schutzsuchenden Anlass geben, weiter zu migrieren.[623] Schließlich ist Sekundärmigration aus subjektiver Sicht vor allem eine Reaktion auf unhaltbare Lebensbedingungen, ineffektive Verwaltungsverfahren sowie eine unzureichende Berücksichtigung individueller wichtiger Bindungen zu anderen Mitgliedstaaten.

678

---

[622] Vgl. Junghans/Kluth, Exploring Asylum Seekers' Lived Experiences of Vulnerability in Germany, S. 70 ff.
[623] Policy Department for Citizens' Right and Constitutional Affairs (Hrsg.), The European Commission's legislative proposals, S. 118 f.

679　Deutschland wird demnach weiterhin ein Zielstaat für irreguläre Sekundärmigration bleiben. Entsprechende Asylanträge werden nicht im Grenzverfahren geprüft, da die rechtlichen Voraussetzungen dafür nicht vorliegen. Denn die **Anwendung der Nichteinreisefiktion** wird aller Voraussicht nach nur an EU-Außengrenzen Anwendung finden (→ Rn. 505). Ob dem in der Praxis auch tatsächlich entsprochen wird, bleibt abzuwarten. Denkbar ist hier, dass rechtswidriger Praktiken unter Nichtbeachtung des SGK und der AMMVO-E fortgeführt werden, wie sie in den letzten zehn Jahren regelmäßig zu beobachten waren.

IV. Auswirkungen der AMMVO-E auf refugees in orbit

680　Obwohl es Ansätze im Rahmen der AMMVO-E gibt, die dazu in der Lage sind, irreguläre Sekundärmigration zu reduzieren, ist zu erwarten, dass das Phänomen eher zu- statt abnimmt. Zusätzlich bestehen Bedenken, dass die Verfahrenseffizienz weiter sinkt.[624] Dies hat nicht nur Auswirkungen auf den Verwaltungsaufwand, sondern beeinträchtigt Schutzsuchende in ihrem **Zugang zum Asyl**. Mit dem Begriff *refugees in orbit* wird das Problem beschrieben, dass sich Antragsteller:innen über Monate oder Jahre innerhalb der EU aufhalten, ohne dass sich ein Mitgliedstaat zuständig erklärt, den Antrag zu prüfen.

681　Der **Solidaritätsmechanismus** trägt paradoxerweise zu diesem Phänomen bei, denn es ist derzeit nicht vorgesehen, dass eine Umverteilung die automatische Zuständigkeit des beitragenden Mitgliedstaats begründet. Mithin müssen Antragsteller:innen unter Umständen zwei Transfers (Umverteilung und Dublin-Überstellung) in andere Mitgliedstaaten abwarten, bevor überhaupt ihr Antrag geprüft wird.

682　Hinzu kommt die Verlängerung der Überstellungsfrist auf bis zu drei Jahre, die mit einer Ausweitung der Definition von „flüchtig" einhergeht. Durch das Verbot einer inhaltlichen Prüfung gem. Art. 37 Abs. 1 lit. a) AsylVfVO-E in Verbindung mit den Fristverlängerungen, kann die Berufung auf die Nichtzuständigkeit mit der Folge, dass ein Antrag nicht bearbeitet wird, mehrere Jahre andauern. Zusätzlich soll die Überprüfung einer Entscheidung hinsichtlich der Berücksichtigung bestimmter Zuständigkeitskriterien für Antragsteller:innen gerade ausgeschlossen werden, sodass individuelle Erwägungen im Rahmen der Zuständigkeitsbestimmung und Umverteilung nicht von ihnen durchgesetzt werden können. Insgesamt hängt daher viel davon ab, wie die jeweiligen Behörden das Zuständigkeitsbestimmungsverfahren durchführen und inwieweit sie individuelle Erwägungen berücksichtigen. Eine fortschreitende Harmonisierung ist deshalb nicht zu erwarten, sondern eher eine Fragmentierung von Behördenpraktiken in den Mitgliedstaaten.

683　Ungeachtet der Überstellungsfristen, sind hier jedoch inlandsbezogene sowie zielstaatsbezogene Überstellungsverbote zu berücksichtigen. Bestehen diese nicht nur vorrübergehend, sondern dauerhaft, muss der Mitgliedstaat vom **Selbsteintritt** aufgrund einer **Ermessensreduzierung auf Null** Gebrauch machen. Als Bemessungskriterium für die

---

[624] De Bruycker/De Somer/De Brouwer/Maiani, From Tampere 20 to Tampere 2.0, S. 112 ff; Thym/Odysseus/Maiani, Reforming GEAS, S. 56.

Dauerhaftigkeit dient derzeit die Überstellungsfrist nach Art. 29 Abs. 2 Dublin-III-VO.[625] Sofern diese Bezugnahme weiterhin bestehen bleibt, würde sich der Bemessungszeitraum für einen zwingenden Selbsteintritt gegebenenfalls auf drei Jahre erweitern. Neben den praktischen Schwierigkeiten für eine Prognose zu einem solch langen Zeitraum, kann dies auch zu unverhältnismäßigen Verzögerungen des Asylverfahrens führen. Gerade bei systemischen Mängeln in Mitgliedstaaten muss durch die Heranziehung eines überschaubaren Bemessungszeitraums im Rahmen der Ausübung des Selbsteintrittsrechts gewährleistet werden, dass der Zugang zum Asylverfahren nicht willkürlich verzögert wird.

In diesem Kontext ist auch auf die Änderung in Art. 39 AsylVfVO-E einzugehen. Der Asylantrag gilt danach als **stillschweigend zurückgenommen**, wenn die Person unzureichend kooperiert oder wenn sie sich in einem anderen als dem zuständigen Mitgliedstaat aufhält (d.h. flüchtig ist). Da die Einstufung eines Antrags als stillschweigend zurückgenommen auch gegen den ausdrücklichen Willen einer Person erfolgen kann, handelt es sich um eine **rechtliche Fiktion**. Mit dem Ziel, Sekundärmigration zu verhindern, kann so eine ablehnende Entscheidung des Asylantrags ohne inhaltliche Prüfung nach Art. 37 AsylVfVO-E ergehen, unbeachtlich dessen, ob eine Überstellung in den zuständigen Mitgliedstaat überhaupt durchführbar bzw. rechtmäßig wäre. Das führt zu Situationen, in denen Antragsteller:innen, die materiell schutzberechtigt sind, keinen Zugang zum Schutzstatus haben, obwohl sie wegen Überstellungs- bzw. Abschiebungshindernissen im Hoheitsgebiet verbleiben (müssen). Selbst wenn rechtzeitig ein Rechtsbehelf eingelegt wird und eine Schutzgewährung im gerichtlichen Verfahren zugesprochen werden sollte, wird die materielle Prüfung sich unangemessen auf die Judikative verlagern. Durch die administrative Verfahrensregelung führen die Behörden nämlich gerade keine materielle Prüfung durch, sondern müssen (*shall*) aus formellen Gründen ablehnende Entscheidung erlassen. Die erstmalige materielle Prüfung wird in einer solchen Konstellation mithin von Gerichten bzw. nach einer gerichtlichen Zurückweisung der Sache vorgenommen.

Bisher waren die Vermeidung von *refugees in orbit* und eines *forum shoppings* gleichrangig als Ziele im Dublin-Systems formuliert. Entsprechend sind nach aktueller Rechtslage einerseits klare Zuständigkeitskriterien vorgeschrieben, andererseits sollte nach Ablauf von Fristen, z.B. zur Überstellung oder nach Ausreise aus einem Mitgliedstaat, ein Zuständigkeitswechsel möglich sein. Dieser **ausbalancierte Ansatz** wird nun zulasten von *refugees in orbit* aufgelöst. Zum einen bleibt die Zuständigkeit länger bestehen, zum anderen verlängert sich die Überstellungsfrist auf mehrere Jahre und zwar schon bei einfachen Verstößen gegen Meldeauflagen. Schließlich wird diese Situation durch die Fiktion der stillschweigenden Rücknahme gefördert. Angesichts dieses erhöhten Risikos von *refugees in orbit* drängt sich mehr denn je die Frage nach einem wirksamen Zugang zum Recht auf Asyl auf. Hier bleibt abzuwarten, wie der EuGH zukünftig Art. 18 GrCh ausgestalten wird.

---

625 Vgl. BAMF (Hrsg.), Dienstanweisung Dublin v. Dezember 2022, S. 20, online abrufbar: https://www.asyl.net/fileadmin/user_upload/2022-12_BAMF_Dienstanweisung_Dublin.pdf.

V. Die Unterminierung besonderer Schutzbedarfe

686 Die angemessene Unterstützung besonders schutzbedürftiger Personen ist im GEAS ein Querschnittsthema. Dabei wird vor allem ein **antidiskriminierungsrechtlicher Ansatz** verfolgt, der bestimmten Personengruppen Verfahrensgarantien und besondere Unterstützung zugesteht, damit sie gleichermaßen wie andere Schutzsuchende die Rechte und Pflichten im Rahmen des GEAS in Anspruch nehmen können. Welche Personengruppen als besonders schutzbedürftig angesehen werden, wird unter den Mitgliedstaaten unterschiedlich bewertet. Auf Unionsebene sticht innerhalb des GEAS vor allem die Gruppe der unbegleiteten Minderjährigen hervor, für die besondere Regelungen greifen. Das Themenfeld ist äußerst komplex, da auch andere internationale und europarechtliche Verpflichtungen berücksichtigt werden müssen. Für Kinder beispielsweise die UN-Kinderrechtskonvention, der UN-Sozialpakt, die EMRK sowie die FamilienzusammenführungsRL und die RückführungsRL. Durch den bisherigen Richtliniencharakter zentraler GEAS-Rechtsakte waren zudem die jeweiligen Besonderheiten der nationalen Rechtssysteme zu beachten. In Deutschland unterliegen z.B. UMA prinzipiell nicht der Ratio des Migrationsrecht, sondern sind in das Sozialsystem mit dem **Primat der Jugendhilfe** integriert. Deshalb ist neben dem Asyl- und Aufenthaltsgesetz das SGB VIII von besonderer Bedeutung.

687 Für unterschiedliche Personengruppen gelten daher unterschiedliche Rechtsvorschriften mit teilweise universellen Garantien, die bei der Implementierung des GEAS berücksichtigt werden müssen. Hier sei lediglich noch auf die Istanbul-Konvention vierwiesen sowie auf die diversen Vorschriften für **Betroffene von Menschenhandel**.[626]

1. Administrativ erzeugte Vulnerabilität

688 Die tatsächliche und rechtliche Situation von Schutzsuchenden ist in Europa wie auch in Deutschland grundlegend von einem Asyl- und Aufenthaltsrecht bestimmt, welches dem **Paradox** verhaftet ist, humanitären Schutz zu bieten und gleichzeitig strukturell limitierend auf die Rechte von Schutzsuchenden zu wirken. Die damit verbundenen widerstreitenden Regelungswirkungen werden sich mittelfristig nicht auflösen. Für ein effektives Migrationsmanagement müssen sie jedoch zumindest ausbalanciert werden. Bestimmte Regelungen, Rechtstechniken oder Behördenpraktiken haben Auswirkungen auf die **Berechenbarkeit** staatlichen Handelns, die **Abhängigkeit** von Behörden usw. Dadurch wird auch die situative Vulnerabilität von Personen beeinflusst. Dieser Zusammenhang kann mit dem Begriff administrativ erzeugte Vulnerabilität bezeichnet werden.

689 Der Erwartung von Schutzsuchenden, wenigstens bei Ankunft in dem Staat, der als sicher genug für einen Asylantrag angesehen wird, Schutz vor Gewalt zu erhalten, widerspricht den Erfahrungen vieler Antragsteller:innen in Europa. Die Gefahr (weiterer) physischer und psychischer Gewalterfahrungen besteht sowohl in Unterkünften,

---

[626] Für eine systematisierende Behandlung siehe Jack/Junghans, Effektiver Menschenrechtsschutz an den EU-Außengrenzen und für Opfer von Menschenhandel, 2021, S. 65 ff.

deren Umfeld oder in öffentlichen und privaten Räumen, sodass teilweise von einem **Gewaltkontinuum** gesprochen werden kann.[627]

Neben solchen Gewalterfahrungen bestehen **strukturelle Faktoren**, die dazu führen, dass die Unsicherheit und Abhängigkeit von Schutzsuchenden erhöht wird. Das bedeutet, dass Schutzsuchende nicht nur aufgrund von Erfahrungen im Herkunftsland oder während der Flucht bei Ankunft in den Mitgliedstaaten vulnerabel im Sinne des GEAS sein können. In bedeutendem Maße kann Vulnerabilität durch die Situation in Europa erst hervorgerufen oder eine bestehende Situation verschlimmert werden. Solche strukturellen Faktoren einer administrativ erzeugten Vulnerabilität sind z.B. die Wohnpflicht in Aufnahmeeinrichtungen, eine periphere Unterbringung, fehlender Zugang zu Beratungsstellen, behördliche Ermessensspielräume, eine unzureichende Informierung über die Verfahren, das Ausstellen von Fiktionsbescheinigungen.[628]

690

Bezüglich einiger Faktoren von Vulnerabilität sind im GEAS bestimmte staatliche Pflichten vorgesehen, die einer unangemessenen Belastung von Antragsteller:innen entgegenwirken sollen, z.B. die Pflicht zur effektiven Implementierung von Gewaltschutzkonzepten in Unterkünften, Art. 18 Abs. 4 AufnRL. Abstrakt liegt diesen Vorgaben der rechtliche Grundsatz zugrunde, dass staatliche Restriktionen gegenüber Schutzsuchenden gewisse **Kompensationsmaßnahmen** als Kehrseite mit sich bringen, die gewährleisten, dass nicht unverhältnismäßig in ihre Rechte eingegriffen wird.[629] Das korrespondiert mit der **Schutzpflicht** des Staates gegenüber Individualrechten. Es fehlt jedoch an einer flächendeckenden Umsetzung der konkreten Vorgaben und einer hinreichenden Beachtung der Schutzpflicht.[630] Die Reformvorschläge lassen nicht erkennen, dass dieser unzureichenden Umsetzung entgegengewirkt wird. Im Gegenteil wird die Situation verschärft durch die intendierte Ausweitung einer **sozial-räumlichen Exklusion** in Transitzonen und Aufnahmeeinrichtungen,[631] die Reduzierung von Verfahrensgarantien, Zugangsbeschränkungen von (Rechts)Berater:innen, Erweiterung von Inhaftierungsmöglichkeiten und Leistungskürzungen. Diese Verschärfungen führen dazu, dass der Zugang zu individuellen Rechten sowie zu Beratungs- und Unterstützungsstrukturen für Schutzsuchende erschwert wird. Entsprechend nimmt die Relevanz von administrativ erzeugter Vulnerabilität zu. Durch die Reformen wird verstärkt auf ein System gesetzt, welches zum einen strukturell grundrechtliche Herausforderungen hervorruft, die unmöglich sind zu kompensieren, und zum anderen die gesundheitliche Situation der Betroffenen extrem verschlechtert.[632]

691

Die Reformen wie auch die jeweiligen mitgliedstaatlichen Entwicklungen des letzten Jahrzehnts haben mithin den Anschein, dass zunehmend versucht wird, das eingangs erwähnte Paradox einseitig und zulasten von Schutzsuchenden aufzulösen. Durch bestimmte Rechtspraktiken wird ihre ohnehin bestehende **situative Vulnerabilität** verstärkt – ohne damit Migration effektiv steuern zu können.

692

---

627 Krause, Gewalterfahrungen von Flüchtlingen, S. 16 f. m. w. N.
628 Vgl. Junghans/Kluth, Exploring Asylum Seekers' Lived Experiences of Vulnerability in Germany, S. 78 ff.
629 Kluth/Junghans, in: Berlit/Hoppe/Kluth JbMigR 2020, 2021, 421 (432 ff.); Junghans ZAR 2021, 59 (62).
630 Vgl. zur unzureichenden Umsetzung der Vorgaben aus der AufnRL in Deutschland: Heuser/Junghans/Kluth, Der Schutz vulnerabler Personen im Flucht- und Migrationsrecht, S. 125 ff.
631 Vgl. Junghans/Kluth, Asylum Seekers' Lived Experiences of Vulnerability in Germany, S. 78 ff.
632 European Union Agency for Fundamental Rights, Update of the 2016 Opinion of the FRA on fundamental rights in the ‚hotspots' set up in Greece and Italy, S. 7 f.

2. Paradigmenwechsel hinsichtlich UMA

693 Neben dieser grundlegenden Entwicklung lässt sich im Rahmen der AMMVO-E ein Paradigmenwechsel konstatieren, wonach nicht mehr der Mitgliedstaat für die Asylantragsprüfung zuständig sein soll, in dem sich UMA aufhalten. Der Entwurf missachtet zudem die international (Art. 3 UN-Kinderrechtskonvention) und europarechtlich (Art. 24 GrCh) verbriefte Garantie für Minderjährige, dass ihr Wohl bei allen staatlichen Maßnahmen **vorrangige Berücksichtigung** findet (*best interest principle*).[633] Diese **Beweislastregel** dürfte kaum zu rechtfertigen sein, da sie die kinderrechtliche Bestimmung, nach der jede staatliche Maßnahme von Behörden prinzipiell und positiv auf ihre Vereinbarkeit mit dem Kindeswohl überprüft werden muss, schlicht in ihr Gegenteil verkehrt.[634] Durch den Verordnungscharakter hätte diese Bestimmung zudem Konsequenzen für das nationale Recht. Denn die Mitgliedstaaten wären im Rahmen des Asylverfahrens und der Zuständigkeitsbestimmung an einer vorrangigen Berücksichtigung des Kindeswohls nach nationalen Vorschriften gehindert. Wegen der unmittelbaren Anwendung der AMMVO-E durch nationale Behörden sind daher bereits jetzt Rechtsunsicherheiten und damit einhergehend Anwendungsschwierigkeiten bezüglich der jeweiligen Verfahren vorprogrammiert. Beispielsweise gilt in Deutschland weiterhin das **Primat der Jugendhilfe** für UMA. Bezüglich der Überstellungspraxis wäre ein Ausweg die umfassende Anwendung der Selbsteintrittsklausel, um die bisherige Praxis beizubehalten und der kinderrechtlichen Ratio nach nationalem Recht zu entsprechen. Unter Umständen wird mithin eine Rechtspraxis befördert, die mit den Reformen gerade überwunden werden sollte.

3. Auswirkungen der GEAS-Reform für vulnerable Schutzsuchende

694 Positiv sind die Reformen hinsichtlich der konkreteren Ausgestaltung einer verbindlichen und systematischen Identifizierung zu bewerten. Es besteht jedoch die Gefahr, dass diese leerlaufen wird und grundsätzlicher, dass der Identifizierungsmechanismus gegebenenfalls die Vulnerabilität von Antragsteller:innen sogar erhöht. Dazu muss sich vor Augen geführt werden, dass die Identifizierung kein Selbstzweck ist, sondern stets im Kontext einer angemessenen Unterstützung betrachtet werden muss. Eine Identifizierung für sich genommen birgt nämlich bereits das Risiko einer Retraumatisierung oder Verschlechterung einer vulnerablen Situation, die strukturell dadurch verstärkt wird, dass in diesem Rahmen Kategorien wie die der Glaubwürdigkeit mitverhandelt werden.[635] Es kommt daher zum einen entscheidend darauf an, wie ein Identifizierungsmechanismus ausgestaltet ist und zum anderen, ob überhaupt **angemessene Unterstützungsmaßnahmen** zur Verfügung stehen. Hier lassen sich im Rahmen der GEAS-Reform mehrere Bedenken konstatieren hinsichtlich einer Adressierung struktureller Faktoren von Vulnerabilität, von denen einige stichpunktartig zusammengefasst werden sollen:

---

633 Vgl auch Policy Department for Citizens' Right and Constitutional Affairs (Hrsg.), The European Commission's legislative proposals, S. 120.
634 Vgl. Allgemeine Bemerkung Nr. 14 (2013) zum Recht des Kindes auf Berücksichtigung seines Wohls als ein vorrangiger Gesichtspunkt, Rn. 6c, online abrufbar: https://www.institut-fuer-menschenrechte.de/fileadmin/Redaktion/Publikationen/GC_14_barrierefrei_2019-04-26.pdf.
635 Vgl. Vom Felde/Flory/Baron, Identifizierung besonderer Schutzbedürftigkeit, S. 18 f.

- Das mehrmonatige Grenzverfahren wird die Unterstützung durch zivilgesellschaftliche Akteure erheblich erschweren, die im besonderen Maße in der Lage sind eine Vertrauenssphäre zu Schutzsuchenden aufzubauen
- Die forcierte Unterbringung in großen Unterkünften führt zu einer **sozial-räumlichen Exklusion**[636] Schutzsuchender von der Gesellschaft, die das Risiko erhöht, dass bestehende Vulnerabilitäten verstärkt werden und neue geschaffen werden (z.B. gesundheitliche Verschlechterung, Gewalterfahrungen, mangelnde Privatsphäre, Unsicherheit, Abhängigkeit von Behörden)
- Die beschleunigten Verfahren reduzieren die Möglichkeit, besondere Schutzbedarfe offenzulegen, aufgrund mangelnder Möglichkeiten, sich von den Strapazen der Flucht zu erholen und eine Vertrauenssphäre zu Beratenden aufzubauen
- Die reduzierten Rechtsschutzmöglichkeiten erschweren die tatsächliche Durchsetzung individueller Rechte
- Grundprinzipien, wie das des *best-interest of the child principle*, werden ebenso unterminiert wie bestehende Garantien für bestimmte vulnerable Personen (z.B. die Gewährung einer Erholungs- und Bedenkzeit für Betroffene von Menschenhandel)[637]
- Durch eine forcierte Absenkung von Sozialleistungen wird die Abhängigkeit von Behörden (z.B. durch das Sachleistungsprinzip) erhöht

Während also einerseits der Fokus auf einer verbesserten Implementierung eines Mechanismus zur Identifizierung vulnerabler Personen liegt, bewirkt die Reform andererseits eine Verstärkung der (ohnehin) vulnerablen Situation. Diese Diskrepanz lässt vermuten, dass die tatsächliche **bedarfsgerechte Unterstützung** vulnerabler Personen eher ab- statt zunimmt. Denn die Identifizierungspflicht ist strukturell in ein die Vulnerabilität förderndes System integriert. Die staatliche Begünstigung von Vulnerabilität führt so einerseits dazu, dass sich die physische und psychische Gesundheit der Betroffenen verschlechtert, andererseits werden die lokalen Infrastrukturen überlastet.[638] Letzteres führt wiederum dazu, dass besonders schutzbedürftige Personen nicht angemessen unterstützt werden können.

Auch wenn rechtliche Ausnahmeklauseln beispielsweise eine Beendigung des Grenzverfahrens vorsehen, sofern keine bedarfsgerechte Unterstützung gewährleistet werden kann, werden sie die verstärkt als Abschreckung konzipierten Verfahren nicht kompensieren können. Dazu bietet das institutionelle Setting zu wenig Raum, um eine **Vertrauenssphäre** aufzubauen, die es Antragsteller:innen ermöglicht, sich anzuvertrauen und Vulnerabilitäten offenzulegen.[639] Ein solcher **niedrigschwelliger Ansatz** bedürfte eine Erholungs-, Informations- und Beratungsphase, die der angestrebten Zurückweisung an der EU-Außengrenze zuwiderläuft. Fördernd hätte sich ebenfalls ein **individueller Beschwerdemechanismus** ausgewirkt. Zumindest sollte die wichtige

---

636 Seethaler-Wari/Yanasmayan, International Migration 2023; 39 (43 ff.); Junghans/Kluth, Asylum Seekers' Lived Experiences of Vulnerability in Germany, S. 79 ff.
637 Die Vorgabe findet sich in verschiedenen Rechtsquellen, z.B. Art. 13 der Europaratskonvention zur Bekämpfung von Menschenhandel. In Deutschland erfolgt die Umsetzung iRd Bemessung der Ausreisefrist gem. § 59 Abs. 7 AufenthG.
638 European Union Agency for Fundamental Rights, Update of the 2016 Opinion of the FRA on fundamental rights in the ‚hotspots' set up in Greece and Italy, S. 7 f.
639 Vgl. Junghans/Kluth, Exploring Asylum Seekers' Lived Experiences of Vulnerability in Germany, S. 68 ff.

Ausnahmeregelung zur Beendigung des Grenzverfahrens bei Nichteinhaltung der Mindeststandards komplementär durch Anwendungshinweise unterstützt werden, da bisherige Regelungen zumindest in Deutschland nicht effektiv umgesetzt wurden.[640]

VI. Folgen eines dysfunktionalen Rechtssystems

697 Der (un)zulässigen **Externalisierung von Schutzpflichten** sollte, neben den rechtlichen Bedenken, auch hinsichtlich der langfristigen Auswirkungen auf Fluchtmigration und eines funktionalen Rechtssystems mit gewisser Skepsis begegnet werden. Schutzsuchende werden auf Transitstaaten verwiesen, die ohnehin bereits zu den Hauptaufnahmeländern zählen und/oder weniger entwickelt sind.[641] Die Verweisung von Schutzsuchenden in prekäre Verhältnisse wird die **globale Fluchtmigration** eher verstärken und langfristig somit auch die Migration nach Europa. Denn mit rechtlichen Fiktionen lässt sich unter Umständen zwar die Nichtzuständigkeit rechtlich begründen, tatsächliche Verhältnisse lassen sich jedoch nicht fingieren. Sofern sie sich den Eigendynamiken von Migration verschließen, laufen Rechtsregelungen mithin Gefahr, dysfunktional zu werden. Das konnte bereits bezüglich des Rückübernahmeabkommens zwischen der EU und der Türkei beobachtet werden. Dysfunktional meint hier, dass Regelungen in der Praxis keine bzw. eine andere als die intendierte Auswirkung haben und nur schwer zu operationalisieren sind.

698 Grundlegend hat der EGMR festgehalten, dass wenn aufgrund **praktischer Verhältnisse** ein wirksamer Rechtsbehelf und damit ein Schutz vor willkürlicher Abschiebung in das Herkunftsland nicht möglich ist, eine Verletzung von Art. 13 iVm Art. 3 EMRK vorliegt.[642] Und im Rahmen der Zuständigkeitsbestimmung hatte das starre Verantwortlichkeitsprinzip die Konsequenz, dass Mitgliedstaaten vom Selbsteintrittsrecht Gebrauch machen mussten (**Ermessensreduzierung auf Null**).[643] Die AMMVO-E übernimmt das Dublin-System nahezu unverändert. Im konkreten Kontext der EU-Außengrenzen bedeutet dies z.B. die Gefahr systematischer Menschenrechtsverletzungen, die wiederum justiziabel sind und die regulären Verfahren des GEAS unterminieren.

699 Die GEAS-Reformen enthalten dabei zahlreiche **menschenrechtliche Vereinbarkeitsklauseln**. Aufgrund der regelungsübergreifenden Ratio, den Rechtszugang zu limitieren, werden sie jedoch kaum Auslegungshilfe für die Exekutive bieten, sondern sorgen dafür, dass die Rechtstexte widersprüchlich und inkohärent werden.[644] Die Vereinbarkeitsklauseln sind mithin Ausdruck eines fortlaufenden Spannungsverhältnisses zwischen menschenrechtlicher Verpflichtung auf der einen Seite und Limitierung des Rechtszugangs auf der anderen. Der Rechtsprechung bleibt es überlassen, Verfahrensgarantien aufzustellen, die eine menschenrechtskonforme Anwendung der Verfahren ermöglicht. Folglich wird sich – zulasten einer Transparenz – die genaue Ausgestaltung

---

640 Vgl. Junghans ZAR 2021, 59 (64 f.) m.w.N.
641 76 % der weltweiten Schutzsuchenden befinden sich in Ländern mit niedrigem und mittlerem Einkommen: UNHCR, Global Trends. Forced Displacement in 2022, S 2, online abrufbar: https://www.unhcr.org/sites/defa ult/files/2023-06/global-trends-report-2022.pdf.
642 EGMR, Urteil v. 21.1.2011, Rs. 30696/09, Rn. 321 ff. – M.S.S.
643 Vgl. EuGH Urt. v. 21.12.2011 – Rs. C-411/10, ECLI:EU:C:2011:865 – N.S; Siehe auch Thym/Hailbronner EU Immigration/Hruschka/Maiani, RL 2013/604/EU Art. 17 Rn. 3 ff.
644 Vgl. unter Rekurs auf den Begriff „organised hypocrisy": Lavenex, JCMS 2018, 1195 ff.; Moreno-Lax, ECA Journal 2023, 106 (107).

der Verfahren zunehmend aus Urteilen, statt aus dem Verordnungswortlaut ergeben. Zusätzlich erhöht sich das Risiko **willkürlicher Rechtspraktiken** der Exekutive, die aufgrund legislativer Inkohärenz und mangelnder Ausgestaltung grundrechtssensibler Bereiche weiten Umsetzungsspielraum hat.

Stand in den ersten beiden Harmonisierungsphasen des GEAS im Vordergrund, die nationalstaatlichen Verfahren anzugleichen und gleichwertige Bedingungen für das Asylverfahren zu schaffen, rückt dieses Ziel in den Reformentwürfen in den Hintergrund, teilweise wird davon sogar explizit Abstand genommen (→ Rn. 460). Zwar erfolgt durch die Überführung der AsylVfRL in eine Verordnung auf den ersten Blick eine **Harmonisierung** aufgrund der unmittelbaren Anwendbarkeit. In zentralen Aspekten wird den Mitgliedstaaten jedoch ein Ermessen eingeräumt (beispielsweise zur Anwendung des Grenzverfahrens oder des sicheren Drittstaats-Konzept). Die **Umsetzungsschwierigkeiten** der aktuellen Rechtslage stehen bei einer Analyse der Reformen weniger im Vordergrund, als die umfassenden Einschränkungen von Verfahrensgarantien und Rechtsschutzmöglichkeiten sowie der Etablierung von Verfahrensmodalitäten, die voraussichtlich zu einer Effizienz- und Qualitätseinbuße führen. Aufgrund dessen ist zu erwarten, dass die Qualität exekutiver Behördenentscheidungen abnimmt bzw. Umsetzungsschwierigkeiten zunehmen. Zusätzliche Auslegungsschwierigkeiten und verfassungsrechtliche Herausforderungen ergeben sich durch die **Hybridisierung** des GEAS, d.h. der Zusammenlegung unterschiedlicher Bereiche (Grenzkontrolle, Asyl, Rückführung) in ein sekundärrechtliches Instrument, (z.B. die AMMVO-E), die zu Inkohärenz führt und die unterschiedlichen primärrechtlichen Ziele untergräbt.[645] Statt einer Harmonisierung erstinstanzlicher Entscheidungen wird dies – gewissermaßen als Kompensation – eine stärkere **Beanspruchung nationaler Gerichte** mit sich ziehen.

Dem EuGH fällt hierbei eine besondere Harmonisierungsfunktion zu, wobei diesbezüglich eine widersprüchliche Prognose aufzustellen ist. Einerseits müsste seine praktische Bedeutung abnehmen, da er aufgrund des Verordnungscharakters der AsylVfVO-E weniger als zuvor über eine richtlinienkonforme Umsetzung mitgliedstaatlicher Praktiken zu urteilen hat. Entsprechend wird er im Vergleich zur AsylVfRL weniger Auslegungsspielraum haben. Andererseits drängt sich hinsichtlich der umfassenden verfahrensbezogenen Einschränkungen des asylrechtlichen Gewährleistungsinhalts auch stärker als bisher die Frage des Zugangs zum Asyl auf. Bisher hatte das **Recht auf Asyl** gem. Art. 18 GrCh kaum Relevanz im Rahmen der EuGH-Rechtsprechung. Dies wird sich vermutlich ändern. Gleiches gilt für die Absenkung des Existenzminimums oder freiheitsentziehende Maßnahmen, sodass der EuGH seine Rechtsprechung voraussichtlich vermehrt auf grundrechtliche Erwägungen stützen wird.

Insgesamt nimmt daher aufgrund der Rechtsunsicherheiten, die die GEAS-Reform hervorruft, und aufgrund der defizitären Steuerungswirkung, die mit einem dysfunktionalen Rechtssystem verbunden ist, die Bedeutung der Legislative für ein Migrationsmanagement ab. Parallel dazu steigt die Steuerungswirkung der Exekutive und der Judikative.

---

[645] Policy Department for Citizens' Right and Constitutional Affairs (Hrsg.), The European Commission's legislative proposals, S. 114 f., 145 ff.

VII. GEAS-Reform oder Verabschiedung vom GEAS?

703 Solange es eine Union gibt und einen Schengen-Raum, der eine **Binnenfreizügigkeit** bezweckt, wird es auch ein Gemeinsames Europäisches Asylsystem geben. Dennoch: Vor dem Hintergrund verschiedener Entwicklungen im Nachgang der zweiten Harmonisierungsphase, die sich in den jetzigen Reformbemühungen manifestieren, sind durchaus Zweifel angebracht, ob die reformierten Rechtsakte zu einer weiteren **Harmonisierung** beitragen. Das betrifft zum Beispiel die zahlreichen Ausnahmen von Fristen im Rahmen der AMMVO-E oder den flexiblen Solidaritätsmechanismus, wie auch die Entscheidungsspielräume, die Mitgliedstaaten zur Anwendung von bestimmten Verfahren und Konzepten gelassen werden. Der GEAS-Reform ist der **Kompromisscharakter** anzusehen, mithin dienen die unterschiedlichen Regelungen mehr der politischen Einigung als der rechtlichen Kohärenz und Angleichung der unterschiedlichen Standards und Verfahren in den Mitgliedstaaten. Auch wenn eine Verabschiedung vom GEAS nicht möglich ist, so ist die Reform daher zumindest Ausdruck eines Rückschritts hinsichtlich einer Harmonisierung der europäischen Asylsysteme.

704 Für Schutzsuchende und Rechtsberater:innen werden die eingeführten strukturellen Hürden für einen effektiven **Zugang zu Individualrechten** angesichts der forcierten isolierten und peripheren Unterbringung und der Rechtsschutzbeschränkungen in der Praxis nur schwer zu kompensieren sein. Das liegt vor allem am praktischen Aufwand, der dafür notwendig wäre, z.B. bezüglich der Gewährleistung anwaltlicher Vertretung in Transitzentren. Es ist daher unerlässlich, das GEAS und seine zukünftige Implementierung in ihrer Gesamtwirkung auf den tatsächlichen Zugang zu Individualrechten zu analysieren.

705 Als Konsequenz der legislativen Reformen ist zu vermuten, dass in den nächsten Jahrzehnten rechtsstaatliche Anforderungen zunehmend durch nationale Gerichte ausgestaltet werden. Denn die Einschränkung rechtlicher (Verfahrens)Garantien hat als Kehrseite, dass erhöhter praktischer Aufwand betrieben werden muss, um Grundrechte in der Praxis nicht leerlaufen zu lassen. Die legislativen Reformentwürfe regeln vornehmlich die Einschränkungen und überlassen den Mitgliedstaaten eine **grundrechtskonforme Ausgestaltung**. Eine Harmonisierung der Bedingungen, unter denen Asylverfahren in Europa durchgeführt werden, ist daher auch nicht hinsichtlich der rechtlichen **Implementierung** zu erwarten, obwohl z.B. das Asylverfahren in eine Verordnung überführt wurde und damit formell einem höheren Harmonisierungsgrad entspricht. Vielmehr wird sich eine Harmonisierung vor allem im zweiten Schritt durch die Harmonisierungsfunktion der nationalen und europäischen (EuGH-)Rechtsprechung einstellen. Das impliziert auf der einen Seite einen hohen Aufwand für Anwält:innen und eine zunehmende Belastung von Gerichten; auf der anderen Seite bedeutet es, dass zahlreichen Schutzsuchenden aufgrund der systematischen Beschränkungen der Zugang zum Recht erschwert bzw. verwehrt wird. Diese Auswirkungen einer Verschiebung von einer legislativen hin zu einer **judikativen Harmonisierung** und ihre Bedeutung für den Rechtsstaat sollten im Blick behalten werden.

Stichwortverzeichnis

Die Zahlen bezeichnen die Randnummern.

Abkommen
- Rückübernahme 528
- zwischenstaatlich 524

Abschiebehaft 322 ff.
Abschiebung 302 ff., 656
- Betretungsrecht 303 ff.
Abschiebungsandrohung 312 ff., 363 f.
Abschiebungshindernis 549, 684
Abschiebungsverbot 549
Abschlusszeugnis 562
Abwehrrecht 639
Ad hoc-Maßnahmen 661
Agentur 457
Allgemeine Erteilungsvoraussetzungen 134
Altersfeststellung 475
AMMVO-E 468, 486, 559 ff., 634, 680
Anerkannt schutzberechtigt 587
Anerkennung 54, 72 ff., 152
- ausländische Qualifikation 67 ff., 75 ff.
Anerkennungspartnerschaft 54 ff., 73 ff., 103
Anerkennungsquote 530 f., 536, 544 f., 558, 601
- geringe 630
- hohe 601
Anerkennungsverfahren 71 ff., 88 ff., 529, 589
Anerkennungswahrscheinlichkeit 601, 604, 613, 617, 628, 630
Angebotsorientierung 77 f.
Angemessene Kapazität 544 f.
Angemessener Lebensstandard 463
Anhörung 519 f., 558, 604, 629
- Begleitung 227 f.
- Möglichkeit des Absehens 218 ff.
Anpassungsmaßnahmen 69
Anschlussverfahren 500
Antidiskriminierung 686
Antragsprüfung 448

Antragstellung 341 ff., 461, 548, 558
- missbräuchlich 530
Anwaltliche Beratung
- Zugang 647 f.
Anwaltliche Vertretung 704
Arbeitgeberausschluss
- Ausschluss von Arbeitgebern 153
Arbeitgeberwechsel 46
Arbeitsmarktpotenzial
- Ausreisepflichtige Ausländer 129
- Flüchtlinge 34
Arbeitsmarktzugang 477, 665
- Vereinfachung 142
Arbeitsplatzzusage 77
Assistenzpersonal 111
Asylantrag 451, 483, 486, 500, 514, 530, 548, 639, 679, 689
- Ablehnung 521
- Antragstellung 517 f., 530
- ausdrückliche Rücknahme 514
- Erfolgsaussicht 602, 605, 617, 633
- Folgeantrag 517, 519
- offensichtlich unbegründet 348 ff., 553, 646
- Priorisierung 601, 604 f.
- Registrierung 436, 568
- stillschweigende Rücknahme 514, 553, 641, 684
- Unzulässigkeit 521, 529, 553, 558, 646
- Unzulässigkeitsentscheidung 522
- Zulässigkeit 514, 521, 526
Asylbescheid 558
Asylbewerber
- Erwerbstätigkeit 365 ff.
Asylgesuch 499, 501, 504, 518, 621
- informell 461
Asylgewährung 439, 455
Asylmigration 106
Asylpolitik 105, 107, 439
Asylrecht 639, 700
- Gewährleistungsgehalt 657, 701

255

- Zugang 514, 558, 680 ff., 699, 704
Asylstrafrecht 378
Asylsystem 436 ff., 441, 444, 597, 669, 703
- dysfunktional 610
- europäisches 436 ff., 451, 678
- funktionstüchtig 607
- nationales 457
Asyl- und Migrationsmanagement-Verordnung 468
Asylverfahren 35, 440, 468, 470 ff., 474, 477, 483, 485, 490, 516, 594, 642, 646, 655
- Anwendungsbereich 518
- Ausdifferenzierung 514 ff.
- Befragung 446
- Begründetheitsprüfung 604, 613, 620
- beschleunigtes 477, 500, 502, 513, 517, 530, 535, 542, 553 f., 617, 620, 628 ff., 643
- besonderes 500, 514, 620
- Dauer 556 f.
- Einschränkung des Prüfungsumfangs 654 f.
- Harmonisierung 522
- menschenrechtskonform 699
- Nichtbetreiben 232 ff.
- Priorisierung 650
- Qualität 629
- reguläres 500, 502 f., 517, 534, 540, 617 f., 669
- Zugang 445, 516, 518, 566, 626 f., 656, 681 ff., 705
- Zulässigkeit 517, 526, 535
Asylverfahrensberatung
- Ausrichtung der Beratung 211
- bisherige Regelung 206
- Förderpflicht 208 ff.
- Neuausrichtung 205 ff.
- Vergabemodell 207
Asylverfahrensrichtlinie 436, 513, 523
AsylVerfVO-E 452, 504, 513 ff., 634
Aufenthaltsbeendigung 621, 628
- faktische 624
Aufenthaltsbeschränkung 467, 479

Aufenthaltserlaubnis 455
- Befristung 455
- Berufsausbildung 129
- Verlängerung 455
Aufenthaltsgestattung 524
Aufenthaltsgewährung
- Berufsausbildung 132
Aufenthaltsrecht im Duldungsgewand 130
Aufenthaltsstatus 621
Aufenthaltstitel 449
Aufenthaltszeit 527
Aufenthalt zum Zweck der Ausbildung 32
Aufenthalt zum Zweck der Erwerbstätigkeit 32
Auffangtatbestand 503, 630
Aufnahmebedarf 470
Aufnahmebedingung 443, 460, 507, 539 ff., 617, 660, 664, 677
Aufnahmeeinrichtung 690
- Wohnverpflichtung 143
Aufnahmegesuch 564, 568, 571, 599
Aufnahmerichtlinie 436, 459, 560
- Anwendungsbereich 518
Aufnahmesystem 597, 669
AufnRL-E 460 ff., 482
- Anwendungsbereich 461
Aufschiebende Wirkung 332 ff., 555, 557 f., 571, 574, 626, 642, 650
- auf Antrag 647
Ausbildungsduldung
- Anwendungspraxis 130
- Erfolgsmodell 131
- systemwidrige Aufenthaltssicherung 131
Ausbildungseignung 70, 73
Ausgleichmaßnahmen 670
Ausgleichsmechanismus 576, 669
Ausländerbehörde 549
- Überlastung 22, 24
Ausländische Berufsqualifikation 64 ff.
Ausländische Hochschulqualifikation 64 ff.
Auslandsqualifikation 85 ff.

Ausnahmeregelung 605
Ausreisefrist 511, 626
Ausreisegewahrsam 324 ff.
Ausreisepflicht 284 ff.
Ausschiffung 499, 537
Ausschlussgründe
– Praktikabilität 149
Ausschreibung zur Fahndung 289 f.
Außengrenze 448, 483, 490, 510 f., 603, 611 f., 622, 660, 671, 679, 696, 698
Ausweisdokumente 493
Ausweisrechtliche Pflichten 270
Ausweisung
– Ausweisungsinteresse 293 ff.
– Ausweisungspraxis 439

Bedarfsartikel 462
– Hygieneprodukte 462
– Kleidung 466
Befangenheitsantrag 241 f.
Befristung 107
Behördenpraxis 688
Behördliches Ermessen 62
Beitragsreduzierung 585
Beitragsschlüssel 584
Belarus 594
Belegungssystems 546
Benachrichtigungsverfahren 570 f.
Beratungsangebot 641
Beratungsstelle
– Zugang 690
Beratungsstruktur 154
Berufe, nicht-reglementierte 68 ff.
Berufe, reglementierte 74 ff.
Berufserfahrung 59 ff., 63 ff., 90, 92 ff.
Berufsqualifikation 64 ff.
Berufungsverfahren 253 ff.
Beschäftigung
– qualifizierte 70
Beschäftigungsduldung 321
– hohe Anforderungen 139
– vereinfachter Zugang 140
– Zeitarbeit 138
Beschäftigungserlaubnis 144, 477
– geduldete Ausländer 145, 147
Bescheid 548, 553

Bescheinigung über die Aufenthaltsgestattung 371
Beschleunigte Verfahren 361 ff.
Beschwerdemechanismus 696
Beschwerdemöglichkeit 508
Besondere Bindung 562, 564
Besonderer Bedarf 470, 539 f.
– bei der Aufnahme 498
– im Asylverfahren 498
Besonderer Schutzbedarf 470 ff., 478, 503, 609, 686 ff.
Bewegungsfreiheit 467 f.
– Beschränkung 668 ff.
– Einschränkung 467 f.
Beweislast 525 f., 529, 642, 652
Beweislastregel 617
Beweislastumkehr 558, 566, 650, 693
Beweisnot 651
Bilateral 587
Bildungsangebote
– Zugang 476
Binnenfreizügigkeit 703
Binnengrenze 509 ff.
Binnengrenzkontrolle 661
– Abschaffung 440
Binnenmarkt
– europäischer 439
Biometrische Daten 493
Blaue Karte 37 ff., 53 ff., 59 ff.
– Berufseinsteiger 41
Bleibeperspektive 644
Bleiberecht 623, 637
– vorläufiges 639
Bundesamt
– Entscheidung 229 ff.
Bundesinstitut für Berufsbildung 64, 85
Bürokratisierung 578, 634

Chancen-Aufenthaltsrecht 169
– Absenkung von Anforderungen 159
– Akzessorisch Berechtigte 193
– Allgemeine Erteilungsanforderungen 186 f.
– Anwendungsbereich 168

- Anwendungshinweise 166
- Ausschlussgründe 179 ff.
- Bekenntnis zur freiheitlich demokratischen Grundordnung 177 f.
- Bleiberechtsregelung 163
- Duldung 172
- Einordnung 164 f.
- Ermessen 188 ff.
- Folgen der Nichterteilung eines Aufenthaltstitels 199
- Geltungsdauer 170
- Hinweispflichten 198
- Integration 161
- personeller Anwendungsbereich 171
- Rechtsfolge 191, 196 ff.
- Regularisierung 158
- Rückführungsrichtlinie 160
- Stichtag 162
- Übergang in anderen Aufenthaltstitel 192
- Verwaltungsvorschriften der Länder 167
- Voraufenthaltszeiten 173 ff.
- Zielsetzungen 157
Chancenkarte 80 ff., 84 ff.
- Folge-Chancenkarte 87 ff.
- Such-Chancenkarte 87 ff.
Compliance 676 f.
Corona-Pandemie 25

Datenbank 494
- Abfrage 458, 512
- Interoperabilität 458
Datenerhebung 457 f., 577, 579
Datenschutzbestimmung 617
Datenträger
- Auswertung 276 ff., 346 ff.
Datenübermittlung 339
Defizitbescheid 72, 89 ff.
De-Harmonisierung 614
Demografischer Wandel 26
Derogation 594 ff., 599, 606
Desintegration 667
Destabilisierung 603
Deutschkenntnisse 86
Diskriminierungsverbot 644

Dispositionsfreiheit 667
Dokumente
- Ausweisdokumente 493
Drittstaat 456, 524, 595, 603, 636
- Kooperation 583
Drittstaatsangehörigkeit 448, 499, 528, 597
- Trennungslinie 492
Druckmittel 451
DS-GVO 617
Dublin
- Dublin-Bescheid 464
- Dublin-II-VO 441
- Dublin-Überstellung 458
- Frist 569
- Mechanismus 561
- systemische Mängel 573
- Überstellung 537, 560, 654, 659
- Überstellungsentscheidung 564
Dublin-IV-Verordnung 559
Dublin-System 440 f., 449, 451 f., 487, 661, 669, 685, 698
- Ausnahme 563
- Systematik 562
Dublin-Verordnung 436, 453, 468
- Geltung 447
Duldung 317 ff.
Durchführungsbeschluss 604
Durchgängiger Schutz 532
Durchsuchung 272 ff.
- Gegenstände im Besitz des Ausländers 274 ff.
- Wohnung 274 ff.

EASO 457
Effektiver Schutz 525
EGMR 445
Eilrechtsschutz 646
Einigung
- vorläufige 480
Einreise 448, 501, 510, 515, 615, 639, 645
- Einreisegestattung 492, 534, 550, 557, 615, 622, 634
- Einreisepraxis 439
- Einreiseverbot 263 ff.

Stichwortverzeichnis

– Einreiseverhinderung 505, 625
– Einreiseverweigerung 490, 500 ff., 504, 510, 615, 622
– Einreiseverweigerung pauschal 624
– Einreisevoraussetzung 637
– illegale 449 f.
– irregulär 456, 550, 608, 611 ff.
– Nichteinreise 505
– Nichteinreisefiktion 485 f.
– Voraussetzung 615
Einstweilige Anordnung 384
Einwanderungspolitik 439
Einwilligung 496
Einzelfallentscheidung 524, 636
Einzelfallprüfung 529, 531, 669
Empfehlung 579 ff., 604
EMRK 439
Englischkenntnisse 86
Entpolitisierung 578
Entscheidung im schriftlichen Verfahren 243 ff.
Erfahrungssäule 45 ff., 54 ff., 58 ff., 62 ff., 67 ff., 85 ff., 93 ff., 103 ff., 151
Erfolgsaussicht 617
Erfüllungsquote 591
Erholungs- und Bedenkzeit 694
Ermessen, behördliches 62
Ermessensreduzierung 573
Erniedrigende Behandlung 445
Ernsthafter Schaden 524
Erstanlaufstelle 155
Erster Asylstaat 521
Erwerbstätigkeitsverbot
– Wartezeit 144
Essentielle Funktion 603, 607
EUAA 457
EuGH 446
EU-Hochqualifiziertenrichtlinie 27 f., 36 ff., 47 ff., 79
– Umsetzung 37 ff.
EU-Organ 451
Eurodac-Treffer 564, 570 f., 599
Eurodac-Verordnung 436, 458
Eurodac-Verordnung-Entwurf 482
Europäische Kommission 480

Europäischer Qualifikationsrahmen 43
Europäischer Rat 441
Europäisches Parlament 437, 480 f., 509
Europäisierung
– EU-Hochqualifiziertenrichtlinie 27
Europarechtliche Vorgaben 30, 79
Exekutive Rechtsetzung 91
Existenzminimum 663, 667
– Absenkung 701
Existenzsicherung 524
Exklusion 691, 694
Externalisierung 529, 613, 621, 635, 640, 677, 697
– zulässige 623 f.
Extraterritoriale Anwendung 445

Fachkraft 29, 48, 67, 80 ff., 86 ff.
– akademisch qualifiziert 55
– beruflich qualifiziert 55
Fachkräfteeinwanderungsgesetz 25
Fachkräftemangel 21, 23
– Erwerbspersonenpotenzial 26
Fachkräftesäule 36 ff., 96 ff.
– Richtlinienumsetzung 53 ff.
Fachkraftstatus 56 ff., 80 ff.
Falscher Sachvortrag 530
Familie 602, 613
Familienangehöriger 527, 536
– Aufenthalt 567
Familienbindung 573, 587 f., 654, 676
Familieneinheit 449
Familienleben 655
Familiennachzug
– Eltern 50
– Schwiegereltern 50
Familienzusammenführung
– Schnellverfahren 562
Fiktion 643
– Nichteinreisefiktion 485 f., 515
– stillschweigende Rücknahme 558, 684
– verwaltungsrechtliche 621, 640, 697
Fiktionsbescheinigung 690
Finanzhilfe 583
Finanztransaktion 586
Fingerabdruck 458

259

Flexibilität 670
Fluchtgefahr 467, 552
Flüchtig 468, 569, 682
Flüchtlingseigenschaft 553
Flüchtlingskrise 443
Flüchtlingsschutz 455
Flüchtlingsstatus 639
Fluchtmigration 547
– globale 697
– Potenzial an Arbeitskräften 150
Fluchtroute 618
Flucht- und Erwerbsmigration
– Trennung 150
Fluchtursache 450
Flughafenverfahren 534, 557, 612, 621, 636, 651
Folgeantrag 372 ff., 517, 519, 521, 530
Folge-Chancenkarte 92 ff.
Formalqualifikation 57 ff., 96 ff., 111 ff., 151
Formblatt 616
Formelle Qualifikation 76 ff.
Fortbildung 457, 474
Forum shopping 448, 685
Fragmentierung 614, 682, 703
Freier Personenverkehr 448
Freiheitsbeschränkung 625, 668 ff.
Freiheitsentzug 505 f., 625, 668 ff., 701
– Anforderung 506
Freiheitsrecht 639
Freizügigkeitsgesetz 388 ff.
Frist 512, 517, 571, 605, 642
– Fristablauf 503, 534, 654, 685
– Fristverkürzung 654, 658
– Fristverlängerung 604, 682
– Grenzverfahren 557
– Rechtsbehelf 558
– Rechtsbehelfsfristen 554
– Registrierung 599
– Überstellung 571 f.
– Verlängerung 556
– zur freiwilligen Ausreise 511
Fünfjahresplan 452
Funktionsdefizite 678
Funktionstüchtigkeit 607

Gebotene Sorgfalt 598
Geldleistung 462, 663
Geltung 447
Genehmigungsverfahren 604, 606
Gerichtliche Überprüfung 469
Gerichtsprozess 631
Gesetzesbegründung 123, 632
Gesetzgebung 525
– dysfunktionale 627
Gesetzgebungskompetenz 442
Gesetzgebungsverfahren 84, 467
– FKEG 114
– Klarstellung 146
– Weiterentwicklungsgesetz 114
Gesundheitscheck 490 f.
Gesundheitsschädigung 667, 691, 694 f.
Gewährleistungsgehalt
– verfahrensbezogener 558, 642, 657, 701
Gewalt 694
Gewaltkontinuum 689
Gewaltschutz 689
Gewaltschutzkonzept 691
GFK 439
Glaubwürdigkeit 651, 694
Gleichbehandlung 436
Gleichwertigkeit 75 ff., 152
Gradueller Ansatz 481
Grenzinfrastruktur 624, 627, 633, 647
Grenzkontrolle 448, 450, 483, 491, 493, 508, 511, 615, 700
– Binnengrenzkontrollen 440
– militarisierte 518
Grenzregime 634
Grenzschließung 595
Grenzschutz 443, 451
Grenzschutzagentur 452, 457
Grenzübergangsstelle 537, 595
Grenzübertritt 510
– irregulär 492, 499, 509, 544 f.
– unautorisierter 537
Grenzüberwachung 508

Stichwortverzeichnis

Grenzverfahren 469, 485 ff., 490, 500, 502, 505 f., 513, 515 f., 534 ff., 624, 630, 646, 668 f., 671, 677, 694
– Anwendungsbereich 533, 543 ff., 601 f., 614, 618, 631 ff., 679
– Ausnahme 613 f.
– Ausschlussgrund 501, 534, 539 f., 543 ff.
– Beendigung 539 f., 618, 696
– Binnengrenze 612, 679
– Dauer 534, 599
– fakultativ 537
– Frist 557
– Kapazität 542, 546, 634
– Konzept 652
– obligatorisch 536, 542 ff., 612, 631
– Rückkehr-Grenzverfahren 485, 513, 542, 547 ff.
– Standort 612
Griechenland 528, 625, 646
Grundrechteagentur 625
Grundrechtssensibilität 699
Grundrechtsverstoß 507
Grundschulausbildung 524
Grüne Grenze 634
Gutschein 462, 663

Haager Programm 442, 452
Haft 552, 614
– Anforderung 506
– de facto 625
– Garantien 490
– Haftdauer 552
– Haftgrund 468 f., 552
– Inhaftierung 446, 467 ff., 490, 505 f.
– Kapazität 669
– Strafanstalt 446
– Zulässigkeit 626
Harmonisierung 436 ff., 447, 457, 460, 478 f., 522, 554 f., 614, 662, 664, 682, 700, 703, 705
Harmonisierungsfunktion 701, 705
Harmonisierungsphase 441, 452
Härtefall 614
Herkunftsstaat 455, 517, 536, 690
– wesentliche Änderung 531

High-Level EU Migration Forum 584 f.
Hochschulqualifikation
– ausländische 64 ff.
Hoheitsgebiet 509
Höhere Gewalt 593, 598, 605
Hotspots 625
Humanitäre Aufnahme 456
Humanitärer Schutz 631, 688
Hybridisierung 483 ff., 487, 700
Hygieneprodukte 462

Identifizierung vulnerabler Personen 478, 495, 587
– Identifizierungspflicht 695
– medizinischer Bedarfe 495
– niedrigschwelliger Ansatz 696
– proaktiv 472
– systematische 472 ff., 496, 694
Identitätsklärung 493, 512, 618
– Fristenregelung 137
Identitätsprüfung 485, 490 f.
Identitätstäuschung 530, 536, 545
Illegale Einreise 119, 450
Implementierung 705
Implementierungsakt 545
Implementierungsdefizit 443, 447, 478, 660, 691
Implementierungspraktik 614
Individualrecht 704
Indizien 567
Infektion 495
Informationserhebung 616
Informationspflicht 217, 641 f.
Informations- und Kommunikationstechnologie 44, 56 ff.
Infrastruktur 647, 695
Inhaftierung 505 f., 614, 626, 658
Inkrafttreten
– EU-Hochqualifiziertenrichtlinie 28
Inländische Potenziale
– Spurwechsel 113, 115
Instrumentalisierung 594 ff., 602 f., 607
Integration 442, 667, 691

Integriertes Grenzverfahren 453, 482, 484 ff., 490 f., 501, 550, 556, 608, 611 ff., 634
– Verfahrensdauer 556 f.
Intention 468, 618
Internationaler Schutz 615
Internationale Standardklassifikation im Bildungswesen 43
Intersektional 473
Isolation 495, 658
Istanbul-Konvention 645, 687

Kapazität 583
Kapazitätsgrenze 546
Kinder 602
Kinderrechtskonvention 566, 633, 645, 686
Kindeswohl 497, 565 f.
Kindeswohlbeurteilung 566, 592, 693
Kindeswohlgefährdung 525
Klageänderung 243 ff.
Koalitionsfreiheit, negative 104
Koalitionsvertrag 1 ff.
– Asyl 6
– Flüchtlingspolitik 7
– Integration 5
– Kompromisse 16
– Neuanfang 10 ff.
– Staatsangehörigkeitsrecht 8
– Umsetzung 18 f.
– Umsetzungstand 9
– Ziele 3 ff.
– Zuspitzungen 17
Kohärenz 605, 625, 633, 703
– rechtliche 487
Kommunale Aufname 666
Konnexität 48, 71
Kontingent 99 ff., 109
Kontingenzplan 478
Kontrolle
– Stichprobe 507
– unangekündigt 507
Kooperationsbereitschaft 552
Krisenregelung 661
Krisensituation 593, 607, 670
Krisen-Verordnung 453, 531, 556, 571

Krisen-Verordnung-Entwurf 593 ff., 670
Lagebericht 579
Länderinformation 457
Lastenverteilung 451, 660, 669
– solidarische 451, 576
Lebensbedingung 678
– unzumutbare 667
Lebensstandard 463, 659
– Absenkung 662
– angemessener 463, 465 f., 662 ff.
– menschenwürdiger 463, 465, 662
Lebensunterhaltssicherung 82, 98 ff.
– Unschädliche Sozialleistungen 135
Legale Migration 456
Leiharbeit 83
Leistung 462 ff.
– Bedarfsartikel 462
– Geldleistung 462
– Gutschein 462
– Leistungsausschluss 477
– Leistungsentzug 464 ff., 479, 560
– Leistungsgewährung 462 ff., 479
– Leistungskürzung 463 ff., 467 f., 479, 592
– Leistungsniveau 465 f., 479, 666
– Leistungsreduzierung 662
– materielle Leistung 462 ff., 560, 662
– materielle Leistung, Ausschluss 464
– persönlicher Bedarf 462
– Sachleistung 462
Liberalisierung 29 f.
Logische Sekunde 94

Mandat 648
Mangelberufe 39 ff., 90
Massenunterkunft 658
Massenzustrom 450
Massenzustroms-RL 593
Materielle Leistung 462 ff., 560, 662
– Ausschluss 464
Materielle Qualifikation 57 ff., 151
– Qualifikation, materielle 76 ff.
Maximales Kontingent 545
Meldeauflage 685
Menschenhandel 645, 687, 694

Menschenrecht 655
Menschenrechtsverletzung 698
Menschenwürde 477, 540, 573, 622, 662 f.
- Existenzminimum 463, 465 f., 479, 663 f., 667
- unmenschliche Behandlung 479
Migration 659
- Eigendynamik 697
- irregulär 483, 485, 541
- reguläre 4
Migrationsabkommen 108
Migrationsdruck 579 f., 585, 607, 611
Migrationserwägung 589
Migrationsgesetzgebung
- Pfadorientierung 12
Migrationskontrolle 456
Migrationsmanagement 483, 547, 688, 702
Migrationsmanagement-Berichte 579
Migrationspakt 559
- 2016 452, 454, 513
- 2020 453 f., 483, 489, 541, 547, 593, 604
Migrationsroute 579
Migrationssituation 579
Migrationssteuerung 656, 692
Migrationsstrom 644
Migrationsverhinderung 644
Militär 518
Minderjährige 475, 497, 525, 530, 533, 540, 613, 693
Minderjährigenschutz 449, 471
Mindesteinkommen 38 ff., 59 ff., 65 ff., 73 ff., 94 ff., 110
Mindeststandard 441 f., 662, 666
Mitgliedstaat 445, 448, 451 f., 460, 479 f., 505, 512, 576, 581 f., 595, 631
- begünstigter 588 f., 671
- beitragender 578, 586, 588
- Compliance 677
- Ersteinreise 560
- ersuchender 564
- ersuchter 564
- nördlich 660

- Rechte und Pflichten 621
- Solidaritätsbeitrag 584
- südlich 449 f., 660
- Überlastung 577, 582 f.
- überstellender 569, 573
- Unterstützung 577 ff.
- unzuständig 564
- zuständiger 436, 440, 448 f., 560, 562 f., 566, 572 f., 588 f., 669, 672, 681, 684, 693
Mitwirkungspflicht 331, 560, 684
Mixed migration flows 656
Mobilität 648, 667
Monitoring 474, 478, 483, 507 f., 512
Mündliche Verhandlung 554

Nachbarstaat 622
Nachfrageorientierung 77 f.
Nachqualifikation 72 ff.
Nachteil
- unzumutbarer 619
Nahestehende Personen 392 ff.
- Einreiseverbot 395 ff.
Nationale Sicherheit 603
Nationalität 530
Nationalstaat 439
Nebenbeschäftigung 88
Negative Unterlassungspflicht 639
Neuregelungen
- Kompliziertheit 20
Nexus 548
Nichteinreise 612
Nichteinreisefiktion 485 f., 491 f., 501, 509, 511 f., 515, 534 f., 557, 615, 621, 623 ff., 634, 636, 639, 641, 658, 679
- Konzept 625 ff.
Nicht-staatlich 603
Niederlassungserlaubnis 49 ff.
- Blaue Karte 49
Non-Refoulement 439, 507, 524, 549, 595, 622, 639
Notfallversorgung 524
Notstandsfest 650

Öffentliches Interesse 97
Öffnungsklausel 599, 630, 703

263

Operationalisierung 697

Paketansatz 481 f.
Paradigmenwechsel 592, 693
Partizipation 475
Personenverkehr 448
Persönlicher Bedarf 462
Persönlichkeitsrecht 617
Pflichtanwalt 327 ff.
Pflichten
– materielle 621
– Verfahrensrechtliche 621
Pflichtenverlagerung
– unzulässige 622
Polen 594
Pönalisierungsverbot 615
Postkategorial 473
Potenzialsäule 96 ff.
Primärrecht 451, 483, 525, 605
– primärrechtliche Grundlage 483 f., 509, 700
– primärrechtliche Säule 487
– primärrechtliche Ziele 700
Primat der Jugendhilfe 686, 693
Privatsphäre 694
Probebeschäftigung 82
Prozeduralisierung 606
Prüfungspflicht 640
Prüfungsverfahren 582
Pull-Effekt 118
Pull-Faktor 659, 665
Punktesystem 78 ff., 87 ff.
Push-Back 508, 595
Push-Faktor 659
Push- und Pull-Faktoren 121, 659

Qualifikation
– formelle Qualifikation 58 ff.
– materielle Qualifikation 61 ff.
Qualifikations-Richtlinie 455
Qualifikationsverordnung-E 455, 482
Qualifikatorische Vorgaben
– Vorgaben, qualifikatorische 96
Qualifizierte Beschäftigung 48, 70 ff.
Qualifizierungsmaßnahmen 70
Querschnittsthema 609

Rat der EU 437, 480
Ratio des Migrationsrecht 686
Ratspräsidentschaft 481
Recht auf Antragstellung 622
Recht auf Asyl 639, 701
– Zugang 640, 685
Recht auf Einreise 621
Rechtliches Gehör 647
Rechtliche Vermutung 641
Rechtliche Vertretung 497, 512
Rechtsangleichung 442
Rechtsbehelf 457, 520, 553 f., 619, 623, 653, 684
– aufschiebende Wirkung 555, 557 f., 626
– ohne aufschiebende Wirkung 650, 658
– Verfahren 557
– wirksamer 445, 553 f., 574, 640 f., 653, 656, 698
Rechtsbehelfsfrist 554, 558
Rechtsbeistand 520, 554
Rechtsberatung 469, 520, 554, 641 f., 647, 658
Rechtsdurchsetzung 626, 694
Rechtsgrundlage 509
Rechtsinstanz 554
Rechtsmissbrauch 628
Rechtsmittel 517, 642, 647
Rechtspflicht 439, 451, 472
Rechtspraxis 443
Rechtsprechung 444 ff., 526
Rechtsschutz 504, 506, 513, 516 f., 553 ff., 560, 571, 592, 609, 617, 619, 635, 637, 644, 677, 700, 704
– Beschränkung 558, 627, 649, 655
– effektiver 620, 627, 637 ff., 649
Rechtsschutzgarantie 657
Rechtsschutzverweigerung 623
Rechtssicherheit 455
Rechtsstaat 457, 607, 639, 642, 649, 656, 665, 705
Rechtsstaatsprinzip 623, 636, 650
Rechtssystem 686
– dysfunktionales 697 ff.

- funktionales 632
Rechtstechnik 688
Rechts- und Planungssicherheit 115
Rechtsunsicherheit 540, 634, 690, 693 f., 702
Rechtsverletzung 625
Rechtsverordnung 91, 109
Rechtsvertretung 520
Rechtszugang 626 f., 637 ff., 642, 699 f.
Recht und Ordnung 603
Reform 443, 703
- Reformprozess 436 ff., 452, 480 ff.
Refoulement
- Non-Refoulement 439
Refugee in orbit 448, 609, 680 ff.
Regelerteilungsvoraussetzung
- Unterscheidungskriterium 136
Regelschulsystem 476
Regelungswerk
- Ausnahmeregelung 148
Registrierung 436, 461, 485, 490, 557, 568
Registrierungsfrist 599
Reglementierte Berufe 68 ff., 74 ff.
Regularisierung 14
Regularisierungsrecht
- Anpassungen 200
Reisekosten 101
Resettlement 456
Resettlement-Verordnung-Entwurf 456
Residenzpflicht 467
Retraumatisierung 694
Rückführung 483, 511, 535, 547 ff., 552, 594, 611, 622, 700
- Durchführung 301 ff.
- Haft 552
- Rückführungsmaßnahme 458
- Rückführungsverfahren 485, 500, 502
- Rückkehr-Grenzverfahren 485
- Verfahrensbeschleunigung 550
Rückführungsrecht
- Vorgaben des Koalitionsvertrags 257 ff.
Rückführungsrichtlinie 436, 485, 511, 515, 547 ff., 621, 626

Rückführungssystem 597
Rückführungsverbesserungsgesetz
- Korrekturen 133
Rückkehr 611
Rückkehrentscheidung 511, 548, 558
- Vollzug 548
Rückkehr-Grenzverfahren 485, 513, 535, 542, 547 ff., 646
- Anwendungsbereich 551
Rücknahme 236 ff.
Rückübernahme 521, 528, 541, 611
Rückübernahmeabkommen 528 f., 636, 697
Rücküberstellung 560, 589
- Ausschluss 565 f.
Sachentscheidung 619
Sachleistung 462, 663
Sachleistungsprinzip 694
Sachtypische Besonderheit 651
Sachverhaltsermittlung 629
- Vorhalt 629
Sachvortrag 629
- falsch 530
- komplexer 632
- unerheblich 530
- Widersprüchlich 530
Saisonarbeit 98
Sanktion 463, 665, 667
Säulenstruktur
- Arbeitskräftesäule 31 ff.
- Erfahrungssäule 31 ff.
- Fachkräftesäule 31 ff.
- Potenzialsäule 31 ff.
Schengen 440, 448, 485, 491, 504, 679, 703
- Schengen-Reform 510 f., 594 ff., 603
- Schengen-System 487
- Systematik 615
Schengener Durchführungsübereinkommen 440
Schengener Grenzkodex 508, 512, 594
Schengen-Reform 612
Schleuserkriminalität 336, 338
Schleusung 603
Schnellverfahren 604

Schriftliches Verfahren 558
Schutzanerkennung 529, 631
Schutzbedarf 496
Schutzberechtigung 455, 483
Schutzgarantie
– universell 645
Schutzgewährung 455, 521
Schutzniveau 442
– durchgängiges 532
Schutzpflicht 623, 691, 699
– Externalisierung 527, 529, 613, 621, 677, 697
Schutzquote 442, 642
– bereinigt 631
– geringe 630
Schutzstandard 660
Schutzstatus 613
– einheitlicher 442
– unmittelbarer 604
– Zugang 646
Screening 461, 485, 489 ff., 518, 534, 550, 615 ff., 634, 646, 668, 671
– Anwendungsbereich 492, 511
– Ergebnis 501, 506, 620
– Screening-Formular 503
– Vulnerabilitätscheck 496
Screening-Verordnung 453, 489
Sekundärmigration 460, 464, 479, 560, 589, 591 f., 609, 611, 659 ff., 668, 684
– irreguläre 676 f., 680
– Reduzierung 678
– reguläre 670, 673, 676
– Ursache 659, 670
Sekundärrecht 483, 605
Selbständigkeit 80
Selbsteintritt 446, 562, 573, 674, 676, 683, 693, 698
Selektion 491, 498 ff., 512, 514 f., 616 ff., 644, 656
Sexuelle Orientierung 496
Sicherer Drittstaat 453, 457, 500, 521 ff., 622, 642, 644, 652
– Anwendungsbereich 529
– EU-Liste 526
– Konzept 523 ff., 624
– Nationale Liste 526
Sicherer Herkunftsstaat 105, 453, 500, 530 ff., 613, 630 f., 644
Sicherheitsbeurteilung 642
Sicherheitsrisiko 530, 533, 536, 540, 543, 545, 552, 563, 588, 613
Sicherheitsüberprüfung 490 f., 493 f.
Sicherheitsvermutung 526, 529, 558, 620, 622, 630, 642, 652, 658
Sofortmaßnahme 594
Solange-II-Rechtsprechung 636
Solidarität 442, 451 f., 660
– abstrakter Grundsatz 451, 575
– Ausgleichmechanismus 451, 576
– Beitragsschlüssel 584
– finanzielle 451
– praktische Zusammenarbeit 451
– solidarischer Mechanismus 449
– Solidaritätsverständnis 438
Solidaritätsleistung 604
Solidaritätsmangel 452
Solidaritätsmaßnahme 578, 583 ff., 590, 600 f.
– alternative 583, 586
– Durchführung 586
– Zugang 581
Solidaritätsmechanismus 453, 486, 538, 557, 561, 575 ff., 592, 607, 612, 670 ff., 674, 676 f., 681, 703
Solidaritätspflicht 457, 576, 669
Solidaritätspool 577 f., 580 f., 584 f.
– Kapazität 590
– Kontingent 590
Solidaritätsprinzip 547
Sonderbeauftragter 525
Souveränität
– Souveränitätsrechte 439
Soziale Bindung 562, 659, 665
Sozialgesetzbuch 100
Sozialleistung 665, 694
– Zugang 455
Sozialpakt 686
Sozial-räumliche Exklusion 691, 694
Sozialsystem 686

Sozialversicherung
- Sozialversicherungspflicht 100
Sperrwirkung 119
- Pull-Faktoren 120
Sprachkenntnis 70 ff., 85 ff., 562
- deutsche Sprachkenntnisse 90
- englische Sprachkenntnisse 90
Sprachmittler 214 ff.
Spurwechsel 33 ff., 51, 117, 155, 261 f.
Spurwechsel-light
- Asylverfahren 124
- Personenkreis 126
Spurwechselmöglichkeit
- Sperre 125, 127
Spurwechselverbot
- Überwindung 128
Staatenlos 597
Staatsangehörigkeit 524, 618
Staatsangehörigkeitsrecht
- Hinnahme der Mehrstaatigkeit 408 ff.
- Integrationsanforderungen 417 ff.
- Koalitionsvertrag 401 ff.
- Lebensunterhaltssicherung 413
- Reformziele 406
- Umsetzung der Reform 435
- Verlustgründe 423 ff.
- Voraufenthaltszeiten 412
Standard
- Mindeststandard 441 f.
- Standardverfahren 442, 661
- Unterbringungsstandard 442
- Verfahrensstandard 442
Steuerung 644
Steuerungswirkung 702
Stillschweigende Rücknahme 514, 553, 558, 641, 684
Stockholmer Programm 452
Straftat 472
Strafverschärfungen 334 ff.
Subjektives Recht 676
Subsidiärer Schutz 455
- Geltungsdauer des Aufenthaltstitels 269
Such-Chancenkarte 92 ff.

Such- und Rettungsmission 499, 537
System
- abgeschlossenes 439
Systemische Mängel 446, 573, 661, 669
Systemüberlastung 577

Täglicher Bedarf 663
Tampere-Programm 441 f., 452
Tarifbindung 60, 65 ff., 73 ff., 103 ff.
Tatsachenrevision 247 ff.
Täuschung 530
Täuschungshandlung 618, 642
Technical Forum 584
Teilanerkennungsbescheid 72 ff., 88 ff.
Teilhabe
- soziale und kulturelle 663
Tertiäre Bildungsprogramme 42
Titelerteilungssprerre 118
Transit 527
Transitbereich 449, 537
Transitstaat 697
Transitzentrum 492, 505, 512, 535, 550, 704
Trauma 496, 629, 651
Trilog 480
- Ergebnis 511, 513, 540, 556, 596
- Trilog-Verhandlung 437, 455, 481, 496, 508, 513, 520, 559, 566, 593 ff.
- Verhandlungsmandat 596
Türkei 528

Überstellung 445 f., 458, 537, 560, 592, 655 f., 670, 676, 681 f., 684
Überstellungsentscheidung 564, 571, 654
Überstellungsfrist 569, 571 f., 589, 599, 682 f., 685
Überstellungsverbot 661
- dauerhaftes 573, 683
Überwachung der Ausreisepflicht 300 f.
Umverteilung 452, 486, 498, 557, 571, 580, 583, 587, 589 f., 612, 659, 670 ff., 677, 681
- Anwendungsbereich 587 f.
Umverteilungsbeschluss 661

Umverteilungskontingent 590
Umverteilungsmechanismus 591
Unbegleitete minderjährige Ausländer
  446, 469, 475, 497, 512, 525, 533, 540,
  588, 592, 613, 686, 693
– Aufenthaltsort 565
– Zuständigkeit 565 ff.
Unerheblicher Sachvortrag 530
Unionsbudget 586
Unionsgrundrecht 636
Universeller Grundsatz 477
Universelles Recht 645 f., 687
Unmenschliche oder erniedrigende Behandlung 445, 465 f., 479, 573, 622, 654 f., 664
Unmittelbare Anwendbarkeit 436, 636, 653, 700
Unterbringung 496, 540, 550, 612, 633, 689 f., 694, 704
– periphere 648, 658, 690
Unterbringungsbedingung 627
Unterbringungseinrichtung 476
Unterbringungskapazität 463
Unterbringungsstandard 466
Unterkunft 466
Unterlassungspflicht
– negative 639
Unterstützung 471, 474, 478, 495 ff., 691, 694
– bedarfsgerechte 695
– finanzielle 580
– operative 583
– Zugang 472
Unterstützungsbedarf 577 ff.
Unterstützungsmaßnahme
– alternative 583
– Finanzhilfe 583
– Umverteilung 583
– Zugang 581
Unterstützungsumfang 583
Untersuchung
– medizinische 495
Unwiderlegbare Vermutung 643
Unzumutbare Härte 614
Unzumutbarer Nachteil 619

Verantwortung 448, 457
– -grad 448 f.
– -kriterium 562
– -prinzip 449 f., 576, 660, 669, 698
– Verantwortungsübernahme 613
Verbindungselement 527
Verdrängung 102
Vereinbarkeitsklausel 699
Verfahren
– Anhörung 604
– beschleunigtes 694
– Entschleunigung 629
– formeller Verfahrensschritt 461
– Priorisierung 628
– rechtsstaatliches 607, 658, 675
– schriftliches 519, 558
– Transparenz 577, 605 ff., 676
– Verfahrenseinleitung 502
– Verfahrenszuordnung 503
– Vorbereitung 490, 616, 629
Verfahrensberatung 629
Verfahrensbeschleunigung 15, 448, 531 ff., 553, 570 f., 604, 613, 628 ff., 650, 656, 694
– Minderjährige 533
Verfahrensdauer 221, 446, 477, 556 f.
– Verlängerung 223 ff.
Verfahrenseffizienz 520, 588, 633, 680 ff., 700
Verfahrensgarantie 464, 519, 617, 636, 649, 699 f.
– Einschränkung 705
– Reduzierung 641 ff.
Verfahrenshandlung 615 ff., 619
Verfahrensmodalität 700
Verfahrensqualität 700
Verfahrensrecht 655
Verfahrensstandard 660, 677
Verfolgung 524
Verfolgungsgefahr 639, 652
Verhalten
– rechtsmissbräuchliches 628
Vermutung
– unwiderlegbare 643
– widerlegbare 643

268

Vermutungsregelung 526
Verordnungsermächtigung 109, 153
Verpflegung 466
Verteilungsmechanismus 450
– verbindlich 661
Vertrag von Lissabon 442
Vertrauenssphäre 496, 694, 696
Vertretung
– anwaltliche 704
– gesetzliche 475
– rechtliche 475, 497, 512, 520, 641
Verwaltungsakt 619
Verwaltungsaufwand 455
Verwaltungseffizienz 613
Verwaltungskooperation 442, 457, 660
Verwaltungsumstrukturierung 549
Verwaltungsverfahren 520, 548, 616, 629, 656
– effektives 646
– ineffektives 678
Verwandte 588, 671
Videoübertragung 215 ff.
Visum
– visafrei 449
Visumsverfahren 52
Vollzug 656
Vollzugsdefizit 634
Vorbehalt
– personaler 524
– regionaler 524
Vorduldungszeit
– Absenkung 141
Vorläufige Einigung 480
Vorprüfung 500
Vulnerabilität 470 ff., 498, 503, 539, 602, 629, 632, 686 ff.
– administrative 688 ff., 694 f.
– Assessment 471, 474
– Identifizierung 472, 495 ff.
– -kategorie 472 f.
– -konzept 471 f.
– -kriterium 472
– offengelegt 472
– Screening 496
– situative 688 ff.

– strukturelle Faktoren 690
– verborgene 496
Vulnerabilitätscheck 490, 496

Wesensgehalt 653
Westbalkanregelung 112
Wichtige Bindung 592, 672, 675, 677 f.
Widerlegbare Vermutung 643
Widerruf 236 ff., 377
– Ermessen 291
– Widerrufsverfahren 455
Widersprüchlicher Sachvortrag 530
Wiederaufnahme 600
Wiederaufnahmeverfahren 560, 592
Willkür 642, 699
Wirksamer Rechtsbehelf 574
Wirksamer Rechtsschutz 553 f.
Wirksamer Schutz 524
Wohlfahrtstaat 665
Wohnpflicht 690
Wohnsitzauflage 467

Zentralstelle für ausländisches Bildungswesen 64 ff.
Zivilgesellschaft 694
Zugangsbeschränkung 647
Zugang zum Recht 642
Zumutbarkeit 527, 529, 588
Zurückweisung 510 f., 515, 544, 622, 624, 639, 656
– illegale 508, 595
Zurückweisungsverbot 639
Zuständiger Mitgliedstaat 521, 669
– Bestimmung 440 ff., 446, 448 f., 458, 565 ff., 592, 654, 671, 676, 680 f., 693, 698
– Kriterien 440
– vereinfachte 588
– Verfahrensdauer 599
– Zuständigkeitskriterium 682
– Zuständigkeitsübergang 569
– Zuständigkeitswechsel 685
Zustimmung 109 ff.
Zustimmungsverbot 83
Zweckwechsel 33 ff., 51 f., 73 ff.